全国高等学校
法学系列教材
基 l 础 l 与 l 应 l 用

Rural Policies
and Regulations

# 农村政策法规

○ ○ ○ ○ ○ ○ （第2版）

周　晖　张冠男 ◎ 主　编
杨四龙　郭　可 ◎ 副主编

U0331229

清华大学出版社
北　京

# 内 容 简 介

本书根据我国农业以及农村经济发展的新形势,结合国家近年颁布实施的法律法规以及农业农村政策,系统介绍了以下内容:城乡融合发展与乡村振兴、农村土地承包与纠纷解决、农业生产与生产资料管理、农村财政金融与税收、农业行政执法、农业知识产权、农村资源利用与环境保护、农村科技教育与创业创新、农村社会保障制度、农民合法权益维护和村民基层组织与自治等相关知识。本书注重实例教学,通过对实例的讲解,培养读者的实际应用能力。

本书具有通用性和实用性,既可作为普通高等院校农业经济管理专业法律基础课程的首选教材,也可兼顾高职高专、高等教育自学考试、成人教育的教学,对于广大农村工作者也是一本有益的普法读物。

**本书封面贴有清华大学出版社防伪标签,无标签者不得销售。**

版权所有,侵权必究。举报:010-62782989,beiqinquan@tup.tsinghua.edu.cn。

**图书在版编目(CIP)数据**

农村政策法规/周晖,张冠男主编. —2 版. —北京:清华大学出版社,2021.4(2024.2重印)

全国高等学校法学系列教材. 基础与应用

ISBN 978-7-302-57946-5

Ⅰ.①农… Ⅱ.①周… ②张… Ⅲ.①农业政策—中国—高等学校—教材 ②农业法—中国—高等学校—教材 Ⅳ.①F320 ②D922.4

中国版本图书馆 CIP 数据核字(2021)第 063182 号

责任编辑:刘 晶
封面设计:汉风唐韵
责任校对:宋玉莲
责任印制:宋 林

出版发行:清华大学出版社
网　　址:https://www.tup.com.cn, https://www.wqxuetang.com
地　　址:北京清华大学学研大厦 A 座　　　　　邮　　编:100084
社 总 机:010-83470000　　　　　　　　　　邮　　购:010-62786544
投稿与读者服务:010-62776969, c-service@tup.tsinghua.edu.cn
质量反馈:010-62772015, zhiliang@tup.tsinghua.edu.cn
印 装 者:三河市铭诚印务有限公司
经　　销:全国新华书店
开　　本:185mm×230mm　　　印　　张:22.75　　　字　　数:453 千字
版　　次:2017 年 11 月第 1 版　2021 年 5 月第 2 版　　印　　次:2024 年 2 月第 4 次印刷
定　　价:69.80 元

产品编号:089148-01

# 本书编审委员会

主　任：牟惟仲

副主任：林　征　　冀俊杰　　张昌连　　翁心刚　　唐征友
　　　　王海文　　张建国　　车亚军　　田小梅　　李大军

编　委：李遐桢　　侯春平　　周　晖　　刘志军　　张冠男
　　　　李爱华　　尚建珊　　李耀华　　张肖华　　罗佩华
　　　　刘　东　　王虹玉　　刘　剑　　侯　斌　　崔嵩超
　　　　刘久照　　郭　可　　杨四龙　　童　俊　　孙　勇
　　　　葛胜义　　马　平　　郭建磊　　彭爱美　　白　硕
　　　　荆　京　　储玉坤　　侯晓娜　　郎晨光　　朱忠明

总　编：李大军

副总编：李爱华　　侯春平　　周　晖　　张冠男　　罗佩华

专家组：李遐桢　　王海文　　尚建珊　　杨四龙　　刘志军

随着我国改革开放进程的加快和社会主义市场经济的快速推进,我国经济建设一直保持着持续高速增长的态势,已成为全球第二大经济体。经济发展越快,市场竞争越激烈,越是需要法律法规作保障。法律法规既是规则,也是企业等市场主体的行为道德准则;法律法规在开拓国际市场、国际商务活动交往、防止金融诈骗、打击违法犯罪、推动民族品牌创建、支持大学生创业、促进生产、拉动内需、解决就业、推动经济健康发展、保证国家税改、改善民生、构建和谐社会等方面发挥着越来越大的作用。

目前,我国正处于经济稳步发展与社会变革的重要时期,随着经济转型、产业结构调整、传统企业改造,涌现了大批旅游、物流、电子商务、生物医药、动漫、演艺、文化创意、绿色生态、循环经济等新型产业。为支持"中小微"型企业和自主创业发展,为与国际经济接轨、适应中国经济国际化发展趋势,近年来国家不断加大税制改革、调整财政与会计政策,并及时颁布实施了一系列新出台和修订的法律法规,包括劳动法、旅游法、商标法、税法、保险法等,以及企业会计准则、税收征管制度等政策规定,为的是更好地搞活经营、活跃市场、确保我国经济的可持续发展。

市场经济是法治经济,经济活动必须遵纪守法,法律法规执行与监管是市场经济的永恒主题。随着我国法律体系的逐步建立,全民都必须尊重、严守法律法规。企业也必须依法办事规范经营。当前,面对经济的快速发展、激烈的国际市场竞争、就业上岗的压力,更新观念、学习新法律法规,调整业务知识结构、掌握各项新的管理制度,加强在职人员的法律法规应用技能培训、强化法律素质培养已成为亟待解决的问题。

本套丛书的出版不仅有力地配合了高等教育法律教学的创新和教材更新,而且也满足了社会需求,起到了为国家经济建设服务的作用;对依法治国、依法办事、依法经营,对加强法治观念、树立企业形象、提升核心竞争力、有效进行自我保护具有积极的现实意义。

本套教材作为普通高等教育本科院校法律法规课程的特色教材,以读者应用能力训练为主线,以科学发展观为统领,严格按照国家教育部关于"加强职业教育、突出实践技能与能力培养"的教育教学改革要求,结合各项法律法规的教学特点和人才培养目标,以及当前国际法制改革的发展趋势,针对社会、市场、企事业单位对各种法律事务岗位专业人才的实际需求，由多年从事相关课程教学的专家与具有丰富实践经验的律师共同撰写。

　　本套教材包括《经济法》《商法》《海商法》《税法》《国际商法》《劳动与社会保障法》《金融法律法规》《保险法律法规》《会计法律法规》《电子商务法律法规》等。参与编写的单位有：吉林工程技术师范学院、北京物资学院、华北科技学院、北京联合大学、哈尔滨师范大学、北方工业大学、山西大学、首钢工学院、牡丹江大学、北京教育学院、燕山大学、北京城市学院、东北财经大学、北京财贸职业学院、厦门集美大学、大连商务学院、北京西城社区学院、郑州大学、北京石景山社区学院、大连海事大学、浙江工业大学、大连工业大学等全国三十多所高校。

　　由于本套教材紧密结合中国经济改革与发展实际，融入法律法规实践教学理念，坚持改革创新，注重与时俱进，有效解决了本科法律教材知识老化，数据、案例过时，重理论轻实践等问题。本书具有选材新颖、知识系统、案例真实、贴近实际、通俗易懂等特点，并采取规范统一的格式化体例设计。因此，既可以作为普通高等教育本科院校、高职高专院校相关专业法律课程的首选教材，也可以作为各类企事业机构从业人员的在职教育和岗位培训教材，对于广大社会公众也是非常有益的普法参考读物。

　　在教材编著过程中，我们参阅借鉴了大量国内外有关金融、财税等各项法律法规的最新资料和国家新出台的政策法规及管理制度，并得到有关行业领导与专家的悉心指导，在此一并致谢。为配合本套教材的发行使用，特提供配套电子课件，读者可以从清华大学出版社网站（www.tup.com.cn）免费下载。希望全国各地区普通高等教育本科院校、高职高专院校积极选用本套教材，并请同行多提改进意见，以使教材不断完善。

编委会主任　　牟惟仲

中国是历史悠久的农业大国,农业、农村、农民在我国的社会经济发展中占据重要地位。随着国家经济转轨、产业结构调整,涌现了特色观光农业、绿色养殖业、旅游、物流、电子商务等一大批新兴文化创意产业,结合国家鼓励乡镇企业创业、促进农民就业的方针,各类农家乐、光能、环保等高新科技乡镇企业得到蓬勃发展,为此国家出台了多项有利于农业农村新兴产业和农村乡镇企业发展的政策法规。

党中央、国务院历来高度重视解决农业、农村、农民问题。2004 年至 2020 年,中共中央、国务院连续发布了 17 个以"三农"为主题的中央一号文件,对农村改革、农业发展、促进农民增收致富、保持农村稳定作出了一系列战略性部署。

中央明确提出,到 2020 年全国农村改革发展的基本目标任务是:农村经济体制更加健全,城乡经济社会发展一体化体制机制基本建立;农民人均纯收入比 2008 年翻一番,消费水平大幅提升,绝对贫困现象基本消除;农村基层组织建设进一步加强,村民自治制度更加完善,农民民主权利得到切实保障等。

2020 年 10 月,党的十九届五中全会审议通过《中共中央关于制定国民经济和社会发展第十四个五年规划和二〇三五年远景目标的建议》,明确提出,"十四五"时期"优先发展农业农村,全面推进乡村振兴",坚持把解决好"三农"问题作为全党工作重中之重,走中国特色社会主义乡村振兴道路,全面实施乡村振兴战略,强化以工补农、以城带乡,推动形成工农互促、城乡互补、协调发展、共同繁荣的新型工农城乡关系,加快农业农村现代化。这为我国农业农村的未来指明了发展方向,具有重要的现实意义。

农村政策法规是高等教育法学专业、农业经济管理专业的重要核心基础课程,也是农业从业者必须认真学习、掌握的关键知识技能。本书作为高等教育农业与农村政策法规课程的特色教材,坚持以科学发展观为统领,严格按照教育部关于"加强职业教育、突出应用能力培养"的教育教学改革要求,突出实际应用性,注重实践训练。本书的出版不仅有力配合了高等院校的法学专业教学创新和教材更新,也起到了为国家农业与农村经济建设服务的作用。

全书共十四章,以培养读者的应用能力为主线,根据国家农业与农村经济发展和产业结构调整的新形势,结合国家近年新颁布实施的《民法典》及农业农村政策法规,系统介绍了:城乡融合发展与乡村振兴、农村土地承包与纠纷解决、农业生产经营与生产资料管理、农村财政金融与税收、农业行政执法、农业知识产权、农村资源利用与环境保护、农村科技教育与创新创业、农村社会保障制度、农民合法权益维护和村民基层组织与自治等农业与农村政策法规知识,并注重案例教学,以培养、提高学生的实际应用能力。

本书融入了农业与农村政策法规的实践教学理念,坚持创新、力求严谨、注重与时俱进,具有选材新颖、知识系统、观点科学、贴近实际、突出实用性、便于理解掌握等特点。因此,既可以作为普通高等院校法学、农业经济管理等专业基础课程的首选教材,同时还兼顾高职高专、高等教育自学考试、成人高等教育教学,也适用于广大农村工作者的在职在岗培训。

本教材由李大军统筹策划并具体组织,周晖和张冠男主编、周晖统改稿,杨四龙、郭可为副主编,由李爱华教授审定。作者写作分工:牟惟仲(前言),张冠男(第一章、第二章、第十章),郭可(第三章、第七章、第九章),周晖(第四章、第五章、第八章),杨四龙(第六章、第十一章),张肖华(第十二章、第十三章),罗佩华(第十四章),李晓新(文字修改、版式整理、课件制作)。

本书再版过程中,我们参阅了有关农业农村政策法规的最新书刊、网站资料、国家近年新颁布实施的《民法典》及农业农村政策法规,收集整理了具有实用价值的典型案例,并得到业界专家的具体指导,在此一并致谢。为方便教学,本书配有课件,读者可以从清华大学出版社网站(www.tup.com.cn)免费下载使用。因农业农村政策法规涉及面广、内容较多,且作者水平有限,书中如有不妥之处,恳请读者批评指正。

作　者

2021 年 1 月

中国是历史悠久的农业大国。农业在我国的经济社会发展中占据着重要的地位。党中央、国务院历来高度重视解决农业、农村、农民问题,把加快农业发展,促进农民增收,保持农村稳定作为社会主义现代化建设的头等大事来抓。特别是 21 世纪以来,中共中央、国务院自 2004 年至 2017 年间,先后发布了以"三农"为主题的"中央一号文件"14个,反复强调解决好"三农"问题是中国社会主义现代化建设新时期各项工作的"重中之重",对农村改革、农业发展、农民致富作出了一系列战略性部署,有关部委也先后出台颁布了一系列政策性指导意见和落实的措施办法。

中央明确提出,到 2020 年全国农村改革发展的基本目标任务是:农村经济体制更加健全,城乡经济社会发展一体化体制机制基本建立;农民人均纯收入比 2008 年翻一番,消费水平大幅提升,绝对贫困现象基本消除;农村基层组织建设进一步加强,村民自治制度更加完善,农民民主权利得到切实保障等。

农村政策法规是高等教育农业经济管理专业的重要基础课程,也是农业从业者必须学习的一门核心课程。随着国家经济转轨、产业结构调整,涌现了特色观光农业、绿色养殖业、旅游、物流、电子商务等一大批新兴文化创意产业,结合国家鼓励乡镇企业创业、促进农民就业的方针,各类农家乐、光能、环保等高新科技乡镇企业得到蓬勃发展。为此,国家出台了多项有利于农业农村新兴产业和农村乡镇企业发展的政策法规。

本书作为高等教育农业与农村政策法规课程的特色教材,坚持以科学发展观为统领,严格按照国家教育部关于"加强职业教育、突出应用能力培养"的教学改革要求,注意突出实操性、注重实践训练。本书的出版不仅有力配合了高等院校的法学专业教学创新和教材更新,也起到了为国家农业与农村经济建设服务的作用。

全书共十四章,以对读者的应用能力培养为主线,根据国家农业与农村经济发展的新形势,结合国家近年颁布实施的农业与农村法律法规,系统介绍:农村土地承包与纠纷解决、农业生产经营与生产资料管理、农村资源利用和环境保护、农村科技教育与创业、农村财政金融与税收、农村社会保障、城乡统筹发展、扶贫开发与农民合法权益维护等农业与农村政策法规知识,并注重案例教学,以培养并提高学生的应用能力。

由于本书融入了农业与农村政策法规最新的实践教学理念,坚持创新、力求严谨、注重与时俱进,具有选材新颖、知识系统、观点科学、贴近实际、突出实用性、便于理解掌握等特点。因此,本书既可以作为普通高等院校经济管理专业法律基础课程的首选教材,同时还兼顾高职高专和成人教育教学,也适用于广大农村工作者在职在岗培训。

本教材由李大军统筹策划并具体组织,周晖、杨四龙主编、周晖统改稿,张冠男、郭可为副主编,由我国法律专家李遐桢教授审定。作者写作分工:牟惟仲(前言),张冠男(第一章、第二章),李爱华(第三章),周晖(第四章、第五章),郭可(第六章、第八章),罗佩华(第七章),杨四龙(第九章、第十一章),张武超(第十章),姚志敏(第十二章),孙勇、吴青梅(第十三章),王桂霞(第十四章);华燕萍、李晓新(文字修改、版式整理、制作教学课件)。

在教材编著过程中,我们参阅了有关农业与农村政策法规的最新书刊资料、国家近年颁布实施的农业农村政策法规和管理制度,收集了具有实用价值的典型案例,并得到有关专家的具体指导,在此一并致谢。为方便教学,本书配有教学课件,读者可以从清华大学出版社网站(www.tup.com.cn)免费下载。因农业农村政策法规涉及面广、内容较多,且作者水平有限,书中难免存在疏漏不足,恳请读者批评指正。

编　者

2018 年 8 月

# 第一章
## 农村政策法规概论

 **学习目标**

1. 掌握农村政策的概念、特点和分类，农村政策与农村法律法规的关系；
2. 理解政策的概念、特点和分类；
3. 了解农业、农村法律体系框架构成。

**案例导学**

　　吉林省长春市九台区红光村水稻种植远近闻名，素有"稻村"之誉。过去，这里以种稻闻名，却没有实现靠种稻致富。种地效益较低，红光村曾有近八成村民选择外出务工。如今，红光村水稻种出了品牌，远销北京、上海、广州等地，村民人均年收入超5万元。村子变美，收入提高，越来越多的村民回村创业、养老。"稻村"今昔迥然不同。

　　（1）耕地入股分红多。红光村共有1000多口人，耕地面积276公顷，全部为水田。曾经，村里700多人外出务工，土地多流转给周边的村民耕种。村民们成立专业合作社，"水稻连片，打破的田埂变成田。"村里的水田种植面积因此增加了约30公顷。每公顷地能多收入6000多元。靠耕地入股每年分红1.4万元，比流转给普通农户增加5000多元。

　　（2）好大米卖出了好价钱。村企联营企业运用稻田养殖技术，"除了养鸭，还养鱼虾蟹，田里一水多用，节水、节肥、节药"。村企联营企业把村里的大米品牌做大。"以前施肥撒一片，现在根下一条线，农机插秧时顺便就把肥下到了根部。"精准施肥让红光村的水稻种植节肥10％以上。这两年，村企联营企业还同农技推广中心尝试水稻秸秆还田。如今，在高标准农田建设的基础上，测土配方施肥、增施有机肥、绿色防控病虫害等一项项农技在红光村的稻田里扎根。企业将村里的大米打造成了"水清清"品牌，一斤大米少的卖到6元，高端的能卖到40多元。

　　（3）稻壳稻糠变成新产品。全村的耕地合到一起，利用率提高1.5％，灌溉率提高7％，肥料利用率提高2％，"稻田成了风景也能增收。"现在，红光村的稻田已成了吸引游客打卡的"网红地"。2020年已经有2000多名外地游客到村里观光。目前,由吉林农业大学和企业合作的水稻深加工项目已落户九台区,利用水稻加工过程产生的稻壳、稻糠等副产物,开发了面膜、纤维食品等12种产品。

红光村的产业有了起色,越来越多的村民开始返乡创业。

# 第一节 农村政策概述

## 一、政策的概念、特点和分类

### (一)政策的概念

政策是指一个政党或国家在一定历史时期为实现一定的目标而制定的行政准则和依据。政策可以从以下三点来理解。

(1)政策必定是关于国家管理的公共性政策,是作用于全社会的。

(2)政策是为解决某一问题而采取的措施。

(3)政策对全体社会成员的政治经济行为产生影响,并通过相应的法律条文配合产生一定的约束规范作用。

执政党及其政府以纲领、决议、决定、命令、指示、规定、意见等形式颁布的文件都属于政策范畴。政策的实质是阶级利益的观念化、主体化和实践化反映。

### (二)政策的特点

(1)阶级性。政策的最根本特点就是,在阶级社会中,政策只代表特定阶级的利益,与国家政权和政治统治密不可分。

(2)稳定性。特定政策在其有效期内保持有效性和权威性,非特殊原因不对它进行重大调整或完全废弃。政策变迁应保持新旧政策间一定的连续性和继承性。

(3)变动性。任何政策都要依据政策环境、资源和效力的变化而变化。

### (三)政策的分类

政策按不同层次划分,可以分为总政策、基本政策和具体政策。

(1)总政策居于最高层次,而且只有一个。它是基本政策和具体政策的总依据和总目标。总政策的内容具有高度的概括性和综合性,在一定的历史时期内是稳定不变的。总政策的改变,标志着一个历史时期的结束,并带来政策体系的改变。

(2)基本政策居中,处于承上启下的关键地位,在总政策和具体政策之间。

它是总政策的具体化,又是制定具体政策的依据。基本政策有若干方面,在经济社会的各个领域都有基本政策。

（3）具体政策居于最低层次，是基本政策的具体化。总政策和基本政策的贯彻执行，最终要靠具体政策的落实来完成。没有具体政策，整个政策的作用就不能发挥。具体政策有很多，它直接规范人们的行为，因而十分详细、具体。

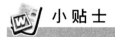 **小贴士**

### 政策的其他分类

（1）按覆盖面划分。分为反映统治阶级利益的政策、反映部分社会成员利益的政策和反映社会全体成员利益的政策。

（2）按不同内容划分。分为经济政策、外交政策、教育政策和宗教政策等。

## 二、农村政策的概念、特点和分类

### （一）农村政策的概念

农村政策是指中国共产党或国家在一定历史时期为实现党在我国农村的一定的目标而规定的行政准则和依据。

### （二）农村政策的特点

从本身的性质出发，农村政策具有内容的纲领性、工作范围的广泛性、具体应用的灵活性、政策效力的有限性等特点。

### （三）农村政策的分类

农村政策按不同层次，可以划分为农村总政策、农村基本政策和农村具体政策。

**1. 农村总政策**

党的基本路线是我国的总政策，也是党在农村的总政策。党在社会主义初级阶段的基本路线是："领导和团结全国各族人民，以经济建设为中心，坚持四项基本原则，坚持改革开放，自力更生、艰苦创业，为把我国建设成为富强民主文明和谐美丽的社会主义现代化国家而奋斗。"贯彻这一基本路线，需要制定符合实际情况的具体工作路线和政策。所有的具体工作路线和政策，必须以基本路线为依据，要服从和服务于基本路线。

在中国特色社会主义新时代，农村工作就是要"把广大农民对美好生活的向往化为推动乡村振兴的动力"。正如习近平总书记所说："要充分尊重广大农民意愿，调动广大农民积极性、主动性、创造性，把广大农民对美好生活的向往化为推动乡村振兴的动力，把维护广大农民根本利益、促进广大农民共同富裕作为出发点和落脚点。"

**2. 农村基本政策**

从 1950 年 6 月 30 日中央人民政府颁布《中华人民共和国土地改革法》开始,中国农村和农民的生活发生了翻天覆地的变化。从互助组到高级社,到人民公社建立,特别是改革开放时期,党中央对农村的基本政策,覆盖了农村经济社会的各个领域。

农村基本政策主要包括:

(1) 家庭承包经营责任制政策。

① 家庭承包经营是集体经济组织内部的一个经营层次,享有充分的生产经营自主权。

② 集体作为一个经营层次,具有管理协调、生产服务、资源开发、资产积累等职能。

③ 家庭经营与集体经营相互结合,实行宜统则统、宜分则分的双层经营体制。

④ 家庭承包经营责任制的分配原则是交足国家的,留足集体的,剩余都是自己的。

⑤ 在家庭承包经营责任制中,无论采取哪种方式都不允许改变土地的集体所有制性质,不准以任何形式把土地变为私有。

⑥ 稳定完善双层经营体制,关键是稳定完善土地承包关系。

(2) 以公有制为主体,多种所有制经济共同发展政策。

① 坚持社会主义公有制为主体。公有制经济不仅包括国有经济和集体经济,还应包括混合所有制经济中的国有成分和集体成分。

② 集体所有制经济是公有制经济的重要组成部分。要支持、鼓励城乡多种形式的集体经济、股份合作经济的发展。

③ 非公有制经济是我国社会主义市场经济的重要组成部分。对个体、私营等非公有制经济要继续鼓励引导,使之健康发展。

④ 健全财产法律制度,依法保护各类企业的合法权益和公平竞争,并对它们进行监督管理。

(3) 共同富裕政策。

① 共同富裕是经济社会发展的最终目标。

② 承认地区经济发展不平衡和个人收入差别,允许和鼓励一部分地区和一部分人通过诚实劳动和合法经营先富起来。

③ 组织引导先富帮后富,逐步实现共同富裕。

(4) 以按劳分配为主体和按生产要素分配为辅相结合的分配政策。

① 坚持按劳分配为主体,充分发挥其在分配中的示范作用。

② 承认按劳分配以外的其他分配方式。

③ 既要有利于善于经营的企业和诚实劳动的个人先富起来,合理拉开收入差距,又

要防止贫富悬殊,坚持共同富裕的方向。

④ 在促进效率提高的前提下体现社会公平。

⑤ 针对分配中的主要倾向,着重解决吃大锅饭、搞平均主义、互相攀比的问题。

⑥ 对过高的个人收入,采取有效措施进行调节,防止和解决社会分配不公问题。对以非法手段牟取暴利的,要依法制裁。

(5)"以工哺农,以城带乡,多予、少取、放活"的政策。

① 工业反哺农业,不断增强农村政策的反哺性和普惠性,促进农业与国有经济发展相协调。

② 建立新型城乡关系,城市支持农村,促进生产要素在城乡间自由流动,引导资金、技术、人才、服务等向"三农"聚集,促进农村富余劳动力向非农产业和城镇转移。

③ 调整国民收入分配格局,建立健全财政支农资金稳定增长机制。

④ 统筹城乡发展,逐步消除影响城乡协调发展的体制性障碍,逐步缩小农民与城镇居民的收入差距。

⑤ 充分发挥市场配置资源的基础性、决定性作用,推进农村征地、农民户籍、教育等制度改革,逐步形成城乡统一的要素市场,增强农村经济发展活力。

(6)推进农产品流通体制改革的政策。

① 逐步理顺农产品价格。

② 实行多渠道、少环节流通体制。鼓励兴办农产品中心批发市场、专业市场和集贸市场。进一步完善农产品运输"绿色通道"管理机制。

(7)扶持老少边穷地区脱贫致富的政策。

① 中央在财政、金融、税收、投资等方面实行政策倾斜。

② 教育部和财政部联合组织实施"国家贫困地区义务教育工程"。

③ 中央政府以工代赈计划。

④ 中央政府每个部门都重点联系一个贫困地区,进行定点帮扶。制定实施"交通扶贫计划""人畜饮水计划""电力共富工程"。国家教委、国家民委组织发达省市对口支援民族、贫困地区教育工作。实施东西扶贫协作。

⑤ 对一部分生活在自然条件严酷、自然资源贫乏、生态环境恶化地区的贫困人口搬迁移民、异地安置。

(8)推进农业供给侧结构性改革的政策。

① 优化产品产业结构,着力推进农业提质增效。统筹调整粮经饲种植结构。发展规模高效养殖业。做大做强优势特色产业,进一步优化农业区域布局。全面提升农产品质量和食品安全水平。积极发展适度规模经营。建设现代农业产业园,创造良好农产品国

际贸易环境。

② 推行绿色生产方式，增强农业可持续发展能力。推进农业清洁生产，大规模实施农业节水工程，集中治理农业环境突出问题。加强重大生态工程建设。

③ 壮大新产业新业态，拓展农业产业链价值链。大力发展乡村休闲旅游产业。推进农村电商发展。加快发展现代食品产业。培育宜居宜业特色村镇。

④ 强化科技创新驱动，引领现代农业加快发展。加强农业科技研发。强化农业科技推广。完善农业科技创新激励机制。提升农业科技园区建设水平。开发农村人力资源。

⑤ 补齐农业农村短板，夯实农村共享发展基础。持续加强农田基本建设。深入开展农村人居环境治理和美丽宜居乡村建设。提升农村基本公共服务水平。扎实推进脱贫攻坚。

⑥ 加大农村改革力度，激活农业农村内生发展动力。深化粮食等重要农产品价格形成机制和收储制度改革。完善农业补贴制度。改革财政支农投入机制。加快农村金融创新。深化农村集体产权制度改革。探索建立农业农村发展用地保障机制。健全农业劳动力转移就业和农村创业创新体制。统筹推进农村各项改革。

（9）乡村振兴战略。

党的十九大提出了乡村振兴战略，明确提出了以下工作重点。

① 提升农业发展质量，培育乡村发展新动能。夯实农业生产能力基础。实施质量兴农战略。构建农村一二三产业融合发展体系。构建农业对外开放新格局。促进小农户和现代农业发展有机衔接。

② 推进乡村绿色发展，打造人与自然和谐共生发展新格局。统筹山水林田湖草系统治理。加强农村突出环境问题综合治理。建立市场化多元化生态补偿机制。增加农业生态产品和服务供给。

③ 繁荣兴盛农村文化，焕发乡风文明新气象。加强农村思想道德建设。传承发展提升农村优秀传统文化。加强农村公共文化建设。开展移风易俗行动。

④ 加强农村基层基础工作，构建乡村治理新体系。加强农村基层党组织建设。深化村民自治实践。建设法治乡村。提升乡村德治水平。建设平安乡村。

⑤ 提高农村民生保障水平，塑造美丽乡村新风貌。优先发展农村教育事业。促进农村劳动力转移就业和农民增收。推动农村基础设施提档升级。加强农村社会保障体系建设。推进健康乡村建设。持续改善农村人居环境。

⑥ 打好精准脱贫攻坚战，增强贫困群众获得感。强化脱贫攻坚责任和监督。

⑦ 推进体制机制创新，强化乡村振兴制度性供给。巩固和完善农村基本经营制度。

深化农村土地制度改革。深入推进农村集体产权制度改革。完善农业支持保护制度。

⑧ 汇聚全社会力量,强化乡村振兴人才支撑。大力培育新型职业农民。加强农村专业人才队伍建设。发挥科技人才支撑作用。鼓励社会各界投身乡村建设。创新乡村人才培育引进使用机制。

⑨ 开拓投融资渠道,强化乡村振兴投入保障。确保财政投入持续增长。拓宽资金筹集渠道。提高金融服务水平。

⑩ 坚持和完善党对"三农"工作的领导。完善党的农村工作领导体制机制。制定《中国共产党农村基层组织工作条例》。加强"三农"工作队伍建设。强化乡村振兴规划引领。强化乡村振兴法治保障。营造乡村振兴良好氛围。

 **【案例 1-1】**

在福建省宁德市寿宁县,有一个省定贫困乡——下党乡。1989 年 7 月 19 日,时任宁德地委书记的习近平首次来到下党乡调研;1989 年 7 月 26 日、1996 年 8 月 7 日,习近平又两次来到下党,协调解决下党建设发展难题。从此,这个曾经"无公路、无自来水、无电灯照明、无财政收入、无政府办公场所"的"五无乡"开始有了变化,广大乡亲逐步摆脱贫困,走出了一条日新月异的小康之路。

这里地处偏远、农业资源匮乏、基础产业落后,下党乡要发展,走传统农业的路子肯定行不通。但同时,这里又有丰富的历史文化遗产与浓郁的红色文化氛围。第一批游子返乡创业,在乡里开了农家乐"下党人家";随后,又开办了"党川客栈"民宿,成了乡里第一批民宿业主。下党乡积极利用历史文化资源与红色资源,修复、开发乡中明清古建筑、闽东北传统民居等,打造福建省党性教育教学基地、打造学习小镇。

在乡村历史文化游与红色旅游的有力撬动下,下党乡尤其是下党村的旅游发展蒸蒸日上。在旅游业的有力带动下,2018 年,下党乡的 117 户建档立卡贫困户共 508 人全部脱贫,全乡正式"摘帽";2019 年,下党乡人均收入达 14777 元,较 1988 年建乡之初的 186 元增长了近 80 倍。

问:福建寿宁下党乡走出小康路,依靠了哪些农业、农村具体政策措施?

**【解析】**

福建寿宁下党乡:"滴水穿石",走好乡村振兴之路。村干部在充分调研基础上,发展旅游业成为下党乡群众彻底摆脱贫困的突破口。让年轻的生力军回乡带头创业搞旅游成为"关键第一步"。当地政府相继推出低息贷款、补助等优惠政策,吸引游子返乡创业。

下党乡的对口帮扶单位福建省文化和旅游厅送来了"及时雨"——每年投入不少于300 万元帮扶资金。落实相关文旅帮扶政策,把下党乡旅游纳入"清新福建"旅游品牌宣传营销体系。近年来,下党乡全力推进传统村落的保护性修复和开发,进一步加大对传统文化资源等的开发挖掘力度。

(资料来源:福建寿宁下党乡:"滴水穿石"走出小康路.学习强国 APP.2020-09-20.)

**3. 农村具体政策**

21世纪的17个中央1号文件一脉相承,贯彻落实科学发展观、统筹城乡发展、把"三农"工作作为重中之重、坚持"多予、少取、放活"方针等。每年都根据新情况和新问题提出明确要求,既突出主题又统筹兼顾,措施明确有力,可操作性强,形式和内容高度统一,取得了显著效果。

相关政策文件列举如下:

2012年《中共中央、国务院关于加快推进农业科技创新 持续增强农产品供给能力的若干意见》。

2013年《中共中央、国务院关于加快发展现代农业 进一步增强农村发展活力的若干意见》。

2014年《中共中央、国务院关于全面深化农村改革 加快推进农业现代化的若干意见》。

2015年《中共中央、国务院关于加大改革创新力度 加快农业现代化建设的若干意见》。

2016年《中共中央、国务院关于落实发展新理念 加快农业现代化实现全面小康目标的若干意见》。

2017年《中共中央、国务院关于深入推进农业供给侧结构性改革 加快培育农业农村发展新动能的若干意见》。

2018年《中共中央、国务院关于实施乡村振兴战略的意见》。

2019年《中共中央、国务院关于坚持农业农村优先发展 做好"三农"工作的若干意见》。

2020年《中共中央、国务院关于抓好"三农"领域重点工作 确保如期实现全面小康的意见》。

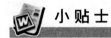 **小贴士**

### 第十四个五年规划和二○三五年远景目标

2020年10月29日《中共中央关于制定国民经济和社会发展第十四个五年规划和二○三五年远景目标的建议》明确提出,到二○三五年基本实现社会主义现代化远景目标。

展望二○三五年,我国经济实力、科技实力、综合国力将大幅跃升,经济总量和城乡居民人均收入将再迈上新的大台阶,关键核心技术实现重大突破,进入创新型国家前列;

基本实现新型工业化、信息化、城镇化、农业现代化，建成现代化经济体系；基本实现国家治理体系和治理能力现代化，人民平等参与、平等发展权利得到充分保障，基本建成法治国家、法治政府、法治社会；建成文化强国、教育强国、人才强国、体育强国、健康中国，国民素质和社会文明程度达到新高度，国家文化软实力显著增强；广泛形成绿色生产生活方式，碳排放达峰后稳中有降，生态环境根本好转，美丽中国建设目标基本实现；形成对外开放新格局，参与国际经济合作和竞争新优势明显增强；人均国内生产总值达到中等发达国家水平，中等收入群体显著扩大，基本公共服务实现均等化，城乡区域发展差距和居民生活水平差距显著缩小；平安中国建设达到更高水平，基本实现国防和军队现代化；人民生活更加美好，人的全面发展、全体人民共同富裕取得更为明显的实质性进展。

优先发展农业农村，全面推进乡村振兴。坚持把解决好"三农"问题作为全党工作重中之重，走中国特色社会主义乡村振兴道路，全面实施乡村振兴战略，强化以工补农、以城带乡，推动形成工农互促、城乡互补、协调发展、共同繁荣的新型工农城乡关系，加快农业农村现代化。

（1）提高农业质量效益和竞争力。适应确保国计民生要求，以保障国家粮食安全为底线，健全农业支持保护制度。坚持最严格的耕地保护制度，深入实施藏粮于地、藏粮于技战略，加大农业水利设施建设力度，实施高标准农田建设工程，强化农业科技和装备支撑，提高农业良种化水平，健全动物防疫和农作物病虫害防治体系，建设智慧农业。强化绿色导向、标准引领和质量安全监管，建设农业现代化示范区。推动农业供给侧结构性改革，优化农业生产结构和区域布局，加强粮食生产功能区、重要农产品生产保护区和特色农产品优势区建设，推进优质粮食工程。完善粮食主产区利益补偿机制。保障粮、棉、油、糖、肉等重要农产品供给安全，提升收储调控能力。开展粮食节约行动。发展县域经济，推动农村一二三产业融合发展，丰富乡村经济业态，拓展农民增收空间。

（2）实施乡村建设行动。把乡村建设摆在社会主义现代化建设的重要位置。强化县城综合服务能力，把乡镇建成服务农民的区域中心。统筹县域城镇和村庄规划建设，保护传统村落和乡村风貌。完善乡村水、电、路、气、通信、广播电视、物流等基础设施，提升农房建设质量。因地制宜推进农村改厕、生活垃圾处理和污水治理，实施河湖水系综合整治，改善农村人居环境。提高农民科技文化素质，推动乡村人才振兴。

（3）深化农村改革。健全城乡融合发展机制，推动城乡要素平等交换、双向流动，增强农业农村发展活力。落实第二轮土地承包到期后再延长三十年政策，加快培育农民合作社、家庭农场等新型农业经营主体，健全农业专业化社会化服务体系，发展多种形式适度规模经营，实现小农户和现代农业有机衔接。健全城乡统一的建设用地市场，积极探索实施农村集体经营性建设用地入市制度。建立土地征收公共利益用地认定机制，缩小土地征收范围。探索宅基地所有权、资格权、使用权分置实现形式。保障进城落户农民土地承包权、宅基地使用权、集体收益分配权，鼓励依法自愿有偿转让。深化农村集体产权制度改革,发展新型农村集体经济。健全农村金融服务体系,发展农业保险。

(4)实现巩固拓展脱贫攻坚成果同乡村振兴有效衔接。建立农村低收入人口和欠发达地区帮扶机制,保持财政投入力度总体稳定,接续推进脱贫地区发展。健全防止返贫监测和帮扶机制,做好易地扶贫搬迁后续帮扶工作,加强扶贫项目资金资产管理和监督,推动特色产业可持续发展。健全农村社会保障和救助制度。在西部地区脱贫县中集中支持一批乡村振兴重点帮扶县,增强其巩固脱贫成果及内生发展能力。坚持和完善东西部协作和对口支援、社会力量参与帮扶等机制。

# 第二节　农业、农村法律法规体系

新中国成立以来,我国在调整农民、农业和农村各类社会关系方面,先后制定和修改了《中华人民共和国农业法》(以下简称《农业法》)等近四十部法律,一百四十多部行政法规以及部门规章等一系列法律法规。一个具有中国特色的农业、农村法律制度体系已经形成,在"三农"方面基本做到了有法可依、有法必依、执法必严、违法必究。

## 一、从立法效力关系上进行界定

我国农业、农村法律体系框架构成可以分为五个部分。

**1.《农业法》**

作为农业基本法,该法主要就农业和农村经济的基本制度和农业发展的一些方向性问题进行较为原则性的规定。

**2. 专业法律**

指就农业和农村经济中的特定经济关系或某个领域的基本问题进行规定的、与《农业法》相配套的专门法律。

**3. 行政法规**

为实施专门法律而制定的配套性行政法规和法律没有或没有明确的具体规定,涉及全国性农业和农村经济中的重大具体问题或涉及重大方针、政策性具体问题或涉及几个部门的具体问题,由国务院以行政法规加以规定。

**4. 地方性法规**

为保证宪法、法律和行政法规在本区域的有效实施和规范本区域农业和农村经济中的特殊经济关系或基本问题而制定的地方性法规。

**5. 部门规章(或称部门行政规章)和地方规章(或称地方行政规章)**

部门规章在全国普遍适用,而地方规章只适用于本区域范围。

## 二、从涉农关系上进行界定

我国农业、农村适用的法规体系框架可分为九大部分。

**1.农业基本法律制度**

包括：《农业法》。

**2.农产品生产与经营法律制度**

包括：《中华人民共和国农业技术推广法》(以下简称《农业技术推广法》)、《中华人民共和国种子管理条例》(以下简称《种子管理条例》)、《农业农村部关于肥料、土壤调理剂及植物生长调节剂检验登记的暂行规定》《农业农村部肥料登记管理办法》《加强肥料登记管理工作的若干规定》《农药管理条例》《饲料和饲料添加剂管理条例》《兽药管理条例》《农业机械安全监督管理条例》《中华人民共和国食品安全法》(以下简称《食品安全法》)、《中华人民共和国农产品质量安全法》(以下简称《农产品质量安全法》)、《中华人民共和国动物防疫法》(以下简称《动物防疫法》)、《中华人民共和国进出境动植物检疫法》(以下简称《进出境动植物检疫法》)、《植物检疫条例》《种畜禽管理条例》《乳品质量安全监督管理条例》《农业转基因生物安全管理条例》《中华人民共和国农民专业合作社法》(以下简称《农民专业合作社法》)、《中华人民共和国合伙企业法》(以下简称《合伙企业法》)和《中华人民共和国民法典》(以下简称《民法典》)物权编等。

**3.农业知识产权法律制度**

包括：《中华人民共和国专利法》(以下简称《专利法》)、《中华人民共和国植物新品种保护条例》(以下简称《植物新品种保护条例》)、《中华人民共和国商标法》(以下简称《商标法》)、《中华人民共和国商标法实施条例》(以下简称《商标法实施条例》)、《中华人民共和国反不正当竞争法》(以下简称《反不正当竞争法》)、《地理标志产品保护规定》和《农产品地理标志管理办法》等。

**4.农村土地承包与纠纷解决法律制度**

包括：《中华人民共和国农村土地承包法》(以下简称《农村土地承包法》)、《中华人民共和国农村土地承包经营纠纷调解仲裁法》(以下简称《农村土地承包经营纠纷调解仲裁法》)等。

**5.农业资源与环境保护法律制度**

包括：《中华人民共和国环境保护法》(以下简称《环境保护法》)、《中华人民共和国土地管理法》(以下简称《土地管理法》)、《中华人民共和国水法》(以下简称《水法》)、《中华人民共和国渔业法》(以下简称《渔业法》)、《中华人民共和国草原法》(以下简称《草原法》)和《中华人民共和国森林法》(以下简称《森林法》)、《中华人民共和国森林法实施条例》(以下简称《森林法实施条例》)等。

**6. 农村金融服务法律制度**

包括：《中华人民共和国保险法》（以下简称《保险法》）、《农业保险条例》《工伤保险条例》《中华人民共和国企业所得税法》（以下简称《企业所得税法》）、《中华人民共和国个人所得税法》（以下简称《个人所得税法》）、《中华人民共和国增值税暂行条例》（以下简称《增值税暂行条例》）、《中华人民共和国城镇土地使用税暂行条例》（以下简称《城镇土地使用税暂行条例》）、《中华人民共和国耕地占用税法》（以下简称《耕地占用税法》）、《中华人民共和国契税法》（以下简称《契税法》）和《中华人民共和国车船税暂行条例》（以下简称《车船税暂行条例》）等。

**7. 农民婚姻家庭继承法律制度**

包括：《民法典》婚姻家庭编和继承编以及与此密切相关的《中华人民共和国反家庭暴力法》（以下简称《反家庭暴力法》）等。

**8. 农村社会保障制度**

包括：《农村五保供养工作条例》等。

**9. 村民自治法律法规**

包括：《中华人民共和国村民委员会组织法》（以下简称《村民委员会组织法》）、《中华人民共和国选举法》（以下简称《选举法》）和《村民一事一议筹资酬劳管理办法》等。

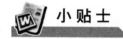 小贴士

## 农村建房"八不准"

2020 年，自然资源部、农业农村部联合下发了《关于农村乱占耕地建房"八不准"的通知》（自然资发〔2020〕127 号）和《关于保障农村村民住宅建设合理用地的通知》（自然资发〔2020〕128 号）（以下简称《通知》）。

1. 不准占用永久基本农田建房

根据修订后的《土地管理法》的规定，国家实行永久基本农田保护制度，永久基本农田经依法划定后，任何单位和个人不得擅自占用或者改变用途，农村村民建住宅亦不得占用永久基本农田。

2. 不准强占多占耕地建房

根据《通知》要求，超过批准的数量占地建房，多占的土地以非法占用土地论处。强占耕地建房行为未经合法审批，多占耕地建房行为超出了合法批准的面积，均应明令禁止。

3. 不准买卖、流转耕地违法建房

国家实行用途管制制度。任何单位和个人不得侵占、买卖或者以其他形式非法转让

土地用于建房等非农业建设。

4. 不准在承包耕地上违法建房

在《土地管理法》和《土地承包法》中都规定,承包经营土地的单位和个人,有保护和按照承包合同约定的用途合理利用土地的义务,未经依法批准不得将承包地用于非农业建设。

5. 不准巧立名目违法占用耕地建房

"乡村振兴""美丽乡村""新农村建设""设施农业"、异地扶贫、移民搬迁等涉及非农业建设的,均须依法办理用地审批手续。

6. 不准违反"一户一宅"规定占用耕地建房

《通知》中明确规定,农村村民一户只能拥有一处宅基地。农村村民出卖、出租、赠予住宅后,再申请宅基地的,不予批准。

7. 不准非法出售占用耕地建的房屋

违法占用农民集体所有的土地特别是耕地建的房屋属于违法建筑,相关买卖行为不受法律保护,不能办理不动产登记。

8. 不准违法审批占用耕地建房

农用地转用手续等用地审批须由有权机关依照法定权限及法定程序作出。单位或者个人非法批准占地建房的,批准文件无效。

# 第三节　农村政策与农村法律法规的关系

## 一、农村政策与农村法律法规的联系

### 1. 农村政策指导农村法律法规的制定

制定农村法律法规,要以国家的宪法为依据,还要有国家的农村政策为指导,任何一项农村法律法规,都要体现国家的基本农村政策。在这个意义上说,农村法律法规是农村政策的具体化、条文化。

### 2. 农村法律法规对农村政策的制约作用

农村法律法规是执政党和国家意志在农业方面的统一,是国家权力的最高体现。它决定了执政党和任何政治团体以及政府首脑的有关农业活动都必须在农业法律的范围内进行,农村政策决不能与农业法律相违背。即使农村法律法规的有些内容已不适应时代发展的要求,也只能通过法定程序加以修改和更新,不能借口执行农村政策而随意改变法律。

## 二、农村法律法规与农村政策的区别

**1. 属性不同**

农村法律法规具有国家意志的属性,法律体现了一种国家意志,具有普遍约束力,以权利和义务的形式表现出来,成为各种组织和全体公民必须遵守的行为规则。农村政策则是由党和政府部门制定的,不具有国家意志的属性。

**2. 制定主体不同**

农村法律法规必须由国家立法机关及依法授权的有关机关制定,而且必须依照严格的法定程序和法定权限。农村法律法规是根据党的政策制定的,具有明确的规范性,是党的政策的定型化、条文化、具体化。农村政策则可以由政党、政府、利益集团等不同政治主体所制定或影响,某些农村政策的制定不一定要像法律那样经过严格的规范程序。政策的规定一般来说比较笼统,原则性强,弹性较大。

**3. 表现方式不同**

农村法律法规一定要以规范性的法律文件正式公布出来,而农村政策是由决定、决议、纲领、宣言、通知、纪要等形式表现出来,有时还有所谓的内部政策。

**4. 实施方式不同**

农村法律法规是以国家的强制力为后盾保证实施的。在法律的背后有法庭、警察、监狱等国家机器,国家司法机关对违反法律的行为必将绳之以法,给予强制性惩处。但是农村政策并不一定都是以国家强制力为后盾,而是主要是靠宣传、教育、说服、劝导等方式来贯彻实施。

**5. 稳定程度不同**

农村法律法规比农村政策更加稳定。农村政策比较灵活多变,它可以根据变化了的农业以及整个国民经济形势,根据当时的客观实际和具体需要而制定,作出调整。

## 三、农业领域的政策和法规联系非常密切

要准确认识农村法规的主要制度,就必须理解相关的农村政策。同时,由于农业立法的滞后性,农村政策在农业和农村经济活动中仍然发挥着重要的作用。

**1. 农村政策和农村法规具有时代性**

我国正处于经济和社会的转型期,农业尤其如此。我国现行的重要农村政策和农村法规均体现了这一时代特点。这一特点决定了:第一,农业和农村领域的立法进程较快,为适应农村改革深化的要求,不断有新的农村法律法规颁布实施;第二,农业和农村发展中不断产生新的问题和矛盾,需要国家不断制定新的政策用以指导农村经济活动。

**2. 农村政策和农村法规具有实践性**

农村政策和农村法规的制定和颁布,是基于我国当前农业和农村改革的现实需要,

因此既要理解它们所涉及的基本理论,更要与我国农业和农村发展的实践相结合,能够根据农村法规知识来解决实践中的矛盾和问题。

 **导学案例解析**

吉林省长春市九台区红光村:"稻村"走上现代农业新路。

(1) 2009 年前后,红光村迎来新机遇,在政府部门帮助下,利用农业项目资金,购置农机、建设高标准农田。农户们成立了水稻农机化生产专业合作社,协调全村的水田入股或流转,通过与农业企业合作,村企联营,实现统一经营。村里共投入 2000 多万元,将全部水田建成设施完善、农电配套的高标准农田,同时购置了 65 台(套)各类农机具,水稻田间作业综合机械化率提高到 98%。土地规模经营,机械化耕作,省了成本,增了收成。

(2) 打响绿色品牌,离不开农技支撑。当地农技推广中心和九台区建设的智慧乡村综合服务平台,成为技术后盾,给红光村农业插上了腾飞的翅膀。红光村稻田的土壤温度、水温、地块病虫害等情况,时时显示在合作社办公楼的电子屏幕上。平台将卫星遥感、视频监控、气象监测、无人机航拍、地面传感五大数据融合应用,实现了对稻田不间断的智能监测。监测指标异常,系统就会报警提示。农田各项数据相对保持固定,保证了红光村稻米品质的标准化。

(3) 配合稻田风光,村里建设了村史馆和九台稻米产业展览馆供游客参观。九台区围绕稻米深加工进行产业布局,农村三产融合是发展方向,未来村里还将做精稻米加工和综合利用。

(资料来源:岳富荣、祝大伟:《吉林长春市九台区红光村:"稻村"走上现代农业新路》,载《人民日报》,2020 年 9 月 20 日)

 **练习题**

**一、简答题**

1. 农村政策是什么? 农村法规是什么?

2. 农村政策包括哪些种类?

3. 农村政策与农村法规的区别有哪些?

**二、不定项选择题**

1.《中共中央、国务院关于抓好"三农"领域重点工作　确保如期实现全面小康的意见》是(　　)出台的中央 1 号文件。

　　A. 2017 年　　　　B. 2018 年　　　　C. 2019 年　　　　D. 2020 年

2.《中共中央、国务院关于实施乡村振兴战略的意见》是(　　)出台的中央1号文件。

    A. 2017年　　　　　　B. 2018年　　　　　C. 2019年　　　　　D. 2020年

3. 我国农业、农村法律体系框架构成可以分为(　)、部门规章(或称部门行政规章)和地方规章(或称地方行政规章)等部分。

    A.《农业法》　　　　　　　　　　　B. 行政法规

    C. 专业法律　　　　　　　　　　　D. 地方性法规

4. 农业基本法律制度,包括:(　　)。

    A.《农业法》　　　　　　　　　　　B.《农业技术推广法》

    C.《种子管理条例》　　　　　　　　D.《广告法》

5. 农产品生产与经营法律制度,包括:(　　)。

    A.《农业转基因生物安全管理条例》　　B.《农民专业合作社法》

    C.《合伙企业法》　　　　　　　　　D.《民法典》

6. 农业知识产权法律制度,包括:(　　)。

    A.《专利法》　　　　　　　　　　　B.《植物新品种保护条例》

    C.《商标法》　　　　　　　　　　　D.《地理标志产品保护规定》

7. 农业资源与环境保护法律制度,包括:(　　)。

    A.《环境保护法》　　B.《土地管理法》　　C.《水法》　　　　D.《森林法》

8. 农村法律法规与农村政策的区别是(　　)不同。

    A. 属性　　　　　　B. 制定主体　　　　C. 表现方式　　　　D. 实施方式

### 三、案例分析题

国家乡村振兴战略已经发布实施,试分析:你所在的省(自治区、直辖市)都具体做了哪些工作,出台了哪些措施?

# 第二章
# 城乡融合发展与乡村振兴

 **学习目标**

1. 掌握城乡规划的定义，城乡规划的种类，乡村振兴战略的内容；
2. 理解城乡融合发展政策，城乡规划的内容；
3. 了解制定城乡规划的基本原则。

**案例导学**

在"2020年武汉市庆祝中国农民丰收节"活动中，湖北省武汉市江夏区授予45名新农人为"全区乡村振兴新农人先进个人"。

橘农家庭出身的广西小伙张朝，对柑橘"情有独钟"。2017年，他看重了江夏区的自然和营商环境，带着儿时的农业梦想，选择在江夏区山坡街光华村试种砂糖橘，砂糖橘项目也成为江夏区"乡土人才双百计划"的首批重点帮扶对象。在他开始试种的第一年，橘园遭遇了罕见的寒冬，受灾面积达400亩左右。困难时刻，区乡土人才帮扶工作组迅速协调华中农业大学果树系教授，组成技术保障团队前往基地，采用多种技术最大限度减少了损失。橘园不仅通过就业带动农民实现脱贫，还带动其他农民种植砂糖橘，形成规模效应。

近年来，江夏区还整合农业园区，实施"农业星创天地倍增计划"，吸引近2000名乡土人才参与创新创业实践，培育指导500家乡土人才创业实体。作为武汉市"三乡工程"的发源地，江夏区五里界街已成为文化、文创、文旅融合的样本。市民下乡游玩体验，文化名人入村创作，企业家兴办文化产业，乡村各类文化业态不断丰富。

地处五里界街的"梁湖星创天地"常常吸引年轻人驻足拍照，欣赏充满设计感的文创产品。将文化创意融入老旧城区改造和美丽乡村建设，用美的方式表现历史感，用文化包装农产品。

江夏区在注重"引凤"的同时，也重视培育本土人才。雷贤忠是湖北省养猪行业协会会长,是湖北省的"养猪达人"。近年来受市场行情等客观因素限制,他的公司发展一度遭遇瓶颈。面对困境,如何促进企业转型？江夏区多部门会商专门为雷贤忠量身定做"四大举措",促进了雷贤忠生猪事业的快速转型发展。

据统计,2019年,江夏全区实现农业增加值100亿元,农村居民人均可支配收入23400元,农产品加工业产值145亿元,休闲农业产值40亿元,各项产值指标实现逆势增长。[①]

# 第一节 城 乡 规 划

## 一、城乡规划概念

城乡规划是以促进城乡经济社会全面协调可持续发展为根本任务、促进土地科学使用为基础、促进人居环境根本改善为目的,涵盖城乡居民点的空间布局规划。

城乡规划是各级政府科学布局城乡发展建设空间,以遵循自然规律及保护生态环境为前提,开发利用自然资源,它是确保社会公正和公平的依据。

《城乡规划法》中所称的城乡规划,包括城镇体系规划、城市规划、镇规划、乡规划和村庄规划。城市规划、镇规划分为总体规划和详细规划。城乡规划涉及多个领域,包括政治、文化、经济及社会生活等,是一项具有较高战略和全局性、较强综合性的统筹工作。

## 二、制定城乡规划的基本原则

1. 必须遵守并符合国家《城乡规划法》及相关法律法规,在规划指导思想、内容及具体程序上,真正做到依法制定规划。

2. 必须严格执行国家政策。坚持中国特色的城镇化道路,坚持节约和集约利用资源,保护生态环境,保护人文资源,尊重历史文化,坚持因地制宜确定城市发展目标与战略,促进城市全面协调可持续发展。

3. 应当遵循城乡统筹、合理布局、节约土地、集约发展和先规划后建设的原则,改善生态环境,促进资源、能源节约和综合利用,保护耕地等自然资源和历史文化遗产,保护地方特色、民族特色和传统风貌,防止污染和其他公害,并符合区域人口发展、国防建设、防灾减灾和公共卫生、公共安全的需要。

4. 应当考虑人民群众需要,改善人居环境,方便群众生活,充分关注低收入人群,扶

---

① 《武汉江夏：乡土人才大有用武之地》,载《光明日报》,2020年10月18日03版。

助弱势群体,维护社会稳定和公共安全。

5.应当坚持政府组织、专家领衔、部门合作、公众参与、科学决策的原则。

**【案例 2-1】**

上集镇位于河南省南阳市淅川县城近郊,三面环城,集城区、山区、库区和移民安置区于一体,辖 11 个社区、37 个村。

(1)近年来,上集镇作为淅川县城市建设的主阵地,承担了新县一高、新县医院、北客运站、碧桂园、建业城、上亿广场、洲亿汽车城等全县 36 个重大项目的征迁任务,征地 6000 余亩、拆迁 4000 余户,占全县征迁任务总量的 70%,为扮靓"滨湖水城、生态绿城、宜居山城和旅游新城"的淅川县城作出了巨大贡献。

(2)脱贫攻坚,产业扶贫是关键。林果产业,围绕榛子、板栗两大干果做文章,改良铁娃河流域的铁庙、娃鱼河、老坟沟、草庙沟、关帝等村 1 万亩板栗;利用产业扶贫资金建设 5000 亩榛子种植基地,计划到 2021 年,将上九路沿线村全部纳入基地建设,榛子种植面积达到 1 万余亩。

同时立足区位优势,大力发展城郊采摘经济,在东沟发展凯特杏 200 亩,发展大樱桃 40 亩,周岭村发展桃子 80 亩,草庙沟发展葡萄 100 亩、阳丰甜柿 150 亩,三关垭村的大棚香椿 70 亩,大龙村发展山楂 30 亩,槐树洼发展黄桃 50 亩,食用菌建设槐树洼—宵山栗子谷基地、山根—水田白玉木耳基地、陈庄百菌园、张营香菇、北岗平菇基地等示范基地,聘请专家指导,提高食用菌产量质量。中药材产业,引导大龙、槐树洼、杨营、石板河、山根、竹园等 20 个村群众种植迷迭香、万寿菊、蒲公英、丹参等适生中药材 5000 亩,打造大龙、石板河、东沟等中药材连片示范基地。

(3)实施"五大工程",在燕山南路沿线的山根、水田、大坪、塘坊等村,发挥有山有水的自然优势,大力发展生态产业和小龙虾、罗非鱼等特色水产养殖,建设集旅游观光、休闲垂钓、生态采摘、餐饮服务于一体的农旅融合示范区。把上九路沿线白石崖"哈尼梯田"、竹园孔雀谷、贾沟跑马场等串珠成线,不断扩规模、富内涵、提品位,建设乡村游示范区。

镇贫困人口由"十二五"末的 2647 户 8419 人降至目前的 281 户 521 人,贫困发生率降至 0.79%;全镇全年固定资产投资 55.6 亿元,地方公共财政预算收入 3800 万元,同比分别增长 7.8%、8.5%,经济高质量发展绩效考评稳居全县前列。

问:上集镇采取了哪些措施,促进城乡融合推动乡村振兴?

**【解析】**

作为城郊大镇,为了让上集居民实现"产业兴旺、生态宜居、乡风文明、治理有效、生活富裕",上集镇党委、政府近年来采用一系列进一步激活发展潜力、提升发展品质的政策措施,按照城乡融合发展理念,把城区建设得更加精致、更有韵味,把农村打造得更加美丽、更加宜居,将上集建成宜居宜业宜游的崭新名片。

（1）优化服务,破解征迁遗留难题

面对征迁项目遗留问题较多的"老大难",坚持有解思维,将扫清拆迁遗留作为服务县城建设的重要任务来抓,调整充实城建工作专班,高位对标县新区建设指挥部下发的《新区建设拆迁任务表》,细化工作台账,明确目标任务,落实责任到人。上集镇党委、政府牢固树立以人为本理念,在实际工作中,坚持一户一策,逐一分析遗留户家庭情况,进行对比说理和帮扶,促成拆迁工作,更好、更有力地支持、保障全县重点项目建设。

（2）做实产业,夯实脱贫摘帽基础

近年来,上集镇始终将产业扶贫作为打赢打好脱贫攻坚战的第一场硬仗,坚持"'短中长'产业结合,'一村一品'创特色"的思路,因地制宜、大胆创新,大力培育林果、中药材、食用菌和蔬菜四大支柱产业,打造了一批立得住、叫得响的品牌,巩固提升脱贫摘帽成果。

（3）因地制宜,推进乡村振兴战略

该镇突出规划引领,坚持示范先行,充分发掘农村资源,因地制宜发展特色优势产业,以产业发展和乡村旅游为突破口,强力推进乡村振兴战略。[①]

## 三、城乡规划的内容

### （一）县域村镇体系规划内容

1. 综合评价县域的发展条件。

2. 制定县域城乡统筹发展战略,确定县域产业发展空间布局。

3. 预测县域人口规模,确定城镇化战略。

4. 划定县域空间管制分区,确定空间管制策略。

5. 确定县域镇村体系布局,明确重点发展的中心镇。

6. 制定重点城镇与重点区域的发展策略。

7. 确定必须制定规划的乡和村庄的区域,确定村庄布局基本原则和分类管理策略。

8. 统筹配置区域基础设施和社会公共服务设施。

制定包括交通、给水、排水、电力、邮政、通信、教科文卫、历史文化资源保护、环境保护、防灾减灾、防疫等专项规划。

---

① 淅川县上集镇促进城乡融合推动乡村振兴. http://newpaper.dahe.cn/hnrbncb/html/2020-10/15/content_449185.htm.2020-10-18.

### （二）县城区规划内容

1. 分析确定县城性质、职能和发展目标，预测县城人口规模。

2. 划定规划区、确定县城建设用地规模。

3. 划定禁止建设区、限制建设区和适宜建设区，制定空间管制措施。

4. 确定各类用地的空间布局，确定绿地系统、河湖水系、历史文化、地方传统特色等的保护内容、要求，划定各类保护范围，提出保护措施。

5. 确定交通、给水、排水、供电、邮政、通信、燃气、供热等基础设施和公共服务设施的建设目标和总体布局。

6. 确定综合防灾和公共安全保障体系的规划原则、建设方针和措施。

7. 确定空间发展时序，提出规划实施步骤、措施和政策建议。

### （三）镇域规划内容

1. 提出镇的发展战略和发展目标，确定镇域产业发展空间布局。

2. 预测镇域人口规模；明确规划强制性内容，划定镇域空间管制分区，确定空间管制要求。

3. 确定镇区性质、职能及规模，明确镇区建设用地标准与规划区范围；确定镇村体系布局，统筹配置基础设施和公共设施。

4. 提出实施规划的措施和建议。

### （四）镇区规划内容

1. 确定规划区内各类用地布局。

2. 确定规划区内道路网络，对规划区内的基础设施和公共服务设施进行规划安排。

3. 建立环境卫生系统和综合防灾减灾系统。

4. 确定规划区内生态环境保护与优化目标，提出污染控制与治理措施。

5. 划定河、湖、库、渠和湿地等地表水体保护和控制范围。

6. 确定历史文化保护及地方传统特色保护的内容及要求。

### （五）乡域规划的内容

1. 提出乡产业发展目标，落实相关生产设施、生活服务设施以及公益事业等各项建设的空间布局。

2. 落实规划期内各阶段人口规模与人口分布情况。

3. 确定乡的职能及规模，明确乡政府驻地的规划建设用地标准与规划区范围。

4. 确定中心村、基层村的层次与等级，提出村庄集约建设的分阶段目标及实施方案。

5. 统筹配置各项公共设施、道路和各项公用工程设施，制定各专项规划，并提出自然和历史文化保护、防灾减灾等要求。

6.提出实施规划的措施和有关建议,明确规划强制性内容。

### (六) 乡驻地规划的内容

1.确定规划区内各类用地布局,提出道路网络建设与控制要求。

2.建立环境卫生系统和综合防灾减灾系统。

3.确定规划区内生态环境保护与优化目标,划定主要水体保护和控制范围。

4.确定历史文化保护及地方传统特色保护的内容及要求。

5.规划建设容量,确定公用工程管线位置、管径和工程设施的用地界线等。

### (七) 村庄规划的内容

1.安排村庄内的农业生产用地布局及为其配套服务的各项设施。

2.确定村庄居住、公共设施、道路、工程设施等用地布局。

3.畜禽养殖场所等农村生产建设的用地布局。

4.确定村庄内的给水、排水、供电等工程设施及其管线走向、敷设方式。

5.确定垃圾分类及转运方式,明确垃圾收集点、公厕等环境卫生设施的分布、规模。

6.确定防灾减灾设施的分布和规模。

7.对村庄分期建设时序进行安排,并对近期建设的工程投资等进行估算和分析。

## 四、城乡规划的实施

1.地方各级人民政府应当根据当地经济社会发展水平,量力而行,尊重群众意愿,有计划、分步骤地组织实施城乡规划。

2.镇的建设和发展,应当结合农村经济社会发展和产业结构调整,优先安排供水、排水、供电、供气、道路、通信、广播电视等基础设施和学校、卫生院、文化站、幼儿园、福利院等公共服务设施的建设,为周边农村提供服务。

3.乡、村庄的建设和发展,应当因地制宜、节约用地,发挥村民自治组织的作用,引导村民合理进行建设,改善农村生产、生活条件。

### 【案例 2-2】

2020 年广东省佛山市南海区各镇全面激发城乡融合、产业升级、创新驱动、文化发展、干事创业五个新活力,守住"六保"底线,全力稳住经济基本盘,以保促稳、稳中求进,走出一条有效应对冲击、实现良性循环的新路子。

(1)西樵:环西樵山片区打造优质生产生活环境。围绕"两高四新"现代产业体系进行精准招商,进一步丰富西樵的产业结构。打造产业发展新西樵,在大力发展新兴产业的同时,还要紧紧抓住原有的优势产业这个"牛鼻子",推动传统产业转型升级。

(2)丹灶:加强与大院大所合作,打造院士项目加速基地。丹灶镇是佛山氢能产业、智能安全产业、日资企业发展的主阵地。该镇借助仙湖氢谷、粤港澳大湾区(南海)智能安全产业园等平台强化招商。在外资项目方面,该镇规划3000亩地建"中日合作科技产业园",同时积极洽谈项目,有望引入超1亿美元的项目落户。

(3)狮山:打造大湾区产业高地、广佛西部枢纽、佛山科创新城。狮山立足汽车、有色金属等传统优势产业,谋划更大发展空间。与此同时,狮山突出科技创新,培育和发展新兴产业。狮山继续拓展产业空间,力争实现征一万亩的产业用地、整理拆除一万亩村级工业园、报建50万平方米的产业载体目标。

问:广东省南海区有哪些成功经验可以借鉴?

**【解析】**

南海区建设广东省城乡融合发展改革创新实验区全面启动,打造十大示范片区,环西樵山片区就是其中之一。环西樵山片区既有现代的工业体系,也有优美的文旅资源,通过产城融合,为该片区打造更加优质的生产、生活、科研环境。举全镇之力重点推进五大产业片区、环西樵山片区、国家生态公园和乡村振兴连片示范区建设,进一步优化产业空间布局。通过环境来带动产业发展,通过产业发展来反哺整个城乡融合的发展。[①]

# 第二节　城乡融合发展

2019年《中共中央、国务院关于建立健全城乡融合发展体制机制和政策体系的意见》是新时代党和国家关于城乡融合发展的最新指引。

## 一、城乡融合发展目标

### 1. 到2022年,城乡融合发展体制机制初步建立

城乡要素自由流动制度性通道基本打通,城市落户限制逐步消除,城乡统一建设用地市场基本建成,金融服务乡村振兴的能力明显提升,农村产权保护交易制度框架基本形成,基本公共服务均等化水平稳步提高,乡村治理体系不断健全,经济发达地区、都市圈和城市郊区在体制机制改革上率先取得突破。

### 2. 到2035年,城乡融合发展体制机制更加完善

城镇化进入成熟期,城乡发展差距和居民生活水平差距显著缩小。城乡有序流动的人口迁徙制度基本建立,城乡统一建设用地市场全面形成,城乡普惠金融服务体系全面

---

① 《佛山南海:为建设广东省城乡融合发展改革创新实验区贡献"镇"能量》,http://www.fsonline.com.cn/p/278668.html.2020-10-18.

建成,基本公共服务均等化基本实现,乡村治理体系更加完善,农业农村现代化基本实现。

### 3. 到 21 世纪中叶,城乡融合发展体制机制成熟定型

城乡全面融合,乡村全面振兴,全体人民共同富裕基本实现。

## 二、建立健全有利于城乡要素合理配置的体制机制

坚决破除妨碍城乡要素自由流动和平等交换的体制机制壁垒,促进各类要素更多地向乡村流动,在乡村形成人才、土地、资金、产业、信息汇聚的良性循环,为乡村振兴注入新动能。

### 1. 健全农业转移人口市民化机制

有力有序有效深化户籍制度改革,放开放宽除个别超大城市外的城市落户限制。加快实现城镇基本公共服务常住人口全覆盖。以城市群为主体形态促进大中小城市和小城镇协调发展,增强中小城市的人口承载力和吸引力。

建立健全由政府、企业、个人共同参与的农业转移人口市民化成本分担机制,全面落实支持农业转移人口市民化的财政政策、城镇建设用地增加规模与吸纳农业转移人口落户数量挂钩政策,以及中央预算内投资安排向吸纳农业转移人口落户数量较多的城镇倾斜政策。维护进城落户农民土地承包权、宅基地使用权、集体收益分配权,支持引导其依法自愿有偿转让上述权益。提升城市包容性,推动农民工特别是新生代农民工融入城市。

### 2. 建立城市人才入乡激励机制

制定财政、金融、社会保障等激励政策,吸引各类人才返乡入乡创业。鼓励原籍普通高校和职业院校毕业生、外出农民工及经商人员回乡创业兴业。推进大学生村官与选调生工作衔接,鼓励引导高校毕业生到村任职、扎根基层、发挥作用。建立选派第一书记工作长效机制。

建立城乡人才合作交流机制,探索通过岗编适度分离等多种方式,推进城市教科文卫体等工作人员定期服务乡村。推动职称评定、工资待遇等向乡村教师、医生倾斜,优化乡村教师、医生中高级岗位结构比例。引导规划、建筑、园林等设计人员入乡。允许农村集体经济组织探索人才加入机制,吸引人才、留住人才。

### 3. 改革完善农村承包地制度

保持农村土地承包关系稳定并长久不变,落实第二轮土地承包到期后再延长 30 年政策。加快完成农村承包地确权登记颁证。完善农村承包地"三权分置"制度,在依法保护集体所有权和农户承包权前提下,平等保护并进一步放活土地经营权。健全土地流转规范管理制度,强化规模经营管理服务,允许土地经营权入股从事农业产业化经营。

**4. 稳慎改革农村宅基地制度**

加快完成房地一体的宅基地使用权确权登记颁证。探索宅基地所有权、资格权、使用权"三权分置",落实宅基地集体所有权,保障宅基地农户资格权和农民房屋财产权,适度放活宅基地和农民房屋使用权。

鼓励农村集体经济组织及其成员盘活利用闲置宅基地和闲置房屋。在符合规划、用途管制和尊重农民意愿前提下,允许县级政府优化村庄用地布局,有效利用乡村零星分散存量建设用地。推动各地制定省内统一的宅基地面积标准,探索对增量宅基地实行集约有奖、对存量宅基地实行退出有偿。

**5. 建立集体经营性建设用地入市制度**

加快完成农村集体建设用地使用权确权登记颁证。按照国家统一部署,在符合国土空间规划、用途管制和依法取得前提下,允许农村集体经营性建设用地入市,允许就地入市或异地调整入市;允许村集体在农民自愿前提下,依法把有偿收回的闲置宅基地、废弃的集体公益性建设用地转变为集体经营性建设用地入市;推动城中村、城边村、村级工业园等可连片开发区域土地依法合规整治入市;推进集体经营性建设用地使用权和地上建筑物所有权房地一体、分割转让。完善农村土地征收制度,缩小征地范围,规范征地程序,维护被征地农民和农民集体权益。

**6. 健全财政投入保障机制**

鼓励各级财政支持城乡融合发展及相关平台和载体建设,发挥财政资金四两拨千斤的作用,撬动更多社会资金投入。建立涉农资金统筹整合长效机制,提高资金配置效率。调整土地出让收入使用范围,提高农业农村投入比例。支持地方政府在债务风险可控前提下发行政府债券,用于城乡融合公益性项目。

**7. 完善乡村金融服务体系**

加强乡村信用环境建设,推动农村信用社和农商行回归本源,改革村镇银行培育发展模式,创新中小银行和地方银行金融产品提供机制,加大开发性和政策性金融支持力度。依法合规开展农村集体经营性建设用地使用权、农民房屋财产权、集体林权抵押融资,以及承包地经营权、集体资产股权等担保融资。

实现已入市集体土地与国有土地在资本市场同地同权。建立健全农业信贷担保体系,鼓励有条件有需求的地区按市场化方式设立担保机构。加快完善农业保险制度,推动政策性保险扩面、增品、提标,降低农户生产经营风险。支持通过市场化方式设立城乡融合发展基金,引导社会资本培育一批国家城乡融合典型项目。完善农村金融风险防范处置机制。

**8. 建立工商资本入乡促进机制**

深化"放管服"改革,强化法律规划政策指导和诚信建设,打造法治化便利化基层营商环境,稳定市场主体预期,引导工商资本为城乡融合发展提供资金、产业、技术等支持。

完善融资贷款和配套设施建设补助等政策,鼓励工商资本投资适合产业化规模化集约化经营的农业领域。

通过政府购买服务等方式,支持社会力量进入乡村生活性服务业。支持城市搭建城中村改造合作平台,探索在政府引导下工商资本与村集体合作共赢模式,发展壮大村级集体经济。建立工商资本租赁农地监管和风险防范机制,严守耕地保护红线,确保农地农用,防止农村集体产权和农民合法利益受到侵害。

**9. 建立科技成果入乡转化机制**

健全涉农技术创新市场导向机制和产学研用合作机制,鼓励创建技术转移机构和技术服务网络,建立科研人员到乡村兼职和离岗创业制度,探索其在涉农企业技术入股、兼职兼薪机制。建立健全农业科研成果产权制度,赋予科研人员科技成果所有权。发挥政府引导推动作用,建立有利于涉农科研成果转化推广的激励机制与利益分享机制。探索公益性和经营性农技推广融合发展机制,允许农技人员通过提供增值服务合理取酬。

## 三、建立健全有利于城乡基本公共服务普惠共享的体制机制

推动公共服务向农村延伸、社会事业向农村覆盖,健全全民覆盖、普惠共享、城乡一体的基本公共服务体系,推进城乡基本公共服务标准统一、制度并轨。

**1. 建立城乡教育资源均衡配置机制**

优先发展农村教育事业,建立以城带乡、整体推进、城乡一体、均衡发展的义务教育发展机制。鼓励省级政府建立统筹规划、统一选拔的乡村教师补充机制,为乡村学校输送优秀高校毕业生。推动教师资源向乡村倾斜,通过稳步提高待遇等措施增强乡村教师岗位吸引力。

实行义务教育学校教师"县管校聘",推行县域内校长教师交流轮岗和城乡教育联合体模式。完善教育信息化发展机制,推动优质教育资源城乡共享。多渠道增加乡村普惠性学前教育资源,推行城乡义务教育学校标准化建设,加强寄宿制学校建设。

**2. 健全乡村医疗卫生服务体系**

建立和完善相关政策制度,增加基层医务人员岗位吸引力,加强乡村医疗卫生人才队伍建设。改善乡镇卫生院和村卫生室的条件,因地制宜建立完善医疗废物收集转运体系,提高慢性病、职业病、地方病和重大传染病防治能力,加强精神卫生工作,倡导优生优育。

健全网络化服务运行机制,鼓励县医院与乡镇卫生院建立县域医共体,鼓励城市大医院与县医院建立对口帮扶、巡回医疗和远程医疗机制。全面建立分级诊疗制度,实行差别化医保支付政策。因地制宜建立完善全民健身服务体系。

**3. 健全城乡公共文化服务体系**

统筹城乡公共文化设施布局、服务提供、队伍建设,推动文化资源重点向乡村倾斜,

提高服务的覆盖面和适用性。推行公共文化服务参与式管理模式,建立城乡居民评价与反馈机制,引导居民参与公共文化服务项目规划、建设、管理和监督,推动服务项目与居民需求有效对接。支持乡村民间文化团体开展符合乡村特点的文化活动。

推动公共文化服务社会化发展,鼓励社会力量参与。建立文化结对帮扶机制,推动文化工作者和志愿者等投身乡村文化建设。划定乡村建设的历史文化保护线,保护好农业遗迹、文物古迹、民族村寨、传统村落、传统建筑和灌溉工程遗产,推动非物质文化遗产活态传承。发挥风俗习惯、村规民约等优秀传统文化基因的重要作用。

**4. 完善城乡统一的社会保险制度**

完善统一的城乡居民基本医疗保险、大病保险和基本养老保险制度。巩固医保全国异地就医联网直接结算。建立完善城乡居民基本养老保险待遇确定和基础养老金正常调整机制。做好社会保险关系转移接续工作,建立以国家政务服务平台为统一入口的社会保险公共服务平台。构建多层次农村养老保障体系,创新多元化照料服务模式。

**5. 统筹城乡社会救助体系**

做好城乡社会救助兜底工作,织密兜牢困难群众基本生活安全网。推进低保制度城乡统筹,健全低保标准动态调整机制,确保动态管理下应保尽保。全面实施特困人员救助供养制度,提高托底保障能力和服务质量。做好困难农民重特大疾病救助工作。健全农村留守儿童和妇女、老年人关爱服务体系。健全困境儿童保障工作体系,完善残疾人福利制度和服务体系。改革人身损害赔偿制度,统一城乡居民赔偿标准。

**6. 建立健全乡村治理机制**

建立健全党组织领导的自治、法治、德治相结合的乡村治理体系,发挥群众参与治理主体作用,增强乡村治理能力。强化农村基层党组织领导作用,全面推行村党组织书记通过法定程序担任村委会主任和村级集体经济组织、合作经济组织负责人,健全以财政投入为主的稳定的村级组织运转经费保障机制。加强农村新型经济组织和社会组织的党建工作,引导其坚持为农村服务。

加强自治组织规范化制度化建设,健全村级议事协商制度。打造一门式办理、一站式服务、线上线下结合的村级综合服务平台,完善网格化管理体系和乡村便民服务体系。

## 四、建立健全有利于城乡基础设施一体化发展的体制机制

把公共基础设施建设重点放在乡村,坚持先建机制、后建工程,加快推动乡村基础设施提档升级,实现城乡基础设施统一规划、统一建设、统一管护。

**1. 建立城乡基础设施一体化规划机制**

以市县域为整体,统筹规划城乡基础设施,统筹布局道路、供水、供电、信息、广播电视、防洪和垃圾污水处理等设施。统筹规划重要市政公用设施,推动向城市郊区乡村和规模较大中心镇延伸。推动城乡路网一体规划设计,畅通城乡交通运输连接,加快实现

县乡村(户)道路联通、城乡道路客运一体化,完善道路安全防范措施。统筹规划城乡污染物收运处置体系,严防城市污染上山下乡,因地制宜统筹处理城乡垃圾污水,加快建立乡村生态环境保护和美丽乡村建设长效机制。加强城乡公共安全视频监控规划、建设和联网应用,统一技术规范、基础数据和数据开放标准。

**2. 健全城乡基础设施一体化建设机制**

明确乡村基础设施的公共产品定位,构建事权清晰、权责一致、中央支持、省级统筹、市县负责的城乡基础设施一体化建设机制。

健全分级分类投入机制,对乡村道路、水利、渡口、公交和邮政等公益性强、经济性差的设施,建设投入以政府为主;对乡村供水、垃圾污水处理和农贸市场等有一定经济收益的设施,政府加大投入力度,积极引入社会资本,并引导农民投入;对乡村供电、电信和物流等经营性为主的设施,建设投入以企业为主。支持有条件的地方政府将城乡基础设施项目整体打包,实行一体化开发建设。

**3. 建立城乡基础设施一体化管护机制**

合理确定城乡基础设施统一管护运行模式,健全有利于基础设施长期发挥效益的体制机制。对城乡道路等公益性设施,管护和运行投入纳入一般公共财政预算。明确乡村基础设施产权归属,由产权所有者建立管护制度,落实管护责任。以政府购买服务等方式引入专业化企业,提高管护市场化程度。推进城市基础设施建设运营事业单位改革,建立独立核算、自主经营的企业化管理模式,更好地承担城乡基础设施管护责任。

## 五、建立健全有利于乡村经济多元化发展的体制机制

围绕发展现代农业、培育新产业新业态,完善农企利益紧密联结机制,实现乡村经济多元化和农业全产业链发展。

**1. 完善农业支持保护制度**

以市场需求为导向,深化农业供给侧结构性改革,走质量兴农之路,不断提高农业综合效益和竞争力。全面落实永久基本农田特殊保护制度,划定粮食生产功能区和重要农产品生产保护区,完善支持政策。按照增加总量、优化存量、提高效能的原则,强化高质量发展导向,加快构建农业补贴政策体系。

发展多种形式农业适度规模经营,健全现代农业产业体系、生产体系、经营体系。完善支持农业机械化政策,推进农业机械化全程全面发展,加强面向小农户的社会化服务。完善农业绿色发展制度,推行农业清洁生产方式,健全耕地草原森林河流湖泊休养生息制度和轮作休耕制度。

**2. 建立新产业新业态培育机制**

构建农村一二三产业融合发展体系,依托"互联网＋"和"双创"推动农业生产经营模式转变,健全乡村旅游、休闲农业、民宿经济、农耕文化体验、健康养老等新业态培育机

制,探索农产品个性化定制服务、会展农业和农业众筹等新模式,完善农村电子商务支持政策,实现城乡生产与消费多层次对接。

适应居民消费升级趋势,制定便利市场准入、加强事中事后监管政策,制定相关标准,引导乡村新产业改善服务环境、提升品质。在年度新增建设用地计划指标中安排一定比例支持乡村新产业新业态发展,探索实行混合用地等方式。严格农业设施用地管理,满足合理需求。

### 3. 探索生态产品价值实现机制

牢固树立绿水青山就是金山银山的理念,建立政府主导、企业和社会各界参与、市场化运作、可持续的城乡生态产品价值实现机制。开展生态产品价值核算,通过政府对公共生态产品采购、生产者对自然资源约束性有偿使用、消费者对生态环境附加值付费、供需双方在生态产品交易市场中的权益交易等方式,构建更多运用经济杠杆进行生态保护和环境治理的市场体系。完善自然资源资产产权制度,维护参与者权益。完善自然资源价格形成机制,建立自然资源政府公示价格体系,推进自然资源资产抵押融资,增强市场活力。

### 4. 建立乡村文化保护利用机制

立足乡村文明,吸取城市文明及外来文化优秀成果,推动乡村优秀传统文化创造性转化、创新性发展。推动优秀农耕文化遗产保护与合理适度利用。建立地方和民族特色文化资源挖掘利用机制,发展特色文化产业。

创新传统工艺振兴模式,发展特色工艺产品和品牌。健全文物保护单位和传统村落整体保护利用机制。鼓励乡村建筑文化传承创新,强化村庄建筑风貌规划管控。培育挖掘乡土文化本土人才,引导企业积极参与,显化乡村文化价值。

### 5. 搭建城乡产业协同发展平台

培育发展城乡产业协同发展先行区,推动城乡要素跨界配置和产业有机融合。把特色小镇作为城乡要素融合重要载体,打造集聚特色产业的创新创业生态圈。优化提升各类农业园区。完善小城镇联结城乡的功能,探索创新美丽乡村特色化差异化发展模式,盘活用好乡村资源资产。创建一批城乡融合典型项目,形成示范带动效应。

### 6. 健全城乡统筹规划制度

科学编制市县发展规划,强化城乡一体设计,统筹安排市县农田保护、生态涵养、城镇建设、村落分布等空间布局,统筹推进产业发展和基础设施、公共服务等建设,更好发挥规划对市县发展的指导约束作用。按照"多规合一"要求编制市县空间规划,实现土地利用规划、城乡规划等有机融合,确保"三区三线"在市县层面精准落地。

加快培育乡村规划设计、项目建设运营等方面人才。综合考虑村庄演变规律、集聚特点和现状分布,鼓励有条件的地区因地制宜编制村庄规划。

## 六、建立健全有利于农民收入持续增长的体制机制

拓宽农民增收渠道,促进农民收入持续增长,持续缩小城乡居民生活水平差距。

**1. 完善促进农民工资性收入增长环境**

推动形成平等竞争、规范有序、城乡统一的劳动力市场,统筹推进农村劳动力转移就业和就地创业就业。规范招工用人制度,消除就业歧视,健全农民工劳动权益保护机制,落实农民工与城镇职工平等就业制度。健全城乡均等的公共就业创业服务制度,努力增加就业岗位和创业机会。提高新生代农民工职业技能培训的针对性和有效性,健全农民工输出输入地劳务对接机制。

**2. 健全农民经营性收入增长机制**

完善财税、信贷、保险、用地等政策,加强职业农民培训,培育发展新型农业经营主体。建立农产品优质优价正向激励机制,支持新型经营主体发展"三品一标"农产品、打造区域公用品牌,提高产品档次和附加值。引导龙头企业与农民共建农业产业化联合体,让农民分享加工销售环节收益。

完善企业与农民利益联结机制,引导农户自愿以土地经营权等入股企业,通过利润返还、保底分红、股份合作等多种形式,拓宽农民增收渠道。促进小农户和现代农业发展有机衔接,突出抓好农民合作社和家庭农场两类农业经营主体发展,培育专业化市场化服务组织,帮助小农户节本增收。

**3. 建立农民财产性收入增长机制**

以市场化改革为导向,深化农村集体产权制度改革,推动资源变资产、资金变股金、农民变股东。加快完成农村集体资产清产核资,把所有权确权到不同层级的农村集体经济组织成员集体。加快推进经营性资产股份合作制改革,将农村集体经营性资产以股份或者份额形式量化到本集体成员。

对财政资金投入农业农村形成的经营性资产,鼓励各地探索将其折股量化到集体经济组织成员。创新农村集体经济运行机制,探索混合经营等多种实现形式,确保集体资产保值增值和农民收益。完善农村集体产权权能,完善农民对集体资产股份占有、收益、有偿退出及担保、继承权。

**4. 强化农民转移性收入保障机制**

履行好政府再分配调节职能,完善对农民直接补贴政策,健全生产者补贴制度,逐步扩大覆盖范围。在统筹整合涉农资金基础上,探索建立普惠性农民补贴长效机制。创新涉农财政性建设资金使用方式,支持符合条件的农业产业化规模化项目。

**5. 强化打赢脱贫攻坚战体制机制**

坚持精准扶贫、精准脱贫,着力提高脱贫质量。改进帮扶方式方法,更多采用生产奖补、劳务补助、以工代赈等机制,推动贫困群众通过自己的辛勤劳动脱贫致富。对完全或部分丧失劳动能力的特殊贫困人口,综合实施保障性扶贫政策。聚焦深度贫困地区,以

解决突出制约问题为重点,以重大扶贫工程和到村到户帮扶为抓手,加大政策倾斜和扶贫资金整合力度,着力改善发展条件,增强贫困农户发展能力。

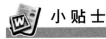

### 小贴士

#### 中国城市中心为安宁争创国家城乡融合发展试验区"把脉问诊"

云南省安宁市,在全省率先启动城乡融合发展课题及规划研究,并举全市之力争创全省第一批国家城乡融合发展试验区。2020年10月,中国城市中心专家组成员一行深入安宁温泉街道、金方街道、太平新城街道,就特色小镇的智慧化建设、搬迁农民安置问题、农村集体经济发展等内容进行了实地"把脉问诊"。

1. 2020年特色小镇建设增加了"智慧化"的要求,安宁温泉小镇运用"区块链＋物联网"数据平台对温泉水实施智能化监测和经营消费管理的模式,此举既新且实,对于资源保护和产业发展两项中心工作促进大,且易于被当地企业和游客所接受。

2. 涉及征地拆迁中村民安置、村集体经济发展以及村民就业等群众切身利益的各项民生事务,皆遵循"四议两公开",讨论决议皆由80％以上的村民共同决定。专家建议"新型城镇化进程不断加快,始终要将百姓利益摆在前"。

3. 中国美丽乡村、休闲乡村的创建体量不断增大。太平新城街道光崀大村根据村的地域优势,吸纳一切有利要素参与"一核一办一平台一监督一评审一运营＋N个要素"(6个1＋N)的发展构架,通过开辟亲子课堂、乡学课堂等,搭建一个融合了乡村集市、田园亲子、文化创意、民宿体验等复合IP植入的文化教育基地。"尽管现在老村民已经搬入了新居,但对村庄整体的打造却不能割裂这两个区域。应将其作为不同的功能分区,要让老村民积极参与其中,并得到实惠。"专家组进一步提出建议。

中国城市中心专家组的实地考察,提出的中肯建议,不断为试验区创建持续加码、加速、加力。[①]

## 第三节　乡村振兴战略

2018年1月2日《中共中央、国务院关于实施乡村振兴战略的意见》发布,提出实施乡村振兴战略,是决胜全面建成小康社会、全面建设社会主义现代化国家的重大历史任务,是新时代"三农"工作的总抓手。

## 一、提升农业发展质量,培育乡村发展新动能

乡村振兴,产业兴旺是重点。必须坚持质量兴农、绿色兴农,以农业供给侧结构性改革为主线,加快构建现代农业产业体系、生产体系、经营体系,提高农业创新力、竞争力和全要素生产率,加快实现由农业大国向农业强国转变。

### 1. 夯实农业生产能力基础

深入实施藏粮于地、藏粮于技战略,严守耕地红线,确保国家粮食安全,把中国人的饭碗牢牢端在自己手中。全面落实永久基本农田特殊保护制度,加快划定和建设粮食生产功能区、重要农产品生产保护区,完善支持政策。大规模推进农村土地整治和高标准农田建设,稳步提升耕地质量,强化监督考核和地方政府责任。

加强农田水利建设,提高抗旱防洪除涝能力。实施国家农业节水行动,加快灌区续建配套与现代化改造,推进小型农田水利设施达标提质,建设一批重大高效节水灌溉工程。加快建设国家农业科技创新体系,加强面向全行业的科技创新基地建设。

深化农业科技成果转化和推广应用改革。加快发展现代农作物、畜禽、水产、林木种业,提升自主创新能力。高标准建设国家南繁育种基地。推进我国农机装备产业转型升级,加强科研机构、设备制造企业联合攻关,进一步提高大宗农作物机械国产化水平,加快研发经济作物、养殖业、丘陵山区农林机械,发展高端农机装备制造。优化农业从业者结构,加快建设知识型、技能型、创新型农业经营者队伍。大力发展数字农业,实施智慧农业林业水利工程,推进物联网试验示范和遥感技术应用。

### 2. 实施质量兴农战略

制定和实施国家质量兴农战略规划,建立健全质量兴农评价体系、政策体系、工作体系和考核体系。深入推进农业绿色化、优质化、特色化、品牌化,调整优化农业生产力布局,推动农业由增产导向转向提质导向。推进特色农产品优势区创建,建设现代农业产业园、农业科技园。实施产业兴村强县行动,推行标准化生产,培育农产品品牌,保护地理标志农产品,打造一村一品、一县一业发展新格局。

加快发展现代高效林业,实施兴林富民行动,推进森林生态标志产品建设工程。加强植物病虫害、动物疫病防控体系建设。优化养殖业空间布局,大力发展绿色生态健康养殖,做大做强民族奶业。统筹海洋渔业资源开发,科学布局近远海养殖和远洋渔业,建设现代化海洋牧场。

建立产学研融合的农业科技创新联盟,加强农业绿色生态、提质增效技术研发应用。切实发挥农垦在质量兴农中的带动引领作用。实施食品安全战略,完善农产品质量和食品安全标准体系,加强农业投入品和农产品质量安全追溯体系建设,健全农产品质量和食品安全监管体制,重点提高基层监管能力。

### 3. 构建农村一二三产业融合发展体系

大力开发农业多种功能,延长产业链、提升价值链、完善利益链,通过保底分红、股份合作、利润返还等多种形式,让农民合理分享全产业链增值收益。实施农产品加工业提升行动,鼓励企业兼并重组,淘汰落后产能,支持主产区农产品就地加工转化增值。

重点解决农产品销售中的突出问题,加强农产品产后分级、包装、营销,建设现代化农产品冷链仓储物流体系,打造农产品销售公共服务平台,支持供销、邮政及各类企业把服务网点延伸到乡村,健全农产品产销稳定衔接机制,大力建设具有广泛性的促进农村电子商务发展的基础设施,鼓励支持各类市场主体创新发展基于互联网的新型农业产业模式,深入实施电子商务进农村综合示范,加快推进农村流通现代化。

实施休闲农业和乡村旅游精品工程,建设一批设施完备、功能多样的休闲观光园区、森林人家、康养基地、乡村民宿、特色小镇。对利用闲置农房发展民宿、养老等项目,研究出台消防、特种行业经营等领域便利市场准入、加强事中事后监管的管理办法。发展乡村共享经济、创意农业、特色文化产业。

### 4. 构建农业对外开放新格局

优化资源配置,着力节本增效,提高我国农产品国际竞争力。实施特色优势农产品出口提升行动,扩大高附加值农产品出口。建立健全我国农业贸易政策体系。深化与"一带一路"沿线国家和地区农产品贸易关系。积极支持农业走出去,培育具有国际竞争力的大粮商和农业企业集团。积极参与全球粮食安全治理和农业贸易规则制定,促进形成更加公平合理的农业国际贸易秩序。进一步加大农产品反走私综合治理力度。

### 5. 促进小农户和现代农业发展有机衔接

统筹兼顾培育新型农业经营主体和扶持小农户,采取有针对性的措施,把小农生产引入现代农业发展轨道。培育各类专业化市场化服务组织,推进农业生产全程社会化服务,帮助小农户节本增效。发展多样化的联合与合作,提升小农户组织化程度。

注重发挥新型农业经营主体带动作用,打造区域公用品牌,开展农超对接、农社对接,帮助小农户对接市场。扶持小农户发展生态农业、设施农业、体验农业、定制农业,提高产品档次和附加值,拓展增收空间。改善小农户生产设施条件,提升小农户抗风险能力。研究制定扶持小农生产的政策意见。

## 二、推进乡村绿色发展,打造人与自然和谐共生发展新格局

乡村振兴,生态宜居是关键。良好生态环境是农村最大优势和宝贵财富。必须尊重自然、顺应自然、保护自然,推动乡村自然资本加快增值,实现百姓富、生态美的统一。

### 1. 统筹山水林田湖草系统治理

把山水林田湖草作为一个生命共同体,进行统一保护、统一修复。实施重要生态系统保护和修复工程。健全耕地草原森林河流湖泊休养生息制度,分类有序退出超载的边

际产能。扩大耕地轮作休耕制度试点。科学划定江河湖海限捕、禁捕区域,健全水生生态保护修复制度。实行水资源消耗总量和强度双控行动。

开展河湖水系连通和农村河塘清淤整治,全面推行河长制、湖长制。加大农业水价综合改革工作力度。开展国土绿化行动,推进荒漠化、石漠化、水土流失综合治理。强化湿地保护和恢复,继续开展退耕还湿。完善天然林保护制度,把所有天然林都纳入保护范围。扩大退耕还林还草、退牧还草,建立成果巩固长效机制。继续实施三北防护林体系建设等林业重点工程,实施森林质量精准提升工程。继续实施草原生态保护补助奖励政策。实施生物多样性保护重大工程,有效防范外来生物入侵。

**2. 加强农村突出环境问题综合治理**

加强农业面源污染防治,开展农业绿色发展行动,实现投入品减量化、生产清洁化、废弃物资源化、产业模式生态化。推进有机肥替代化肥、畜禽粪污处理、农作物秸秆综合利用、废弃农膜回收、病虫害绿色防控。加强农村水环境治理和农村饮用水水源保护,实施农村生态清洁小流域建设。扩大华北地下水超采区综合治理范围。

推进重金属污染耕地防控和修复,开展土壤污染治理与修复技术应用试点,加大对东北黑土地的保护力度。实施流域环境和近岸海域综合治理。严禁工业和城镇污染向农业农村转移。加强农村环境监管能力建设,落实县乡两级农村环境保护主体责任。

**3. 建立市场化多元化生态补偿机制**

落实农业功能区制度,加大重点生态功能区转移支付力度,完善生态保护成效与资金分配挂钩的激励约束机制。鼓励地方在重点生态区位推行商品林赎买制度。健全地区间、流域上下游之间横向生态保护补偿机制,探索建立生态产品购买、森林碳汇等市场化补偿制度。建立长江流域重点水域禁捕补偿制度。推行生态建设和保护以工代赈做法,提供更多生态公益岗位。

**4. 增加农业生态产品和服务供给**

正确处理开发与保护的关系,运用现代科技和管理手段,将乡村生态优势转化为发展生态经济的优势,提供更多更好的绿色生态产品和服务,促进生态和经济良性循环。加快发展森林草原旅游、河湖湿地观光、冰雪海上运动、野生动物驯养观赏等产业,积极开发观光农业、游憩休闲、健康养生、生态教育等服务。创建一批特色生态旅游示范村镇和精品线路,打造绿色生态环保的乡村生态旅游产业链。

## 三、繁荣兴盛农村文化,焕发乡风文明新气象

乡村振兴,乡风文明是保障。必须坚持物质文明和精神文明一起抓,提升农民精神风貌,培育文明乡风、良好家风、淳朴民风,不断提高乡村社会文明程度。

**1. 加强农村思想道德建设**

以社会主义核心价值观为引领,坚持教育引导、实践养成、制度保障三管齐下,采取

符合农村特点的有效方式,深化中国特色社会主义和中国梦宣传教育,大力弘扬民族精神和时代精神。加强爱国主义、集体主义、社会主义教育,深化民族团结进步教育,加强农村思想文化阵地建设。

深入实施公民道德建设工程,挖掘农村传统道德教育资源,推进社会公德、职业道德、家庭美德、个人品德建设。推进诚信建设,强化农民的社会责任意识、规则意识、集体意识、主人翁意识。

**2. 传承发展提升农村优秀传统文化**

立足乡村文明,吸取城市文明及外来文化优秀成果,在保护传承的基础上,创造性转化、创新性发展,不断赋予时代内涵、丰富表现形式。切实保护好优秀农耕文化遗产,推动优秀农耕文化遗产合理适度利用。深入挖掘农耕文化蕴含的优秀思想观念、人文精神、道德规范,充分发挥其在凝聚人心、教化群众、淳化民风中的重要作用。

划定乡村建设的历史文化保护线,保护好文物古迹、传统村落、民族村寨、传统建筑、农业遗迹、灌溉工程遗产。支持农村地区优秀戏曲曲艺、少数民族文化、民间文化等传承发展。

**3. 加强农村公共文化建设**

按照有标准、有网络、有内容、有人才的要求,健全乡村公共文化服务体系。发挥县级公共文化机构辐射作用,推进基层综合性文化服务中心建设,实现乡村两级公共文化服务全覆盖,提升服务效能。深入推进文化惠民,公共文化资源要重点向乡村倾斜,提供更多更好的农村公共文化产品和服务。

支持"三农"题材文艺创作生产,鼓励文艺工作者不断推出反映农民生产生活尤其是乡村振兴实践的优秀文艺作品,充分展示新时代农村农民的精神面貌。培育挖掘乡土文化本土人才,开展文化结对帮扶,引导社会各界人士投身乡村文化建设。活跃繁荣农村文化市场,丰富农村文化业态,加强农村文化市场监管。

**4. 开展移风易俗行动**

广泛开展文明村镇、星级文明户、文明家庭等群众性精神文明创建活动。遏制大操大办、厚葬薄养、人情攀比等陈规陋习。加强无神论宣传教育,丰富农民群众精神文化生活,抵制封建迷信活动。深化农村殡葬改革。加强农村科普工作,提高农民科学文化素养。

# 四、加强农村基层基础工作,构建乡村治理新体系

乡村振兴,治理有效是基础。必须把夯实基层基础作为固本之策,建立健全党委领导、政府负责、社会协同、公众参与、法治保障的现代乡村社会治理体制,坚持自治、法治、德治相结合,确保乡村社会充满活力、和谐有序。

**1. 加强农村基层党组织建设**

扎实推进抓党建促乡村振兴,突出政治功能,提升组织力,抓乡促村,把农村基层党组织建成坚强战斗堡垒。强化农村基层党组织领导核心地位,创新组织设置和活动方式,持续整顿软弱涣散村党组织,稳妥有序开展不合格党员处置工作,着力引导农村党员发挥先锋模范作用。建立选派第一书记工作长效机制,全面向贫困村、软弱涣散村和集体经济薄弱村党组织派出第一书记。

实施农村带头人队伍整体优化提升行动,注重吸引高校毕业生、农民工、机关企事业单位优秀党员干部到村任职,选优配强村党组织书记。健全从优秀村党组织书记中选拔乡镇领导干部、考录乡镇机关公务员、招聘乡镇事业编制人员制度。加大在优秀青年农民中发展党员力度。建立农村党员定期培训制度。全面落实村级组织运转经费保障政策。推行村级小微权力清单制度,加大基层小微权力腐败惩处力度。严厉整治惠农补贴、集体资产管理、土地征收等领域侵害农民利益的不正之风和腐败问题。

**2. 深化村民自治实践**

坚持自治为基,加强农村群众性自治组织建设,健全和创新村党组织领导的充满活力的村民自治机制。推动村党组织书记通过选举担任村委会主任。发挥自治章程、村规民约的积极作用。全面建立健全村务监督委员会,推行村级事务阳光工程。依托村民会议、村民代表会议、村民议事会、村民理事会、村民监事会等,形成民事民议、民事民办、民事民管的多层次基层协商格局。

积极发挥新乡贤作用。推动乡村治理重心下移,尽可能把资源、服务、管理下放到基层。继续开展以村民小组或自然村为基本单元的村民自治试点工作。加强农村社区治理创新。创新基层管理体制机制,整合优化公共服务和行政审批职责,打造"一门式办理""一站式服务"的综合服务平台。

在村庄普遍建立网上服务站点,逐步形成完善的乡村便民服务体系。大力培育服务性、公益性、互助性农村社会组织,积极发展农村社会工作和志愿服务。集中清理上级对村级组织考核评比多、创建达标多、检查督查多等突出问题。维护村民委员会、农村集体经济组织、农村合作经济组织的特别法人地位和权利。

**3. 建设法治乡村**

坚持法治为本,树立依法治理理念,强化法律在维护农民权益、规范市场运行、农业支持保护、生态环境治理、化解农村社会矛盾等方面的权威地位。增强基层干部法治观念、法治为民意识,将政府涉农各项工作纳入法治化轨道。

深入推进综合行政执法改革向基层延伸,创新监管方式,推动执法队伍整合、执法力量下沉,提高执法能力和水平。建立健全乡村调解、县市仲裁、司法保障的农村土地承包经营纠纷调处机制。加大农村普法力度,提高农民法治素养,引导广大农民增强尊法、学法、守法、用法意识。健全农村公共法律服务体系,加强对农民的法律援助和司法救助。

### 4. 提升乡村德治水平

深入挖掘乡村熟人社会蕴含的道德规范,结合时代要求进行创新,强化道德教化作用,引导农民向上向善、孝老爱亲、重义守信、勤俭持家。建立道德激励约束机制,引导农民自我管理、自我教育、自我服务、自我提高,实现家庭和睦、邻里和谐、干群融洽。广泛开展好媳妇、好儿女、好公婆等评选表彰活动,开展寻找最美乡村教师、医生、村官、家庭等活动。

深入宣传道德模范、身边好人的典型事迹,弘扬真善美,传播正能量。

### 5. 建设平安乡村

健全落实社会治安综合治理领导责任制,大力推进农村社会治安防控体系建设,推动社会治安防控力量下沉。深入开展扫黑除恶专项斗争,严厉打击农村黑恶势力、宗族恶势力,严厉打击黄赌毒盗拐骗等违法犯罪。依法加大对农村非法宗教活动和境外渗透活动打击力度,依法制止利用宗教干预农村公共事务,继续整治农村乱建庙宇、滥塑宗教造像。

完善县乡村三级综治中心功能和运行机制。健全农村公共安全体系,持续开展农村安全隐患治理。加强农村警务、消防、安全生产工作,坚决遏制重特大安全事故。探索以网格化管理为抓手、以现代信息技术为支撑,实现基层服务和管理精细化、精准化的管理模式。推进农村"雪亮工程"建设。

## 五、提高农村民生保障水平,塑造美丽乡村新风貌

乡村振兴,生活富裕是根本。要坚持人人尽责、人人享有,按照抓重点、补短板、强弱项的要求,围绕农民群众最关心最直接最现实的利益问题,一件事情接着一件事情办,一年接着一年干,把乡村建设成为幸福美丽新家园。

### 1. 优先发展农村教育事业

高度重视发展农村义务教育,推动建立以城带乡、整体推进、城乡一体、均衡发展的义务教育发展机制。全面改善薄弱学校基本办学条件,加强寄宿制学校建设。实施农村义务教育学生营养改善计划。发展农村学前教育。推进农村普及高中阶段教育,支持教育基础薄弱县普通高中建设,加强职业教育,逐步分类推进中等职业教育免除学杂费。

健全学生资助制度,使绝大多数农村新增劳动力接受高中阶段教育、更多接受高等教育。把农村需要的人群纳入特殊教育体系。以市县为单位,推动优质学校辐射农村薄弱学校常态化。统筹配置城乡师资,并向乡村倾斜,建好建强乡村教师队伍。

### 2. 促进农村劳动力转移就业和农民增收

健全覆盖城乡的公共就业服务体系,大规模开展职业技能培训,促进农民工多渠道转移就业,提高就业质量。深化户籍制度改革,促进有条件、有意愿、在城镇有稳定就业和住所的农业转移人口在城镇有序落户,依法平等享受城镇公共服务。加强扶持引导服

务,实施乡村就业创业促进行动,大力发展文化、科技、旅游、生态等乡村特色产业,振兴传统工艺。

培育一批家庭工场、手工作坊、乡村车间,鼓励在乡村地区兴办环境友好型企业,实现乡村经济多元化,提供更多就业岗位。拓宽农民增收渠道,鼓励农民勤劳守法致富,增加农村低收入者收入,扩大农村中等收入群体,保持农村居民收入增速快于城镇居民。

**3. 推动农村基础设施提档升级**

继续把基础设施建设重点放在农村,加快农村公路、供水、供气、环保、电网、物流、信息、广播电视等基础设施建设,推动城乡基础设施互联互通。以示范县为载体全面推进"四好农村路"建设,加快实施通村组硬化路建设。加大成品油消费税转移支付资金用于农村公路养护力度。推进节水供水重大水利工程,实施农村饮水安全巩固提升工程。

加快新一轮农村电网改造升级,制定农村通动力电规划,推进农村可再生能源开发利用。实施数字乡村战略,做好整体规划设计,加快农村地区宽带网络和第五代移动通信网络覆盖步伐,开发适应"三农"特点的信息技术、产品、应用和服务,推动远程医疗、远程教育等应用普及,弥合城乡数字鸿沟。提升气象为农服务能力。加强农村防灾减灾救灾能力建设。抓紧研究提出深化农村公共基础设施管护体制改革指导意见。

**4. 加强农村社会保障体系建设**

完善统一的城乡居民基本医疗保险制度和大病保险制度,做好农民重特大疾病救助工作。巩固城乡居民医保全国异地就医联网直接结算。完善城乡居民基本养老保险制度,建立城乡居民基本养老保险待遇确定和基础养老金标准正常调整机制。

统筹城乡社会救助体系,完善最低生活保障制度,做好农村社会救助兜底工作。将进城落户农业转移人口全部纳入城镇住房保障体系。构建多层次农村养老保障体系,创新多元化照料服务模式。健全农村留守儿童和妇女、老年人以及困境儿童关爱服务体系。加强和改善农村残疾人服务。

**5. 推进健康乡村建设**

强化农村公共卫生服务,加强慢性病综合防控,大力推进农村地区精神卫生、职业病和重大传染病防治。完善基本公共卫生服务项目补助政策,加强基层医疗卫生服务体系建设,支持乡镇卫生院和村卫生室改善条件。加强乡村中医药服务。开展和规范家庭医生签约服务,加强妇幼、老人、残疾人等重点人群健康服务。倡导优生优育。深入开展乡村爱国卫生运动。

**6. 持续改善农村人居环境**

实施农村人居环境整治三年行动计划,以农村垃圾、污水治理和村容村貌提升为主攻方向,整合各种资源,强化各种举措,稳步有序推进农村人居环境突出问题治理。坚持不懈推进农村"厕所革命",大力开展农村户用卫生厕所建设和改造,同步实施粪污治理,加快实现农村无害化卫生厕所全覆盖,努力补齐影响农民群众生活品质的短板。

总结推广适用不同地区的农村污水治理模式，加强技术支撑和指导。深入推进农村环境综合整治。推进北方地区农村散煤替代，有条件的地方有序推进煤改气、煤改电和新能源利用。逐步建立农村低收入群体安全住房保障机制。强化新建农房规划管控，加强"空心村"服务管理和改造。保护保留乡村风貌，开展田园建筑示范，培养乡村传统建筑名匠。实施乡村绿化行动，全面保护古树名木。持续推进宜居宜业的美丽乡村建设。

## 六、打好精准脱贫攻坚战，增强贫困群众获得感

乡村振兴，摆脱贫困是前提。必须坚持精准扶贫、精准脱贫，把提高脱贫质量放在首位，坚决打好精准脱贫这场对全面建成小康社会具有决定性意义的攻坚战。做好实施乡村振兴战略与打好精准脱贫攻坚战的有机衔接，研究提出持续减贫的意见。

## 七、推进体制机制创新，强化乡村振兴制度性供给

实施乡村振兴战略，必须把制度建设贯穿其中。要以完善产权制度和要素市场化配置为重点，激活主体、激活要素、激活市场，着力增强改革的系统性、整体性、协同性。

### 1. 巩固和完善农村基本经营制度

落实农村土地承包关系稳定并长久不变政策，衔接落实好第二轮土地承包到期后再延长 30 年的政策，让农民吃上长效"定心丸"。全面完成土地承包经营权确权登记颁证工作，实现承包土地信息联通共享。完善农村承包地"三权分置"制度，在依法保护集体土地所有权和农户承包权前提下，平等保护土地经营权。

农村承包土地经营权可以依法向金融机构融资担保、入股从事农业产业化经营。实施新型农业经营主体培育工程，培育发展家庭农场、合作社、龙头企业、社会化服务组织和农业产业化联合体，发展多种形式适度规模经营。

### 2. 深化农村土地制度改革

系统总结农村土地征收、集体经营性建设用地入市、宅基地制度改革试点经验，逐步扩大试点，完善农村土地利用管理政策体系。扎实推进房地一体的农村集体建设用地和宅基地使用权确权登记颁证。完善农民闲置宅基地和闲置农房政策，探索宅基地所有权、资格权、使用权"三权分置"，落实宅基地集体所有权，保障宅基地农户资格权和农民房屋财产权，适度放活宅基地和农民房屋使用权，不得违规违法买卖宅基地，严格实行土地用途管制，严格禁止下乡利用农村宅基地建设别墅大院和私人会馆。

在符合土地利用总体规划前提下，允许县级政府通过村土地利用规划，调整优化村庄用地布局，有效利用农村零星分散的存量建设用地；预留部分规划建设用地指标用于单独选址的农业设施和休闲旅游设施等建设。对利用收储农村闲置建设用地发展农村新产业新业态的，给予新增建设用地指标奖励。进一步完善设施农用地政策。

### 3. 深入推进农村集体产权制度改革

全面开展农村集体资产清产核资、集体成员身份确认,加快推进集体经营性资产股份合作制改革。推动资源变资产、资金变股金、农民变股东,探索农村集体经济新的实现形式和运行机制。坚持农村集体产权制度改革正确方向,发挥村党组织对集体经济组织的领导核心作用,防止内部少数人控制和外部资本侵占集体资产。

维护进城落户农民土地承包权、宅基地使用权、集体收益分配权,引导进城落户农民依法自愿有偿转让上述权益。研究制定农村集体经济组织法,充实农村集体产权权能。全面深化供销合作社综合改革,深入推进集体林权、水利设施产权等领域改革,做好农村综合改革、农村改革试验区等工作。

### 4. 完善农业支持保护制度

以提升农业质量效益和竞争力为目标,强化绿色生态导向,创新完善政策工具和手段,扩大"绿箱"政策的实施范围和规模,加快建立新型农业支持保护政策体系。深化农产品收储制度和价格形成机制改革,加快培育多元市场购销主体,改革完善中央储备粮管理体制。通过完善拍卖机制、定向销售、包干销售等,加快消化政策性粮食库存。

落实和完善对农民直接补贴制度,提高补贴效能。健全粮食主产区利益补偿机制。探索开展稻谷、小麦、玉米三大粮食作物完全成本保险和收入保险试点,加快建立多层次农业保险体系。

## 八、汇聚全社会力量,强化乡村振兴人才支撑

实施乡村振兴战略,必须打破人才瓶颈制约。要把人力资本开发放在首要位置,畅通智力、技术、管理下乡通道,造就更多乡土人才,聚天下人才而用之。

### 1. 大力培育新型职业农民

全面建立职业农民制度,完善配套政策体系。实施新型职业农民培育工程。支持新型职业农民通过弹性学制参加中高等农业职业教育。创新培训机制,支持农民专业合作社、专业技术协会、龙头企业等主体承担培训。引导符合条件的新型职业农民参加城镇职工养老、医疗等社会保障制度。鼓励各地开展职业农民职称评定试点。

### 2. 加强农村专业人才队伍建设

建立县域专业人才统筹使用制度,提高农村专业人才服务保障能力。推动人才管理职能部门简政放权,保障和落实基层用人主体自主权。推行乡村教师"县管校聘"。实施好边远贫困地区、边疆民族地区和革命老区人才支持计划,继续实施"三支一扶"、特岗教师计划等,组织实施高校毕业生基层成长计划。

支持地方高等学校、职业院校综合利用教育培训资源,灵活设置专业(方向),创新人才培养模式,为乡村振兴培养专业化人才。扶持培养一批农业职业经理人、经纪人、乡村工匠、文化能人、非遗传承人等。

**3. 发挥科技人才支撑作用**

全面建立高等院校、科研院所等事业单位专业技术人员到乡村和企业挂职、兼职和离岗创新创业制度，保障其在职称评定、工资福利、社会保障等方面的权益。深入实施农业科研杰出人才计划和杰出青年农业科学家项目。健全种业等领域科研人员以知识产权明晰为基础、以知识价值为导向的分配政策。

探索公益性和经营性农技推广融合发展机制，允许农技人员通过提供增值服务合理取酬。全面实施农技推广服务特聘计划。

**4. 鼓励社会各界投身乡村建设**

建立有效激励机制，以乡情乡愁为纽带，吸引支持企业家、党政干部、专家学者、医生、教师、规划师、建筑师、律师、技能人才等，通过下乡担任志愿者、投资兴业、包村包项目、行医办学、捐资捐物、法律服务等方式服务乡村振兴事业。研究制定管理办法，允许符合要求的公职人员回乡任职。吸引更多人才投身现代农业，培养造就新农民。

加快制定鼓励引导工商资本参与乡村振兴的指导意见，落实和完善融资贷款、配套设施建设补助、税费减免、用地等扶持政策，明确政策边界，保护好农民利益。发挥工会、共青团、妇联、科协、残联等群团组织的优势和力量，发挥各民主党派、工商联、无党派人士等积极作用，支持农村产业发展、生态环境保护、乡风文明建设、农村弱势群体关爱等。实施乡村振兴"巾帼行动"。加强对下乡组织和人员的管理服务，使之成为乡村振兴的建设性力量。

**5. 创新乡村人才培育引进使用机制**

建立自主培养与人才引进相结合，学历教育、技能培训、实践锻炼等多种方式并举的人力资源开发机制。建立城乡、区域、校地之间人才培养合作与交流机制。全面建立城市医生教师、科技文化人员等定期服务乡村机制。研究制定鼓励城市专业人才参与乡村振兴的政策。

# 九、开拓投融资渠道，强化乡村振兴投入保障

要健全投入保障制度，创新投融资机制，加快形成财政优先保障、金融重点倾斜、社会积极参与的多元投入格局，确保投入力度不断增强、总量持续增加。

**1. 确保财政投入持续增长**

建立健全实施乡村振兴战略财政投入保障制度，公共财政更大力度向"三农"倾斜，确保财政投入与乡村振兴目标任务相适应。优化财政供给结构，推进行业内资金整合与行业间资金统筹相互衔接配合，增加地方自主统筹空间，加快建立涉农资金统筹整合长效机制。充分发挥财政资金的引导作用，撬动金融和社会资本更多投向乡村振兴。

切实发挥全国农业信贷担保体系作用，通过财政担保费率补助和以奖代补等，加大对新型农业经营主体支持力度。加快设立国家融资担保基金，强化担保融资增信功能，

引导更多金融资源支持乡村振兴。支持地方政府发行一般债券用于支持乡村振兴、脱贫攻坚领域的公益性项目。稳步推进地方政府专项债券管理改革,鼓励地方政府试点发行项目融资和收益自平衡的专项债券,支持符合条件、有一定收益的乡村公益性项目建设。规范地方政府举债融资行为,不得借乡村振兴之名违法违规变相举债。

**2. 拓宽资金筹集渠道**

调整完善土地出让收入使用范围,进一步提高农业农村投入比例。严格控制未利用地开垦,集中力量推进高标准农田建设。改进耕地占补平衡管理办法,建立高标准农田建设等新增耕地指标和城乡建设用地增减挂钩节余指标跨省域调剂机制,将所得收益通过支出预算全部用于巩固脱贫攻坚成果和支持实施乡村振兴战略。推广一事一议、以奖代补等方式,鼓励农民对直接受益的乡村基础设施建设投工投劳,让农民更多参与建设管护。

**3. 提高金融服务水平**

坚持农村金融改革发展的正确方向,健全适合农业农村特点的农村金融体系,推动农村金融机构回归本源,把更多金融资源配置到农村经济社会发展的重点领域和薄弱环节,更好满足乡村振兴多样化金融需求。要强化金融服务方式创新,防止脱实向虚倾向,严格管控风险,提高金融服务乡村振兴能力和水平。

抓紧出台金融服务乡村振兴的指导意见。普惠金融重点要放在乡村。推动出台非存款类放贷组织条例。制定金融机构服务乡村振兴考核评估办法。支持符合条件的涉农企业发行上市、新三板挂牌和融资、并购重组,深入推进农产品期货期权市场建设,稳步扩大"保险＋期货"试点,探索"订单农业＋保险＋期货(权)"试点。

# 十、坚持和完善党对"三农"工作的领导

要提高对实施乡村振兴战略重大意义的认识,真正把实施乡村振兴战略摆在优先位置,把党管农村工作的要求落到实处。

**1. 完善党的农村工作领导体制机制**

要坚持工业农业一起抓、城市农村一起抓,把农业农村优先发展原则体现到各个方面。建立实施乡村振兴战略领导责任制,实行中央统筹省负总责市县抓落实的工作机制。

**2. 研究制定中国共产党农村工作条例**

根据坚持党对一切工作的领导的要求和新时代"三农"工作新形势新任务新要求,研究制定中国共产党农村工作条例,把党领导农村工作的传统、要求、政策等以党内法规形式确定下来,明确加强对农村工作领导的指导思想、原则要求、工作范围和对象、主要任务、机构职责、队伍建设等,完善领导体制和工作机制,确保乡村振兴战略有效实施。

**3. 加强"三农"工作队伍建设**

把懂农业、爱农村、爱农民作为基本要求,加强"三农"工作干部队伍培养、配备、管理、使用。制定并实施培训计划,全面提升"三农"干部队伍能力和水平。

**4. 强化乡村振兴规划引领**

制定国家乡村振兴战略规划,明确目标任务,细化实化工作重点和政策措施,部署若干重大工程、重大计划、重大行动。

**5. 强化乡村振兴法治保障**

抓紧研究制定乡村振兴法的有关工作,把行之有效的乡村振兴政策法定化,充分发挥立法在乡村振兴中的保障和推动作用。

**6. 营造乡村振兴良好氛围**

凝聚全党全国全社会振兴乡村强大合力,宣传党的乡村振兴方针政策和各地丰富实践,振奋基层干部群众精神。建立乡村振兴专家决策咨询制度,组织智库加强理论研究。促进乡村振兴国际交流合作,讲好乡村振兴中国故事,为世界贡献中国智慧和中国方案。

 **导学案例解析**

乡村振兴,人才是关键。武汉市江夏区把人才振兴放在突出位置,通过实施"培训＋平台""引进＋培育""扶持＋示范""政策＋服务"的"四＋行动",激励了一批新农人在农村广阔天地大显身手。

(1)政府全力扶持橘园的发展,不仅完善基础设施,还提供多项服务。遇到难题时,一起想办法解决。

(2)通过搭建文化创意孵化平台,帮助更多年轻人来此创业,回归大自然,爱上乡村,让乡村文化更有魅力。

江夏区着力建立了联席协调、教育培训、评价激励、创业帮扶"四个机制",保证既能吸引人才,又能留住人才。江夏区着力高标准打造乡村振兴示范带,以人才振兴带动乡村全面振兴,走出一条乡村振兴新路径。

 **练习题**

**一、简答题**

1. 简述城乡规划的概念和制定原则。

2. 简述城乡融合发展政策要求的主要目标。

3. 建立健全有利于城乡要素合理配置的体制机制有哪些?

4. 简述乡村振兴战略之"提升农业发展质量,培育乡村发展新动能"的内容。

5.简述乡村振兴战略之"推进乡村绿色发展,打造人与自然和谐共生发展新格局"的内容。

**二、不定项选择题**

1.城乡规划是以( )的空间布局规划。

A.促进城乡经济社会全面协调可持续发展为根本任务

B.促进土地科学使用为基础

C.促进人居环境根本改善为目的

D.涵盖城乡居民点

2.村庄规划的内容包括( )。

A.安排村庄内的农业生产用地布局及为其配套服务的各项设施

B.确定村庄居住、公共设施、道路、工程设施等用地布局

C.畜禽养殖场所等农村生产建设的用地布局

D.确定防灾减灾设施的分布和规模

3.城乡规划的内容包括( )。

A.县域村镇体系规划          B.县城区规划内容

C.镇域规划内容              D.镇区规划内容

4.城乡融合发展政策之"建立健全有利于城乡要素合理配置的体制机制"包括( )等内容。

A.健全农业转移人口市民化机制    B.建立城市人才入乡激励机制

C.改革完善农村承包地制度        D.稳慎改革农村宅基地制度

5.城乡融合发展政策之"建立健全有利于农民收入持续增长的体制机制"包括( )等内容。

A.完善促进农民工资性收入增长环境

B.健全农民经营性收入增长机制

C.建立农民财产性收入增长机制

D.强化农民转移性收入保障机制

6.乡村振兴战略之"加强农村基层基础工作,构建乡村治理新体系"的内容包含( )。

A.加强农村基层党组织建设    B.深化村民自治实践

C.建设法治乡村              D.提升乡村德治水平

7.乡村振兴战略之"开拓投融资渠道,强化乡村振兴投入保障"的内容包含( )。

A.确保财政投入持续增长      B.拓宽资金筹集渠道

　　　C. 提高金融服务水平　　　　　　　　D. 创新乡村人才培育引进使用机制

8. 乡村振兴战略之"坚持和完善党对'三农'工作的领导"的内容包含（　　）。

　　　A. 研究制定中国共产党农村工作条例　　B. 加强"三农"工作队伍建设

　　　C. 强化乡村振兴规划引领　　　　　　　D. 强化乡村振兴法治保障

**三、案例分析题**

试分析：你所在的省（自治区、直辖市）是怎么实施"乡村振兴战略"的？

## 学习目标

1. 掌握《农业法》、农业和农村经济发展目标，农业生产经营体制及农民权益保护；

2. 理解农业法基本原则、粮食安全、农业支持保护体系；

3. 了解农业农村法律体系、农业生产和农产品流通法规，农业资源与环境保护制度。

## 案例导学

2020年8月，在桂林市平乐县二塘镇牛角村委太平新村的百亩双季莲藕种植基地里，10余名采藕工人手持高压水枪忙碌着。一条条雪白的莲藕接二连三地浮出水面，负责收集莲藕的藕农动作娴熟自如，一盘盘满载莲藕的小船被拉到岸边，经过装筐、装车运送到集镇农产品购销公司。

"近几年，我帮种植大户挖莲藕，挖一公斤有1.6元的工费，一天能挖400～500公斤，按商家收购订单，一个月可以挖20天，在莲藕采挖季节，我的月收入有1.5万元。"该县二塘镇牛角村委太平新村脱贫户林某华说。时下虽已进入早季莲藕收获尾声，但在平乐县二塘镇农产品优势产区，仍是一派忙碌景象；在该镇的10余个农产品购售部生产车间，商家们正忙于采购莲藕、结算，工人们忙于清洗、装筐、发货，整个流程忙而有序。"我种了4年莲藕，今年种植面积达到100多亩，亩产1250～1500公斤。"

"今年的莲藕市场批发价6～8元/公斤，今年是个丰收年。"该县二塘镇牛角村委太平新村莲藕种植大户谭某兴说。"我从事农产品销售有十多年了，本地莲藕的市场价格相对稳定，每年都有客商上门订货，今年的莲藕主要发往北京、河北、湖北等地批发市场。"该县二塘镇富盛农产品专业合作社业主李某华说。

2020年上半年统计显示，平乐优质莲藕专业种植已普及到该县7个乡镇。平乐县发展优质双季莲藕种植9600亩,平均亩产1.5吨,总产量1.45万吨,实现产值1.1亿元。该县发展优质莲藕专业种植,为当地1500余户村民5000余人提供就业岗位,实现家庭年人均增收1500余元。

(资料来源：http://glhd.gxnews.com.cn/staticpages/20200813/newgx5f35136f-19754199.shtml)

# 第一节　农业法概述

## 一、农业法的概念

农业法有广义和狭义之分。广义的农业法是指国家权力机关、国家行政机关(包括有立法权的地方权力机关、地方行政机关)制定和颁布的规范农业经济主体行为和调控农业经济活动的法律、行政法规、地方法规和政府规章等规范性文件的总称。狭义的农业法仅指的是农业法典,即国家权力机关通过立法程序制定和颁布的,对于农业领域中的根本性、全局性的问题进行规定的规范性文件,即《农业法》。

制定《农业法》的目的是巩固和加强农业在国民经济中的基础地位,深化农村改革,发展农业生产力,推进农业现代化,维护农民和农业生产经营组织的合法权益,增加农民收入,提高农民科学文化素质,促进农业和农村经济的持续、稳定、健康发展,实现全面建设小康社会的目标。

 小贴士

### 剪　刀　差

剪刀差是"剪刀状价格差距"的简称,因用图表表示呈剪刀张开形态而得名。通常是指在工农业产品的比价中,工业品价格偏高,农产品价格偏低,从而在两者之间形成一个不合理的价格差距。

当一般物价上涨时,虽然农产品价格也同时上涨,但它上涨的幅度往往低于工业品价格上涨的幅度。而当一般物价下跌时,虽然工业品的价格也同时下跌,但它下跌的幅度往往低于农产品价格下跌的幅度。

如果价格背离价值的差额越来越大,叫扩大剪刀差。反之,叫缩小剪刀差。[1]

---

[1]　剪刀差,https://baike.so.com/doc/6504193-6717912.html.2020-10-13.

## 二、《农业法》的调整范围

《农业法》的调整范围包括产业范围和主体范围两个方面。

### 1. 农业的范围

农业是大农业。在产业范围上，我国农业的范围包括种植业、林业、畜牧业、渔业等产业以及与其直接相关的产前、产中、产后服务。

### 2. 农业生产经营活动的范围

《农业法》所称农业，是指种植业、林业、畜牧业和渔业等产业，包括与其直接相关的产前、产中、产后服务。如农业生产资料供应、农产品流通、农业投入、农业技术推广、农业资源保护、环境保护等。

### 3. 法律关系主体的范围

在主体范围上，我国农业法中的法律关系主体包括国家和农业生产经营主体（包括农村集体经济组织、农民专业合作经济组织、各类农业企业、农户或者农民个人），以及与农业生产经营主体发生农业法律关系的其他组织和个人。

### 4. 地域的适用范围

种植业、林业、畜牧业在各自领域的范围内发展，渔业还要扩大到领海（12 海里）和其他管辖海域（专属经济区，200 海里，大陆架）。

## 三、农业和农村经济发展的基本目标

### （一）农业是国民经济的基础

国家把农业放在发展国民经济的首位。农业是人类生存和一切生产的历史起点和先决条件，没有农业生产，人类就不能生存，社会就无法延续。农业劳动生产率的提高是国民经济其他部门赖以独立化的基础，没有农业劳动生产率的提高，便没有第二、第三产业的独立与发展，农业的发展程度决定了其他部门的发展程度。而农业的产业特点又与其他产业存在很大不同，农业是自然再生产、社会再生产与经济再生产的统一。在生产经营过程中，既承担着自然风险又承担着市场风险，且在科技、耕地等因素已定的情况下，缺乏供给弹性。

我国农业农村经济在取得巨大成就的同时，农业资源过度开发、农业投入品过量使用、地下水超采以及农业内外源污染相互叠加等带来的一系列问题日益凸显，农业可持续发展面临重大挑战。农业已成为我国国民经济中最薄弱的环节，把加强农业放在发展国民经济的首位，不仅是农业本身的要求，也是国民经济与社会发展的要求。

### （二）农业和农村经济发展的基本目标

《农业法》第 4 条对我国农业和农村经济发展的基本目标明确作出了规定：建立适应

发展社会主义市场经济要求的农村经济体制,不断解放和发展农村生产力,提高农业的整体素质和效益,确保农产品供应和质量,满足国民经济发展和人口增长、生活改善的需求,提高农民的收入和生活水平,促进农村富余劳动力向非农产业和城镇转移,缩小城乡差别和区域差别,建设富裕、民主、文明的社会主义新农村,逐步实现农业和农村现代化。

"十四五"时期是我国全面建成小康社会,乘势而上开启全面建设社会主义现代化国家新征程的第一个五年。我国农业农村工作将重点围绕提升粮食等重要农产品稳产保供水平、促进农业科技创新、加强现代农业设施装备建设、推动农业绿色发展、推进农村一二三产业融合、提高农业经营水平、改善乡村基础设施和基本公共服务条件、培育高素质农民、加强乡村治理、促进城乡融合发展、深化农村改革、落实农业农村优先发展制度安排、加强党对"三农"工作领导等方面全面展开。

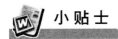 小贴士

### 美国和日本的《农业法》

美国和日本已经建立了比较完善的《农业法》体系,其内容涉及的领域都相当广泛。尽管具体内容有较大差异,但两国对《农业法》基本内容的界定是相同的,都包括以下几个方面:农业宏观调控法律规范,农业生产主体法律规范,农业生产与收入分配法律规范,农产品流通与价格法律规范,农业投入法律规范,农业教育、科技与推广法律规范,农业资源与环境保护法律规范等。

## 四、《农业法》的基本原则

### (一)保障农业在国民经济中的基础地位原则

这是指《农业法》的制定和实施都应以保障农业的基础地位为出发点和落脚点。它是《农业法》的一项核心性、目的性原则,是我国国民经济发展的客观要求,是实现农业持续、稳定、协调发展的根本保证,是《农业法》中最基本的内容。集中反映了要确立农业在国民经济中的首要地位,强调了《农业法》所追求的主导方向及其法律地位。

保障农业在国民经济中的基础地位,有利于更好地发展农村社会主义市场经济,促进农业持续、稳定、协调发展;有利于实现农村社会的全面进步和共同富裕;有利于保障人民生活的基本需要和满足第二产业、第三产业发展的需要。

### (二)坚持家庭联产承包经营制度,以公有制为主体、多种所有制经济共同发展的原则

国家长期稳定农村以家庭承包经营为基础、统分结合的双层经营体制,发展社会化

服务体系,壮大集体经济实力,引导农民走共同富裕的道路。国家在农村坚持和完善以按劳分配为主体、多种分配方式并存的分配制度。

家庭联产承包责任制是中国农民的伟大创造,是农村经济体制改革的产物。家庭联产承包责任制的实行,解放了我国农村的生产力,开创了我国农业发展史上的第二个黄金时代,充分体现了社会主义公有制的优越性。

党的十一届三中全会以来,我国农村经营体制发生了根本性变化,集中到一点就是由高度集中统一的集体单一经营转变为家庭和集体统分结合的双层经营。

### (三)尊重农民的主体地位,维护农民合法权益原则

这是指农业法律规范应当确认并保障农民和农业生产经营组织在农业活动中的合法权益得以实现。这一原则是现代宪政精神在《农业法》上的集中反映,是制定农业法律制度和农村政策要实现的目标,也是保障农民和农业生产经营组织从事农业活动的基本前提。

《农业法》第7条规定:"国家保护农民和农业生产经营组织的财产及其他合法权益不受侵犯。各级人民政府及其有关部门应当采取措施增加农民收入,切实减轻农民负担。"

维护农民合法权益原则的基本内容包括:(1)农业法律制度的建立应当以保障农民和农业生产经营组织的合法权益为主导;(2)禁止随意限制和剥夺农民和农业生产经营组织合法权益;(3)对因违法行为受到侵害的农民和农业生产经营组织应当提供法律救济措施。

### (四)坚持科教兴农原则

这是指依靠农业教育和科技进步,全面振兴农业,实现农业的高产、优质、高效发展和经济效益、社会效益、生态效益的同步提高,使农业走上持续、稳定、协调发展的道路。

《农业法》第6条明确规定:"国家坚持科教兴农和农业可持续发展的方针。国家采取措施加强农业和农村基础设施建设,调整、优化农业和农村经济结构,推进农业产业化经营,发展农业科技、教育事业,保护农业生态环境,促进农业机械化和信息化,提高农业综合生产能力。"

### (五)实现农业可持续发展原则

这是指在强调农业发展的同时,重视农业资源的合理开发利用和农业环境保护,使农业既满足当代人的需要,又不削弱其满足子孙后代需要之能力的发展。该原则是实现农业经济再生产与农业自然再生产的客观需要,是实现我国农业和农村经济持续发展的根本途径,是农业法在农业活动中的基本导向。

## 第二节　农业生产经营体制

### 一、农业生产经营体制概述

#### （一）农业生产经营体制的概念

农业生产经营体制是指对农业生产过程的决策以及组织这些决策实施的基本组织制度和形式，包括农业生产经营的基本组织制度、生产经营主体和经营形式。有关农业生产经营体制的规定是《农业法》最核心的内容之一。

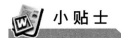 **小 贴 士**

### 农业生产经营制度的演变

中华人民共和国成立至今，农业生产经营制度经历了几次大的变革。

1. 以互助组为主，同时试办初级社的阶段

1949 年至 1953 年，在社会主义改造时期成立农村互助组，互助组显示了集体劳动的优越性，拉开了合作化的序幕，为农民的进一步合作奠定了基础。

2. 普遍建立发展初级社阶段

1954 年至 1955 年上半年，普遍建立合作社。1953 年 12 月通过了《中共中央关于发展农业生产合作社的决议》，全国迅速掀起了合作化的高潮。

3. 农业合作化运动快速发展的阶段

1955 年下半年至 1956 年 1 月，全国基本上实现了农业合作化。12 月，农业社会主义改造基本上完成，农民个体所有制转变为社会主义集体所有制。农业合作化，也称农业集体化，是指在党的领导下，通过各种互助合作的形式，把个体农业经济（以生产资料私有制为基础）改造为农业合作经济（以生产资料公有制为基础）的过程。它通过互助合作的形式对个体农业进行社会主义改造，把农民个体所有制改造为社会主义集体所有制，以工农联盟为基础的人民民主专政政权得以巩固。

4. 实现人民公社化阶段

中共中央政治局 1958 年 8 月在北戴河会议上通过了《关于在农村建立人民公社的决议》，合作社直接转为人民公社，在短短的两三个月时间里，全国农村就实现了人民公社化。

5. 实行家庭联产承包责任制阶段

1978 年到现在，全国实行了家庭联产承包责任制。1978 年中国共产党召开十一届

三中全会以后,实行家庭联产承包经济责任制,形成了目前"统分结合双层经营"的最基本的经营制度。从1980年代初至21世纪初,我国农业生产经营体制的发展大体可以分成三个阶段,从1980年至1990年代初的萌芽阶段,到1990年代初至1990年代后期的起步阶段,再到21世纪的深化阶段。为保障农民的土地经营权,1982年颁布的《中华人民共和国宪法》(以下简称《宪法》)规定:"农村和城市郊区的土地,除由法律规定属于国家所有的以外,属于集体所有;宅基地和自留地、自留山,也属于集体所有"。

1986年6月颁布实施的《土地管理法》,使这一制度更加明确,该法第13条规定:"农民集体所有和国家所有依法由农民集体使用的耕地、林地、草地,以及其他依法用于农业的土地,采取农村集体经济组织内部的家庭承包方式承包,不宜采取家庭承包方式的荒山、荒沟、荒丘、荒滩等,可以采取招标、拍卖、公开协商等方式承包,从事种植业、林业、畜牧业、渔业生产。

家庭承包的耕地的承包期为30年,草地的承包期为30年至50年,林地的承包期为30年至70年;耕地承包期届满后再延长30年,草地、林地承包期届满后依法相应延长。国家所有依法用于农业的土地可以由单位或者个人承包经营,从事种植业、林业、畜牧业、渔业生产。"

### (二)我国农业生产经营体制的基本形式

我国农业生产经营的基本组织制度是:以家庭承包经营为基础、统分结合的双层经营体制。

## 二、稳定以家庭承包为主的责任制,完善统分结合的双层经营体制

### (一)"稳定以家庭承包为主的责任制,完善统分结合的双层经营体制"符合农业生产客观规律和我国国情

1. 家庭经营符合农业生产的客观规律,是一种有效率的经济组织。

2. 符合我国的国情。在我国广大农村,以家庭为单位实行分散经营,适应了现阶段农业生产力水平较低的状况,有利于克服长期存在的管理过分集中、经营方式过分单一,以及吃"大锅饭"的弊端,有利于扩大农民的经营自主权,调动农民的积极性。可是,分散经营难以实现机械化耕作,抗御自然灾害能力较低,只有集体经营才能够完成一家一户难以承担的生产活动。分散经营与统一经营相结合的双层经营责任制,可以恰当地协调集体利益与个人利益,并使集体统一经营和劳动者自主经营两个积极性同时得到发挥,取得更大的经济效益。

3. 稳定以家庭承包为主的责任制、完善统分结合的双层经营体制,就是坚持生产关系必须适应生产力发展的历史唯物主义观点。

### （二）农业生产经营体制的基本内容

农村集体经济经营体制是以家庭联产承包为主的责任制和统分结合的双层经营体制。

**1. 家庭联产承包责任制**

在保留集体经济必要的统一经营的同时，集体将土地和其他生产资料承包给农户，承包户根据承包合同规定的权限，独立作出经营决策，并在完成国家和集体任务的前提下分享经营成果。一般做法是将土地等按人口或劳动力比例根据责、权、利相结合的原则分给农户经营，承包户和集体经济组织签订承包合同。

**2. 双层经营体制**

农村实行联产承包制以后形成的家庭分散经营和集体统一经营相结合的经营形式。按照这一经营形式，集体经济组织在实行联产承包、生产经营，建立家庭承包经营这个层次的同时，还对一些不适合农户承包经营或农户不愿承包经营的生产项目和经济活动，比如：某些大型农机具的管理使用，大规模的农田基本建设活动，植保、防疫、制种、配种以及各种产前、产后的农业社会化服务，某些工副业生产等，由集体统一经营和统一管理，从而建立起一个统一经营层次。之所以称之为双层经营体制，是由于这种经营体制具有两个不同的经营层次。

### （三）农业生产经营主体

**1. 农业生产经营组织**

（1）农业集体经济组织

农业集体经济组织是指以农民集体所有的土地、农业生产设施和其他公共财产为基础，主要自然村或者行政村为单位建立，从事农业生产经营的经济组织。

党的十一届三中全会以后，随着以家庭承包经营为基础、统分结合的双层经营体制的实行，国家改变了"政社合一"的农村基层政权制度，并废除了人民公社，农村集体经济组织在原有的"三级所有，队为基础"的农民集体财产所有制的基础上，被注入了新的使命。党的十五届三中全会决定指出："农村集体经济组织要管理好集体资产，协调好利益关系，组织好生产服务和集体资源开发，壮大经济实力，特别要增强服务功能，解决一家一户难以解决的困难。"

各地的农村集体经济组织的形式有合作社、合作社联合社、农工商总公司等形式，有些地方还对原有的集体经济组织进行了股份合作制改造。但是，不论是何种名称，是否进行了股份合作制改造，凡是以改革开放以前的"三级所有，队为基础"的农民集体财产所有制为基础的，并以自然村、行政村、乡镇等社区为单位建立的农业生产经营组织，都是《农业法》所规定的农村集体经济组织。

（2）农民专业合作经济组织

《农业法》第 2 条指出,农民专业合作经济组织属于农业生产经营组织的一种类型。第 11 条规定,国家鼓励农民在家庭承包经营的基础上自愿组成各类专业合作经济组织。农民专业合作经济组织应当坚持为成员服务的宗旨,按照加入自愿、退出自由、民主管理、盈余返还的原则,依法在其章程规定的范围内开展农业生产经营和服务活动。农民专业合作经济组织可以有多种形式,依法成立,依法登记。任何组织和个人不得侵犯农民专业合作经济组织的财产和经营自主权。

《农业法》第 12 条规定,农民和农业生产经营组织可以自愿按照民主管理、按劳分配和按股分红相结合的原则,以资金、技术、实物等入股,依法兴办各类企业。

农民专业合作经济组织是合作社性质的经济组织。农业合作社是世界上解决农产品分散经营与大市场矛盾的主要方式。

（3）农业企业

农业企业是国有农业企业与其他农业企业的总称。它是以公司、合伙企业、独资企业等企业组织形式建立的从事农业生产经营的经济组织。农业企业的设立和发展适应了社会主义市场经济发展的需要,是国家在农村实行多种所有制经济共同发展的基本经济制度的具体表现。

（4）其他从事农业生产经营组织

这些组织包括:《农业法》第 28 条规定的供销合作社,第 98 条规定的国有农场、林场、牧场、渔场、原种场、良种场等。

**2. 农产品行业协会**

（1）农产品行业协会的定义

2003 年 10 月,全国供销合作总社在《加快农产品行业协会发展的意见》中定义,“农产品行业协会是由涉农企事业单位、农民专业合作组织、专业大户等根据生产经营活动的需要,为增进共同利益、维护合法权益,在自愿基础上依法组织起来的非营利性自治组织,属于经济类社团法人。”农产品行业协会的称谓为广义称谓,它泛指以协会或商会的形式存在的农产品行业组织。

《农业法》第 14 条规定,农民和农业生产经营组织可以按照法律、行政法规成立各种农产品行业协会,为成员提供生产、营销、信息、技术、培训等服务,发挥协调和自律作用,提出农产品贸易救济措施的申请,维护成员和行业的利益。

（2）农产品市场协会的主要职能

农产品市场协会以建立完善全国农产品市场体系、提升市场建设和市场管理水平,更好地发挥农产品市场体系对农业增效、农民增收和稳定市场供应的支撑保障作用,扎扎实实开展市场行业自我服务、自我发展与完善、自我保护、自我监督管理等多项有益活动。

**3. 农民或者农户**

农民是指长时期从事农业生产的人。农民家庭（即农户）是指农村中以血缘和婚姻关系为基础组成的农村最基层的社会单位。农户既是一个独立的生产单位，又是一个独立的生活单位。农村集体土地实行家庭承包经营，农户成为从事生产经营活动的基本单位。自1980年以后，农民根据其产业重点，被冠以各种称呼。

粮农是指以粮食生产为主导的农民（农户）、生产组织。果农是指以水果种植为主的农户、生产组织，还有瓜农、果农、菜农、花农、棉农等。养殖户是指以畜牧业和水产养殖为主的家庭，包括渔民牧民。专业户，多指农村地区生产规模比一般的家庭大，而且具有生产特色的家庭生产单位。

**（四）农业产业化经营**

**1. 农业产业化经营的定义**

农业产业化经营是指以市场为导向，以家庭承包经营为基础，依靠龙头企业及各种中介组织的活动，将农业的产前、产中和产后诸环节联结为完整的产业链条，实行多种形式的一体化经营，形成系统内部有机结合、相互促进和利益互补机制，实现资源优化配置的一种新型的农业经营方式。

《农业法》第13条规定，国家采取措施发展多种形式的农业产业化经营，鼓励和支持农民和农业生产经营组织发展生产、加工、销售一体化经营。国家引导和支持从事农产品生产、加工、流通服务的企业、科研单位和其他组织，通过与农民或者农民专业合作经济组织订立合同或者建立各类企业等形式，形成收益共享、风险共担的利益共同体，推进农业产业化经营，带动农业发展。

**2. 农业产业化经营的作用**

农业产业化经营的龙头企业具有开拓市场，赢得市场的能力，是带动结构调整的骨干力量。龙头企业带领农户闯市场，农产品有了稳定的销售渠道，就可以有效降低市场风险，减少结构调整的盲目性，同时也可以减少政府对生产经营活动直接的行政干预。农业产业化经营对优化农产品品种、品质结构和产业结构，带动农业的规模化生产和区域化布局，发挥着至关重要的作用。

# 三、培育农业新型经营主体的支持政策

**1. 培育高素质农民**

重点实施新型农业经营服务主体经营者、产业扶贫带头人、农村实用人才带头人、返乡入乡创新创业者、专业种养加能手等培养计划，加快培养有文化、懂技术、善经营、会管理的高素质农民。

**2. 促进新型农业经营主体高质量发展**

一是支持新型农业经营主体建设农产品产地仓储保鲜设施。采取"先建后补、以奖代补"的方式。重点支持建设节能型通风贮藏设施、节能型机械冷库、节能型气调贮藏库;支持对象为县级以上示范家庭农场、农民合作社示范社(包括联合社),并支持多个家庭农场(农民合作社)联合建设,避免设施闲置浪费;补助采取"双限",补贴比例上限不超过仓储保鲜设施造价的 30%,有条件的地方可安排地方财政资金适当叠加补贴,同时实行定额补贴并限定上限,单个主体补贴上限为 100 万元。

二是支持新型农业经营主体提升技术应用和生产经营能力。支持县级以上农民合作社示范社(联合社)和示范家庭农场改善生产条件,应用先进技术,提升规模化、绿色化、标准化、集约化生产能力,建设清选包装、烘干等产地初加工设施,提高产品质量水平和市场竞争力。鼓励各地为农民合作社和家庭农场提供财务管理、技术指导等服务。鼓励有条件的地方依托龙头企业,带动农民合作社和家庭农场,形成农业产业化联合体。对具有种畜禽生产经营许可证的种猪场(含地方猪保种场)及年出栏 500 头以上的规模猪场给予贷款贴息支持。优先重点支持发展奶牛家庭牧场和奶农合作社。

### 3. 农业信贷担保服务

重点服务家庭农场、农民合作社、农业社会化服务组织、小微农业企业等农业适度规模经营主体。服务范围限定为农业生产(包括农林牧渔生产和农田建设,下同)及与农业生产直接相关的产业融合项目(指县域范围内,向农业生产者提供农资、农技、农机,农产品收购、仓储保鲜、销售、初加工,以及农业新业态等服务的项目),突出对粮食、生猪等重要农产品生产的支持。中央财政对政策性农担业务实行担保费用补助和业务奖补,支持省级农担公司降低担保费用和应对代偿风险,确保政策性农担业务贷款主体实际负担的担保费率不超过 0.8%(政策性扶贫项目不超过 0.5%)。

### 4. 基层农技推广体系改革与建设

通过政府购买服务等方式,支持市场化服务力量开展农技服务,完善公益性和经营性农技服务融合发展机制,构建多元互补、高效协同的农技推广体系。应用信息化手段大力推行在线指导服务和绩效考评,提高中国农技推广信息平台的覆盖面和使用率。建设科技示范展示基地,培育科技示范主体,推广应用绿色增产、节本增效的主推技术,打造智慧农场、生态循环农场等科技示范样板。

# 第三节　农业生产和农产品流通法律制度

## 一、农业生产法律制度

### (一)农业产业结构调整

#### 1. 农业产业结构调整的概念

农业产业结构调整是指根据市场对农产品需求结构的变化改变农产品的生产结构,

从而使农业生产和市场需求相协调的过程。调整优化农业结构是新阶段农业发展的客观要求,是扩大农业对外开放的必然要求,是增加农民收入的有效途径,也是合理开发利用农业资源的重要手段。

《农业法》第15条规定,县级以上人民政府根据国民经济和社会发展的中长期规划、农业和农村经济发展的基本目标和农业资源区划,制定农业发展规划。省级以上人民政府农业行政主管部门根据农业发展规划,采取措施发挥区域优势,促进形成合理的农业生产区域布局,指导和协调农业和农村经济结构调整。

**2. 农业产业结构调整优化的原则**

(1)以市场为导向,根据市场需求及其变化趋势调整优化农业结构,满足社会对农产品多样化和优质化的需求。

(2)发挥区域比较优势调整优化农业结构,逐步发展不同类型的专业生产区。

(3)依靠科技进步,调整优化农业结构,稳定提高农业综合生产能力,严格保护耕地、林地、草地和水资源,防治水土流失。

(4)用经济手段调控和引导,正确处理好政府引导和发挥市场机制作用的关系。

**3. 我国农业生产结构调整的方向**

《农业法》第16条规定,国家引导和支持农民和农业生产经营组织结合本地实际,按照市场需求,调整和优化农业生产结构,协调发展种植业、林业、畜牧业和渔业,发展优质、高产、高效益的农业,提高农产品国际竞争力。

(1)种植业以优化品种、提高质量、增加效益为中心,调整作物结构、品种结构和品质结构。

(2)加强林业生态建设,实施天然林保护、退耕还林和防沙治沙工程,加强防护林体系建设,加快营造速生丰产林、工业原料林和薪炭林。

(3)加强草原保护和建设,加快发展畜牧业,推广圈养和舍饲,改良畜禽品种,积极发展饲料工业和畜禽产品加工业。

(4)保护和合理利用渔业资源,调整捕捞结构,积极发展水产养殖业、远洋渔业和水产品加工业。

**(二)积极改善农业生产条件**

1. 各级人民政府应当采取措施,加强农业综合开发和农田水利、农业生态环境保护、乡村道路、农村能源和电网、农产品仓储和流通、渔港、草原围栏、动植物原种良种基地等农业和农村基础设施建设,改善农业生产条件,保护和提高农业综合生产能力。

2. 国家扶持动植物品种的选育、生产、更新和良种的推广使用,鼓励品种选育和生产、经营相结合,实施种子工程和畜禽良种工程。

通过土地开发整理,有效地提高原有土地质量和产值,增加耕地面积,方便交通,有利于农机作业,改变耕种条件和生产条件,促进农业机械化发展,改善农村生态环境,增加农民收入,促进社会经济发展。

3.各级人民政府和农业生产经营组织应当加强农田水利设施建设,建立健全农田水利设施的管理制度,节约用水,发展节水型农业,严格依法控制非农业建设占用灌溉水源,禁止任何组织和个人非法占用或者毁损农田水利设施。国家对缺水地区发展节水型农业给予重点扶持。

4.国家鼓励支持农民和农业生产经营组织使用先进、适用的农业机械,加强农业机械安全管理,提高农业机械化水平。国家对农民和农业生产经营组织购买先进农业机械给予扶持。

### (三)保证农产品质量安全

目前我国农产品生产者、加工者、销售者以及农业投入品经营者,农产品质量安全意识普遍增强。但农产品质量安全可追溯体系尚未完善,农产品生产、经营以及监督管理工作制度建设要逐步完善。要保证农产品质量安全,应主要抓好以下工作。

1.净化产地环境。

2.严格管理农业投入品。

《农业法》第25条规定,"各级人民政府应当建立健全农业生产资料的安全使用制度,农民和农业生产经营组织不得使用国家明令淘汰和禁止使用的农药、兽药、饲料添加剂等农业生产资料和其他禁止使用的产品。"

3.注重生产过程管理。

4.规范农产品标识。

5.严格市场准入制度,经检测合格的农产品方能上市销售。

6.建立健全农产品质量安全检测机构,加大农产品质量安全法律、法规以及农业标准化生产技术宣传培训力度。

7.积极推进农业产业化发展,培育和引进农产品龙头企业,实行农产品生产、加工、销售一条龙服务。

### (四)建立健全农产品质量标准体系和质量检验检测监督体系

按照有关技术规范、操作规程和质量卫生安全标准,组织农产品的生产经营,保障农产品质量安全。

### (五)国家支持建立健全优质农产品认证和标志制度

#### 1.农产品质量认证制度

国家鼓励和扶植发展优质农产品生产。县级以上人民政府应当结合本地情况,按照国家有关规定采取措施,发展优质农产品生产。符合国家规定标准的优质农产品可以依照法律或者行政法规的规定申请使用有关标志。符合规定产地及生产规范要求的农产品可以依照有关法律或者行政法规的规定申请使用农产品地理标志。

培育优质优价的市场机制。形成优质优价意识,凸显无公害农产品、绿色食品、有机食品商品价值,以提高农民、业主、企业申报及生产"三品"的积极性。

适应农业发展的新变化新要求,以推进农业供给侧结构性改革为主线,大力发展绿色生态农业,积极发展精准农业,着力推进森林、草原食品产业发展,狠抓标准化生产,发展"互联网+农业",推进畜牧业标准化规模化集约化生产,形成种植者、养殖者、消费者共同参与、线上线下共享的生产经营体系。

**2. 农产品产地名称、产地标志管理制度**

农产品产地名称、产地标志都是农产品出产地的标识。国家支持建立健全农产品产地名称和标志制度,保障农产品质量安全。

### (六)实行动植物防疫、检疫制度

《农业法》第 24 条规定,国家实行动植物防疫、检疫制度,健全动植物防疫、检疫体系,加强对动物疫病和植物病、虫、杂草、鼠害的监测、预警、防治,建立重大动物疫情和植物病虫害的快速扑灭机制,建设动物无规定疫病区,实施植物保护工程。

### (七)建立健全农业生产资料的安全使用制度

《农业法》第 25 条规定,农药、兽药、饲料和饲料添加剂、肥料、种子、农业机械等可能危害人畜安全的农业生产资料的生产经营,依照相关法律、行政法规的规定实行登记或者许可制度。

各级人民政府应当建立健全农业生产资料的安全使用制度,农民和农业生产经营组织不得使用国家明令淘汰和禁止使用的农药、兽药、饲料添加剂等农业生产资料和其他禁止使用的产品。

## 二、农产品流通法律制度

### (一)农产品市场体系

农产品市场体系是指流通领域内农产品经营、交易、管理、服务等组织系统与结构形式的总和,是沟通农产品生产与消费的桥梁与纽带,是现代农业发展的重要支撑体系之一。

国家逐步建立统一、开放、竞争、有序的农产品市场体系,制定农产品批发市场发展规划。对农村集体经济组织和农民专业合作经济组织建立农产品批发市场和农产品集贸市场,国家给予扶持。

县级以上人民政府工商行政管理部门和其他有关部门按照各自的职责,依法管理农产品批发市场,规范交易秩序,防止地方保护与不正当竞争。

### (二) 农产品流通形式和经营主体的多元化

《农业法》第28条规定,国家鼓励和支持发展多种形式的农产品流通活动。支持农民和农民专业合作经济组织按照国家有关规定从事农产品收购、批发、贮藏、运输、零售和中介活动。鼓励供销合作社和其他从事农产品购销的农业生产经营组织提供市场信息,开拓农产品流通渠道,为农产品销售服务。

县级以上人民政府应当采取措施,督促有关部门保障农产品运输畅通,降低农产品流通成本。有关行政管理部门应当简化手续,方便鲜活农产品的运输,除法律、行政法规另有规定外,不得扣押鲜活农产品的运输工具。

培育"农超对接"龙头企业,支持大型连锁超市、农产品流通龙头企业与农村专业合作组织对接,促进"农超对接"基地品牌化经营,提升基地农产品品牌知名度和市场竞争力,强化农产品基地农民培训,提高农民进入市场的能力。此外也要加强农产品市场信息服务。

### (三) 全国农产品市场体系建设

2015年8月商务部等10部门联合发布了《全国农产品市场体系发展规划》,出台了《商务部等12部门关于加强公益性农产品市场体系建设的指导意见》。在全国择优评定首批全国公益性农产品示范市场,带动各地公益性农产品市场体系建设迈上新台阶。强化冷链流通体系建设,提升农产品流通现代化水平。

促进农商互联,构建新型农产品上行渠道。发展农产品电子商务,推动农产品生产、加工、流通企业与电子商务企业对接,通过"联产品、联设施、联标准、联数据、联市场",实现线上线下深度融合,打造以电子商务企业为主体,上联生产、下联消费的新型农产品供应链。

### (四) 农产品进口预警制度和进口损害救济制度

1. 对主要农产品进口要事先确定预警线,当国外同类产品大量涌进并达到一定规模时,应该及时采取紧急保护措施,保证内地农业生产不受大的冲击。

2. 根据世贸组织规则中市场对等开放的原则,在中国农产品出口遇到过多的技术壁垒时,采用适当增加进口的办法,争取对方为中国的农产品打开大门通关放行,以确保中国的优势产业稳定占领甚至扩大国际市场。

3. 建立并完善中国以技术壁垒、绿色壁垒为主要内容,符合世贸组织游戏规则的贸易保护措施、政策,健全反倾销、反补贴等保障机制,以增强中国农业和加工出口企业的自我保护能力。

 小贴士

## 国务院发布《关于坚决制止耕地"非农化"行为的通知》

《关于坚决制止耕地"非农化"行为的通知》(以下简称《通知》)(国办发明电〔2020〕24号)。地方各级人民政府要落实好最严格的耕地保护制度,坚决制止各类耕地"非农化"行为,坚决守住耕地红线。《通知》要求:

1. 严禁违规占用耕地绿化造林。要严格执行土地管理法、基本农田保护条例等法律法规,禁止占用永久基本农田种植苗木、草皮等用于绿化装饰以及其他破坏耕作层的植物。正在违规占用耕地绿化造林的要立即停止。

2. 严禁超标准建设绿色通道。要严格控制铁路、公路两侧用地范围以外绿化带用地审批,道路沿线是耕地的,两侧用地范围以外绿化带宽度不得超过5米,其中县乡道路不得超过3米。铁路、国道省道(含高速公路)、县乡道路两侧用地范围以外违规占用耕地超标准建设绿化带的要立即停止。不得违规在河渠两侧、水库周边占用耕地及永久基本农田超标准建设绿色通道。禁止以城乡绿化建设等名义违法违规占用耕地。

3. 严禁违规占用耕地挖湖造景。禁止以河流、湿地、湖泊治理为名,擅自占用耕地及永久基本农田挖田造湖、挖湖造景。不准在城市建设中违规占用耕地建设人造湿地公园、人造水利景观。

4. 严禁占用永久基本农田扩大自然保护地。新建的自然保护地应当边界清楚,不准占用永久基本农田。自然保护地以外的永久基本农田和集中连片耕地,不得划入生态保护红线,允许生态保护红线内零星的原住民在不扩大现有耕地规模前提下,保留生活必需的少量种植。

5. 严禁违规占用耕地从事非农建设。加强农村地区建设用地审批和乡村建设规划许可管理,坚持农地农用。

6. 严禁违法违规批地用地。批地用地必须符合国土空间规划,凡不符合国土空间规划以及不符合土地管理法律法规和国家产业政策的建设项目,不予批准用地。

7. 全面开展耕地保护检查。各省、自治区、直辖市人民政府要组织有关部门,结合2016—2020年省级政府耕地保护责任目标考核,对本地区耕地及永久基本农田保护情况进行全面检查,严肃查处违法占用和破坏耕地及永久基本农田的行为,对发现的问题限期整改。

8. 严格落实耕地保护责任。各地区各部门要充分认识实行最严格耕地保护制度的极端重要性。地方各级人民政府要承担起耕地保护责任,对本行政区域内耕地保有量和永久基本农田保护面积及年度计划执行情况负总责。

END

# 第四节　粮 食 安 全

## 一、粮食安全的概念

粮食安全就是能确保所有的人在任何时候既买得到又买得起他们所需的基本食品。包括:确保生产足够数量的粮食;最大限度地稳定粮食供应;确保所有需要粮食的人都能获得粮食。

## 二、建立制度,保证粮食安全

1.《农业法》规定,国家采取措施保护和提高粮食综合生产能力,稳步提高粮食生产水平,保障粮食安全。国家建立耕地保护制度,对基本农田依法实行特殊保护。

2.国家在政策、资金、技术等方面对粮食主产区给予重点扶持,建设稳定的商品粮生产基地,改善粮食收贮及加工设施,提高粮食主产区的粮食生产、加工水平和经济效益。国家支持粮食主产区与主销区建立稳定的购销合作关系。

3.在粮食市场价格过低时,国务院可以决定对部分粮食品种实行保护价制度。保护价根据有利于保护农民利益、稳定粮食生产的原则确定。农民按保护价制度出售粮食,国家委托的收购单位不得拒收。

4.国家建立粮食安全预警制度,采取措施保障粮食供给。国务院应当制定粮食安全保障目标与粮食储备数量指标,并根据需要组织有关主管部门进行耕地、粮食库存情况的核查。国家对粮食实行中央和地方分级储备调节制度,建设仓储运输体系。承担国家粮食储备任务的企业应当按照国家规定保证储备粮的数量和质量。

5.国家建立粮食风险基金,用于支持粮食储备、稳定粮食市场和保护农民利益。

6.国家提倡珍惜和节约粮食,并采取措施改善人民的食物营养结构。

## 三、加强农田建设

### 1. 高标准农田建设

按照"统一规划布局、统一建设标准、统一组织实施、统一验收考核、统一上图入库"的要求,建设高标准农田,并向粮食生产功能区、重要农产品生产保护区倾斜。建设内容上,按照《高标准农田建设通则》,以土地平整、土壤改良、农田水利、机耕道路、农田输配电设备等为重点。

### 2. 东北黑土地保护利用和保护性耕作

实施东北黑土地保护利用工程,建立集中连片示范区,集中展示一批黑土地保护利用模式和保护性耕作示范；支持开展控制黑土流失、增加土壤有机质含量、保水保肥、黑土养育、耕地质量监测评价、保护性耕作等技术措施和工程措施。启动东北黑土地保护性耕作行动计划，支持在适宜区域推广应用秸秆覆盖免（少）耕播种等关键技术，有效减轻风蚀水蚀、增加土壤有机质、增强保墒抗旱能力、提高农业生态效益和经济效益。鼓励新型农业经营主体和社会化服务组织承担实施任务。

**3. 耕地质量保护与提升**

选择一批节肥潜力大的重点县开展化肥减量增效示范，引导企业和社会化服务组织开展科学施肥技术服务，支持农户和新型农业经营主体应用化肥减量增效新技术新产品，着力解决限制化肥使用过量、利用率不高的突出问题。

选择部分县开展肥料包装废弃物回收处理工作试点。继续支持做好耕地质量等级调查评价与监测、取土化验、田间肥效试验、肥料配方制定发布、测土配方施肥数据成果开发应用等工作。开展退化耕地治理。在土壤酸化区域，集成示范施用石灰质物质和酸性土壤调理剂、种植绿肥还田、水肥调控、生物修复等治理模式；在土壤盐碱化区域，结合排灌工程措施，集成示范施用碱性土壤调理剂、耕作压盐、增施堆沤有机肥等治理模式，改善耕地土壤质量。

# 第五节　农业支持保护体系

## 一、农业支持保护的必要性

1. 农业是国民经济的重要产业，并起着优化资源配置、良化生态环境的作用。人类社会生存发展离不开农业，实施和加强农业保护，保证农业发展，对任何一个国家来说都是必须的。

2. 耕地资源稀缺，生态环境恶化，农业投入增长缓慢，使我国农业增长受到约束。

3. 农业生产是自然再生产与经济再生产相交织的活动，面临着自然和市场双重风险。

4. 农业信贷风险已成为农业经营中新的风险品种。

## 二、农业支持保护体系的内容

1. 国家建立和完善农业支持保护体系。

采取财政投入、税收优惠、金融支持等措施，从资金投入、科研与技术推广、教育培训、农业生产资料供应、市场信息、质量标准、检验检疫、社会化服务以及灾害救助等方面扶持农民和农业生产经营组织发展农业生产，提高农民收入水平。

在不与我国缔结或加入的有关国际条约相抵触的情况下，国家对农民实施收入支持政策。

2. 提高农业投入的总体水平。

中央和县级以上地方财政每年对农业总投入的增长幅度应当高于其财政经常性收入的增长幅度。

各级人民政府在财政预算内安排的各项用于农业的资金应当主要用于:加强农业基础设施建设;支持农业结构调整,促进农业产业化经营;保护粮食综合生产能力,保障国家粮食安全;健全动植物检疫、防疫体系,加强动物疫病和植物病、虫、杂草、鼠害防治;建立健全农产品质量标准和检验检测监督体系、农产品市场及信息服务体系;支持农业科研教育、农业技术推广和农民培训;加强农业生态环境保护建设;扶持贫困地区发展;保障农民收入水平等。县级以上各级财政用于种植业、林业、畜牧业、渔业、农田水利的农业基本建设投入应当统筹安排,协调增长。

国家为加快西部开发,增加对西部地区农业发展和生态环境保护的投入。

3. 多渠道增加农业投入。

除国家财政投入外,通过信贷资金、其他社会资金和外资对农业进行支持,鼓励农民和农业生产经营组织增加农业投入。

4. 健全农村金融服务体系。

《农业法》第45条规定,国家建立健全农村金融体系,加强农村信用制度建设,加强农村金融监管。有关金融机构应当采取措施增加信贷投入,改善农村金融服务,对农民和农业生产经营组织的农业生产经营活动提供信贷支持。农村信用合作社应当坚持为农业、农民和农村经济发展服务的宗旨,优先为当地农民的生产经营活动提供信贷服务。国家通过贴息等措施,鼓励金融机构向农民和农业生产经营组织的农业生产经营活动提供贷款。

5. 国家建立和完善农业保险制度。

国家逐步建立和完善政策性农业保险制度。鼓励和扶持农民和农业生产经营组织建立为农业生产经营活动服务的互助合作保险组织,鼓励商业性保险公司开展农业保险业务。农业保险实行自愿原则,任何组织和个人不得强制农民和农业生产经营组织参加农业保险。

6. 在与世界贸易组织规则相衔接的前提下,扶持促进农产品出口。

7. 鼓励和支持开展农业信息服务以及其他多种形式的农业生产产前、产中、产后社会化服务。

县级以上人民政府农业行政主管部门及其他有关部门应当建立农业信息搜集、整理和发布制度,及时向农民和农业生产经营组织提供市场信息等服务。

8. 扶持农业生产资料的生产和贸易,采取措施保持主要农业生产资料和农产品之间的合理比价。

9. 做好防灾、抗灾和救灾工作。

《农业法》规定，各级人民政府应当采取措施，提高农业防御自然灾害的能力，做好防灾、抗灾和救灾工作，帮助灾民恢复生产，组织生产自救，开展社会互助互济；对没有基本生活保障的灾民给予救济和扶持。

10. 加大扶贫工作力度和资金投入。

11. 加强国家财政对农业的支持、监督管理。

《农业法》第 39 条规定，县级以上人民政府每年财政预算内安排的各项用于农业的资金应当及时足额拨付。各级人民政府应当加强对国家各项农业资金分配、使用过程的监督管理，保证资金安全，提高资金的使用效率。任何单位和个人不得截留、挪用用于农业的财政资金和信贷资金。审计机关应当依法加强对用于农业的财政和信贷等资金的审计监督。

# 第六节　农民权益保护

## 一、保护农民对承包土地的使用权

各级人民政府、农业生产经营组织在农业和农村经济结构调整、农业产业化经营和土地使用权流转等过程中，不得侵犯农民的土地承包经营权、土地经营权，不得干涉农民自主安排的生产经营项目的权利，不得强迫农民购买指定的生产资料或者按指定的渠道销售农产品。

## 二、农村公共事务管理中对农民权益的保护

《农业法》从筹资筹劳和村务公开两个方面进行了规定。一事一议筹资筹劳，以村民的意愿为基础，不能强迫命令。议事过程坚持民主程序，实施过程和结果要由群众全程参与监督。将财政投入与农民投入相结合。村务公开是村民委员会组织把处理本村涉及国家的、集体的和村民群众利益的事务的活动情况，通过一定的形式和程序告知全体村民，并由村民参与管理、实施监督。

## 三、农民在出售产品时的利益保护

《农业法》规定，农产品收购单位在收购农产品时，不得压级压价，不得在支付的价款中扣缴任何费用。

## 四、农民权益的行政保护

任何单位和个人向农民提供有偿服务，必须坚持自愿原则，不得强迫。

## 五、对农民权益受损时的行政和司法救济措施

在诉讼、仲裁中通过法律援助，解决广大农民在生活中遇到的法律纠纷，获得公平的法律服务，从而实现司法公正。

# 第七节　农业资源与农业环境保护

## 一、建立农业资源区划和监测制度

农业资源区划是研究农业赖以生存和发展的自然资源、社会经济资源、技术装备条件等的数量、质量、构成，及地域时空分布的相似性、差异性，探讨地域分工和资源优化配置科学途径的一项系统工程。

农业资源监测是对我国的农业自然资源、农村社会经济技术条件进行系统的监测调查和分析评价，为发展"两高一优"农业，实施农业结构战略性调整，加快推进农业产业化经营等，发挥重要的科技支撑作用。

1. 建立重要农业资源台账，系统收集农业资源数据。

2. 建立农业资源数据共建共享机制，研究推进重要农业资源数据采集、更新工作机制，健全完善农业资源监测统计体系。

3. 开展重要农业资源评价。分析农业资源变化趋势，科学评估农业资源利用效率，发布农业资源分析报告。

## 二、保护耕地质量

我国人多地少，特别是人均占有耕地的数量少、耕地总体质量差、耕地退化严重、耕地后备资源匮乏，人增地减的趋势已经形成。加倍珍惜、合理利用土地和切实保护耕地，是关系国计民生、国家发展和民族生存安危的大事。

《农业法》规定，农民和农业生产经营组织应当保养耕地，合理使用化肥、农药、农用薄膜，增加使用有机肥料，采用先进技术，保护和提高地力，防止农用地的污染、破坏和地力衰退。县级以上人民政府农业行政主管部门应当采取措施，支持农民和农业生产经营组织加强耕地质量建设，并对耕地质量进行定期监测。各级政府应当依法采取措施，全面规划，严格管理，保护、开发土地资源，制止非法占用耕地的行为。

## 三、预防和治理水土流失、沙化土地

《农业法》第59条规定,各级人民政府应当采取措施,加强小流域综合治理,预防和治理水土流失,预防土地沙化,治理沙化土地。

## 四、保护森林资源

《农业法》规定,国家实行全民义务植树制度。各级人民政府应当采取措施,组织群众植树造林,保护林地和林木,预防森林火灾,防治森林病虫害,制止滥伐、盗伐林木,提高森林覆盖率。国家在天然林保护区域实行禁伐或者限伐制度,加强造林护林。

## 五、保护草原资源

《农业法》第61条规定,有关地方人民政府,应当加强草原的保护、建设和管理,指导、组织农(牧)民和农(牧)业生产经营组织建设人工草场、饲草饲料基地和改良天然草原,实行以草定畜,控制载畜量,推行划区轮牧、休牧和禁牧制度,保护草原植被,防止草原退化沙化和盐渍化。

《农业法》第62条规定,禁止毁林毁草开垦、烧山开垦以及开垦国家禁止开垦的陡坡地,已经开垦的应当逐步退耕还林、还草。禁止围湖造田以及围垦国家禁止围垦的湿地。已经围垦的,应当逐步退耕还湖、还湿地。对在国务院批准规划范围内实施退耕的农民,应当按照国家规定予以补助。

## 六、保护渔业资源

《农业法》第63条规定,各级人民政府应当采取措施,依法执行捕捞限额和禁渔、休渔制度,增殖渔业资源,保护渔业水域生态环境。国家引导、支持从事捕捞业的农(渔)民和农(渔)业生产经营组织从事水产养殖业或者其他职业,对根据当地人民政府统一规划转产转业的农(渔)民,应当按照国家规定予以补助。

禁止破坏渔业资源的方法进行捕捞;对渔获物中幼鱼比例进行限制;禁止在禁渔区、禁渔期内销售非法捕捞的渔获物等。确立水产种植资源保护制度,保护水生动植物种群的繁衍和生物多样性。强调水生野生动植物的重点保护。

## 七、保护农业生物物种资源

《农业法》第64条规定,国家建立与农业生产有关的生物物种资源保护制度,保护生物多样性,对稀有、濒危、珍贵生物资源及其原生地实行重点保护。从境外引进生物物种资源应当依法进行登记或者审批,并采取相应安全控制措施。农业转基因生物的研究、试验、生产、加工、经营及其他应用,必须依照国家规定严格实行各项安全控制措施。

## 八、保护农业环境

《农业法》第 65 条,各级农业行政主管部门应当引导农民和农业生产经营组织采取生物措施或者使用高效低毒低残留农药、兽药,防治动植物病、虫、杂草、鼠害。

农产品采收后的秸秆及其他剩余物质应当综合利用,妥善处理,防止造成环境污染和生态破坏。从事畜禽等动物规模养殖的单位和个人应当对粪便、废水及其他废弃物进行无害化处理或者综合利用,从事水产养殖的单位和个人应当合理投饵、施肥、使用药物,防止造成环境污染和生态破坏。

 **导学案例解析**

近年来,桂林市平乐县着力提高农业生产规模化、集约化、专业化、标准化水平和可持续发展能力,通过整合土地资源,培植农业技术能手、农产品销售骨干等措施,因地制宜发展优势农产品种植,因势利导逐步发展形成了农产品专业种养合作社、农产品采摘专业团队和农产品销售专业合作社,进一步提升了农产品质量和商品价值,解决了农村剩余劳动力和贫困家庭就业难、收入低等问题。农业生产的专业化、商品化、社会化发展,为当地农村农民致富开辟了一条新路。

 **练习题**

### 一、简答题

1. 简述我国的农业生产经营体制。

2. 简述农业生产和农产品流通法律制度。

3. 简述粮食安全法律制度。

4. 简述农民权益保护的内容。

5. 简述农业资源与环境保护的基本制度。

### 二、不定项选择题

1. 我国农业生产经营的基本组织制度是(　　)。

　　A. 以家庭承包经营为基础　　　　　　B. 统分结合的双层经营体制

　　C. 以个体承包经营为基础　　　　　　D. 以集体承包经营为基础

2.《农业法》第 6 条明确规定,国家坚持(　　)的方针。

　　A. 科教兴农　　　　　　　　　　　　B. 保护农业生态环境

　　C. 促进农业机械化和信息化　　　　　D. 农业可持续发展

3.《农业法》第 12 条规定,(　　)可以自愿按照民主管理、按劳分配和按股分红相结合的原则,以资金、技术、实物等入股,依法兴办各类企业。

  A. 农民         B. 农业生产经营组织

  C. 农村承包经营户      D. 农业公司

  4.《农业法》第13条规定,国家采取措施发展多种形式的农业产业化经营,鼓励和支持农民和农业生产经营组织发展(　　)一体化经营。

  A. 生产    B. 加工    C. 销售    D. 流通

  5.《农业法》规定,国家引导和支持农民和农业生产经营组织结合本地实际按照市场需求,发展(　　)的农业。

  A. 优质    B. 高产    C. 高效益    D. 精准

  6.《农业法》明确,农民和农业生产经营组织不得使用国家明令淘汰和禁止使用的(　　)等农业生产资料和其他(　　)的产品。

  A. 农药    B. 兽药    C. 饲料添加剂    D. 禁止使用

  7.《农业法》第23条规定,国家支持依法建立健全优质农产品(　　)制度,国家鼓励和扶植发展(　　)生产。

  A. 认证    B. 标志    C. 优质农产品    D. 名优农产品

  8.《农业法》明确了,国家实行(　　)、检疫制度。建立(　　)的快速扑灭机制,建设动物无规定疫病区,实施(　　)。

  A. 动植物防疫   B. 重大动物疫情   C. 植物病虫害   D. 植物保护工程

**三、案例分析题**

  2015年8月底,商务部等10部门联合发布了《全国农产品市场体系发展规划》,提出在2020年初步建成中国特色农产品市场体系。

  试分析:近三年来,你所在的省(自治区、直辖市)都进行了哪些全国网与区域网相结合、公益性和市场化相结合、实体网与虚拟网相结合、批发网络与零售网络相结合的农产品市场体系建设?

 学习目标

    1. 掌握发包方和承包方的权利和义务，农村土地的概念，土地承包的原则，承包期限，土地经营权的流转方式，农村土地承包经营纠纷解决方式；

    2. 理解农村土地承包经营制度，土地承包合同的条款，仲裁解决农村土地承包经营纠纷；

    3. 了解土地承包的程序，其他方式的承包，调解解决农村土地承包经营权纠纷。

### 引导案例

    张利昌（原告）、张利香（被告）与张利友（第三人）系亲兄弟，其父母随第三人生活，该父母的承包田土被登记在张利友名下，之后张利香与张利友达成协议：母亲曹某的生养死葬由张利友承担，张利友对曹某的承包田土享有承包经营权；父亲张某福的生养死葬由张利香承担，张利香对张某福的承包田土享有承包经营权。2020年8月5日张利香将张某福承包的田土承包经营权转让给张利昌，并签订书面协议。之后张利昌将受转让的田土种上蔬菜。后巫坝水库将该田土征收，张利友将土地补偿款登记在自己名下，为此发生纠纷。

    张利昌请求人民法院判令张利香继续履行与张利昌签订的《土地转让合同书》，同时判令张利友将征收土地的补偿款返还给张利昌，并由张利香承担本案的诉讼费用。

# 第一节 农村土地承包法概述

## 一、农村土地的概念

《农村土地承包法》明确规定农村土地是指农民集体所有和国家所有的,依法由农民集体使用的耕地、林地、草地以及其他依法用于农业的土地。其他依法用于农业的土地,主要包括荒山、荒沟、荒丘、荒滩等"四荒地",以及养殖水面等。

《农村土地承包法》于 2002 年 8 月 29 日经全国人大常委会通过,经过 2009 年、2018 年两次修正。

## 二、农村土地承包经营制度

### (一)农村土地承包经营制度概述

国家实行农村土地承包经营制度。农村家庭承包经营制度是在农村土地集体所有保持不变的前提下,由村委会或者农村集体经济组织与农民或者农户签订农村土地承包合同,农民依法取得农村土地承包经营权,自主经营。《民法典》第 330 条规定:"农村集体经济组织实行家庭承包经营为基础、统分结合的双层经营体制。农民集体所有和国家所有由农民集体使用的耕地、林地、草地以及其他用于农业的土地,依法实行土地承包经营制度。"

### (二)农村土地承包经营权的概念

农村土地承包经营权是指承包人(个人或单位)因从事种植业、林业、畜牧业、渔业生产或其他生产经营项目而承包使用、收益集体所有或国家所有的土地或森林、山岭、草原、荒地、滩涂、水面的权利。土地承包经营权自土地承包经营权合同生效时设立。

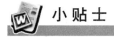 小贴士

### 法律保护集体土地所有权

《民法典》第 260 条规定:"集体所有的不动产和动产包括:(1)法律规定属于集体所有的土地和森林、山岭、草原、荒地、滩涂;(2)集体所有的建筑物、生产设施、农田水利设施;(3)集体所有的教育、科学、文化、卫生、体育等设施;(4)集体所有的其他不动产和动产。"

第 261 条规定:"农民集体所有的不动产和动产,属于本集体成员集体所有。"

第262条规定:"对于集体所有的土地和森林、山岭、草原、荒地、滩涂等,依照下列规定行使所有权:(1)属于村农民集体所有的,由村集体经济组织或者村民委员会依法代表集体行使所有权;(2)分别属于村内两个以上农民集体所有的,由村内各该集体经济组织或者村民小组依法代表集体行使所有权;(3)属于乡镇农民集体所有的,由乡镇集体经济组织代表集体行使所有权。"

第263条规定:"城镇集体所有的不动产和动产,依照法律、行政法规的规定由本集体享有占有、使用、收益和处分的权利。"

### (三)农村土地承包的形式

农村土地承包采取两种承包方式,即农村集体经济组织内部的家庭承包经营方式和以招标、拍卖、公开协商等方式的承包。

家庭承包经营方式是指以农村集体经济组织的每一个农户家庭全体成员为一个生产经营单位,作为承包人承包农民集体的耕地、林地、草地等农业用地。本集体经济组织成员平等地享有承包本集体经济组织所有的土地或者国家所有由本农村集体经济组织使用的土地。其主要特点是。

1. 集体经济组织的每个人均享有承包本农村集体的农村土地的权利,"按户承包,按人分地"。不论男女老少,没有年龄、性别限制。特别强调保护土地承包中妇女的合法权益,妇女与男子享有平等的权利。任何组织和个人都无权剥夺他们的承包权。任何组织和个人不得剥夺、侵害妇女应当享有的土地承包经营权,除非农民本人放弃这个承包权利。

2. 以户为生产经营单位承包方与本集体经济组织或者村委会订立一个承包合同,享有合同中约定的权利,承担合同中约定的义务。承包户家庭中的某个成员死亡,只要这个承包户还有其他人在,承包关系不变,该土地由这个承包户中的其他成员继续承包。

3. 用于家庭承包的农村土地不限于耕地、林地、草地,凡是本集体经济组织的成员,每人都有份的农村土地,如自留地等,都应当实行家庭承包的方式。

对本集体经济组织成员有的不愿承包,或者那些不宜采用家庭承包的农业用地,可以采取招标、拍卖、公开协商等方式承包。不仅本集体经济组织成员,本集体经济组织以外的单位和个人也可以按照自愿、公开、公正的原则进行承包。

农村土地承包两种方式的采用,透明度高,便于农民群众监督,有利于农村土地的合理利用。

# 第二节　家庭承包

## 一、发包方和承包方的权利和义务

### （一）发包方的权利和义务

**1. 发包主体**

（1）农民集体所有的土地,依法属于村农民集体所有的,村集体经济组织或者村民委员会作为发包方。村,是指行政村,是设立村民委员会的村,不是指自然村。农民集体所有的土地,依法属于村农民集体所有,应当由村集体经济组织发包,有些村没有集体经济组织,难以完成集体所有土地的发包工作,可以由村民委员会发包。

（2）已经分别属于村内两个以上农村集体经济组织的农民集体所有的土地,村内各该农村集体经济组织或者村民小组作为发包方。村民小组,相当于原生产队,是指行政村内由村民组成的组织,它是村民自治共同体内部的一种组织形式,目前有的地方村民小组并未设立集体经济组织,土地属于村民小组,可以由村民小组作为发包方。

（3）村集体经济组织或者村民委员会发包的,不得改变村内各集体经济组织农民集体所有的土地的所有权。村内各集体经济组织农民集体所有的土地,是指已经分别属于村内两个以上农村集体经济组织的农民集体所有的土地。如果村民小组也不具备发包的条件,或者由其发包不方便,由村集体经济组织或者村民委员会代为发包。

（4）国家所有依法由农民集体使用的农村土地,农村集体经济组织、村民委员会或者村民小组作为发包方。虽然这部分土地的所有权不属于使用该土地的农民集体,但由于作为农村土地是由农民集体使用从事农业生产,法律规定也实行承包经营。由村农民集体使用的,村集体经济组织是发包方;村集体经济组织未设立的,村民委员会是发包方。由村内两个以上集体经济组织的农民集体使用的,村内各集体经济组织是发包方,村内各集体经济组织未设立的,村民小组是发包方。村内各集体经济组织或者村民小组发包有困难或者不方便的,也可以由村集体经济组织或者村民委员会代为发包。

**2. 发包方的权利**

（1）发包本集体所有的或者国家所有依法由本集体使用的农村土地的权利。这是发包方的发包权,是享有其他权利的前提。

（2）监督承包方依照承包合同约定的用途合理利用和保护土地的权利。

（3）制止承包方损害承包地和农业资源的行为的权利。土地必须合理利用和保护,对于损害土地和农业资源的行为发包方有权制止。

（4）法律、行政法规规定的其他权利。

发包人的权利不限于此,其他法律,如《农业法》《土地管理法》《渔业法》《森林法》和《草原法》等法律以及国务院的行政法规还可以赋予发包方其他权利。

**3. 发包方的义务**

(1) 维护承包方的土地承包经营权,不得非法变更、解除承包合同。国家实行农村土地承包经营制度,是一项基本国策。法律保护农民的承包经营权,任何组织和个人不得剥夺和非法限制农村集体经济组织成员承包土地的权利。发包方有义务维护承包方的土地承包经营权。

(2) 尊重承包方的生产经营自主权,不得干涉承包方依法进行正常的生产经营活动。生产经营自主权是承包方自主安排生产、自主进行经营决策的权利,是承包权的最重要的内容。

(3) 依照承包合同约定为承包方提供生产、技术、信息等服务。这是发包方的服务义务。我国实行的以家庭经营为基础、统分结合的双层经营体制,其"统"就是要求集体经济组织要做好为农户提供生产、经营、技术等方面的统一服务。发包方有义务帮助承包方搞好生产经营。

(4) 执行县、乡(镇)土地利用总体规划,组织本集体经济组织内的农业基础设施建设。土地利用总体规划是在一定区域内,各级人民政府根据国家社会经济可持续发展的要求和本地经济、社会和自然资源、环境保护等条件,对土地的开发、利用、治理、保护在空间上、时间上所作的总体安排和布局。发包方有执行土地利用总体规划的法定义务。

(5) 法律、行政法规规定的其他义务。

## (二) 承包方的权利和义务

**1. 承包主体**

农村土地的承包,即家庭承包。承包方是本集体经济组织的农户。农户是农村中以血缘和婚姻关系为基础组成的农村最基层的社会单位。农村土地承包以"户"为单位进行,由"户"的代表与发包方签订土地承包合同,解决了农村中有土地份额的无民事行为能力或者限制民事行为能力的农民,无法与农村集体签订承包合同并无法履行合同的难题。作为生产单位的农户,依靠家庭成员的劳动进行农业生产与经营活动,农户是农民交易活动的主体。以户的财产承担责任,保证承包义务的履行。

《农村土地承包法》第16条规定:"家庭承包的承包方是本集体经济组织的农户。农户内家庭成员依法平等享有承包土地的各项权益。"

**2. 承包方的权利**

《农村土地承包法》第17条明确规定了承包方的权利。

(1) 依法享有承包地使用、收益的权利,有权自主组织生产经营和处置产品。《民法典》第323条规定:"用益物权人对他人所有的不动产或者动产,依法享有占有、使用和收益的权利。"第 331 条规定："土地承包经营权人依法对其承包经营的耕地、林地、草地等享有占有、使用和收益的权利,有权从事种植业、林业、畜牧业等农业生产。"

（2）依法互换、转让土地承包经营权。

（3）依法流转土地经营权。尊重农民意愿,依法自愿有偿流转土地经营权,不能搞强迫命令,不能搞行政瞎指挥。

（4）承包地被依法征收、征用、占用的,有权依法获得相应的补偿。

①《宪法》规定,国家为了公共利益的需要,可以依法对集体所有的土地实行征用。即可以将集体所有的土地转化为国家所有。为了保护承包方的合法权益,征用承包地必须依照法定的条件和程序进行,不得滥用土地征用权。

② 根据《土地管理法》第 48 条的规定,征收土地应当给予公平、合理的补偿,保障被征地农民原有生活水平不降低,长远生计有保障。征收土地应当依法及时足额支付土地补偿费、安置补助费以及农村村民住宅、其他地上附着物和青苗等的补偿费用,并安排被征地农民的社会保障费用。征收农用地的土地补偿费、安置补助费标准由省、自治区、直辖市通过制定公布区片综合地价确定。制定区片综合地价应当综合考虑土地原用途、土地资源条件、土地产值、土地区位、土地供求关系、人口以及经济社会发展水平等因素,并至少每三年调整或者重新公布一次。

征收农用地以外的其他土地、地上附着物和青苗等的补偿标准,由省、自治区、直辖市制定。对其中的农村村民住宅,应当按照先补偿后搬迁、居住条件有改善的原则,尊重农村村民意愿,采取重新安排宅基地建房、提供安置房或者货币补偿等方式给予公平、合理的补偿,并对因征收造成的搬迁、临时安置等费用予以补偿,保障农村村民居住的权利和合法的住房财产权益。

（5）法律、行政法规规定的其他权利。

**3. 承包方的义务**

《农村土地承包法》第 18 条规定了承包方承担的义务。

（1）维持土地的农业用途,未经依法批准不得用于非农建设。农业用途是指将土地直接用于农业生产,从事种养殖业、林业等。非农建设是指将土地用于农业生产目的以外的建设活动,例如在土地上建商场等。承包方违法将承包地用于非农建设的,由县级以上地方人民政府有关行政主管部门依法予以处罚。

（2）依法保护和合理利用土地,不得给土地造成永久性损害。承包方给承包地造成永久性损害的,发包方有权制止,并有权要求承包方赔偿由此造成的损失。

（3）法律、行政法规规定的其他义务。

## 二、土地承包的原则

### （一）按照规定统一组织承包时，本集体经济组织成员依法平等地行使承包土地的权利，也可以自愿放弃承包土地的权利

只要是农村集体经济组织中的成员，其对集体土地都享有一定的权益，都有权依法承包由农村集体经济组织发包的土地。任何组织和个人不得剥夺或者非法限制农村集体经济组织成员承包土地的权利。

平等主要体现在两个方面：一是本集体经济组织的成员平等地享有承包本集体经济组织土地的权利，无论男女老少、体弱病残。二是本集体经济组织成员在承包过程中都平等地行使承包本集体经济组织土地的权利，发包方应当平等地对待每一个本集体经济组织成员的承包权。在承包过程中，发包方不能厚此薄彼，不能对本集体经济组织成员实行差别待遇。

### （二）民主协商，公平合理

在确定承包方案时，应当民主协商，公平合理地确定发包方、承包方各自的权利义务。特别是发包方不得滥用权力，承包合同中不得对承包方的权利进行不合理的限制、干涉承包方的生产经营自主权，或者通过承包合同给承包方增加不合理的负担。

"民主协商"要求发包方在发包过程中应当与作为承包方的本集体经济组织成员民主协商，应当充分听取和征求本集体经济组织成员的意见，不得暗箱操作，不得强迫本集体经济组织成员接受承包方案。"公平合理"要求本集体经济组织成员之间所承包的土地在离居住地距离的远近、土质的好坏以及离水源的远近等方面不能有太大的差别。即使有差别，也应当在合理的范围内。

### （三）承包方案应当符合《农村土地承包法》的有关规定

承包方案应当按照《农村土地承包法》第13条的规定，依法经本集体经济组织成员的村民会议2/3以上成员或者2/3以上村民代表的同意。

《农村土地承包法》第13条规定，农民集体所有的土地依法属于村农民集体所有的，由村集体经济组织或者村民委员会发包；已经分别属于村内两个以上农村集体经济组织的农民集体所有的，由村内各该农村集体经济组织或者村民小组发包。

村集体经济组织或者村民委员会发包的，不得改变村内各集体经济组织农民集体所有的土地的所有权。国家所有依法由农民集体使用的农村土地，由使用该土地的农村集体经济组织、村民委员会或者村民小组发包。

凡是关系到村民利益的事项，由群众自己当家，自己做主。村民的土地承包经营方案是涉及村民切身利益的重大事项，应当由村民会议决定。

### （四）承包程序合法

在承包过程中,承包各方要严格按照法定的条件和程序办事,违反法律规定的承包程序进行的承包无效。发包方要平等对待每一个承包方,不得暗箱操作。承包方应当以正当的手段和方式参加承包活动,不得通过行贿手段或者利用亲属关系,来获得有利的承包条件。

在土地承包中除了应当遵循上述几项原则外,还应当遵循土地承包的基本原则,即农村土地承包应当坚持公开、公平、公正的原则,正确处理国家、集体、个人三者的利益关系。

## 三、土地承包的程序

### （一）本集体经济组织成员的村民会议选举产生承包工作小组

承包工作小组一般由村党支部、村集体经济组织、村民委员会的部分成员和一定数量的村民代表组成。

### （二）承包工作小组依照法律、法规的规定拟订并公布承包方案

承包工作小组在对本集体经济组织的土地状况进行认真、详细的调查研究,在对本集体经济组织成员情况进行了解的基础上拟订土地承包方案。承包方案应当符合法律、法规的规定。承包方案完成后,承包工作小组应当向本集体经济组织的成员公布,征求本集体经济组织成员的意见。

### （三）依法召开本集体经济组织成员的村民会议,讨论通过承包方案

承包工作小组确定承包方案后,集体经济组织应当依法召开本集体经济组织的村民会议,由村民会议讨论通过承包方案。按照《农村土地承包法》第13条的规定,依法经本集体经济组织的村民会议2/3以上成员或者2/3以上村民代表同意。

### （四）公开组织实施承包方案

承包方案依法经本集体经济组织的村民会议符合法定人数的村民代表同意后,农村集体经济组织应当公开组织实施,使承包方案的内容得到落实。

### （五）签订承包合同

发包方和承包方应当依照公开组织实施的承包方案和相关法律、行政法规的规定签订承包合同。承包方与发包方双方地位是平等的,发包方不得拒绝与承包方签订合同,也不得利用自己的优势地位强迫承包方接受一些不公平的条款。在实践中,土地承包合同一般由地方人民政府负责管理农村土地承包合同的部门事先拟订。《农村土地承包法》第22条明确规定了承包合同包括的一般条款。

## 四、承包期限

### (一)承包期限

承包期限是指农村土地承包经营权存续的期间。在期间内,承包方依照法律的规定和合同的约定,享有土地承包经营权,承担相应的义务。

国家编制土地利用总体规划,规定土地用途,将土地分为农用地、建设用地和未利用地。严格限制农用地转为建设用地,控制建设用地总量,对耕地实行特殊保护。按土地的用途,将土地划分为农用地、建设用地和未利用地。农用地是指直接用于农业生产的土地,包括耕地、林地、草地、农田水利用地、养殖水面等;建设用地是指建造建筑物、构筑物的土地;未利用地是指农用地和建设用地以外的土地。不同用途的农用地,承包期限不同。

### (二)耕地的承包期限

耕地的承包期为30年。耕地承包期届满后再延长30年。耕地是指用于种植农作物的土地,包括灌溉水田、望天田(又称天水田)、水浇地、旱地和菜地。我国农村实行土地承包经营制度的土地主要是耕地。

### (三)草地的承包期限

草地的承包期为30年至50年。草地承包期届满后依照农村土地承包的法律规定相应延长。草地是指生长草本植物为主,用于畜牧业的土地,包括天然草地、改良草地和人工草地。草原是草地的主体。

### (四)林地的承包期限

林地的承包期一般为30年至70年。林地承包期届满后依照农村土地承包的法律规定相应延长。林地是指生长乔木、竹类、灌木、沿海红树林的土地,包括有林地、灌木林地、疏林地、未成林造林地以及迹地和苗圃等。林地承包经营政策是我国农村林业的基本政策。

对于采取其他方式承包的土地的承包期限,依照法律的规定,由当事人双方根据实际情况协商确定,如菜地或养殖水面,"四荒"地等。对承包"四荒"进行治理开发的,依照国家有关政策承包期最长可以达到50年。实践中,一般鱼塘的承包期为1年至3年。

## 五、土地承包合同

### (一)土地承包合同的概念

土地承包合同是指发包方与承包方之间达成的,关于农村土地承包权利义务关系的协议。

### （二）土地承包合同的形式

《农村土地承包法》要求土地承包合同应当采用书面形式。土地承包经营权是我国农民的最重要的权利之一，它既关系到农业、农村经济发展和农村社会稳定，又关系到亿万农民的切身利益。实践中侵犯土地承包经营权的情况比较多。采用书面形式，更有利于明确双方的权利义务，有利于防止争议和解决纠纷。

### （三）土地承包合同的主要条款

1.发包方、承包方的名称。发包方负责人和承包方代表的姓名、住所。这是承包合同必须具备的条款。

2.承包土地的名称、坐落、面积、质量等级。这是土地承包合同权利义务指向的对象，也是合同的必备条款，否则合同不能成立，合同中必须规定的细致、清楚，以防产生纠纷。

3.承包期限和起止日期。承包期限是承包方依法享有权利，承担义务的期间。为了确定合同权利义务的具体期间，合同中还要规定合同的起止日期。

4.承包土地的用途。承包土地只能用于从事种植业、林业、畜牧业和渔业生产。这是依据《农村土地承包法》《土地管理法》《农业法》《渔业法》《森林法》和《草原法》等多部法律的规定确立的。

5.发包方和承包方的权利和义务。（详见本章本节"发包方和承包方的权利和义务"部分）。

6.违约责任。它是指土地承包合同当事人一方或者双方不履行合同或者不适当履行合同，依照法律的规定或者按照当事人的约定，应当承担的法律责任。当事人一方不履行合同义务或者履行义务不符合约定的，应当依照合同法的规定承担违约责任。

### （四）承包合同的成立、生效、变更与解除

**1. 承包合同的成立**

承包合同的成立是指订约当事人就承包合同的主要内容形成合意。对于承包合同的成立时间，依照《民法典》规定，承诺生效时合同成立。这是合同成立的一般规定。同时，《民法典》又对书面形式合同的成立作出了特别规定：当事人采用合同书形式订立合同的，自双方当事人签字或者盖章时合同成立。

承包合同成立的时间应当是当事人签字或者盖章之时。实践中对当事人虽然没有签字或者盖章，但是履行了承包合同主要义务的，承包合同也可以成立。

**2. 承包合同生效**

承包合同生效是指依法成立的承包合同产生法律约束力。《农村土地承包法》第23条规定，承包合同自成立之日起生效。承包方自承包合同生效时取得土地承包经营权。

合同生效后，当事人依法受到合同的约束，必须遵循合同的规定，依照诚实信用的原

则,正确行使权利,履行义务。合同生效后,任何单位或者个人都不得侵犯当事人的合同权利,不得非法阻挠当事人履行义务。当事人违反合同的,将依法承担民事责任。

《农村土地承包法》第24条规定:"国家对耕地、林地和草地等实行统一登记,登记机构应当向承包方颁发土地承包经营权证或者林权证等证书,并登记造册,确认土地承包经营权。土地承包经营权证或者林权证等证书应当将具有土地承包经营权的全部家庭成员列入。登记机构除按规定收取证书工本费外,不得收取其他费用。"

**3. 承包合同的变更**

承包合同的变更是指承包合同成立后,当事人在原合同的基础上对承包合同的内容进行修改或者补充。

**4. 承包合同的解除**

承包合同的解除是指承包合同成立后,当具备法律规定的合同解除条件时,因当事人一方或者双方的意思表示而使承包合同关系归于消灭的行为。承包合同生效后,发包方不得因承办人或者负责人的变动而变更或者解除,也不得因集体经济组织的分立或者合并而变更或者解除。国家机关及其工作人员不得利用职权干涉农村土地承包或者变更、解除承包合同。

## 六、土地承包经营权的保护

### (一)承包期内承包地的交回与收回

1. 承包期内,发包方不得收回承包地。除法律对承包地的收回有特别规定外,在承包期内,无论承包方发生什么样的变化,只要作为承包方的家庭还存在,发包方都不得收回承包地。承包期内,发包方不得收回承包地。

2. 承包期内,国家保护进城农户的土地承包经营权。不得以退出土地承包经营权作为农户进城落户的条件。

3. 承包期内,承包农户进城落户的,引导支持其按照自愿有偿原则依法在本集体经济组织内转让土地承包经营权或者将承包地交回发包方,也可以鼓励其流转土地经营权。

4. 承包期内,承包方交回承包地或者发包方依法收回承包地时,承包方对其在承包地上投入而提高土地生产能力的,有权获得相应的补偿。

### (二)承包期内承包地的调整

承包期内,发包方不得调整承包地。稳定土地承包关系,是党和国家农村政策的核心内容。为了维护土地承包关系的长期稳定,让农民吃上定心丸,法律明确作出了规定。但是在特殊情形下,应当允许按照法律规定的程序对个别农户之间的承包地进行必要的调整。解决人地关系的矛盾,按照中央关于"大稳定、小调整"的原则,在农户之间进行个别调整。

1. 调整只限于人地矛盾突出的,个别农户之间承包的土地进行小范围适当调整。

2. 承包期内,因自然灾害严重毁损承包地等特殊情形对个别农户之间承包的耕地和草地需要适当调整的,可以适当调整承包地。

3. 调整的方案应当经过一定的法定程序。必须经本集体经济组织成员的村民会议 2/3 以上成员或者 2/3 以上村民代表的同意,并报乡(镇)人民政府和县级人民政府农业等行政主管部门批准。承包合同中约定不得调整的,按照其约定。承包合同中违背承包方意愿或者违反法律、行政法规有关不得收回、调整承包地等强制性规定的约定无效。

### (三)用于调整的承包土地

**1. 集体经济组织依法预留的机动地**

预留的机动地是发包方在发包土地时,预先留出的不作为承包地的少量土地,用于解决承包期内的人地矛盾问题。对预留机动地必须严格控制。《农村土地承包法》第 67 条规定:"本法实施前已经预留机动地的,机动地面积不得超过本集体经济组织耕地总面积的 5%。不足 5% 的,不得再增加机动地。本法实施前未留机动地的,本法实施后不得再留机动地"。

**2. 通过依法开垦等方式增加的土地**

《土地管理法》规定,开垦未利用的土地,必须经过科学论证和评估,在土地利用总体规划划定的可开垦的区域内,经依法批准后进行。禁止毁坏森林、草原开垦耕地,禁止围湖造田和侵占江河滩地。根据土地利用总体规划,对破坏生态环境开垦、围垦的土地,有计划有步骤地退耕还林、还牧、还湖。《中华人民共和国水土保持法》(以下简称《水土保持法》)规定,禁止在二十五度以上陡坡地开垦种植农作物。

**3. 发包方依法收回和承包方依法、自愿交回的**

承包方依法交回的土地是指承包方依照法律规定,承包期内,承包农户进城落户的,引导支持其按照自愿有偿原则依法在本集体经济组织内转让土地承包经营权或者将承包地交回发包方,也可以鼓励其流转土地经营权。承包方自愿交回的土地是指承包方依照《农村土地承包法》第 30 条规定,承包期内,承包方可以自愿将承包地交回发包方。承包方自愿交回承包地的,可以获得合理补偿,但是应当提前半年以书面形式通知发包方。承包方在承包期内交回承包地的,在承包期内不得再要求承包土地。

承包方依法、自愿交回的土地,也应当用于调整承包土地或者承包给新增人口。承包期内,承包方可以自愿将承包地交回发包方。承包方自愿交回承包地的,应当提前半年以书面形式通知发包方。承包方在承包期内交回承包地的,在承包期内不得再要求承包土地。

### (四)妇女土地承包经营权的保护

妇女在土地承包中的合法权益应当受到保护。《农村土地承包法》在规定妇女与男子享有平等的权利的基础上,从有利于保护弱者,体现公平,维护社会稳定的角度出发,对妇女土地承包经营权的保护问题,作出了具体规定。

**1. 妇女结婚**

承包期内,妇女结婚,在新居住地未取得承包地的,发包方不得收回其原承包地。妇女结婚,妇女嫁入方所在村应当解决其承包的土地,如果集体经济组织不能分给嫁入妇女一份承包地的,出嫁妇女原籍所在地的发包方不得收回其原承包地。

**2. 妇女离婚或者丧偶**

(1)承包期内,妇女离婚或丧偶,仍在原居住地生活,其已取得的承包地应当由离婚或者丧偶妇女继续承包,发包方不得收回。

(2)承包期内,妇女离婚或丧偶,不在原居住地生活,但在新居住地未取得承包地的,发包方不得收回其原承包地。

### (五)承包方应得的承包收益的继承

为缓解人地矛盾,体现社会公平,对因承包人死亡,承包经营的家庭消亡的,其承包地不允许继承,应当由集体经济组织收回。但是承包方应得的承包收益,作为承包方的个人财产,依照《民法典》的规定继承。

法律规定,林地承包的承包人死亡,其继承人可以在承包期内继续承包。

## 七、土地经营权的流转

### (一)土地经营权流转概述

**1. 土地经营权流转的概念**

农村土地经营权是农村集体经济组织成员对农村集体所有或者国家所有的土地,通过土地承包合同享有占有、使用、收益和在一定范围内处分的权利。土地经营权流转中保留(土地)承包权、转移土地经营权(土地使用权)。

土地经营权的流转是指拥有土地承包经营权的土地承包经营权人在保留(土地)承包权的前提下,将土地经营权(土地使用权)转移给第三人的行为。对土地等自然资源的承包经营权具有物权性质,属于用益物权,具有流转性。

在稳定家庭承包经营的基础上,允许土地经营权的合理流转,是农业发展的必然选择,应当依法、慎重进行。

**2. 土地经营权流转的当事人**

农村土地经营权流转的当事人,出让方是承包方。主要有两类,一是本集体经济组织的农户;二是本集体经济组织及其以外的单位、农户和个人。农村土地经营权流转的受让方可以是承包农户,也可以是其他按有关法律及有关规定允许从事农业生产经营的组织和个人。受让方应当具有农业经营能力或者资质。在同等条件下,本集体经济组织成员享有优先权。

### 3. 土地经营权流转的客体

农村土地经营权流转的客体是农村土地经营权。

### 4. 土地经营权流转的内容

土地经营权流转必须建立在农户自愿的基础上。承包方有权依法自主决定承包土地是否流转、流转的对象和方式。

承包方不得单方解除土地经营权流转合同,但受让方有下列情形之一的除外:擅自改变土地的农业用途;弃耕抛荒连续两年以上;给土地造成严重损害或者严重破坏土地生态环境;其他严重违约行为。

土地经营权流转的转包费、租金、转让费等,应当由当事人双方协商确定。流转的收益归承包方所有,任何组织和个人不得擅自截留、扣缴。法律保障承包方流转土地经营权的收益不被侵犯。

《农村土地承包法》第43条规定:"经承包方同意,受让方可以依法投资改良土壤,建设农业生产附属、配套设施,并按照合同约定对其投资部分获得合理补偿。"

### (二)土地经营权流转的方式

农村土地承包方依法采取出租(转包)、互换、转让和入股方式将农村土地经营权部分或者全部流转,承包方与发包方的承包关系不变,双方享有的权利和承担的义务不变。

### 1. 出租(转包)

出租是指承包方将部分或全部土地经营权以一定期限租赁给他人从事农业生产经营。出租后原土地承包关系不变,原承包方继续履行原土地承包合同规定的权利和义务。承租方按出租时约定的条件对承包方负责。农民出租土地经营权无需经发包方许可,但出租合同需向发包方备案。通常情况下,受让方要向原土地经营权人,即转包方支付转包费,承租方要向出租方支付租金。

转包是指农村土地承包经营户依照转包合同规定,将其所承包的土地在承包期限内进行再转移的行为。转包方是享有土地经营权的农户,受让方是承受土地经营权转包的农户。受让方享有土地经营权使用的权利,获取承包土地的收益,并向转包方支付转包费。转包无需经发包方许可,但转包合同需向发包方备案。

《农村土地承包法》第40条规定,承包方将土地交由他人代耕不超过一年的,可以不签订书面合同。但如果代耕期超过1年的,为了明确双方的权利义务关系,减少争议,应当签订书面合同。

### 2. 互换

互换是指承包方之间为方便耕作或者各自需要,同一集体经济组织的承包方之间自愿将土地经营权进行互换,双方对互换土地原享有的承包权利和承担的义务也相应互换,当事人可以要求办理农村土地承包经营权证变更登记手续,并向发包方备案。

### 3. 转让

转让是指经发包方同意,承包方可以将全部或者部分的土地经营权转让给本集体经济组织的其他农户,由该农户同发包方确立新的承包关系,原承包方与发包方在该土地上的承包关系即行终止。转让要向发包方备案。

农村土地经营权的转让需要符合两个条件,一是需经发包方同意,二是受让人应是本集体经济组织的其他农户。

### 4. 入股

入股是指实行家庭承包方式的承包方之间为发展农业经济,将土地经营权作为股权,自愿联合从事农业合作生产经营;其他承包方式的承包方将土地经营权量化为股权,入股组成股份公司等,从事农业生产经营,承包方按股分红。入股要向发包方备案。

(1) 承包地的土地经营权采取入股方式流转,范围宽泛,包括入股法人企业。

(2) 治理结构可以是公司制。

(3) 承包地的土地经营权入股法人企业后,能处置的只是承包地的土地经营权,土地承包权仍归承包方,集体土地所有权也不改变。

### (三) 土地经营权流转的原则

#### 1. 依法、自愿、有偿,任何组织和个人不得强迫或者阻碍土地经营权流转

依法是要求土地承包经营权流转的双方当事人必须依法进行土地经营权流转。自愿是要求土地经营权的流转必须出于双方当事人完全自愿,流转方不得强迫受流转方必须接受土地经营权流转,受流转方也不得强迫流转方必须将土地经营权流转。有偿是要求土地经营权的流转是等价有偿的,流转方有权通过依法流转土地经营权获得相应的流转费等报酬。土地经营权的流转应当体现公平原则。

#### 2. 不得改变土地所有权的性质和土地的农业用途,不得破坏农业综合生产能力和农业生态环境

土地经营权流转的对象是承包方依法享有的土地经营权,不是土地所有权。流转不得改变土地所有权的性质,也不得改变土地的农业用途。必须保护好环境,不得破坏农业综合生产能力和农业生态环境。

#### 3. 流转期限不得超过承包期的剩余期限

土地经营权流转是有期限的,该期限不得超过土地承包经营权的剩余期限。

#### 4. 受让方须有农业经营能力或者资质

这是对受让方主体资格的要求。两者二选一。关于资质问题,法律规定了县级以上地方人民政府应当建立工商企业等社会资本通过流转取得土地经营权的资格审查、项目

审核和风险防范制度。

**5. 在同等条件下,本集体经济组织成员享有优先权,可以优先取得流转的土地经营权。**

### (四)土地经营权流转合同

**1. 土地经营权流转合同的签订**

土地经营权采取转包、出租、互换、转让或者其他方式流转的,当事人双方应当签订书面合同。以明确双方的权利义务,减少纠纷。土地经营权流转合同应当采用书面形式签订,当事人没有采用书面形式签订,但已实际流转了,仍可认定土地经营权流转合同成立。

**2. 土地经营权流转合同主要条款**

依照《农村土地承包法》的规定,土地经营权流转合同一般包括以下条款:(1)双方当事人的姓名、住所;(2)流转土地的名称、坐落、面积、质量等级;(3)流转期限和起止日期;(4)流转土地的用途;(5)双方当事人的权利和义务;(6)流转价款及支付方式;(7)土地被依法征收、征用、占用时有关补偿费的归属;(8)违约责任。

除此之外,当事人可约定其他内容。

### (五)土地经营权的流转登记

《农村土地承包法》第35条规定,土地承包经营权互换、转让的,当事人可以向登记机构申请登记。未经登记,不得对抗善意第三人。第41条又规定,土地经营权流转期限为5年以上的,当事人可以向登记机构申请土地经营权登记。未经登记,不得对抗善意第三人。

登记的决定权在农民手中,也就是说,不登记将产生不利于土地经营权受让人的法律后果。土地经营权的受让人为了更好地维护自己的权益,要求办理土地经营权的流转登记比较稳妥。

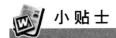 **小贴士**

## 全国农村承包地确权登记颁证基本完成

2020年11月,全国2838个县(市、区)、3.4万个乡镇、55万多个行政村已基本完成承包地确权登记颁证工作。15亿亩承包地被确权给2亿农户,土地承包经营权证书也基本发放完毕。全国农村承包地颁证率已超过96%。下一步,中央农办、农业农村部将会同有关部门健全工作机制,推动解决遗留问题,拓展确权成果应用,进一步做好承包地管理各项工作;稳妥开展第二轮土地承包到期延包试点,指导试点地区探索具体办法,在总结试点经验基础上抓紧制定配套政策,为全面开展延包工作提供制度保障。

# 第三节　其他方式的承包

## 一、其他方式的承包概述

### （一）其他方式的承包的土地的范围

其他方式的承包也就是通常所说的"四荒"土地的承包方式。采取招标、拍卖和公开协商等其他方式承包的农村土地的范围，主要是承包荒山、荒沟、荒丘、荒滩等土地资源。

### （二）其他方式的承包的土地的主体

农村集体经济组织内农民都有参与治理"四荒"的权利，同时积极支持和鼓励社会单位和个人参与。在同等条件下，本集体经济组织内的农民享有优先权。承包"四荒"的主体，应当遵守有关法律、行政法规的规定，防止水土流失，保护生态环境。

### （三）其他方式承包与家庭承包的区别

**1. 承包方不同**

家庭承包的承包方只能是本集体经济组织内部的农户。而其他方式承包的承包方，既可以是本集体经济组织内部的农户，也可以是经过本集体经济组织大部分成员同意的外部企事业单位和个人。

**2. 承包的对象不同**

家庭承包的对象主要是耕地、林地和草地。其他方式承包的对象，主要是不适宜实行家庭承包的土地，包括"四荒"以及果园、蚕场、养殖水面及其他零星土地。

**3. 承包土地的原则不同**

家庭承包是本集体组织成员人人有份的承包，它的基本原则是平等、公平。其他方式的承包不是人人有份的平均承包，它的原则是效率优先，兼顾公平。

**4. 当事人权利义务、承包期限确定方式不同**

家庭承包采取法定方式确定双方的权利义务、承包期限必须遵守法律的具体规定。其他方式的承包，双方当事人可以按照法律规定的方式，通过平等协商一致，确定双方的权利义务、承包期限。

**5. 权利的保护方式不同**

对家庭承包取得的土地承包经营权，按照物权方式予以保护。对其他方式的承包，则按照债权方式予以保护。

**6. 继承权利不同**

家庭承包的土地，承包人死亡，其承包地不允许继承，其应得的承包收益，依法可以继承。林地承包的承包人死亡,其继承人可以在承包期内继续承包。其他方式的承包土地,在承包期内,其继承人可以继续承包该块土地。

## 二、承包的具体形式

### (一)招标

#### 1. 招标投标的含义

招标投标是市场经济条件下提高效率、优化资源的一种交易方式,这种交易方式多为大宗货物的买卖、工程建设项目的发包与承包,以及服务项目的采购与提供所采用。农村荒山、荒沟、荒丘、荒滩等土地资源的承包可以采取招标投标的方式进行。

采用招标投标方式进行交易活动是将竞争机制引入了交易过程,招标方通过对各投标竞争者的条件进行综合比较,从中选择最符合条件的、经营能力和资信情况都最优的农业经营者作为中标者。招标投标活动严格依照法定程序公开进行,有利于调动农民和社会的资金和力量,重新优化配置"四荒"土地资源,促进农村集体经济组织基层的民主建设。

#### 2. 招标投标主体

(1)农民集体所有的"四荒"等农村土地依法属于村农民集体所有的,由村集体经济组织或者村民委员会作为招标方。

(2)已经分别属于村内两个以上农村集体经济组织的农民集体所有的,由村内各该农村集体经济组织或者村民小组作为招标方。

(3)国家所有依法由农民集体使用的,由使用该土地的农村集体经济组织、村民委员会或者村民小组作为招标方。

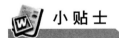 小贴士

### 招标投标程序

(1)招标方通过发布招标公告或者向有意投标承包的集体经济组织内部成员或外部农业生产者发出招标信息,如有关发包的荒山、荒沟、荒丘、荒滩等土地名称、坐落、面积、质量及其承包要求、承包期限以及对承包经营者的资格要求等招标条件。

(2)由各有意承包的农业承包经营者作为投标方,向招标方书面提出自己响应招标要求的条件,参加投标竞争。

(3)招标方对全部投标方的条件进行审查比较。

(4)招标方择优选定中标者,并与其签订土地承包合同。

## (二) 拍卖

拍卖是以公开竞价的形式,将特定物的财产权利转让给最高应价者的买卖方式。拍卖是一种公开的竞买活动。拍卖的出卖人称为"拍卖人",参加拍卖的买主称为"竞买人"。拍卖活动具有公开性和竞争性。"四荒"这一生产要素资源流转的主要形式是拍卖。拍卖的程序如下。

**1. 委托拍卖**

当事人双方签订合同,规范双方的责任、利益和义务;委托拍卖阶段需确定委托人的身份,主要指身份证明及证明委托人身份的文件。如果委托人是自然人的,应当提供身份证;如果委托人是法人或者其他组织的,应当提供企业法人营业执照、社团法人登记证明等。委托阶段需确定委托人的权利。

**2. 发出拍卖公告**

向公众发出拍卖相关事宜的公告,扩大拍卖活动的影响;告知的常用方式为在媒介上刊登广告等,公告本身并不是合同意义上的要约,而只是邀请谈判(也称为要约邀请)。

**3. 拍卖交易**

竞买人进行竞买登记,成为真正意义上的竞买人,经交付保证金和领取竞价号牌后,按照公告规定的时间和地点参加拍卖会参与竞买,通过竞买,当拍卖师落槌表示成交后,在众多竞买人中产生出买受人。一经拍定,买卖合同便告成立。

**4. 拍卖成交、拍卖的结算和标的物的交付**

拍卖物交付买受人,买受人向拍卖人交付价款,拍卖标的物的转移,委托人与拍卖人结算拍卖费用及价款。

## (三) 公开协商

公开协商是发包方与有意承包"四荒"的当事人在平等、自愿的基础上,公开就承包的相关事宜进行协商,与承包条件最好的承包方签订"四荒"土地承包合同。

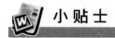 小贴士

### 《民法典》的相关规定

《民法典》第333条规定,土地承包经营权自土地承包经营权合同生效时设立。登记机构应当向土地承包经营权人发放土地承包经营权证、林权证等证书,并登记造册,确认土地承包经营权。

《民法典》第334条规定,土地承包经营权人依照法律规定,有权将土地承包经营权互换、转让。未经依法批准,不得将承包地用于非农建设。

《民法典》第335条规定,土地承包经营权互换、转让的,当事人可以向登记机构申请

登记;未经登记,不得对抗善意第三人。

《民法典》第 336 条规定,承包期内发包人不得调整承包地。

因自然灾害严重毁损承包地等特殊情形,需要适当调整承包的耕地和草地的,应当依照农村土地承包的法律规定办理。

《民法典》第 337 条规定,承包期内发包人不得收回承包地。法律另有规定的,依照其规定。

《民法典》第 339 条规定,土地承包经营权人可以自主决定依法采取出租、入股或者其他方式向他人流转土地经营权。

《民法典》第 340 条规定,土地经营权人有权在合同约定的期限内占有农村土地,自主开展农业生产经营并取得收益。

《民法典》第 341 条规定,流转期限为 5 年以上的土地经营权,自流转合同生效时设立。当事人可以向登记机构申请土地经营权登记;未经登记,不得对抗善意第三人。

《民法典》第 342 条规定,通过招标、拍卖、公开协商等方式承包农村土地,经依法登记取得权属证书的,可以依法采取出租、入股、抵押或者其他方式流转土地经营权。

## 三、本集体经济组织成员的优先承包权

### (一) 优先承包权的含义

以其他方式承包农村土地,在同等条件下,本集体经济组织成员有权优先承包。这是指以其他方式如招标、拍卖、公开协商等承包的,以"四荒"为代表的农村土地,农民集体所有和国家所有依法由农民集体使用的土地资源,本村村民有权优先承包。

同等条件,即本集体经济组织内部成员和企事业单位、社会团体及其他组织或者个人等外部竞包者同时参与"四荒"土地承包权的竞争,在农业技术、资信、承包价格、承包金给付方式、承包期限、对土地保护义务等方面的条件相同或者相近,本集体经济组织内部成员获得该土地的承包权。

### (二) 优先权的法律性质

优先权是法定的而非约定的权利。法律赋予集体组织成员的优先权,目的是维护集体组织成员的生存利益,保护生态环境、提高土地利用效率。优先权具有成员权性质。它是一种基于特定的身份关系即集体组织成员资格而产生的权利。优先权只能由特定的主体即本集体经济组织成员享有,而不包括农户。优先权可以对抗第三人,具有物权绝对性的特点。

确认无效的机构包括农业主管部门设立的土地仲裁机构以及有管辖权的人民法院。

## 四、承包的原则

其他形式的承包遵循效率优先,兼顾公平的原则。

其他形式的承包通过招标、拍卖、公开协商等体现了效率原则。对于其他形式的承包,尤其是对荒山、荒沟、荒丘、荒滩等土地资源的承包,关键点在效率,重在开发治理,改善生态环境,促进可持续发展。承包方不限于农村集体经济组织成员内部,本集体经济组织以外的单位和个人都可以承包,以从事种植业、林业、畜牧业或者渔业生产。

如采取拍卖方式承包的,拍卖人在竞相抬价的应买人的要约中,选择价格最高者拍板或用其他惯常方式做出拍卖的承诺,承包费即经拍卖人拍定的最高竞价。承包方应同发包方签订承包合同,在不违反法律强制性规定的条件下,双方的权利义务可以协商确定。

## 五、承包的程序

从维护集体经济组织成员的应有权利,发扬农户的经济民主出发,法律设定了程序性规定。发包方发包时应履行下列程序。

(一)由集体管理机构提出包括发包方式、承包期限、维权底线、应包条件等内容的发包方案。

(二)召开本集体经济组织成员的村民会议或者农户会议讨论发包方案,表决权总数的2/3以上同意有效。

发包方将农村土地发包给本集体经济组织以外的单位或者个人承包,应当事先经本集体经济组织成员的村民会议2/3以上成员或者2/3以上村民代表的同意。

(三)公布发包方案,选择承包者。方案为定价发包的,可以抓阄或其他公平的方式决定承包者;采取竞价承包的,由报名承包者自报承包金,管理机构择优确定承包者。

(四)协商承包事宜,公布承包人及协商承包结果。

(五)报乡(镇)人民政府批准,签订承包合同。

由本集体经济组织以外的单位或者个人承包的,应当对承包方的资信情况和经营能力进行审查后,再签订承包合同。

程序的公开、公正保证了"四荒"等土地资源得到合理开发利用,承包合同得到全面履行,防止农民集体经济组织利益受到损害。

## 六、其他方式承包的土地经营权流转

《农村土地承包法》第53条规定,通过招标、拍卖、公开协商等方式承包农村土地,经依法登记取得权属证书的,可以依法采取出租、入股、抵押或者其他方式流转土地经营权。

以其他方式承包的土地经营权流转与农村土地经营权流转相比较有如下特征。

### （一）流转当事人不同

家庭承包中，互换方式要求接受流转的一方必须为本集体经济组织的成员；转让方式要求必须是从事农业生产经营的农户。而其他方式的承包中对受让方没有特别限制，本集体经济组织以外的单位和个人皆可承包经营。

### （二）流转的客体不同

在农村土地的承包中，流转的客体一般为耕地、林地和草地的土地经营权。而其他方式的承包，流转的客体一般为"四荒"等的土地经营权。

### （三）流转的前提不同

依照《农村土地承包法》第17条第（2）、（3）项和第35条的规定，家庭承包取得了土地承包经营权后，由于已由人民政府发证并登记造册，农村土地承包经营权得到了确认，已具备流转的权利基础。而以招标、拍卖、公开协商等方式取得的农村土地经营权，承包"四荒"，一般期限较长，有的达到50年，必须在依法登记取得土地经营权证或者林权证等证书的前提下，才能实现流转。

### （四）流转条件的限制

家庭承包中的出租（转包）和互换，双方当事人在签订合同后，要报发包方备案；采取转让的流转方式的，转让方应当有稳定的非农职业或者稳定的收入来源，并需要经过发包方同意。这是由于家庭承包是通过行使成员权所获得的。而其他方式的承包中的流转由于是通过市场化进行的并支付了一定的对价获得，所以无须具备这些条件。

### （五）流转方式有差别

农村土地的承包的流转方式有出租（转包）、互换、转让和入股方式。依照《民法典》第399条的规定：下列财产不得抵押：……宅基地、自留地、自留山等集体所有土地的使用权，但是法律规定可以抵押的除外……

其他方式的承包的流转方式增加了抵押方式，可以依法采取出租、入股、抵押或者其他方式流转土地经营权。没有规定转包、互换两种流转方式。

 **小贴士**

## 法 律 责 任

《农村土地承包法》第64条规定："土地经营权人擅自改变土地的农业用途、弃耕抛荒连续两年以上，给土地造成严重损害或者严重破坏土地生态环境，承包方在合理期限内不解除土地经营权流转合同的，发包方有权要求终止土地经营权流转合同。土地经营权人对土地和土地生态环境造成的损害应当予以赔偿"。

## 七、《农村土地承包法》明确了土地经营权可以融资担保

党的十八届三中全会决定提出,在坚持和完善最严格的耕地保护制度前提下,赋予农民对承包地占有、使用、收益、流转及承包经营权抵押、担保权能。2015 年 12 月 27 日,第十二届全国人大常委会第十八次会议决定,授权国务院在北京大兴区等 232 个试点县(市、区)行政区域,暂时调整实施物权法、担保法关于集体所有的耕地使用权不得抵押的规定,至 2018 年 12 月 31 日试点结束。后又延期。

以承包地的土地经营权作为融资担保标的物,是以承包人对承包地享有的占有、使用、收益和流转权利为基础的,满足用益物权可设定为融资担保标的物的法定条件。随着土地承包经营权确权登记、农村土地流转交易市场完善,将承包地的土地经营权纳入融资担保标的物范围水到渠成。以承包地的土地经营权为标的物设定担保,当债务人不能履行债务,债权人依法定程序处分担保物,只是转移了承包地的土地经营权,实质是使用权和收益权,土地承包权没有转移,承包地的集体所有性质也不因此改变。

第三方通过流转取得的土地经营权,经承包方书面同意并向发包方备案,也可以向金融机构融资担保。

承包经营的土地承包经营权或者流转的土地经营权,包括农业设施、农机具等,基本上都可以作为抵押物在银行获得贷款。全国正在推进土地所有权、承包权和经营权"三权分置",目的是把土地资源盘活为土地资产,加上房屋、宅基地、农业设施、农机具等,通过这些"资产"的抵押,可以获得银行贷款。

特别对返乡下乡人员创业创新的支持政策明确提出,大学生、留学回国人员、青年、妇女等人员创业的财政支持政策,要向返乡下乡人员创业创新延伸覆盖。把返乡下乡人员开展农业适度规模经营所需贷款纳入全国农业信贷担保体系。

 【案例 4-1】

2020 年 4 月份,湖南省浏阳市文化旅游产业发展有限责任公司以 115 万元的价格购买到浏阳市官桥镇原九龙剧院所占土地的 50 年使用权,并计划在原址建设新的文体中心。2020 年 7 月底,伴随着挖掘机与铲土机的轰隆声,闲置了 30 多年的九龙村原九龙剧院被彻底拆除,由此腾出来将近 6 亩的空地。沉睡了这么多年的土地资源终于被盘活了,九龙村由此获得了 92 万元的村级集体收入。

2020 年上半年,浏阳市共实现集体经营性建设用地入市 17 宗,面积达 378.39 亩,成交总价款为 4073.04 万元。浏阳市 4 宗入市项目获得抵押融资,贷款金额 2170 万元。2020 年办理的 17 宗入市全部通过村民大会或村民代表大会集体表决确定入市事项,实

现了"农民自己的事情自己决定"。自农村土地制度改革三项试点工作开展以来,浏阳市完成集体经营性建设用地入市26宗,面积776.89亩,成交总价款8632.46万元,其中国家征收土地增值收益调节金961.27万元,农民及集体经济组织获得增值收益超过3500万元。

问:为了推动农村集体经营性建设用地入市,浏阳市都采取了哪些政策措施?

**【解析】**

推动农村集体经营性建设用地入市,对农村集体来说,可以充分显现集体建设用地资产价值,增加农村集体和农民的财产性收益,提升农村集体经营性建设用地资产效益;对使用权人来说,入市后取得的集体经营性建设用地在使用年限内,享有与国有建设用地使用权同等的转让、出租、抵押权能。

(1)国土资源局进一步完善了城乡一体化基准地价体系,为入市交易提供价格参考,解决了"定价难"问题,并探索农村集体经营性建设用地使用权抵押登记办法,解决"融资难"问题。

(2)集体资产处置决策程序让国土资源交易变得公开透明。

(3)针对收益分配环节,浏阳市探索建立财政税收管理制度,合理确定了增值收益调节金比例。①

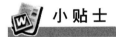

## 小贴士

### 《关于促进特色小镇规范健康发展的意见》

2020年,国家发展改革委发布《关于促进特色小镇规范健康发展的意见》指出,根据特色小镇多数位于城乡接合部的区位特点,推动其先行承接城乡融合发展等相关改革试验,努力探索微型产业集聚区高质量发展的经验和路径。

深化"放管服"改革,因地制宜建设便企政务服务设施,有效承接下放的涉企行政审批事项,完善政务服务功能,优化营商环境。允许特色小镇稳妥探索综合体项目整体立项、子项目灵活布局的可行做法。开展供地用地方式改革,鼓励建设用地多功能复合利用,盘活存量建设用地和低效土地,稳妥探索农村集体经营性建设用地直接入市交易。探索投融资机制改革,谋划与新型城镇化建设项目相匹配、财务可持续的投融资模式。

---

① 浏阳多措推进农村集体经营性建设用地入市_【快资讯】https://www.360kuai.com/pc/9264a4bc83e322aa5?cota=4&kuai_so=1&tj_url=so_rec&sign=360_da20e874&refer_scene=so_3.2020-11-05.

# 第四节　农村土地承包经营权纠纷的解决

## 一、农村土地承包经营权纠纷的解决概述

2009 年 6 月 27 日,第十一届全国人民代表大会常务委员会第九次会议通过了《中华人民共和国农村土地承包经营纠纷调解仲裁法》(以下简称《农村土地承包经营纠纷调解仲裁法》),自 2010 年 1 月 1 日起施行。法律所称的农村土地是指农民集体所有和国家所有依法由农民集体使用的耕地、林地、草地,以及其他依法用于农业的土地。

## 二、农村土地承包经营纠纷类型

农村土地承包经营纠纷是民事纠纷。通过农村土地承包经营纠纷调解和仲裁方式解决的类型有以下几种。

### (一) 因订立、履行、变更、解除和终止农村土地承包合同发生的纠纷

农村土地承包合同,是发包方与承包方确立农村土地承包关系、明确双方权利义务的协议。订立、履行、变更、解除和终止是农村土地承包合同的全过程,即是农村土地承包关系的各个环节,这类纠纷属于合同纠纷,包括因订立、履行、变更、解除和终止合同产生的纠纷。比如,不按照合同约定履行义务、单方面变更合同内容或者转让合同权利义务、不按照法定或者约定的解除条件解除合同等产生的纠纷。

### (二) 因农村土地承包经营权转包、出租、互换、转让、入股等流转发生的纠纷

承包方依法取得的土地承包经营权受法律保护。承包期内可以采取转包、出租、互换、转让等方式流转。可以采取入股方式发展农业合作生产;通过招标、拍卖、公开协商等方式经依法登记取得土地承包经营权证或者林权证等证书的,可以采取出租、互换、转让、入股、抵押等方式流转。签订土地承包经营权流转合同的,土地承包经营权流转合同纠纷归属土地承包经营权流转纠纷。

### (三) 因收回、调整承包地发生的纠纷

为保持农村土地承包关系稳定并长久不变,承包期内发包方不得收回承包地。承包方全家迁入小城镇落户的,应当按照承包方的意愿,保留其土地承包经营权或者允许其依法进行土地承包经营权流转。承包方全家迁入设区的市,转为非农业户口的,应当将承包的耕地和草地交回发包方。承包方不交回的,发包方可以收回承包的耕地和草地。这类纠纷主要表现为因农村集体经济组织违法收回承包地而发生的农村土地承包纠纷。

### （四）因确认农村土地承包经营权发生的纠纷

农村土地承包经营权是设立在集体土地所有权上的用益物权。承包方对农民集体所有的农村土地依法享有占有、使用和收益的权利。确定土地承包经营权归属，就是确定了承包地财产权的归属。

### （五）因侵害农村土地承包经营权发生的纠纷

因侵害农村土地承包经营权的行为，并由此产生侵权纠纷的有：（1）干涉承包方依法享有的生产经营权；（2）违反法律规定收回调整承包地；（3）强迫或者阻碍承包方进行土地承包经营权流转；（4）假借少数服从多数强迫承包方放弃或者变更土地承包经营权；（5）以流转、划分"口粮田"和"责任田"等为由收回承包地搞招标承包；（6）将承包地收回抵顶欠款；（7）剥夺和侵害妇女依法享有的土地承包经营权；（8）其他侵害土地承包经营权的行为。

### （六）法律、法规规定的其他农村土地承包经营纠纷

以妇女未婚、结婚、离婚、丧偶等为由，侵害妇女在农村集体经济组织中的各项权益，或者因结婚男方到女方住所落户，侵害男方和子女享有与所在地农村集体经济组织成员平等权益的纠纷。

因征收集体所有的土地及其补偿发生的纠纷，不属于农村土地承包仲裁委员会的受理范围，可以通过行政复议或者诉讼等方式解决。国家与农民集体、承包农户间的行政法律关系，不属于《农村土地承包经营纠纷调解仲裁法》的调整范围，依法应当由行政协调、行政裁决解决，不服行政裁决的，可以通过行政复议或者诉讼等方式解决。

## 三、农村土地承包经营纠纷解决方式

### （一）和解和调解

和解、调解在解决农村土地承包经营纠纷中具有十分重要的地位，大多数农村土地承包经营纠纷是通过这两种途径解决的。发生农村土地承包经营纠纷的，当事人可以自行和解，也可以请求村民委员会、乡（镇）人民政府等调解。

**1. 和解**

和解是指当事人之间就农村土地承包经营纠纷，自行协商，达成解决方案，从而解决争议的活动。和解具有体现当事人合意、尊重当事人处分权、解决纠纷较为彻底、节约仲裁和司法资源、有利于社会和谐等优点。

**2. 调解**

调解是指纠纷当事人以外的第三方，以国家法律、法规、政策和社会公德为依据，对纠纷双方进行疏导、劝说，促使他们互谅互让、自愿达成协议，使农村土地承包经营纠纷

及时得到解决的一种活动。调解是解决我国农村土地承包经营纠纷最重要的途径。调解人可以是公民个人，也可以是人民政府及其有关部门，还可以是其他社会团体等。

可以通过村民委员会、乡（镇）人民政府调解解决纠纷。村民委员会作为农民的自治组织的重要地位，在农村土地承包经营纠纷解决机制中的法律地位，与县市仲裁，共同构成了乡村调解、县市仲裁、司法保障的农村土地承包经营纠纷调解仲裁体系。

### （二）仲裁和诉讼

当事人和解、调解不成或者不愿和解、调解的，可以向农村土地承包仲裁委员会申请仲裁，也可以直接向人民法院起诉。

#### 1. 仲裁

仲裁是农村土地承包经营纠纷仲裁机构根据当事人的申请，由仲裁庭根据事实和法律对纠纷进行居中裁决的解决纠纷的制度。仲裁目前主要有一般民事纠纷仲裁和农村土地承包经营纠纷仲裁，这两种仲裁在基本制度等方面有所不同。

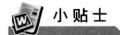 小贴士

#### 一般民事纠纷仲裁

一般民事纠纷仲裁依据《中华人民共和国仲裁法》（以下简称《仲裁法》）规定，遵循协议仲裁、或裁或审、一裁终局的制度。协议仲裁是指当事人采用仲裁方式解决纠纷，应当双方自愿，达成仲裁协议；没有仲裁协议，一方申请仲裁的，仲裁委员会不予受理。仲裁机构受理案件也必须基于双方当事人的共同选择，对没有仲裁协议的仲裁申请，仲裁机构不能受理。或裁或审是指当事人达成仲裁协议，除仲裁协议无效的外，一方向人民法院起诉的，人民法院不予受理。或裁或审简而言之就是"要么仲裁、要么诉讼"。

仲裁是双方当事人自愿选择的纠纷解决方式，既不能在未达成仲裁协议的情况下由一方当事人强制对方一同去接受仲裁，也不能在双方已达成仲裁协议的情况下单方面再选择诉讼途径解决他们之间的争议。仲裁协议一经达成，双方都应受到协议的约束，任何一方都应当信守协议，不能背弃另一方寻求诉讼途径解决争议。人民法院也应当根据当事人选择的争议解决方式，不受理有仲裁协议的起诉。

农村土地承包经营纠纷仲裁是一种特殊的财产权益纠纷仲裁。一是申请程序不同。采取非协议仲裁制度。非协议仲裁是指向仲裁委员会提请仲裁，不要求双方当事人达成仲裁协议，一方当事人向仲裁委员会提出仲裁申请即可启动仲裁程序。二是仲裁机构管辖权设置不同。设置主要是在县级，实行属地管辖，受理纠纷土地所在地的仲裁申请。三是适用范围不同。农村土地承包经营纠纷是我国民事纠纷的特殊类型，具有政策性

强、地域性强等特点。适用专门法律调整。四是裁决效力不同。采取可裁可审、裁后可审的制度。可裁可审是指在纠纷发生后,当事人为了解决纠纷,既可以向仲裁机构申请仲裁,也可以直接向法院起诉。裁后可审制度规定,当事人对裁决不服的,可以在收到裁决书之日起 30 日内向人民法院起诉,逾期不起诉的,裁决书即发生法律效力。

**2. 诉讼**

诉讼是指公民、法人和其他组织在其民事权益受到侵害或与他人发生争议时,向人民法院提起诉讼,请求法院通过审批予以司法保护的行为。体现了法院对农村土地承包仲裁工作的监督和保障。

主要方式有:一是直接向基层人民法院起诉。二是仲裁裁决后向法院起诉。

诉讼方式存在成本高、周期长、程序复杂等不足之处。仲裁相比较省时、省钱,程序简便,解决方式灵活。

**3. 调解和仲裁遵循的基本原则**

应当公开、公平、公正,便民高效,根据事实,符合法律,尊重社会公德。

(1)公开、公平、公正原则

公开是指仲裁程序公开。农村土地承包经营纠纷仲裁规则和仲裁员名册公开。公开开庭审理。公民可以旁听,经仲裁庭许可,新闻记者可以记录、录音、录像、摄影、转播庭审实况。证据公开质证。公平是指平等对待双方当事人,给予当事人平等地参与调解、仲裁程序的机会。仲裁实行可裁、可审、裁后再审制度。

申请仲裁和开庭审理保障当事人平等行使权利和履行义务等。农村土地承包仲裁委员会应当为不通晓当地通用语言文字的当事人提供翻译。仲裁庭应当依照仲裁规则的规定开庭,给予双方当事人平等陈述、辩论的机会,并组织当事人进行质证。公正是指以程序公正保障实体公正。

仲裁庭依法独立履行职责,不受行政机关、社会团体和个人的干涉。仲裁机构应聘任公道正派的人员为仲裁员,仲裁员实行回避制度,最大限度地避免了仲裁员与案件本身或者当事人、代理人有利害关系,以保持仲裁员的独立地位,增强裁决书的公信力,维护农村土地承包经营纠纷仲裁制度的严肃性。

(2)便民高效原则

便民高效原则是指农村土地承包经营纠纷的调解和仲裁,既要考虑到如何方便群众,又要考虑到如何尽快解决纠纷。主要体现在以下几方面。

一是可以由当事人选择纠纷的解决途径。发生农村土地承包经营纠纷的,当事人可以选择多种途径解决,可以自行和解,可以请求有关组织调解,可以向农村土地承包仲裁委员会申请仲裁,也可以直接向人民法院起诉。

二是申请。申请仲裁可以直接或者通过邮寄的方式向农村土地承包仲裁委员会递交申请书,也可以委托他人代交,申请仲裁原则上需要书面申请,确有困难的,也可以口头申请。

三是答辩。被申请人书面答辩确有困难的,可以口头答辩。同时,为了不因被申请人未答辩或者迟延答辩影响仲裁程序的进行,这一条还规定了被申请人未答辩的,不影响仲裁程序的进行。

（3）根据事实,符合法律,尊重社会公德原则

坚持以事实为依据,以法律为准绳的法治精神。一切从实际出发,注重证据和调查研究。农村土地承包经营纠纷调解仲裁程序、方法和内容都不得违反法律的强制性规定。

**4. 指导机构**

县级以上人民政府应当加强对农村土地承包经营纠纷调解和仲裁工作的指导。

县级以上人民政府农村土地承包管理部门及其他有关部门应当依照职责分工,支持有关调解组织和农村土地承包仲裁委员会依法开展工作。

**5. 农村土地承包经营纠纷仲裁不收费制度**

农村土地承包经营纠纷仲裁不得向当事人收取费用,仲裁工作经费纳入财政预算予以保障。

仲裁工作经费主要由三部分组成,包括:农村土地承包仲裁委员会的案件受理费、案件处理费和各级人民政府农村土地承包管理部门指导、支持相关调解组织和农村土地承包仲裁委员会依法开展工作的费用。法律明文规定,设立农村土地承包仲裁委员会的,其日常工作由当地农村土地承包管理部门承担,仲裁工作经费由农村土地承包管理部门编制预算,报同级人民政府财政主管部门批准列入年度预算予以保障。

## 四、调解解决农村土地承包经营纠纷

### （一）村民委员会、乡（镇）人民政府的调解职责

村民委员会、乡（镇）人民政府应当加强农村土地承包经营纠纷的调解工作,帮助当事人达成协议解决纠纷。调解农村土地承包经营纠纷,是它们的法定职责。村民委员会、乡（镇）人民政府应当加强农村土地承包经营纠纷的调解工作。

### （二）调解申请

当事人申请农村土地承包经营纠纷调解可以书面申请,也可以口头申请。口头申请的,由村民委员会或者乡（镇）人民政府当场记录申请人的基本情况、申请调解的纠纷事项、理由和时间。

### （三）调解采取自愿的方式

调解农村土地承包经营纠纷,村民委员会或者乡（镇）人民政府应当充分听取当事人对事实和理由的陈述,讲解有关法律以及国家政策,耐心疏导,帮助当事人达成协议。

调解是一种自愿性的纠纷解决方式。村民委员、乡(镇)人民政府调解中应当重点做好以下工作:(1)充分听取当事人对事实和理由的陈述。(2)讲解有关法律以及国家政策。(3)耐心疏导。

#### (四)调解协议书

经调解达成协议的,村民委员会或者乡(镇)人民政府应当制作调解协议书。

调解协议书是农村土地承包经营纠纷双方当事人在村民委员会或者乡(镇)人民政府的调解下,就双方的权利义务关系达成合意的书面证明,符合最高人民法院发布的《关于审理涉及人民调解协议的民事案件的若干规定》界定的调解协议的基本特征,同样具有民事合同性质。

调解书的效力。调解协议书由双方当事人签名、盖章或者按指印,经调解人员签名并加盖调解组织印章后生效。

#### (五)仲裁庭对农村土地承包经营纠纷进行调解

**1. 调解是仲裁庭的法定义务**

仲裁庭对农村土地承包经营纠纷应当进行调解。调解达成协议的,仲裁庭应当制作调解书;调解不成的,应当及时作出裁决。

**2. 仲裁调解程序**

一是查明事实、分清是非。二是确定适当的调解方式。三是提出解决纠纷的建议方案。四是制作调解书或者恢复仲裁。

**3. 仲裁调解书的制作和法律效力**

调解书应当写明仲裁请求和当事人协议的结果。调解书由仲裁员签名,加盖农村土地承包仲裁委员会印章,送达双方当事人。

调解书经双方当事人签收后,即发生法律效力。在调解书签收前当事人反悔的,仲裁庭应当及时作出裁决。

**【案例 4-2】**

王某是辽宁省抚顺市抚顺县松树村村民,1990 年 3 月结婚,由于其丈夫是军人,故户口仍在王某学家。1997 年,松树村发包土地时,王某与王某学系一家,属于同一家庭成员,6 口人承包 6.4 亩地,人均 1.07 亩,承包户户主为王某学。2012 年土地承包时,王某的户口于 2012 年 7 月进城落户,户口迁入抚顺市抚顺县并转为非农业户口。

王某学家继续承包原发包的地块,并于 2020 年取得《农村土地承包经营权证》,但是共有人没有记载王某。王某协商未果,于 2020 年 8 月,王某向辽宁省抚顺市抚顺县农村土地承包仲裁委员会提出申请,要求确认其为承包土地共有人。

问:王某在土地承包中是否享有土地承包经营权?

**【解析】**

《农村土地承包法》第27条第2款规定:"国家保护进城农户的土地承包经营权。不得以退出土地承包经营权作为农户进城落户的条件。"第3款规定:"承包期内,承包农户进城落户的,引导支持其按照自愿有偿原则依法在本集体经济组织内转让土地承包经营权或者将承包地交回发包方,也可以鼓励其流转土地经营权。"

仲裁委员会作出裁决:王某对王某学承包的土地享有1.07亩承包经营权。王某在土地承包中不愿意将承包地交回发包方,可以流转土地经营权。

# 五、仲裁解决农村土地承包经营纠纷

## (一) 仲裁委员会和仲裁员

### 1. 设立农村土地承包仲裁委员会及其日常工作机构

农村土地承包仲裁委员会,根据解决农村土地承包经营纠纷的实际需要设立。农村土地承包仲裁委员会可以在县和不设区的市设立,也可以在设区的市或者其市辖区设立。

农村土地承包仲裁委员会在当地人民政府指导下设立。设立农村土地承包仲裁委员会的,其日常工作由当地农村土地承包管理部门承担。

### 2. 仲裁委员会组成人员

农村土地承包仲裁委员会由当地人民政府及其有关部门代表、有关人民团体代表、农村集体经济组织代表、农民代表和法律、经济等相关专业人员兼任组成,其中农民代表和法律、经济等相关专业人员不得少于组成人员的1/2。

农村土地承包仲裁委员会设主任一人、副主任一至二人和委员若干人。主任、副主任由全体组成人员选举产生。

### 3. 农村土地承包仲裁委员会职责

农村土地承包仲裁委员会依法履行下列职责:(1)聘任、解聘仲裁员;(2)受理仲裁申请;(3)监督仲裁活动。

农村土地承包仲裁委员会应当依照《农村土地承包经营纠纷调解仲裁法》制定章程,对其组成人员的产生方式及任期、议事规则等作出规定。

### 4. 仲裁员的条件

农村土地承包仲裁委员会应当从公道正派的人员中聘任仲裁员。

仲裁员应当符合下列条件之一:(1)从事农村土地承包管理工作满5年;(2)从事法律工作或者人民调解工作满5年;(3)在当地威信较高,并熟悉农村土地承包法律以及国家政策的居民。

### （二）申请和受理

**1. 申请仲裁的时效**

农村土地承包经营纠纷申请仲裁的时效期间为 2 年,自当事人知道或者应当知道其权利被侵害之日起计算。

**2. 仲裁参与人**

农村土地承包经营纠纷仲裁的申请人、被申请人为当事人。家庭承包的,可以由农户代表人参加仲裁。当事人一方人数众多的,可以推选代表人参加仲裁。

与案件处理结果有利害关系的,可以申请作为第三人参加仲裁,或者由农村土地承包仲裁委员会通知其参加仲裁。

当事人、第三人可以委托代理人参加仲裁。

**3. 申请仲裁应当具备的条件**

(1)申请人与纠纷有直接的利害关系;(2)有明确的被申请人;(3)有具体的仲裁请求和事实、理由;(4)属于农村土地承包仲裁委员会的受理范围。

**4. 仲裁申请程序**

当事人申请仲裁,应当向纠纷涉及的土地所在地的农村土地承包仲裁委员会递交仲裁申请书。仲裁申请书可以邮寄或者委托他人代交。仲裁申请书应当载明申请人和被申请人的基本情况,仲裁请求和所根据的事实、理由,并提供相应证据和证据来源。

书面申请确有困难的,可以口头申请,由农村土地承包仲裁委员会记入笔录,经申请人核实后由其签名、盖章或者按指印。

**5. 仲裁申请审查受理内容**

农村土地承包仲裁委员会应当对仲裁申请予以审查,认为符合法律规定的,应当受理。有下列情形之一的,不予受理;已受理的,终止仲裁程序:(1)不符合申请条件;(2)人民法院已受理该纠纷;(3)法律规定该纠纷应当由其他机构处理;(4)对该纠纷已有生效的判决、裁定、仲裁裁决、行政处理决定等。

**6. 仲裁申请处理程序**

农村土地承包仲裁委员会决定受理的,应当自收到仲裁申请之日起 5 个工作日内,将受理通知书、仲裁规则和仲裁员名册送达申请人;决定不予受理或者终止仲裁程序的,应当自收到仲裁申请或者发现终止仲裁程序情形之日起 5 个工作日内书面通知申请人,并说明理由。

**7. 仲裁机构在受理后向被申请人送达仲裁文书**

农村土地承包仲裁委员会应当自受理仲裁申请之日起 5 个工作日内,将受理通知书、仲裁申请书副本、仲裁规则和仲裁员名册送达被申请人。

**8. 仲裁答辩**

被申请人应当自收到仲裁申请书副本之日起 10 日内向农村土地承包仲裁委员会提

交答辩书;书面答辩确有困难的,可以口头答辩,由农村土地承包仲裁委员会记入笔录,经被申请人核实后由其签名、盖章或者按指印。

### (三) 仲裁庭的组成

#### 1. 仲裁庭组成和仲裁员选任

仲裁庭由 3 名仲裁员组成,首席仲裁员由当事人共同选定,其他 2 名仲裁员由当事人各自选定;当事人不能选定的,由农村土地承包仲裁委员会主任指定。

事实清楚、权利义务关系明确、争议不大的农村土地承包经营纠纷,经双方当事人同意,可以由 1 名仲裁员仲裁。仲裁员由当事人共同选定或者由农村土地承包仲裁委员会主任指定。

农村土地承包仲裁委员会应当自仲裁庭组成之日起 2 个工作日内将仲裁庭组成情况通知当事人。

#### 2. 仲裁员应当回避的情形

仲裁员有下列情形之一的,必须回避,当事人也有权以口头或者书面方式申请其回避:(1)是本案当事人或者当事人、代理人的近亲属;(2)与本案有利害关系;(3)与本案当事人、代理人有其他关系,可能影响公正仲裁;(4)私自会见当事人、代理人,或者接受当事人、代理人的请客送礼。

当事人提出回避申请,应当说明理由,在首次开庭前提出。回避事由在首次开庭后知道的,可以在最后一次开庭终结前提出。

#### 3. 仲裁员回避的决定权

农村土地承包仲裁委员会对回避申请应当及时作出决定,以口头或者书面方式通知当事人,并说明理由。

仲裁员是否回避,由农村土地承包仲裁委员会主任决定;农村土地承包仲裁委员会主任担任仲裁员时,由农村土地承包仲裁委员会集体决定。仲裁员因回避或者其他原因不能履行职责的,应当依照本法规定重新选定或者指定仲裁员。

#### 4. 开庭和裁决

（1）仲裁的审理方式、地点以及是否公开

农村土地承包经营纠纷仲裁应当开庭进行。开庭可以在纠纷涉及的土地所在地的乡(镇)或者村进行,也可以在农村土地承包仲裁委员会所在地进行。当事人双方要求在乡(镇)或者村开庭的,应当在该乡(镇)或者村开庭。开庭应当公开,但涉及国家秘密、商业秘密和个人隐私以及当事人约定不公开的除外。

（2）仲裁开庭时间、地点的通知要求,以及当事人申请变更开庭时间、地点

仲裁庭应当在开庭 5 个工作日前将开庭的时间、地点通知当事人和其他仲裁参与人。当事人有正当理由的,可以向仲裁庭请求变更开庭的时间、地点。是否变更,由仲裁

庭决定。

（3）仲裁和解制度

在我国农村土地承包经营纠纷仲裁过程中，当事人和解具有重要意义。当事人申请仲裁后，可以自行和解。达成和解协议的，可以请求仲裁庭根据和解协议作出裁决书，也可以撤回仲裁申请。

（4）审限

考虑到农村土地承包季节性强的特点，必须规定恰当的审理期限，有利于纠纷的解决，便于尽快恢复农业生产活动。仲裁农村土地承包经营纠纷，应当自受理仲裁申请之日起 60 日内结束；案情复杂需要延长的，经农村土地承包仲裁委员会主任批准可以延长，并书面通知当事人，但延长期限不得超过 30 日。

（5）仲裁裁决效力及裁审关系、调解书和裁决书的履行

当事人不服仲裁裁决的，可以自收到裁决书之日起 30 日内向人民法院起诉。逾期不起诉的，裁决书即发生法律效力。为了使生效的调解书、裁决书得到落实，需要由人民法院的执行力作为保证。当事人对发生法律效力的调解书、裁决书，应当依照规定的期限履行。一方当事人逾期不履行的；另一方当事人可以向被申请人住所地或者财产所在地的基层人民法院申请执行。受理申请的人民法院应当依法执行。

 **导学案例解析**

依照《农村土地承包法》的相关规定，农村承包经营户可以对自己享有的土地经营权依法流转。张利昌主张张利香将张某福的承包的土地转让给自己，该土地现在的承包经营户系张利友，张利香无权对张利友承包的土地转让给张利昌，张利昌与张利香签订的转让协议是无效的。《合同法》规定，无效合同自签订之日起不具有法律效力。

因此，张利昌主张继续履行与张利香签订的转让合同书，并要求张利友将合同书载明的耕种的土地的补偿款返还给张利昌原告的证据不充分，理由不成立。人民法院应当驳回张利昌的诉讼请求，由张利昌承担本案的诉讼费用。

 **练习题**

**一、简答题**

1. 简述土地承包合同的主要条款。

2. 简述其他方式承包的土地承包经营权流转与农村土地承包经营权流转的区别。

3. 土地承包经营权流转的方式有哪些？

4. 申请仲裁应当具备的条件有哪些?

5. 仲裁员应当回避的情形有哪些?

## 二、不定项选择题

1. 我国现行的农村基本经营制度是以( )为基础、统分结合的双层经营体制。

    A. 家庭承包经营　　　　　　　　　　B. 包产到户、联产计酬

    C. 集体统一经营　　　　　　　　　　D. 家庭联产承包经营

2.《农村土地承包法》规定,农民集体所有的土地依法属于村农民集体所有的,由村集体经济组织或者( )发包。

    A. 村民小组　　　　B. 村民委员会　　　　C. 乡镇政府　　　　D. 县政府

3. 农村土地经营权流转的主体是( )。

    A. 承包方　　　　　B. 发包方　　　　　C. 第三方　　　　　D. 上级机关

4. 承包期内,承包方可以自愿将承包地交回发包方。承包方自愿交回承包地的,应当提前( )以书面形式通知发包方。

    A. 1 年　　　　　　B. 半年　　　　　　C. 3 个月　　　　　D. 1 个月

5.《农村土地承包法》规定,家庭承包的承包方享有的权利( )。

    A. 依法享有承包地使用、收益的权利,有权自主组织生产经营和处置产品

    B. 依法互换、转让土地承包经营权

    C. 依法流转土地经营权

    D. 承包地被依法征收、征用、占用的,有权依法获得相应的补偿

6.《农村土地承包法》规定,家庭承包的承包方应承担的义务( )。

    A. 维持土地的农业用途,未经依法批准不得用于非农建设

    B. 依法保护和合理利用土地,不得给土地造成永久性损害

    C. 按照集体的统一要求种植作物

    D. 法律、行政法规规定的其他义务

7. 承包方可以自主决定依法采取( )、( )或者其他方式向他人流转土地经营权,并向发包方备案。

    A. 出租(转包)　　B. 出售　　　　　　C. 入股　　　　　　D. 转让

8. 不宜采取家庭承包方式的( )等农村土地,通过招标、拍卖、公开协商等方式承包的,适用《农村土地承包法》第三章"其他方式的承包"的规定。

    A. 荒山　　　　　　B. 荒沟　　　　　　C. 荒丘　　　　　　D. 荒滩

## 三、案例分析题

2019 年 12 月,吉林省某县 A 村村民李某与当时的村委会签订了一份土地承包合

同。签订的土地承包合同没有召开村民大会。合同约定,村委会将村属的 15 亩承包地承包给李某经营,承包期限为 30 年。合同签订后,李某对所承包的土地进行了重新规范和整理,并在投资近 3000 元的承包土地上新打了一眼深井。

2021 年 1 月,李某所在的 A 村村委会进行了换届选举。换届后的村委会认为该土地承包合同无效,将李某所承包的土地强行收回。李某将 A 村村委会告上法庭,要求确认合同有效,被告继续履行合同;如果确认合同无效,要求赔偿 2 万元经济损失。

试分析:土地承包合同是否有效? 如果无效,责任由谁来承担?

# 第五章
## 农业生产经营管理制度

## 学习目标

1. 掌握新型农业经营主体、农业转基因生物概念、农业转基因生物安全的概念；

2. 理解农产品质量安全标准、包装标识、农产品安全追溯体系建设、生产经营；

3. 了解农产品产地、生产与加工、农业转基因、研究试验与监管工作要求，促进农村电子商务发展的政策。

## 引导案例

刘莉家庭农场位于山东潍坊高密市大牟家镇西刘家庄村，2014年由返乡创业大学生刘莉发起成立，主要种植黑花生、小麦、玉米等农作物。现有土地种植面积2800亩，拥有仓库晒场7000平方米，2019年经营收入1000余万元。经过3年的试验，农场摸索出适合花生种植的"W"栽培法，即膜上覆土，膜下滴灌，单位播种。这种栽培法降低了劳动强度，节约了用水，节约种子40%～60%，2017年农场成为花生保护性栽培新技术县级服务站。为拓宽发展之路，农场就自身定位适时作出调整，即由单纯的种植向种植、加工一体化转变。到2019年，高油酸花生种植面积增加到200亩，年产高油酸花生油5.6万斤，加上黑花生油，年总产量超过10万斤。

为逐步打开市场，农场坚持线上线下两步走，线下主要供应青岛、济南等地超市，线上通过公众号推广、社区团购等方式销售，受到广大消费者欢迎。农场集成推广应用节种、节水、节肥、节药等技术模式，辐射带动区域绿色高质高效生产。已向周边群众推广滴灌面积12000余亩、滴灌肥料230多吨，为提高农业现代化水平贡献了家庭农场的智慧。农场在自我发展的同时，无偿为周边农户解疑释难，免费提供各种技术资料，每年累计接待种植户达1000多人次。

未来五年,刘莉家庭农场将不断丰富拓展农产品的种类,增加富硒面粉、五谷杂粮、蔬菜水果等品种,并开展观光旅游、自由采摘等项目。将繁育小麦良种 2000 亩,花生良种 1000 亩,种植土豆、西瓜 400 亩,富硒黑花生 2000 亩深加工成油,高油酸花生 600 亩深加工成油,建成精准高效农业示范田、绿色无公害立体农业园区 300 亩。[①]

# 第一节 新型农业经营主体

## 一、创新农业经营体制,需要培育新型生产经营主体

2013 年中央一号文件《中共中央 国务院关于加快发展现代农业进一步增强农村发展活力的若干意见》,明确了要创新农业经营体制,培育新型生产经营主体。

### (一)稳定农村土地承包关系

引导农村土地承包经营权有序流转,鼓励和支持承包土地向专业大户、家庭农场、农民合作社流转,发展多种形式的适度规模经营。结合农田基本建设,鼓励农民采取互利互换方式,解决承包地块细碎化问题。土地流转不得搞强迫命令,确保不损害农民权益、不改变土地用途、不破坏农业综合生产能力。探索建立严格的工商企业租赁农户承包耕地(林地、草原)准入和监管制度。规范土地流转程序。加强农村土地承包经营纠纷调解仲裁体系建设。

### (二)努力提高农户集约经营水平

按照规模化、专业化、标准化发展要求,引导农户采用先进适用技术和现代生产要素,加快转变农业生产经营方式。创造良好的政策和法律环境,采取奖励补助等多种办法,扶持联户经营、专业大户、家庭农场。大力培育新型农民和农村实用人才,着力加强农业职业教育和职业培训。充分利用各类培训资源,加大专业大户、家庭农场经营者培训力度,提高他们的生产技能和经营管理水平。制订专门计划,对符合条件的中高等学校毕业生、退役军人、返乡农民工务农创业给予补助和贷款支持。

### (三)大力支持发展多种形式的新型农民合作组织

按照积极发展、逐步规范、强化扶持、提升素质的要求,加大力度、加快步伐发展农民合作社,切实提高引领带动能力和市场竞争能力。鼓励农民兴办专业合作和股份合作等多元化、多类型合作社。

---

① 高密市大牟家镇刘莉家庭农场:科学种田拓富路 越种越甜谱新篇. http://www.wfcmw.cn/app/folder285/2020-08-22/417391.html.2020-10-23.

增加农民合作社发展资金,支持合作社改善生产经营条件、增强发展能力。逐步扩大农村土地整理、农业综合开发、农田水利建设、农技推广等涉农项目由合作社承担的规模。引导农民合作社以产品和产业为纽带开展合作与联合。

### (四)培育壮大龙头企业

支持龙头企业通过兼并、重组、收购、控股等方式组建大型企业集团。鼓励和引导城市工商资本到农村发展适合企业化经营的种养业。

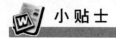 小贴士

### 家庭农场的历史

早期家庭农场是独立的个体生产,在农业中占有重要地位。中国农村实行家庭承包经营后,有的农户向集体承包较多土地,实行规模经营,也被称之为家庭农场。

随着工业化、城镇化快速推进和农村劳动力大量转移,农村土地流转速度加快。农业经营规模和组织化程度也相应提高,由种植大户、家庭农场、专业合作组织和农业龙头企业等组成的新型农业经营体系逐渐显现。

2013年中央一号文件首次提出要发展"家庭农场"。

## 二、家庭农场

### (一)家庭农场的概念

家庭农场是指以家庭成员为主要劳动力,从事农业规模化、集约化、商品化生产经营,并以农业收入为家庭主要收入来源的新型农业经营主体。

### (二)优势特点

1. 家庭农场的出现促进了农业经济的发展,推动了农业商品化的进程。有效地缩小了城乡贫富差距。

2. 家庭农场以追求效益最大化为目标,使农业由保障功能向盈利功能转变,克服了自给自足的小农经济弊端。而且家庭农场商品化程度高,能为社会提供更多、更丰富的农产品。

3. 家庭农场比一般的农户更注重农产品质量安全,更便于政府监管。

### (三)家庭农场模式

#### 1. 大中型家庭农场

美国的农业以家庭农场为主,由于许多合伙农场和公司农场也以家庭农场为依托,

因此美国的农场几乎都是家庭农场。可以说美国的农业是在农户家庭经营基础上进行的,具有如下特点。

（1）经营规模化和组织方式多样化。从经营规模来看,其发展与趋势表现为农场数目的减少和经营规模的扩大。20 世纪以来,美国家庭农场在数量上上升至 89％,拥有 81％的耕地面积、83％的谷物收获量、77％的农场销售额。

（2）生产经营专业化。美国把全国分为 10 个"农业生产区域",每个区域主要生产一两种农产品。就是在这种区域化布局的基础上,建立和发展了生产经营的专业化。

（3）土地所有权私有化。美国经过几十年的探索,于 1820 年建立了将共有土地以低价出售给农户、建立家庭农场的农业经济制度,正是这种制度的建立,促进了美国开发西部的热潮。

**2. 中型家庭农场**

法国作为欧盟最大的农业生产国,世界第二大农业和食品出口国,世界食品加工产品第一大出口国,其家庭农场的发展功不可没。

法国有各类家庭农场 66 万个,平均经营耕地 42 公顷,其中 60％的农场经营蔬菜、11％的农场经营花卉、8％的农场经营蔬菜、5％的农场经营养殖业和水果,其余为多种经营。75％以上的家庭农场劳力由经营者家庭自行承担,仅 11％的农场需雇佣劳动力进行生产。由于农产品市场竞争日趋激烈,加上用工成本的不断提高,法国的家庭农场出现了以兼并的形式不断扩大规模和发展农工商综合经营的产业化趋势。法国农场专业化程度很高,按照经营内容大体可以分为畜牧农场、谷物农场、葡萄农场、水果农场、蔬菜农场等,专业农场大部分经营一种产品,以突出各自产品的特点为主。

**3. 小型家庭农场**

1946—1950 年,日本政府采取强硬措施购买地主的土地转卖给无地、少地的农户,自耕农在总农户中的比重占到了 88％,耕地占到了 90％,并且把农户土地规模限制在 3 公顷以内。1952 年制定了《土地法》,把以上规定用法律形式固定下来,从此形成了以小规模家庭经营为特征的农业经营方式。

20 世纪 70 年代开始,日本政府连续出台了几个有关农地改革与调整的法律法规,鼓励农田以租赁和作业委托等形式协作生产,以避开土地集中的困难和分散的土地占有给农业发展带来的障碍因素。以土地租佃为中心,促进土地经营权流动,促进农地的集中连片经营和共同基础设施的建设。以农协为主,帮助核心农户和生产合作组织妥善经营农户出租或委托作业的耕地。这种以租赁为主要方式的规模经营战略获得了成功。①

**4. 中国的家庭农场**

21 世纪以来,上海市松江县（现松江区）、湖北省武汉市、吉林省柳河县、吉林省延边

---

① 家庭农场.https://baike.so.com/doc/5336194-5571633.html.2020-10.23.

朝鲜族自治州、浙江省宁波市、安徽省郎溪县等地积极培育家庭农场，在促进现代农业发展方面发挥了积极作用。

党中央、国务院高度重视家庭农场和农民合作社发展，中央一号文件连续多年作出部署。2019 年 8 月和 9 月，经国务院同意，中央农办、农业农村部等 11 部门和单位分别印发《关于实施家庭农场培育计划的指导意见》和《关于开展农民合作社规范提升行动的若干意见》；2020 年 3 月，农业农村部印发了《新型农业经营主体和服务主体高质量发展规划（2020—2022 年）》。

 **小贴士**

### 我国的家庭农场和农民合作社数量

截至 2020 年 6 月底，家庭农场和农民合作社分别超过 100 万家和 220 万家，政策体系不断健全，发展质量不断提升。

 **【案例 5-1】**

斯诺农场位于美国康涅狄格州中部的费尔菲德县。农场主人菲尔·斯诺从祖辈手中继承下这座占地 60 英亩的农场，并和家人一起经营。如果不是红白两色的畜棚和散于各处的农业机械，人们很难想象在这个花园成荫、庭院成片，寸土寸金的地方有一座 94 年历史的家庭农场。

问：这是一家典型的美国家庭农场吗？

**【解析】**

按照全美家庭农场联盟的定义，这是一家典型的家庭农场：家庭拥有农场的产权，家庭成员是农场的主要劳动力，并在运营管理方面负主要责任。家庭农场的规模不等，从占地数千英亩到几英亩。斯诺农场属中等规模。

## 三、农民专业合作社

### （一）农民专业合作社的概念

农民专业合作社是在农村家庭承包经营的基础上，同类农产品的生产经营者或者同类农业生产经营服务的提供者、利用者，自愿联合、民主管理的一种互助性经济组织。我国法律中所指的专业合作社不包括各类协会。国际合作社联盟（ICA）：合作社是人们自愿联合，通过其联合拥有和民主控制的企业，满足他们共同的经济、社会和文化需要及理想的自治组织。

## （二）农民专业合作社的法律地位

我国的《农民专业合作社法》于 2006 年 10 月 31 日颁布实施，于 2017 年 12 月 27 日修订。法律明确了农民专业合作社的法律地位。

### 1. 农民专业合作社是一种经济组织

农民专业合作社是依法设立并能够参与市场经济活动的市场主体。根据《农民专业合作社法》的规定，我国农民专业合作社是合作制企业，是一种新型的企业形态。合作社不是企业法人，而是一种独立的合作社法人。只有从事经营活动的实体型农民合作经济组织才是农民专业合作社。

### 2. 农民专业合作社具有独立的企业法人地位

农民专业合作社与以公司为代表的企业法人一样，是独立的市场经济主体，具有法人资格，享有生产经营自主权，受法律保护。

### 3. 社员对农民专业合作社承担有限责任

农民专业合作社成员以其账户内记载的出资额和公积金份额为限对农民专业合作社承担责任。农民专业合作社对由成员出资、公积金、国家财政直接补助、他人捐赠以及合法取得的其他资产所形成的财产，享有占有、使用和处分的权利，并以上述财产对债务承担责任。

### 4. 农民专业合作社是建立在家庭承包经营基础上的，具有互助性质的经济组织

农民专业合作社区别于农村集体经济组织，它是由依法享有农村土地承包经营权的农村集体经济组织成员，即农民自愿组织起来的新型合作社。

 小贴士

## 农民专业合作社可以开展的业务

《农民专业合作社法》规定，农民专业合作社以其成员为主要服务对象，开展以下一种或者多种业务：(1)农业生产资料的购买、使用；(2)农产品的生产、销售、加工、运输、贮藏及其他相关服务；(3)农村民间工艺及制品、休闲农业和乡村旅游资源的开发经营等；(4)与农业生产经营有关的技术、信息、设施建设运营等服务。

## （三）农民专业合作社应当遵循的原则

1. 成员以农民为主体。
2. 以服务成员为宗旨，谋求全体成员的共同利益，不以营利为目的。
3. 入社自愿、退社自由。

具有民事行为能力的公民，能够利用农民专业合作社提供的服务，承认并遵守农民

专业合作社的章程,履行章程规定的入社手续,都可以成为合作社的成员。农民可以自愿加入一个或者多个合作社,可以自愿退出合作社。

4. 成员地位平等,实行民主管理。

5. 盈余主要按照成员与农民专业合作社的交易量(额)比例返还。

保护一般成员和出资较多成员的积极性,可分配盈余中按成员与本社的交易量(额)比例返还的总额不得低于可分配盈余的 60%,其余部分可以依法以分红的方式按成员在合作社财产中相应的比例分配给成员。

6. 因地制宜、讲求实效。

### (四) 农民专业合作社设立的条件

**1. 有符合法定要求的成员人数**

《农民专业合作社法》规定,设立农民专业合作社,其成员必须在 5 人以上。成员是农民专业合作社的出资来源和服务对象,如果人数太少,则不利于开展互助性的生产经营活动。农民专业合作社的成员中,农民至少应当占成员总数的 80%。

**2. 有符合法定要求的章程**

农民专业合作社的章程是明确其成员法律地位、权利义务、经营准则、内部机构设置、议事规则等内容的法定文件。设立农民专业合作社,必须制定章程。章程由全体设立人一致通过。

**3. 有符合法定要求的组织机构**

组织机构是依法设立的农民专业合作社开展经营活动并进行内部管理的组织保证,它包括权力机构,即成员大会或者成员代表大会;执行机构,即理事长或者理事会;监督机构,即执行监事或者监事会。

**4. 有符合法律、行政法规规定的名称**

设立农民专业合作社,应当有确定的名称。农民专业合作社的名称是本合作社与其他农民专业合作社以及企业等其他经济组织相互区别的标志。农民专业合作社营业执照上载明的名称,是农民专业合作社的法定名称,其他任何单位和个人均不得冒用。

**5. 有符合章程确定的住所**

农民专业合作社的住所是指法律上确认的农民专业合作社的主要经营场所。住所是农民专业合作社注册登记的事项之一,合作社变更住所,也必须办理变更登记。住所经依法登记后,即具有法律效力,是法律文书的送达地,是向社会公示的内容之一。

农民专业合作社的住所可以是专门的场所,也可以是某个成员的家庭住址,这是由农民专业合作社的组织特征、交易特点、服务内容所决定的。但依法登记的农民专业合作社的住所只能有一个,且应当是农民专业合作社的主要办事机构所在地。

**6. 有符合章程规定的成员出资**

《农民专业合作社法》规定,成员的出资方式和出资额,载明于农民专业合作社章程。

农民专业合作社成员可以用货币出资,也可以用实物、知识产权、土地经营权、林权等可以用货币估价并可以依法转让的非货币财产,以及章程规定的其他方式作价出资;但是,法律、行政法规规定不得作为出资的财产除外。农民专业合作社成员不得以对该社或者其他成员的债权,充抵出资;不得以缴纳的出资,抵销对该社或者其他成员的债务。

### （五）农民专业合作社章程

农民专业合作社章程主要明确:(1)名称和住所;(2)业务范围;(3)成员资格及入社、退社和除名;(4)成员的权利和义务;(5)组织机构及其产生办法、职权、任期、议事规则;(6)成员的出资方式、出资额,成员出资的转让、继承、担保;(7)财务管理和盈余分配、亏损处理;章程修改程序;(8)解散事由和清算办法;(9)公告事项及发布方式;(10)附加表决权的设立、行使方式和行使范围;(11)需要载明的其他事项。

农民专业合作社还可以根据本社具体情况,在上述事项以外作出其他规定。

### （六）农民专业合作社成员

#### 1. 农民专业合作社的成员

具有民事行为能力的公民,以及从事与农民专业合作社业务直接有关的生产经营活动的企业、事业单位或者社会团体,能够利用农民专业合作社提供的服务,承认并遵守农民专业合作社章程,履行章程规定的入社手续的,可以成为农民专业合作社的成员。

#### 2. 农民专业合作社的成员总体构成

农民专业合作社的成员总体构成应当符合《农民专业合作社法》的规定,即农民专业合作社的成员中,农民至少应当占成员总数的80%。成员总数20人以下的,可以有一个企业、事业单位或者社会组织成员;成员总数超过20人的,企业、事业单位和社会组织成员不得超过成员总数的5%。

#### 3. 成员的权利

农民专业合作社成员享有下列权利:(1)参加成员大会,并享有表决权、选举权和被选举权,按照章程规定对本社实行民主管理;(2)利用本社提供的服务和生产经营设施;(3)按照章程规定或者成员大会决议分享盈余;(4)查阅本社的章程、成员名册、成员大会或者成员代表大会记录、理事会会议决议、监事会会议决议、财务会计报告、会计账簿和财务审计报告;(5)章程规定的其他权利。

 **【案例5-2】**

山东省济南市莱芜区明利特色蔬菜种植专业合作社,由陈明利于2007年12月发起成立,是全国首批、莱芜区首家农民专业合作社。合作社通过流转土地建有核心示范基地300多亩,先后被评为"全国农民专业合作社示范社""国家三农科技服务金桥奖先进集体""山东省优质产品生产基地""山东省省级农业标准化生产基地"等荣誉称号。合作社实现合作社技术指导、农资供应、种植规程、产品销售、试验示范"五个统一",让社员抱团闯市场。

目前合作社社员已由最初56户发展到217户,年可实现销售收入800万元,累计分红245万多元、发放工资1000万元,辐射带动3000多农户参与优质蔬菜生产。合作社严格实施标准化种植,并与社员签订标准化种植承诺书,对于达到标准的蔬菜以高出市场价30%~50%收购,同时积极推广生物农药和实施物理防虫设施、捕食螨防治红蜘蛛等绿色防控技术,确保生产健康菜、放心菜。已成功认证9种无公害蔬菜产品、14种绿色蔬菜和1个地理标志农产品。合作社先后引进盆栽蔬菜、立体栽培等高端蔬菜栽培模式及日本网纹瓜、卷珠帘水果西红柿、紫玉白菜等蔬菜新品种,并投资350万元新建智能化玻璃连栋温室、立体草莓大棚,着力开发优质特色高端蔬菜系列品牌,成功打造了"鲁菜明利""高庄明利""赢芹""国芹"等高端品牌,其中"鲁菜明利"芹菜在第十届中国国际农产品交易会上获得金奖;"高庄芹菜"荣获国家农产品地理标志认证;特色招牌菜芹菜芽由于可生吃的特性被誉为"水果性芹菜芽",畅销北上广一线城市。

问:松明利特色蔬菜种植专业合作社有哪些成功经验?

**【解析】**

松明利特色蔬菜种植专业合作社的成功经验主要有:(1)合作社坚持"民办、民营、民收益"原则,通过"职业化农民+合作化经营"模式,培育新型职业化农民。(2)合作社以"诚信做人,种良心菜"作为立社之本。(3)合作社坚持打造高端品牌,进军高端市场。

### 4. 成员的义务

执行成员大会、成员代表大会和理事会的决议;按照章程规定向本社出资;按照章程规定与本社进行交易;按照章程规定承担亏损;章程规定的其他义务。成员除应当履行上述法定义务外,还应当履行章程结合本社实际情况规定的其他义务。

### (七)农民专业合作社的组织机构

#### 1. 农民专业合作社的权力机构

农民专业合作社的权力机构是成员大会或成员代表大会。农民专业合作社的成员大会由农民专业合作社的全体成员组成,成员大会是农民专业合作社的权力机构,负责就合作社的重大事项作出决议,集体行使权力。

(1)农民专业合作社成员大会的职权。职权包括:①修改章程。②选举和罢免理事长、理事、执行监事或者监事会成员。③决定重大财产处置、对外投资、对外担保和生产经营中的其他重大事项。④批准年度业务报告、盈余分配方案、亏损处理方案。⑤对合并、分立、解散、清算,以及设立、加入联合社等作出决议。⑥决定聘用经营管理人员和专业技术人员的数量、资格和任期。⑦听取理事长或者理事会关于成员变动情况的报告,对成员的入社、除名等作出决议。⑧公积金的提取及使用。⑨章程规定的其他职权。除上述职权外,农民专业合作社章程可以结合本社的实际情况作出其他规定。

（2）农民专业合作社成员大会的决议。决议事项有：同意变更名称的决议；同意变更住所的决议；同意变更成员出资总额的决议；同意变更业务范围的决议；同意理事长（法定代表人）人选的决议等。

（3）召开成员大会。农民专业合作社成员大会是通过召开会议的形式来行使自己的权力的。法律规定,农民专业合作社召开成员大会,出席人数应当达到成员总数 2/3 以上。成员大会至少每年应该召开一次。

（4）设立成员代表大会。法律规定,农民专业合作社成员超过 150 人的,可以按照章程规定设立成员代表大会。成员代表大会按照章程规定可以行使成员大会的部分或者全部职权。依法设立成员代表大会的,成员代表人数一般为成员总人数的 10%,最低人数为 51 人。

**2. 农民专业合作社的执行机构**

农民专业合作社设理事长一名,可以设理事会,也可以不设立。理事长为本社的法定代表人。

**3. 农民专业合作社的监督机构**

执行监事或者监事会是农民专业合作社的监督机关,对合作社的财务和业务执行情况进行监督。

执行监事或者监事会的职权由合作社的章程具体规定。执行监事或监事会通常具有下列职权：监督、检查合作社的财务状况和业务执行情况,包括对本社的财务进行内部审计；对理事长或者理事会、经理等管理人员的职务行为进行监督；提议召开临时成员大会。

**4. 农民专业合作社的经理**

农民专业合作社的理事长或者理事会可以按照成员大会的决定聘任经理。经理应当按照章程规定和理事长或者理事会授权,负责农民专业合作社的具体生产经营活动。

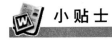 **小贴士**

## 农民专业合作社的理事长、理事和管理人员的禁止性行为

农民专业合作社的理事长、理事和管理人员不得有下列行为：（1）侵占、挪用或者私分本社资产；（2）违反章程规定或者未经成员大会同意,将本社资金借贷给他人或者以本社资产为他人提供担保；（3）接受他人与本社交易的佣金归为己有；（4）从事损害本社经济利益的其他活动。理事长、理事和管理人员违反前款规定所得的收入,应当归本社所有；给本社造成损失的,应当承担赔偿责任。

### (八) 农民专业合作社的变更、解散

**1. 农民专业合作社的合并**

合并是指两个或者两个以上的农民专业合作社通过订立合并协议,依照农民专业合作社法等有关法律、法规的规定,组成一个新的农民专业合作社的法律行为。

**2. 农民专业合作社的分立**

农民专业合作社的分立是指一个农民专业合作社依据法律、行政法规的规定,分为两个或者两个以上的农民专业合作社的法律行为。

**3. 农民专业合作社的解散**

农民专业合作社的解散是指由于出现了法定事由,农民专业合作社不再对外从事生产经营服务活动,除处理法人未了结的事务的合作社法人资格依然存续外,农民专业合作社的法人资格消灭。解散是一种法律行为,必须符合法律、行政法规和合作社章程的规定,否则解散行为无效。

**4.解散原因**

(1) 章程规定的解散事由出现。

(2) 成员大会决议解散。

(3) 因合并或者分立需要解散。

(4) 依法被吊销营业执照或者被撤销。

因第1、2、4.原因解散的,应当在解散事由出现之日起15日内由成员大会推举成员组成清算组,开始解散清算。逾期不能组成清算组的,成员、债权人可以向人民法院申请指定成员组成清算组进行清算,人民法院应当受理该申请,并及时指定成员组成清算组进行清算。

《农民专业合作社法》规定,农民专业合作社接受国家财政直接补助形成的财产,在解散、破产清算时,不得作为可分配剩余资产分配给成员,具体按照国务院财政部门有关规定执行。

【案例5-3】

北京市延庆区某乡农民甲、乙、丙、丁准备成立一家农民专业合作社,名称拟叫"北京市延庆区柴鸡蛋专业合作社"。甲拟用实物养鸡场出资,乙拟用蛋鸡养殖技术出资,丙拟出资人民币5万元,丁拟以对该社的债权5万元充抵出资。他们拟定了合作社章程。有一家企业北京龙鑫禽类养殖有限公司也作为合作社成员加入。

问:该合作社设立是否符合法律规定的条件?

【解析】

该合作社符合《农民专业合作社法》的规定的条件,农民专业合作社的名称应当含有

"专业合作社"字样,并符合国家有关企业名称登记管理的规定。甲、乙、丙成员出资符合法律规定,但是成员丁的出资不符合规定,需要调整。

法律规定了农民专业合作社成员可以用货币出资,也可以用实物、知识产权、土地经营权、林权等可以用货币估价并可以依法转让的非货币财产,以及章程规定的其他方式作价出资;但是,法律、行政法规规定不得作为出资的财产除外。农民专业合作社成员不得以对该社或者其他成员的债权,充抵出资;不得以缴纳的出资,抵销对该社或者其他成员的债务。

成员的出资额以及出资总额应当以人民币表示。农民专业合作社的业务范围由其章程规定。农民专业合作社应当有 5 名以上的成员,其中农民至少应当占成员总数的80%。成员总数 20 人以下的,企业单位可以成为成员。

## 四、国家支持家庭农场、农民专业合作社政策

### (一)关于财政项目扶持

2020 年,中央财政通过农业生产发展资金支持新型农业经营主体采取"先建后补、以奖代补"的方式建设农产品仓储保鲜设施,支持县级以上农民合作社示范社(联合社)和示范家庭农场(贫困地区条件适当放宽)改善生产条件、应用先进技术,提升规模化、绿色化、标准化、集约化生产能力,建设清选包装、烘干等产地初加工设施,提高产品质量水平和市场竞争力,并向"三区三州"深度贫困地区和未摘帽贫困县、新冠肺炎疫情防控重点地区和鲜活农产品主产区、特色农产品优势区倾斜。

### (二)关于金融服务

1. 支持金融机构结合职能定位和业务范围提供金融支持。2020 年 4 月,中国银保监会印发《关于做好 2020 年银行业保险业服务"三农"领域重点工作的通知》,明确要求金融机构加强对家庭农场适度规模经营和发展合作经营的金融支持。

2. 支持农业信贷担保体系建设。中央财政大力支持全国农业信贷担保体系建立工作。除注入农担公司注册资本金外,中央财政还对各地政策性农担业务给予持续性支持。2020 年中央财政拨付担保费用补助和业务奖补资金共 28.65 亿元。

3. 加强扶贫领域金融支持。2019 年,中国银保监会与财政部、中国人民银行、国务院扶贫办联合印发《关于进一步规范和完善扶贫小额信贷管理的通知》,提出在贫困户自愿和参与生产经营的前提下,可采取合作发展方式,将扶贫小额信贷资金用于有效带动贫困户脱贫致富的特色优势产业。《关于做好 2020 年银行业保险业服务"三农"领域重点工作的通知》提出,要努力提高脱贫质量防止返贫,进一步加大对产业扶持的信贷支持,完善信贷支持与带动贫困户脱贫的挂钩机制。

4. 推动农业保险高质量发展。近年来,财政部、中国银保监会、农业农村部等部门按照"扩面、增品、提标"的要求,不断加大对农业保险的支持力度,深入开展农业大灾保险、三大粮食作物完全成本保险和收入保险、中央财政对地方优势特色农产品保险以奖代补等试点工作,探索开展制种保险等新型农业保险产品,启动筹建中国农业再保险公司。

5. 探索构建信用评价体系。中国银保监会正与农业农村部研究推进银行业金融机构与农业农村部新型农业经营主体信息直报系统的信息共享,推动涉农信用信息整合,构建并完善信用评价体系,从而降低贷前信息收集和审核成本。

### (三)关于用地用电

《关于实施家庭农场培育计划的指导意见》提出,鼓励各地通过多种方式加大对家庭农场建设仓储、晾晒场、保鲜库、农机库棚等设施用地支持。《关于开展农民合作社规范提升行动的若干意见》提出,农民合作社从事设施农业,其生产设施用地、附属设施用地、生产性配套辅助设施用地,符合国家有关规定的,按农用地管理。2013 年,国家发展改革委出台了《关于调整销售电价分类结构有关问题的通知》,对农业生产用电及农产品初加工用电范围进行了明确。

农产品初加工用电范围是指对各种农产品(包括天然橡胶、纺织纤维原料)进行脱水、凝固、去籽、净化、分类、晒干、剥皮、初烤、沤软或大批包装以提供初级市场的用电。同时,明确农产品初加工用电不再局限于农户,而是扩大到所有生产者从事农产品初加工活动的用电。

### (四)关于科技兴农

农业农村部会同有关部门,通过政策引导、工作推动等措施支持学企合作、科技特派员等农技推广服务模式发展。2017 年,农业农村部会同教育部研究出台《关于深入推进高等院校和农业科研单位开展农业技术推广服务的意见》,指导各地创新服务方式,围绕地方主导产业和农业科研院校的优势学科,推进农业科研院校间、校地(企)、院地(企)等多种形式合作。

2018 年以来,农业农村部实施农业重大技术协同推广计划,组织产学研推用多方主体聚焦产业科技需求,发挥各自优势和特色,协同联动开展科技服务,有效促进了农业科技成果的转移转化。

### (五)关于人才支撑

农业农村部注重培养新型农业经营主体人才,加强专业队伍建设。一是加快高素质农民培育,大力培养新型农业经营主体人才。二是指导涉农专业建设,引导更多人才扎根农村。农业农村部与教育部合作共建 8 所农业大学,与地方省部共建 17 所农业大学,围绕农业农村发展和现代农业转型升级需要,指导共建高校及时调整学科专业设置,加强涉农重点专业群建设,鼓励更多毕业生进入农村、扎根农业。

## （六）关于农村土地经营权规范管理

2014年，中共中央办公厅、国务院办公厅印发《关于引导农村土地经营权有序流转发展农业适度规模经营的意见》，明确了土地经营权流转的基本原则、主要目标、发展方向和保障措施。2016年，中共中央办公厅、国务院办公厅印发《关于完善农村土地所有权承包权经营权分置办法的意见》，对承包地"三权"分置作出系统全面的制度安排，提出加快放活土地经营权，建立健全土地流转规范管理制度。2018年新修改的《农村土地承包法》，明确了农村土地经营权的内涵，并就依法保护流入方的各项权利作出了明确规定。

2015年，农业农村部会同有关部门印发了《关于加强对工商资本租赁农地监管和风险防范的意见》，要求各地建立工商资本租赁农户承包地上限控制、分级备案、审查审核、风险保障金和事中事后监管等"五项制度"。2016年，农业农村部印发了《农村土地经营权流转交易市场运行规范（试行）》，进一步明确了在流转交易市场进行交易的相关规程。2019年以来，为贯彻新修改的《农村土地承包法》，农业农村部组织修订了《土地经营权流转管理办法》。

## （七）关于示范创建引领

农业农村部积极开展家庭农场和农民合作社示范创建，强化典型引领。目前，全国已有28个省（区、市）开展省级示范家庭农场创建，县级以上示范家庭农场超过11万家，初步形成了省市县三级示范创建体系。有条件的地方积极开展家庭农场示范县创建。

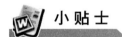 小贴士

### 国家支持农业的政策成果

截至2020年6月底，普惠型涉农贷款余额7.2万亿元，较年初增长12.29%，高于各项贷款平均增速4.15个百分点。2019年，农业保险为1.91亿户次农户提供风险保障，向4918.25万户次农户支付赔款560.2亿元。

目前，全国已有1239个县（市、区）、18731个乡镇建立农村土地经营权流转服务中心，家庭承包耕地流转面积超过5.55亿亩。

## 五、农业产业化龙头企业

### （一）农业产业化龙头企业的概念

农业产业化龙头企业是指以农产品加工或流通为主，通过各种利益联结机制与农户相联系，带动农户进入市场，使农产品生产、加工、销售有机结合、相互促进，在规模和经

营指标上达到规定标准并经政府有关部门认定的企业。

### （二）农业产业化龙头企业类型

农业产业化龙头企业类型包括：国家级龙头企业、省级龙头企业、市级龙头企业、规模龙头企业。

 【案例 5-4】

2020 年 10 月，浙江农业产业化龙头企业明康汇生态农业集团有限公司（以下简称明康汇公司），在全国扶贫日杭州市主题活动上，展示了他们在杭州市场重点推广的恩施富硒土豆等产品。针对农产品标准化难的问题，明康汇公司依托自身经验，积极输出商业标准，提升周边老百姓种植、加工等标准化程度。恩施土豆是湖北省建始县农户种植规模最大的农产品，富硒、营养价值高，但商品化程度一直比较低。于是，明康汇公司通过与当地农业农村部门合作，派遣技术人才驻地帮扶，统一品种、提高土豆种植技术，援助建设仓储设施，提升恩施富硒土豆从生产到加工、物流环节的标准化水平。

明康汇公司与建始县农业合作社、种植大户签订合同订单，带动区域特色农产品全产业链发展。例如，明康汇公司与建始县慧民科技有限公司等签订了农产品采购协议，将建始县作为其西红柿、芜湖椒、大红泡椒等产品的供应基地，目前已累计采购番茄 1200 吨、大红泡椒 300 吨、芜湖椒 500 吨。

问：浙江农业产业化龙头企业明康汇公司如何做到精准帮扶？

【解析】

作为湖北恩施土家族苗族自治州对口帮扶企业，明康汇公司一直致力于解决当地生产、流通、消费各环节的扶贫痛点、难点和堵点，推动恩施的富硒农产品走向杭州乃至浙江市场。订单农业是明康汇公司发展产业扶贫的又一关键。明康汇公司旗下有 200 多家生鲜便利终端门店，这样庞大的销售渠道让明康汇公司开展消费扶贫更有底气。

通过员工福利、大客户礼盒销售、线上团购、打造杭州示范门店销售专柜等多种渠道，促进建始特色农产品入杭，销售土豆、腊肉、香菇、茶叶、小水果等建始扶贫产品，真正实现以点带面，借助消费扶贫，持续造血。

## 六、农业产业化经营

### （一）农业产业化经营概述

#### 1. 农业产业化经营的概念

农业产业化经营是指以市场为导向，以家庭承包经营为基础，依靠龙头企业及各种中介组织的举动,将农业的产前、产中和产后诸环节联结为完整的产业链条,实行多种形式的一体化经营,形成系统内部有机结合、相互促进和利益互补机制,实现资源优化配置的一种新型的农业经营方式。

**2. 农业产业化联合体**

农业产业化联合体是由一家龙头企业牵头、多个农民合作社和家庭农场参与、用服务和收益联成一体的产业新形态。

发展农业产业化联合体,能够让家庭农场从事生产、农民合作社提供社会化服务,龙头企业专注于农产品加工流通,从而形成完整的产业链条。

**(二)农业综合开发产业化经营项目**

通过对农业产业化龙头企业等经营主体的扶持,延长农业产业化链条,推进农业和农村经济结构的战略性调整,提高农业综合效益,增加农民收入。

**1. 产业化经营项目管理和资金安排的原则**

(1)因地制宜,统筹规划的原则。

(2)规模开发,产业化经营的原则。

(3)依靠科技,注重效益的原则。

(4)公平竞争,择优立项的原则。

(5)效益优先,兼顾公平的原则。

(6)突出重点,兼顾一般的原则。

**2. 产业化经营项目的分类设置**

(1)种植养殖基地项目。主要扶持建设经济林及设施农业种植、发展畜牧水产养殖等。

(2)农产品加工项目。主要扶持产业化龙头企业扩大生产规模,提高粮油、果蔬、畜禽等主要农副产品加工能力。

(3)流通设施项目。主要扶持建设储藏保鲜、产地批发市场等市场流通设施。

**3. 扶持对象**

重点扶持国家级和省级农业产业化龙头企业,适当扶持正在成长上升、确能带动农民致富、较小规模的龙头企业及农民专业合作经济组织等。

**4. 扶持方式**

(1)有偿无偿相结合。

(2)投资参股经营。

(3)贷款贴息。

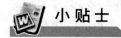 **小贴士**

## 乡村产业重点关注的领域

**1.特色**

支持各地立足资源优势打造各具特色的农业全产业链。发展特色产业,尤其是发掘贫困地区的资源优势、景观优势和文化底蕴,开发有独特优势的特色产品。

有序开发特色资源;建设特色农产品生产基地;着力打造特色产业集群;培育乡土特色品牌。提升优势特色产业的质量效益水平。

**2.加工**

做大做强农产品加工业。

积极发展农产品初加工,发展粮变粉、豆变芽、肉变肠、奶变酪、菜变肴、果变汁等初级加工产品,提升农产品品质,满足乡镇居民消费需要;大力发展农产品精深加工,则将在产能布局、技术创新、标准制定、加工深度上做优化。建设农产品加工园区,则重点支持粮食生产功能区、重要农产品生产保护区、特色农产品优势区,建设一批各具特色的农产品加工园区。引导地方建设一批区域性农产品加工园,形成国家、省、市、县四级农产品加工园体系,构筑乡村产业"新高地"。

**3.融合**

加力推进产业融合发展,提升乡村产业层次水平。

(1)主体融合,将支持发展行政区域范围内"政产学研推用银"多主体参与、产业关联度高、辐射带动力强的大型产业化联合体,构建政府引导、农民主体、企业引领、科研协同、金融助力的发展格局。

(2)业态融合,将跨界配置农业与现代产业要素深度交叉融合,形成"农业+"多业态发展态势,引导各地发展中央厨房、直供直销、会员农业等业态,促进农业与文化、旅游、教育、康养、服务等现代产业高位嫁接、交叉重组、渗透融合,积极发展创意农业、亲子体验、功能农业等业态。培育"互联网+创新创业""生鲜电商+冷链宅配""中央厨房+食材冷链配送"等新业态。

(3)产业融合,将以资源集聚区和物流节点为重点,促进产业前延后伸、横向配套、上承市场、下接要素,构建紧密关联、高度依存的全产业链,培育生产、加工、流通、物流、体验、品牌、电商于一体的产业集群,打造乡村产业发展高地。推进特色农产品"产加销服""科工贸旅"一体化发展,推动一二三产业融合和产村产镇融合,促进全产业链首尾相连、上下衔接、前后呼应,实现串珠呈线、块状成带、集群成链。

**4. 精品**

实施休闲农业和乡村旅游精品工程,建设一批设施完备、功能多样的休闲观光园区、乡村民宿、农耕体验、农事研学、康养基地等,打造特色突出、主题鲜明的休闲农业和乡村旅游精品。

同时,运用网络直播、图文直播等新媒体手段多角度、多形式宣传一批有地域特色的休闲旅游精品线路。开展"春观花""夏纳凉""秋采摘""冬农趣"活动,融入休闲农业产品发布、美食活动评选等元素,做到视觉美丽、体验美妙、内涵美好,为城乡居民提供休闲度假、旅游旅居的好去处。

**5. 土地**

要破解乡村发展用地难题。尤其要完善乡村产业发展用地政策体系,明确用地类型和供地方式,实行分类管理。

在符合国土空间规划前提下,通过村庄整治、土地整理等方式节余的农村集体建设用地优先用于发展乡村产业项目。农村集体建设用地可以通过入股、租用等方式直接用于发展乡村产业。农业设施用地可以使用耕地。按照"放管服"改革要求,对农村集体建设用地审批进行全面梳理,简化审批审核程序,下放审批权限。推进乡村建设审批"多审合一、多证合一"改革。

**6. 人才**

加快建设农业农村人才队伍。实施农村实用人才带头人和高素质农民培育计划,着力向深度贫困地区倾斜,突出产业导向开展分层分类培训。并推动出台加强农业农村人才队伍建设的指导意见,完善农业农村人才发现、培养、评价、激励机制。

支持本地农民兴业创业,引导农民工在青壮年时返乡创业,将返乡创业农民工纳入一次性创业补贴范围,制定促进社会资本投入农业农村指引目录。同时吸引一批农民工、大学生和退役军人返乡创业,引进一批科技人员和社会资本入乡创业,发掘一批"田秀才""土专家"和"能工巧匠"。

**7. 数字**

依托现有资源建设农业农村大数据中心,加快物联网、大数据、区块链、人工智能、第五代移动通信网络、智慧气象等现代信息技术在农业领域的应用,并开展国家数字乡村试点。

建设重要农产品全产业链大数据和数字农业创新中心,开展数字农业试点,加快物联网、人工智能、区块链等技术集成应用。深入推进信息进村入户,实施"互联网＋"农产品出村进城工程。加强农业农村经济运行分析,健全重要农产品供给保障监测预警制度。

**8. 利益共联**

要建立健全农民分享产业链增值收益机制,重点培育家庭农场、农民合作社等新型农业经营主体,培育农业产业化联合体,通过订单农业、入股分红、托管服务等方式,将小农户融入农业产业链。

9. 产业扶贫

要强化产业扶贫。贫困地区应将扶贫资金更多用于产业扶贫,加强农业基础设施建设,优化产业扶贫项目,防范产业扶贫风险,提升扶贫产业可持续发展能力。

10. 绿色

要加强绿色食品、有机农产品、地理标志农产品认证和管理,增加优质绿色农产品供给。

# 第二节　农产品质量安全

## 一、《农产品质量安全法》概述

《农产品质量安全法》明确规定要建立农产品质量安全标准体系,并引入农产品质量安全追溯制度,对农产品实现从农田到餐桌的全程管理。我国的《农产品质量安全法》于2006年4月29日经全国人大常委员会通过,自2006年11月1日起施行,2018年10月修订。

**1. 调整范围**

《农产品质量安全法》调整的农产品不包括工业生产活动中以农产品为原料加工、制作的产品。农产品是指来源于农业的初级产品,即在农业活动中获得的植物、动物、微生物及其产品。

农产品质量既包括涉及人的健康、安全的质量要求,也包括涉及产品的营养成分、口感、色香味等非安全性质量指标。法律规范、监管、保障的,是农产品质量中的安全性要求。

**2. 农产品质量安全风险评估制度**

设立农产品质量安全风险分析和评估的部门是国务院农业行政主管部门,即农业农村部。农业行政主管部门将风险评估结果及时通报有关部门。

**3. 农产品质量安全信息发布制度**

发布信息的部门是国务院农业行政主管部门和省、自治区、直辖市人民政府农业行政主管部门。

## 二、农产品质量安全标准

农产品质量安全标准是农产品质量安全评价的重要依据,也是农产品质量安全管理的重要手段。

农产品质量安全标准的制定和发布要依照有关法律、法规的规定执行。制定时还要充分考虑农产品质量安全风险评估结果,并听取农产品生产者、销售者和消费者的意见,保障消费安全。

## 三、农产品产地

### 1. 农产品禁止生产区域

县级以上地方人民政府农业行政主管部门按照保障农产品质量安全的要求,根据农产品品种特性和生产区域大气、土壤、水体中有毒有害物质状况等因素,认为不适宜特定农产品生产的,提出禁止生产的区域,报本级人民政府批准后公布。

### 2. 禁止性规定

(1)禁止在有毒有害物质超标区域生产、捕捞、采集食用农产品和建立农产品生产基地。

(2)禁止违法向农产品产地排放或倾倒有毒有害物质以及农业生产用水和用作肥料的固体废物必须达标。

### 3. 合理使用农业投入品

农产品生产者应当合理使用化肥、农药、兽药、农用薄膜等化工产品,防止对农产品产地造成污染。

## 四、农产品生产

### 1. 实行许可证制度

对可能影响农产品质量安全的农药、兽药、饲料和饲料添加剂、肥料、兽医器械,依照有关法律、行政法规的规定实行许可制度。

### 2. 知识技能培训

农业科研教育机构和农业技术推广机构应当加强对农产品生产者质量安全知识和技能的培训。

### 3. 农产品生产记录制度

农产品生产企业和农民专业合作经济组织应当建立农产品生产记录,如实记载下列事项。

(1)使用农业投入品的名称、来源、用法、用量和使用、停用的日期。

(2)动物疫病、植物病虫草害的发生和防治情况。

(3)收获、屠宰或者捕捞的日期。

农产品生产记录应当保存 2 年。禁止伪造农产品生产记录。国家鼓励其他农产品生产者建立农产品生产记录。

**4. 农业投入品使用有关规定**

农产品生产者应当按照法律、行政法规和国务院农业行政主管部门的规定,合理使用农业投入品,严格执行农业投入品使用安全间隔期或者休药期的规定,防止危及农产品质量安全。禁止在农产品生产过程中使用国家明令禁止使用的农业投入品。生产中要明确如何使用、允许使用、限制使用、禁止使用及有关安全间隔期或休药期的规定。

**5. 农产品生产企业和农民合作经济组织自律管理**

(1) 自检的规定

农产品生产企业和农民专业合作经济组织,应当自行或者委托检测机构对农产品质量安全状况进行检测;经检测不符合农产品质量安全标准的农产品,不得销售。

(2) 加强自律的要求

农民专业合作经济组织和农产品行业协会对其成员应当及时提供生产技术服务,建立农产品质量安全管理制度,健全农产品质量安全控制体系,加强自律管理。

# 五、农产品包装和标识

**1. 一般农产品销售以及包装要求**

农产品生产企业、农民专业合作经济组织以及从事农产品收购的单位或者个人销售的农产品,按照规定应当包装或者附加标识的,须经包装或者附加标识后方可销售。包装物或者标识上应当按照规定标明产品的品名、产地、生产者、生产日期、保质期、产品质量等级等内容;使用添加剂的,还应当按照规定标明添加剂的名称。

**2. 在包装、保鲜、贮存、运输中使用的"三剂"等材料**

农产品在包装、保鲜、贮存、运输中所使用的保鲜剂、防腐剂、添加剂等材料,应当符合国家有关强制性的技术规范。

**3. 农业转基因农产品应当标明**

属于农业转基因生物的农产品,应当按照农业转基因生物安全管理的有关规定进行标识。

**4. 依法需要实施检疫的动植物及其产品,应当附具检疫合格标志、检疫合格证明**

**5. 无公害农产品、绿色食品、有机农产品标志的使用规定及禁止假冒的规定**

销售的农产品必须符合农产品质量安全标准,生产者可以申请使用无公害农产品标志。农产品质量符合国家规定的有关优质农产品标准的,生产者可以申请使用相应的农产品质量标志。

禁止冒用无公害农产品、绿色食品、有机农产品标志等农产品质量标志。

## 六、监督检查

### （一）禁止销售的农产品

有下列情形之一的农产品，不得销售。

1. 含有国家禁止使用的农药、兽药或者其他化学物质的。

2. 农药、兽药等化学物质残留或者含有的重金属等有毒有害物质不符合农产品质量安全标准的。

3. 含有的致病性寄生虫、微生物或者生物毒素不符合农产品质量安全标准的。

4. 使用的保鲜剂、防腐剂、添加剂等材料不符合国家有关强制性的技术规范的。

5. 其他不符合农产品质量安全标准的。

### （二）农产品质量安全监测制度

**1. 农产品质量安全监测制度的建立和实施**

国家建立农产品质量安全监测制度。县级以上人民政府农业行政主管部门应当按照保障农产品质量安全的要求，制定并组织实施农产品质量安全监测计划，对生产中或者市场上销售的农产品进行监督抽查。监督抽查结果由国务院农业行政主管部门或者省、自治区、直辖市人民政府农业行政主管部门按照权限予以公布。

监督抽查检测应当委托符合《农产品质量安全法》规定条件的农产品质量安全检测机构进行，不得向被抽查人收取费用，抽取的样品不得超过国务院农业行政主管部门规定的数量。上级农业行政主管部门监督抽查的农产品，下级农业行政主管部门不得另行重复抽查。

**2. 检测机构**

农产品质量安全检测应当充分利用现有的符合条件的检测机构。

从事农产品质量安全检测的机构，必须具备相应的检测条件和能力，由省级以上人民政府农业行政主管部门或者其授权的部门考核合格。

农产品质量安全检测机构应当依法经计量认证合格。

**3. 监督抽查检测结果异议审查制度**

农产品生产者、销售者对监督抽查检测结果有异议的，可以自收到检测结果之日起5日内，向组织实施农产品质量安全监督抽查的农业行政主管部门或者其上级农业行政主管部门申请复检。

采用国务院农业行政主管部门会同有关部门认定的快速检测方法进行农产品质量安全监督抽查检测，被抽查人对检测结果有异议的，可以自收到检测结果时起4小时内申请复检。复检不得采用快速检测方法。

因检测结果错误给当事人造成损害的，依法承担赔偿责任。

**4. 农产品批发市场和销售企业的检测**

农产品批发市场应当设立或者委托农产品质量安全检测机构,对进场销售的农产品质量安全状况进行抽查检测;发现不符合农产品质量安全标准的,应当要求销售者立即停止销售,并向农业行政主管部门报告。

农产品销售企业对其销售的农产品,应当建立健全进货检查验收制度;经查验不符合农产品质量安全标准的,不得销售。

**5. 建立社会监督制度**

国家鼓励单位和个人对农产品质量安全进行社会监督。任何单位和个人都有权对违反本法的行为进行检举、揭发和控告。有关部门收到相关的检举、揭发和控告后,应当及时处理。

**6. 农产品质量安全事故处理程序**

发生农产品质量安全事故时,有关单位和个人应当采取控制措施,及时向所在地乡级人民政府和县级人民政府农业行政主管部门报告;收到报告的机关应当及时处理并报上一级人民政府和有关部门。发生重大农产品质量安全事故时,农业行政主管部门应当及时通报同级市场监督管理部门。

**7. 农产品质量安全责任追究制度**

县级以上人民政府农业行政主管部门在农产品质量安全监督管理中,发现有《农产品质量安全法》列举的不得销售的五种农产品之一的,应当按照农产品质量安全责任追究制度的要求,查明责任人,依法予以处理或者提出处理建议。

**8. 进口农产品检验**

进口的农产品必须按照国家规定的农产品质量安全标准进行检验;尚未制定有关农产品质量安全标准的,应当依法及时制定,未制定之前,可以参照国家有关部门指定的国外有关标准进行检验。

# 七、农产品质量安全追溯体系建设

农业农村部《关于加快推进农产品质量安全追溯体系建设的意见》(农质发〔2016〕8号)明确规定,建立国家农产品质量安全追溯管理信息平台(以下简称"国家平台"),加快构建统一权威、职责明确、协调联动、运转高效的农产品质量安全追溯体系,实现农产品源头可追溯、流向可跟踪、信息可查询、责任可追究,保障公众消费安全。

## (一)建立追溯管理运行制度

出台国家农产品质量安全追溯管理办法,明确追溯要求,统一追溯标识,规范追溯流程,健全管理规则。加强农业与有关部门的协调配合,健全完善追溯管理与市场准入的衔接机制,以责任主体和流向管理为核心,以扫码入市或索取追溯凭证为市场准入条件,构建从产地到市场到餐桌的全程可追溯体系。鼓励各地会同有关部门制定农产品追溯管理地方性法规,建立主体管理、包装标识、追溯赋码、信息采集、索证索票、市场准入等追溯管理基本制度,促进和规范生产经营主体实施追溯行为。

### (二)搭建信息化追溯平台

建立"高度开放、覆盖全国、共享共用、通查通识"的国家平台,赋予监管机构、检测机构、执法机构和生产经营主体使用权限,采集主体管理、产品流向、监管检测和公众评价投诉等相关信息,逐步实现农产品可追溯管理。

### (三)制定追溯管理技术标准

实现全国农产品质量安全追溯管理"统一追溯模式、统一业务流程、统一编码规则、统一信息采集"。

### (四)开展追溯管理试点应用

国家平台于 2017 年上线,优先选择苹果、茶叶、猪肉、生鲜乳、大菱鲆等几类农产品统一开展试点,逐步健全农产品质量安全追溯管理运行机制,进一步加大推广力度,扩大实施范围。

### (五)强化农业农村部门追溯管理职责

按照属地管理原则,建立生产经营主体管理制度,将辖区内农产品生产经营主体逐步纳入国家平台管理,组织生产经营主体实施追溯,并对落实情况进行监督。

### (六)落实生产经营主体责任

农产品生产经营主体应按照国家平台实施要求,配备必要的追溯装备,积极采用移动互联等便捷化的技术手段,实施农产品扫码(或验卡)交易,如实采集追溯信息,实现信息流和实物流同步运转。

## 第三节　农业转基因生物安全管理

为了加强农业转基因生物安全管理,保障人体健康和动植物、微生物安全,保护生态环境,促进农业转基因生物技术研究,国务院于 2001 年 5 月 9 日通过了《农业转基因生物安全管理条例》(以下简称《条例》),并自公布之日起施行。

### 一、农业转基因生物安全管理

#### 1.《条例》的适用范围

在中华人民共和国境内从事农业转基因生物的研究、试验、生产、加工、经营和进口、出口活动,必须遵守本《条例》。

农业转基因生物是指利用基因工程技术改变基因组构成,用于农业生产或者农产品加工的动植物、微生物及其产品,主要包括。

(1) 转基因动植物(含种子、种畜禽、水产苗种)和微生物。

(2) 转基因动植物、微生物产品。

(3) 转基因农产品的直接加工品。

(4) 含有转基因动植物、微生物或者其产品成份的种子、种畜禽、水产苗种、农药、兽药、肥料和添加剂等产品。

农业转基因生物安全是指防范农业转基因生物对人类、动植物、微生物和生态环境构成的危险或者潜在风险。

**2. 农业转基因生物安全的主管部门**

国务院农业行政主管部门负责全国农业转基因生物安全的监督管理工作。

县级以上地方各级人民政府农业行政主管部门负责本行政区域内的农业转基因生物安全的监督管理工作。

**3. 农业转基因生物安全管理制度**

(1) 国务院建立农业转基因生物安全管理部际联席会议制度。农业转基因生物安全管理部际联席会议由农业、科技、环境保护、卫生、外经贸、检验检疫等有关部门的负责人组成,负责研究、协调农业转基因生物安全管理工作中的重大问题。

(2) 国家对农业转基因生物安全实行分级管理评价制度。农业转基因生物按照其对人类、动植物、微生物和生态环境的危险程度,分为 I、II、III、IV 四个等级。

(3) 国家建立农业转基因生物安全评价制度。

(4) 国家对农业转基因生物实行标识制度。

# 二、农业转基因生物研究与试验

**1. 从事农业转基因生物研究与试验的单位应当具备的条件**

应当具备与安全等级相适应的安全设施和措施,确保农业转基因生物研究与试验的安全,并成立农业转基因生物安全小组,负责本单位农业转基因生物研究与试验的安全工作。从事 III、IV 级农业转基因生物研究的,应当在研究开始前向国务院农业行政主管部门报告。

**2. 农业转基因生物试验**

农业转基因生物试验,一般应当经过中间试验、环境释放和生产性试验三个阶段。

(1) 中间试验,是指在控制系统内或者控制条件下进行的小规模试验。

(2) 环境释放,是指在自然条件下采取相应安全措施所进行的中规模的试验。

(3) 生产性试验,是指在生产和应用前进行的较大规模的试验。

农业转基因生物在实验室研究结束后,需要转入中间试验的,试验单位应当向国务院农业行政主管部门报告。

**3. 试验单位试验申请**

农业转基因生物试验需要从上一试验阶段转入下一试验阶段的,试验单位应当向国务院农业行政主管部门提出申请;经农业转基因生物安全委员会进行安全评价合格的,由国务院农业行政主管部门批准转入下一试验阶段。

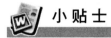 **小贴士**

### 农业转基因生物试验单位应当提供的材料

试验单位提出试验申请,应当提供下列材料:(1)农业转基因生物的安全等级和确定安全等级的依据;(2)农业转基因生物技术检测机构出具的检测报告;(3)相应的安全管理、防范措施;(4)上一试验阶段的试验报告。

**4. 农业转基因生物安全证书**

从事农业转基因生物试验的单位在生产性试验结束后,可以向国务院农业行政主管部门申请领取农业转基因生物安全证书。

试验单位提出上述申请,应当提供下列材料:(1)农业转基因生物的安全等级和确定安全等级的依据;(2)农业转基因生物技术检测机构出具的检测报告;(3)生产性试验的总结报告;(4)国务院农业行政主管部门规定的其他材料。

国务院农业行政主管部门收到申请后,应当组织农业转基因生物安全委员会进行安全评价,安全评价合格的,方可颁发农业转基因生物安全证书。

转基因植物种子、种畜禽、水产苗种,利用农业转基因生物生产的或者含有农业转基因生物成份的种子、种畜禽、水产苗种、农药、兽药、肥料和添加剂等,在依照有关法律、行政法规的规定进行审定、登记或者评价、审批前,应当依照《条例》第16条的规定取得农业转基因生物安全证书。

中外合作、合资或者外方独资在中华人民共和国境内从事农业转基因生物研究与试验的,应当经国务院农业行政主管部门批准。

## 三、农业转基因生物生产与加工

**1. 生产许可证**

生产转基因植物种子、种畜禽、水产苗种,应当取得国务院农业行政主管部门颁发的种子、种畜禽、水产苗种生产许可证。

生产单位和个人申请转基因植物种子、种畜禽、水产苗种生产许可证,除应当符合有关法律、行政法规规定的条件外,还应当符合下列条件:(1)取得农业转基因生物安全证书并通过品种审定;(2)在指定的区域种植或者养殖;(3)有相应的安全管理、防范措施;(4)国务院农业行政主管部门规定的其他条件。

**2. 生产档案**

生产转基因植物种子、种畜禽、水产苗种的单位和个人,应当建立生产档案,载明生产地点、基因及其来源、转基因的方法以及种子、种畜禽、水产苗种流向等内容。

单位和个人从事农业转基因生物生产、加工的,应当由国务院农业行政主管部门或者省、自治区、直辖市人民政府农业行政主管部门批准。农民养殖、种植转基因动植物的,由种子、种畜禽、水产苗种销售单位代办审批手续。

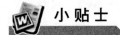 小贴士

### 罚 则

违反《农业转基因生物安全管理条例》规定,转基因植物种子、种畜禽、水产苗种的生产、经营单位和个人,未按照规定制作、保存生产、经营档案的,由县级以上人民政府农业行政主管部门依据职权,责令改正,处1000元以上1万元以下的罚款。

**3. 生产、加工、安全管理情况和产品流向以及事故报告制度**

从事农业转基因生物生产、加工的单位和个人,应当按照批准的品种、范围、安全管理要求和相应的技术标准组织生产、加工,并定期向所在地县级人民政府农业行政主管部门提供生产、加工、安全管理情况和产品流向的报告。

农业转基因生物在生产、加工过程中发生基因安全事故时,生产、加工单位和个人应当立即采取安全补救措施,并向所在地县级人民政府农业行政主管部门报告。

**4. 转基因生物运输、贮存**

从事农业转基因生物运输、贮存的单位和个人,应当采取与农业转基因生物安全等级相适应的安全控制措施,确保农业转基因生物运输、贮存的安全。

## 四、农业转基因生物经营

**1. 经营许可证**

经营转基因植物种子、种畜禽、水产苗种的单位和个人,应当取得国务院农业行政主管部门颁发的种子、种畜禽、水产苗种经营许可证。经营单位和个人申请转基因植物种子、种畜禽、水产苗种经营许可证,除应当符合有关法律、行政法规规定的条件外,还应当符合下列条件:(1)有专门的管理人员和经营档案;(2)有相应的安全管理、防范措施;(3)国务院农业行政主管部门规定的其他条件。

**2. 经营档案**

经营转基因植物种子、种畜禽、水产苗种的单位和个人，应当建立经营档案，载明种子、种畜禽、水产苗种的来源、贮存、运输和销售去向等内容。

**3. 销售条件**

在中华人民共和国境内销售列入农业转基因生物目录的农业转基因生物，应当有明显的标识。列入农业转基因生物目录的农业转基因生物，由生产、分装单位和个人负责标识；未标识的，不得销售。经营单位和个人在进货时，应当对货物和标识进行核对。经营单位和个人拆开原包装进行销售的，应当重新标识。

**4. 农业转基因生物标识**

农业转基因生物标识应当载明产品中含有转基因成份的主要原料名称；有特殊销售范围要求的，还应当载明销售范围，并在指定范围内销售。

**5. 农业转基因生物的广告**

农业转基因生物的广告，应当经国务院农业行政主管部门审查批准后，方可刊登、播放、设置和张贴。

## 五、农业转基因生物进口与出口

**1. 引进农业转基因生物的条件**

从中华人民共和国境外引进农业转基因生物用于研究、试验的，引进单位应当向国务院农业行政主管部门提出申请；符合下列条件的，国务院农业行政主管部门方可批准：(1)具有国务院农业行政主管部门规定的申请资格；(2)引进的农业转基因生物在国（境）外已经进行了相应的研究、试验；(3)有相应的安全管理、防范措施。

**2. 试验材料入境、试验条件**

境外公司向中华人民共和国出口转基因植物种子、种畜禽、水产苗种和利用农业转基因生物生产的或者含有农业转基因生物成份的植物种子、种畜禽、水产苗种、农药、兽药、肥料和添加剂的，应当向国务院农业行政主管部门提出申请；符合下列条件的，国务院农业行政主管部门方可批准试验材料入境并依照《条例》的规定进行中间试验、环境释放和生产性试验：(1)输出国家或者地区已经允许作为相应用途并投放市场；(2)输出国家或者地区经过科学试验证明对人类、动植物、微生物和生态环境无害；(3)有相应的安全管理、防范措施。

生产性试验结束后，经安全评价合格，并取得农业转基因生物安全证书后，方可依照有关法律、行政法规的规定办理审定、登记或者评价、审批手续。

**3. 境外公司向我国出口农业转基因生物的条件**

境外公司向中华人民共和国出口农业转基因生物用作加工原料的，应当向国务院农业行政主管部门提出申请；符合下列条件，并经安全评价合格的，由国务院农业行政主管部门颁发农业转基因生物安全证书：(1)输出国家或者地区已经允许作为相应用途并投放市场；(2)输出国家或者地区经过科学试验证明对人类、动植物、微生物和生态环境无害；(3)经农业转基因生物技术检测机构检测，确认对人类、动植物、微生物和生态环境不存在危险；(4)有相应的安全管理、防范措施。

**4.引进、向中国出口农业转基因生物的要求**

从中华人民共和国境外引进农业转基因生物的，或者向中华人民共和国出口农业转基因生物的，引进单位或者境外公司应当凭国务院农业行政主管部门颁发的农业转基因生物安全证书和相关批准文件，向口岸出入境检验检疫机构报检；经检疫合格后，方可向海关申请办理有关手续。

**5.农业转基因生物在中国过境转移要求**

(1)农业转基因生物在中华人民共和国过境转移的，货主应当事先向国家出入境检验检疫部门提出申请；经批准后方可过境转移，并遵守中华人民共和国有关法律、行政法规的规定。

国务院农业行政主管部门、国家出入境检验检疫部门应当自收到申请人申请之日起270日内作出批准或者不批准的决定，并通知申请人。

(2)进口农业转基因生物，没有国务院农业行政主管部门颁发的农业转基因生物安全证书和相关批准文件的，或者与证书、批准文件不符的，作退货或者销毁处理。进口农业转基因生物不按照规定标识的，重新标识后方可入境。

**6.出口农产品的证明**

向中华人民共和国境外出口农产品，外方要求提供非转基因农产品证明的，由口岸出入境检验检疫机构根据国务院农业行政主管部门发布的转基因农产品信息，进行检测并出具非转基因农产品证明。

# 六、监督检查

## (一)农业行政主管部门履行监督检查职责时,有权采取的措施

1.询问被检查的研究、试验、生产、加工、经营或者进口、出口的单位和个人、利害关系人、证明人，并要求其提供与农业转基因生物安全有关的证明材料或者其他资料。

2.查阅或者复制农业转基因生物研究、试验、生产、加工、经营或者进口、出口的有关档案、账册和资料等。

3.要求有关单位和个人就有关农业转基因生物安全的问题作出说明。

4.责令违反农业转基因生物安全管理的单位和个人停止违法行为。

5.在紧急情况下，对非法研究、试验、生产、加工、经营或者进口、出口的农业转基因生物实施封存或者扣押。

有关单位和个人对农业行政主管部门的监督检查,应当予以支持、配合,不得拒绝、阻碍监督检查人员依法执行职务。

6.农业转基因生物安全证书的收回。

发现农业转基因生物对人类、动植物和生态环境存在危险时,国务院农业行政主管部门有权宣布禁止生产、加工、经营和进口,收回农业转基因生物安全证书,销毁有关存在危险的农业转基因生物。

# 第四节　发展农产品流通,促进电子商务进农村

## 一、国务院办公厅《关于加快发展流通　促进商业消费的意见》的要求

1.加快发展农村流通体系。改造提升农村流通基础设施,促进形成以乡镇为中心的农村流通服务网络。扩大电子商务进农村覆盖面,优化快递服务和互联网接入,培训农村电商人才,提高农村电商发展水平,扩大农村消费。改善提升乡村旅游商品和服务供给,鼓励有条件的地区培育特色农村休闲、旅游、观光等消费市场。

2.扩大农产品流通。加快农产品产地市场体系建设,实施"互联网＋"农产品出村进城工程,加快发展农产品冷链物流,完善农产品流通体系,加大农产品分拣、加工、包装、预冷等一体化集配设施建设支持力度,加强特色农产品优势区生产基地现代流通基础设施建设。拓宽绿色、生态产品线上线下销售渠道,丰富城乡市场供给,扩大鲜活农产品消费。

3.优化市场流通环境。强化消费信用体系建设,加快建设覆盖线上线下的重要产品追溯体系。

## 二、财政部、商务部、国务院扶贫办《关于开展 2019 年电子商务进农村综合示范工作的通知》的要求

1.在农村流通、电商扶贫、农业供给侧结构性改革等领域培育一批各具特色、经验可复制推广的示范县。示范县农村电商加快发展,显著提升农村流通基础设施和服务水平,促进扶贫带贫、产销对接、便民消费等成效明显,农村网络零售额、农产品网络零售额等指标整体增速高于全国农村平均水平。

2.对具备条件的国贫县实现全覆盖,同时在全国范围内择优支持一批前期工作基础较好的县,加强典型激励支持。

3.鼓励各地优先采取以奖代补、贷款贴息等支持方式,通过中央财政资金引导带动社会资本共同参与农村电子商务工作。

中央财政资金重点支持以下方向。

（1）农村流通基础设施。

（2）农村电商公共服务体系。支持乡村电商服务体系的建设改造,整合邮政、供销、快递、金融、政务等资源,拓展便民生活、代买代卖、信息咨询、职业介绍、旅游出行等服务功能,推进智慧乡村服务应用。

（3）农村电子商务培训。

### 三、《关于推进邮政业服务乡村振兴的意见》的要求

2019年5月,国家邮政局联合国家发展改革委、财政部、农业农村部、商务部、文化和旅游部、供销合作总社出台了《关于推进邮政业服务乡村振兴的意见》(以下简称《意见》)。要求到2022年,邮政服务乡乡有局所、建制村直通邮,快递服务乡乡有网点、村村通快递,实现建制村电商寄递配送全覆盖。

实施"一地一品"示范工程,推广"寄递+电商+农特产品+农户"模式;加强农商互联,开展农产品分等分级,发布农特产品寄递服务标准;注重挖掘乡村文化和旅游资源,发行邮资票品,合理布局主题邮局,销售手工艺品和农特产品。发挥行业网络和市场优势,支持家庭工厂、手工作坊、乡村车间发展;加强农民快递职业技能培训,培育当地电商快递致富带头人;在贫困地区优先加强邮政网点、危旧局所改造,推进邮政企业农村电商O2O平台建设,助力贫困地区农特产品上行。

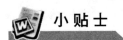 **小贴士**

#### 促进农村电商发展,助力乡村产业振兴

2018年以来,农业农村部每年组织开展农业电子商务平台对接专项行动、苹果电商销售月行动、丰收购物节等农产品产销对接专项活动,在中国国际农产品交易会、全国新农民新技术创业创新博览会上专门开设电商企业展区,举办电商企业论坛,为农村电商企业搭建展示展销平台。

2019年,农业农村部会同国家发展改革委等部门联合印发《关于实施"互联网+"农产品出村进城工程的指导意见》,提出用2年时间,在全国100个县开展试点,探索一批可复制可推广的农村电商推进模式和标准规范,促进农村电商发展水平整体提升。

2020年,全国行政村通光纤、通4G比例均达到98%,贫困村通宽带比例达到98%。2020年,全国各类涉农电商超过3万家,农村网络销售额1.7万亿元,其中农产品网络销售额4000亿元。

**导学案例解析**

　　刘莉不畏困苦艰难,认准种地这条路。她经营的家庭农场主要经验有:(1)坚持科技兴农,夺取高产高质高效。(2)在自身不断发展的同时,带动周边上万户农民科学种田。(3)致力于"三产融合",实现加工增值。(4)秉承绿色发展理念,保护生态环境,作为农业绿色生产的主体,农场积极扩大示范效应,引领绿色发展。(5)把服务当作责任,把担当扛在肩上,家庭农场开起来,带领群众富起来,是农场始终坚守的信条。带动更多种地大户成立家庭农场,进行规模化种植。

　　刘莉家庭农场的成功经验为当地农村经济发展助力添彩。

 **练习题**

**一、简答题**

1. 新型农业经营主体都有哪些?

2. 家庭农场有哪些优势特点?

3. 农民专业合作社的法律地位是什么?

4.《农产品质量安全法》的调整范围是什么?

5. 禁止销售的农产品有哪些?

**二、不定项选择题**

1. 家庭农场是指以家庭成员为主要劳动力,从事农业(　　)生产经营,并以农业收入为家庭主要收入来源的新型农业经营主体。

　　A. 规模化　　　　　B. 集约化　　　　　C. 商品化　　　　　D.分散化

2. 农民专业合作社的权力机构是(　　)。

　　A. 成员大会或成员代表大会　　　　　B. 理事会

　　C. 执行监事　　　　　　　　　　　　D. 监事会

3. 农业产业化龙头企业可以分为(　　)等类型。

　　A. 国家级龙头企业　　　　　　　　　B. 省级龙头企业

　　C. 市级龙头企业　　　　　　　　　　D. 规模龙头企业

4. 设立农产品质量安全风险分析和评估的部门是国务院的农业行政主管部门,即(　　)。

　　A. 农业农村部　　　　　　　　　　　B. 商务部

　　C. 国家市场监督管理总局　　　　　　D. 国家食品药品监督管理总局

5. 禁止销售的农产品包括(  )。

   A. 含有国家禁止使用的农药、兽药或者其他化学物质的

   B. 农药、兽药等化学物质残留或者含有的重金属等有毒有害物质不符合农产品质量安全标准的

   C. 含有的致病性寄生虫、微生物或者生物毒素不符合农产品质量安全标准的

   D. 使用的保鲜剂、防腐剂、添加剂等材料不符合国家有关强制性的技术规范的

6. 生产转基因植物(  ),应当取得国务院农业行政主管部门颁发的种子、种畜禽、水产苗种生产许可证。

   A. 种子          B. 种畜禽          C. 水产苗种          D. 马铃薯

7. 国务院农业行政主管部门、国家出入境检验检疫部门应当自收到农业转基因生物过境转移申请人申请之日起(  )日内作出批准或者不批准的决定,并通知申请人。

   A. 60          B. 30          C. 180          D. 270

8. 《关于加快发展流通促进商业消费的意见》明确提出(  )。

   A. 加快发展农村流通体系          B. 扩大农产品流通

   C. 实施"互联网+"农产品出村进城工程    D. 优化市场流通环境

## 三、案例分析题

河北省 A 公司,生产转基因大豆油产品,是依法成立、合法经营的公司法人。2020年9月份,河北省农业农村厅在对该公司进行现场检查时发现,该公司 2019 年 9 月份至12 月份载明生产地点、基因及其来源、转基因的方法等内容的生产档案丢失。

试分析:河北省农业农村厅是否有权对 A 公司进行处罚?如果有权力处罚,应当如何处罚?

## 学习目标

1. 掌握种子生产经营许可证制度、开办农药生产条件及《兽药管理条例》的适用范围；

2. 理解种质资源管理，种子进出口管理，农药使用及饲料和饲料添加剂管理；

3. 了解品种选育、审定与登记，肥料的登记管理，兽药生产，农业机械管理。

## 引导案例

2020年8月至10月，恩施土家族苗族自治州农业农村局在开展农药质量监督抽查时，对标称上海某生物药业（夏邑）股份有限公司生产的多杀霉素和阿维杀虫单、标称河南省安阳市某农药厂生产的烟碱苦参碱、标称河北省邯郸市某植物农药厂生产的藜芦碱等产品抽样送检，经检测，上述样品中有3个涉嫌假农药、1个涉嫌劣质农药。经查，上述假劣农药产品均为郑州A农作物保护有限公司2018年3月至2019年5月销售，违法所得41797元。

# 第一节  种子管理

## 一、种子管理概述

### （一）《种子法》概述

我国于2000年专门颁布了《种子法》。该法规定，在中华人民共和国境内从事品种选育、种子生产经营和管理等活动,适用《种子法》。草种、烟草种、中药材种、食用菌菌种的种质资源管理和选育、生产经营、管理等活动,参照《种子法》执行。

### (二)种子的概念

种子是指农作物和林木的种植材料或者繁殖材料,包括籽粒、果实和根、茎、苗、芽、叶等。即《种子法》所称的种子不仅是常见的用于播种的籽粒,还包括育苗移栽、扦插、嫁接、压条等所用的繁殖材料。

种子是最基本的农业生产资料,被列入《种子法》范畴的只是商品种子,即用来作为商品与他人进行交换的种子。不与他人发生社会关系的自用种子,不属于《种子法》所指的种子范围;不是作为商品种子出售,而是作为商品粮食、饮料等出售,但被购买者作为种子使用的,也不属于《种子法》界定的范畴。

### (三)种子管理机构

国务院农业、林业行政主管部门分别主管全国农作物种子和林木种子工作;县级以上地方人民政府农业、林业主管部门分别主管本行政区域内农作物种子和林木种子工作。各级种子管理机构要依法履行种子行政许可、行政处罚、行政管理等职责,加强对本行政区域内种子市场和种子质量的监管。上级种子管理机构对下级种子管理机构负有指导和监督职责。

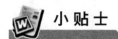 小贴士

## "十三五"时期农业农村发展成就

第一,总量充足。这五年,粮食生产再上新台阶,稳定在 1.3 万亿斤以上,人均占有量稳定在 470 公斤以上,远高于国际粮食安全线。棉油糖生产能力进一步提升,菜篮子产品丰产丰收、供应充足。2019 年,我国年产肉类 7759 万吨,禽蛋 3309 万吨,牛奶 3201 万吨,水果 2.74 亿吨,蔬菜 7.21 亿吨,水产品 6480 万吨。

第二,结构优化。这五年,绿色优质农产品供给明显增加,种植业结构持续优化,弱筋优质专用小麦占比有较大幅度提高,达到 35.8%,优质稻谷面积进一步扩大,大豆种植面积连续 5 年增加,粮改饲面积超过 1500 万亩,粮经饲三元结构初步构建,畜牧业加快升级,生猪养殖规模化率达到 53%,牛羊肉较快增长,更多消费者购买国产奶粉。

第三,品质提升。这五年,把质量安全摆在更突出位置,坚持产出来和管出来两手抓,食用农产品生产标准体系基本建立,合格证制度全面推行,农产品质量安全监测合格率稳定在 97% 以上,认定绿色、有机和地理标志农产品超过 4.92 万个,越来越多的绿色优质农产品摆上超市货架和百姓餐桌。

《种子法》规定,省级以上人民政府建立种子储备制度,主要用于发生灾害时的生产需要及余缺调剂,保障农业和林业生产安全。

转基因植物品种的选育、试验、审定和推广应当进行安全性评价,并采取严格的安全控制措施。国务院农业、林业主管部门应当加强跟踪监管并及时公告有关转基因植物品种审定和推广的信息。对生产经营未经批准转基因种子的违法行为坚决打击。对批准的转基因作物种子,通过生产经营许可审批,品种审定、登记、标签、档案等的要求,建立可追溯制度,依法依规管理。

 **小贴士**

### 国家种质库

国家种质库是全国作物种质资源长期保存与研究中心。该库在美国洛克菲勒基金会和国际植物遗传资源委员会的部分资助下,于 1986 年 10 月在中国农业科学院落成,隶属于作物品种资源研究所。国家种质库的总建筑面积为 3200 平方米,由试验区、种子入库前处理操作区、保存区三部分组成。保存区建有两个长期贮藏冷库,总面积为 300 平方米,其容量可保存种质 40 余万份。种质贮藏条件为:温度 $-18℃±1℃$,相对湿度 $<50\%$。国家种质库保存对象是农作物及其近缘野生植物种质资源,这些资源是以种子作为种质的载体,其种子可耐低温和耐干燥脱水。

按植物分类学统计,库存资源种类不仅丰富,隶属 35 科 192 属 712 种,而且这些种质的 80% 是从国内收集的,不少属于我国特有的,其中国内地方品种资源占 60%,稀有、珍稀和野生近缘植物约占 10%。这些资源是在不同生态条件下经过上千年的自然演变形成的,蕴藏着各种潜在可利用基因,是国家的宝贵财富,是人类繁衍生存的基础。

## 二、种质资源保护

### (一) 种质资源概述

**1. 种质资源的概念**

种质资源是指选育植物新品种的基础材料,包括各种植物的栽培种、野生种的繁殖材料以及利用上述繁殖材料人工创造的各种植物的遗传材料。

**2. 种质资源的特点**

(1) 有限性。地球上的生态环境和耕作方式千差万别,千万年来在各种环境中形成的种质资源的数量很多,但并非无止境的,而是有限的。并且随着时间的推进正逐渐减少。

（2）潜在性。作物的基因数量繁多，但目前认识的还十分有限，特别是一些目前认为还没有用的作物种质材料，可能随着科学研究的发展，还会成为十分有用的资源。通过数十年的研究，人类的染色体基因则比较清楚，大量植物种类的基因研究还处于空白，对其作用的认识更谈不上。

（3）易灭性。地球上的生物资源丰富，也在不断产生，但是产生的速度远不如灭失的速度。随着大规模农业生产和城乡建设，加上环境污染、生态平衡的破坏，大量的野生资源失去了栖息地，已经或正在灭绝。

## 【案例6-1】

大连米可多国际种苗有限公司、沈阳国丰种苗有限公司、潍坊优立安种子有限公司、东方正大种子有限公司、瑞克斯旺（青岛）有限公司等5家种子公司未经农业农村部批准，擅自向日本、韩国、巴基斯坦、印度、法国、美国、以色列、土耳其、泰国和荷兰等数十个国家或地区出口了种质资源。

问：未经批准出口种质资源是否要受到处罚？

**【解析】**

应当受到处罚。国家对农作物种质资源享有主权，任何单位和个人向境外提供种质资源，必须经所在地省、自治区、直辖市农业行政主管部门审核，再报农业农村部审批。本案5家公司均违反了《种子法》第11条和《农作物种质资源管理办法》第27条的规定。未经农业农村部批准，擅自出口种质资源，5家种子公司各自受到5万元的处罚。

### （二）种质资源管理的内容

#### 1. 国家享有种质资源的主权

种质资源是人类共同的财富，但种质资源并非是不分国界的，各国对其境内的种质资源享有主权已成为越来越多的国家达成的共识。

国家对种质资源享有主权，对外而言，不受任何外国干预，任何外国及其机构或人员未经主权国家的准许，不得采集主权国家的种质资源。《种子法》第11条规定，国家对种质资源享有主权，任何单位和个人向境外提供种质资源，或者与境外机构、个人开展合作研究利用种质资源的，应当向省、自治区、直辖市人民政府农业、林业主管部门提出申请，并提交国家共享惠益的方案；受理申请的农业、林业主管部门经审核，报国务院农业、林业主管部门批准。

从境外引进种质资源的，依照国务院农业、林业主管部门的有关规定办理。对国内而言，国家对种质资源享有主权，并不妨碍国内任何单位和个人按照有关法律法规的规定，依法收集和利用种质资源。

**2. 任何单位和个人不得侵占和破坏种质资源**

种质资源是社会共有财富,为全社会共享。"侵占",就是把本来就有限的种质资源占为己有,妨碍了他人的使用。"破坏"不仅对他人不利,对自己也没有什么好处,更是法律所不容忍的。

**3. 禁止采集或者采伐国家重点保护的天然种质资源**

国家根据种质资源的重要性和稀有程度进行了分级,对于列入重点保护目录的,禁止采集和采伐。如果为了科研需要必须采集、采伐的,必须要有国务院或者省、自治区、直辖市人民政府的农业行政主管部门批准。

**4. 有专门的机构对种质资源加以研究和利用**

《种子法》第9条规定,国家有计划地普查、收集、整理、鉴定、登记、保存、交流和利用种质资源,定期公布可供利用的种质资源目录。国家设立了相应的机构保护、研究和利用种质资源。种质资源库、种质资源保护区、种质资源保护地的种质资源属公共资源,依法开放利用。种质资源保护属于公益事业。

《种子法》规定,国家支持科研院所及高等院校重点开展育种的基础性、前沿性和应用技术研究,以及常规作物、主要造林树种育种和无性繁殖材料选育等公益性研究。

国家鼓励种子企业充分利用公益性研究成果,培育具有自主知识产权的优良品种;鼓励种子企业与科研院所及高等院校构建技术研发平台,建立以市场为导向、资本为纽带、利益共享、风险共担的产学研相结合的种业技术创新体系。国家加强种业科技创新能力建设,促进种业科技成果转化,维护种业科技人员的合法权益。

法律的规定,明确了国家在品种选育方面,支持科研教学单位向基础性、公益性研究方面发展,商业化育种主要由企业承担。《种子法》第13条明确规定,由财政资金支持形成的育种发明专利权和植物新品种权,除涉及国家安全、国家利益和重大社会公共利益的外,授权项目承担者依法取得。由财政资金支持为主形成的育种成果的转让、许可等应当依法公开进行,禁止私自交易。

 **【案例 6-2】**

(1)A国孟山都公司利用中国野生大豆申请专利。A国有目的地组织人员将原产于我国的一株野生大豆偷带出境后,进入A国种质资源库,被A国孟山都公司发现并提取特有的高产基因,申请专利培育新品种,进而出口我国。(2)原产于我国的一种特种小麦资源也已经流失到国外,并被国外有关机构使用选育小麦品种。

问:上述案例与我国品种保护有什么关系?目前种质资源外流的途径有哪些?农业农村部有何规定?

**【解析】**

案例表明,由于缺乏品种保护意识以及相关保护措施力度不足,我国杂交水稻种质资源外流较为严重。一些国内花费巨资和人才技术力量筛选出的优异杂交稻种质资源,由于缺乏保护意识和保护力度频频流失到一些国家和地区。我国品种保护意识急需提高,品种保护水平急需加强。

目前种质资源外流的途径主要有三种:一是在科研活动和学术交流中,由我国科研人员泄露出去,或者由国外学者来访时顺手牵羊携带出境;二是通过种子企业对外贸易带出去;三是一些国家有目的地组织人员在我国搜集珍贵种质资源偷运出境。

农业农村部规定,向国外或境外提供种质资源,按照作物种质资源分类目录管理。属于"有条件对外交换的"和"可以对外交换的"种质资源由省级农业行政主管部门审核,送交中国农业科学院作物品种资源研究所,后者征得农业农村部同意后办理审批手续;属于"不能对外交换的"和未进行国家统一编号的种质资源不准向国外或境外提供,特殊情况需要提供的,由品资所审核,报农业农村部审批。

## 三、品种选育、审定与登记

### (一)品种的概念

品种是指经过人工选育或者发现并经过改良,形态特征和生物学特性一致,遗传性状相对稳定的植物群体。品种是一个植物群体的总称,一株或几株不称其为品种。品种是经济上的类别,而不是植物分类上的类别。

### (二)品种审定

主要农作物是指稻、小麦、玉米、棉花、大豆。

主要林木由国务院林业主管部门确定并公布;省、自治区、直辖市人民政府林业主管部门可以在国务院林业主管部门确定的主要林木之外确定其他八种以下的主要林木。

林木良种是指通过审定的主要林木品种,在一定的区域内,其产量、适应性、抗性等方面明显优于当前主栽材料的繁殖材料和种植材料。

品种审定是由专门的组织,对新育成和引进的品种,根据品种区域试验、生产试验结果,审查评定其推广价值和适应范围的活动。审定通过的品种,除了具有品种本身的稳定性、一致性以外,还必须具有丰产性、抗病性、适应性等其他农业生产上需要的特性。

#### 1. 国家实行品种审定制度

《种子法》明确规定,国家对主要农作物和主要林木实行品种审定制度。主要农作物品种和主要林木品种在推广前应当通过国家级或者省级审定。由省、自治区、直辖市人民政府林业主管部门确定的主要林木品种实行省级审定。

**2. 申请审定的品种要求**

申请审定的品种应当符合特异性、一致性、稳定性要求。

**3. 审定原则**

审定应当体现公正、公开、科学、效率的原则，有利于产量、品质、抗病性等的提高与协调，有利于适应市场和生活消费需要的品种的推广。在制定、修改审定办法时，应当充分听取育种者、种子使用者、生产经营者和相关行业代表的意见。

**4. 品种审定委员会**

国务院和省、自治区、直辖市人民政府的农业、林业主管部门分别设立由专业人员组成的农作物品种和林木品种审定委员会。品种审定委员会承担主要农作物品种和主要林木品种的审定工作，建立包括申请文件、品种审定试验数据、种子样品、审定意见和审定结论等内容的审定档案，保证可追溯。在审定通过的品种依法公布的相关信息中应当包括审定意见情况，并接受监督。

**5. 品种审定回避制度**

品种审定实行回避制度。品种审定委员会委员、工作人员及相关测试、试验人员应当忠于职守，公正廉洁。对单位和个人举报或者监督检查发现的上述人员的违法行为，省级以上人民政府农业、林业主管部门和有关机关应当及时依法处理。

**6. 试验与颁发审定证书**

《种子法》规定，实行选育生产经营相结合，符合国务院农业、林业主管部门规定条件的种子企业，对其自主研发的主要农作物品种、主要林木品种可以按照审定办法自行完成试验，达到审定标准的，品种审定委员会应当颁发审定证书。

种子企业对试验数据的真实性负责，保证可追溯，接受省级以上人民政府农业、林业主管部门和社会的监督。

**7. 申请复审**

审定未通过的农作物品种和林木品种，申请人有异议的，可以向原审定委员会或者国家级审定委员会申请复审。

**8. 公告与推广**

（1）通过国家级审定的农作物品种和林木良种由国务院农业、林业主管部门公告，可以在全国适宜的生态区域推广。

（2）通过省级审定的农作物品种和林木良种由省、自治区、直辖市人民政府农业、林业主管部门公告，可以在本行政区域内适宜的生态区域推广。

**9. 撤销审定**

《种子法》明确了，审定通过的农作物品种和林木良种出现不可克服的严重缺陷等情形不宜继续推广、销售的，经原审定委员会审核确认后，撤销审定，由原公告部门发布公告，停止推广、销售。

### (三)品种登记

《种子法》规定,国家对部分非主要农作物实行品种登记制度。列入非主要农作物登记目录的品种在推广前应当登记。实行品种登记的农作物范围应当严格控制,并根据保护生物多样性、保证消费安全和用种安全的原则确定。登记目录由国务院农业主管部门制定和调整。

申请者申请品种登记应当向省、自治区、直辖市人民政府农业主管部门提交申请文件和种子样品,并对其真实性负责,保证可追溯,接受监督检查。申请文件包括品种的种类、名称、来源、特性、育种过程以及特异性、一致性、稳定性测试报告等。

省、自治区、直辖市人民政府农业主管部门自受理品种登记申请之日起20个工作日内,对申请者提交的申请文件进行书面审查,符合要求的,报国务院农业主管部门予以登记公告。

对已登记品种存在申请文件、种子样品不实的,由国务院农业主管部门撤销该品种登记,并将该申请者的违法信息记入社会诚信档案,向社会公布;给种子使用者和其他种子生产经营者造成损失的,依法承担赔偿责任。对已登记品种出现不可克服的严重缺陷等情形的,由国务院农业主管部门撤销登记,并发布公告,停止推广。

建立由品种登记申请者对登记品种的真实性负责,主管部门加强事中、事后的监管的机制。实行品种登记,政府主要是起规范和引导作用,有利于提高登记品种的市场信誉和竞争力,发挥市场的作用。

### (四)未经审定通过的品种的禁止性规范

1. 应当审定的农作物品种未经审定的,不得发布广告、推广、销售。

2. 应当审定的林木品种未经审定通过的,不得作为良种推广、销售,但生产确需使用的,应当经林木品种审定委员会认定。

3. 应当登记的农作物品种未经登记的,不得发布广告、推广,不得以登记品种的名义销售。

广告,即广而告之,包括了利用广播、电视、报纸、期刊、互联网等各种媒体或者自己印制发放各种宣传材料。推广不仅指销售。根据《中华人民共和国农业技术推广法》(以下简称《农业技术推广法》)第2条规定,农业技术推广,是指通过试验、示范、培训、指导以及咨询服务等,把农业技术普及应用于农业生产产前、产中、产后全过程的活动。一些企业以试验、示范的名义推广未经审定的品种也是违法的。

## 四、新品种保护

详见第七章农业知识产权法律制度,第一节植物新品种保护。

## 五、种子生产经营

### （一）种子生产经营许可证制度

#### 1. 种子生产经营许可证的核发

从事种子进出口业务的种子生产经营许可证，由省、自治区、直辖市人民政府农业、林业主管部门审核，国务院农业、林业主管部门核发。

从事主要农作物杂交种子及其亲本种子、林木良种种子的生产经营以及实行选育生产经营相结合，符合国务院农业、林业主管部门规定条件的种子企业的种子生产经营许可证，由生产经营者所在地县级人民政府农业、林业主管部门审核，省、自治区、直辖市人民政府农业、林业主管部门核发。

上述规定以外的其他种子的生产经营许可证，由生产经营者所在地县级以上地方人民政府农业、林业主管部门核发。只从事非主要农作物种子和非主要林木种子生产的，不需要办理种子生产经营许可证。

#### 2. 申请者具备的条件

申请取得种子生产经营许可证的，应当具有与种子生产经营相适应的生产经营设施、设备及专业技术人员，以及法规和国务院农业、林业主管部门规定的其他条件。

从事种子生产的，还应当同时具有繁殖种子的隔离和培育条件，具有无检疫性有害生物的种子生产地点或者县级以上人民政府林业主管部门确定的采种林。

申请领取具有植物新品种权的种子生产经营许可证的，应当征得植物新品种权所有人的书面同意。

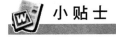 小贴士

### 种子生产经营许可证应当载明事项

种子生产经营许可证应当载明生产经营者名称、地址、法定代表人、生产种子的品种、地点和种子经营的范围、有效期限、有效区域等事项。前款事项发生变更的，应当自变更之日起 30 日内，向原核发许可证机关申请变更登记。

#### 3. 禁止性规范

除《种子法》另有规定外，禁止任何单位和个人无种子生产经营许可证或者违反种子生产经营许可证的规定生产、经营种子。禁止伪造、变造、买卖、租借种子生产经营许可证。

### （二）种子生产经营管理

种子经营是指对生产的种子进行清选、分级、干燥、包衣等加工处理，以及包装、标

识、销售的活动。种子销售只是种子经营的一小部分内容。种子经营还包括了加工、包装、标识等活动。特别是加工过程对种子质量影响很大。

**1. 种子生产**

种子生产应当执行种子生产技术规程和种子检验、检疫规程。在林木种子生产基地内采集种子的,由种子生产基地的经营者组织进行,采集种子应当按照国家有关标准进行。禁止抢采掠青、损坏母树,禁止在劣质林内、劣质母树上采集种子。

**2. 种子生产经营档案**

种子生产经营者应当建立和保存包括种子来源、产地、数量、质量、销售去向、销售日期和有关责任人员等内容的生产经营档案,保证可追溯。

**3. 农民个人自繁自用的常规种子管理**

农民个人自繁自用的常规种子有剩余的,可以在当地集贸市场上出售、串换,不需要办理种子生产经营许可证。

必须把农民自由串换和商品种子的销售分开,保障邻里之间,一个村的、本地的品种,可以相互串换。而对钻法律空子、以串换名义实质进行商品种子销售的行为进行制止和打击。

**4. 种子生产经营许可证的有效区域**

种子生产经营许可证的有效区域由发证机关在其管辖范围内确定。种子生产经营者在种子生产经营许可证载明的有效区域设立分支机构的,专门经营不再分装的包装种子的,或者受具有种子生产经营许可证的种子生产经营者以书面委托生产、代销其种子的,不需要办理种子生产经营许可证,但应当向当地农业、林业主管部门备案。

实行选育生产经营相结合,符合国务院农业、林业主管部门规定条件的种子企业的生产经营许可证的有效区域为全国。

**5. 收购限制**

未经省、自治区、直辖市人民政府林业主管部门批准,不得收购珍贵树木种子和本级人民政府规定限制收购的林木种子。

**6. 种子的销售**

(1) 销售的种子应当加工、分级、包装。但是不能加工、包装的除外。大包装或者进口种子可以分装;实行分装的,应当标注分装单位,并对种子质量负责。

(2) 销售的种子应当符合国家或者行业标准,附有标签和使用说明。标签和使用说明标注的内容应当与销售的种子相符。种子生产经营者对标注内容的真实性和种子质量负责。标签应当标注种子类别、品种名称、品种审定或者登记编号、品种适宜种植区域及季节、生产经营者及注册地、质量指标、检疫证明编号、种子生产经营许可证编号和信息代码,以及国务院农业、林业主管部门规定的其他事项。

标签是指印制、粘贴、固定或者附着在种子、种子包装物表面的特定图案及文字说明。

（3）销售授权品种种子的，应当标注品种权号。

（4）销售进口种子的，应当附有进口审批文号和中文标签。

（5）销售转基因植物品种种子的，必须用明显的文字标注，并应当提示使用时的安全控制措施。

**7. 种子生产经营的禁止性规范**

（1）种子生产经营者应当遵守有关法律、法规的规定，诚实守信，向种子使用者提供种子生产者信息、种子的主要性状、主要栽培措施、适应性等使用条件的说明、风险提示与有关咨询服务，不得作虚假或者引人误解的宣传。

（2）任何单位和个人不得非法干预种子生产经营者的生产经营自主权。

（3）种子使用者有权按照自己的意愿购买种子，任何单位和个人不得非法干预。

**8. 种子广告以及运输或者邮寄种子**

种子广告的内容应当符合本法和有关广告的法律、法规的规定，主要性状描述等应当与审定、登记公告一致。

运输或者邮寄种子应当依照有关法律、行政法规的规定进行检疫。

 小贴士

### 责任者应当承担的民事责任

种子使用者因种子质量问题或者因种子的标签和使用说明标注的内容不真实，遭受损失的，种子使用者可以向出售种子的经营者要求赔偿，也可以向种子生产者或者其他经营者要求赔偿。

赔偿额包括购种价款、可得利益损失和其他损失。

属于种子生产者或者其他经营者责任的，出售种子的经营者赔偿后，有权向种子生产者或者其他经营者追偿；属于出售种子的经营者责任的，种子生产者或者其他经营者赔偿后，有权向出售种子的经营者追偿。

## 六、种子监督管理

农业、林业主管部门应当加强对种子质量的监督检查。农业、林业主管部门可以委托种子质量检验机构对种子质量进行检验。禁止生产经营假、劣种子。农业、林业主管部门和有关部门依法打击生产经营假、劣种子的违法行为，保护农民合法权益，维护公平竞争的市场秩序。

### （一）假种子的确定

下列种子为假种子。

1. 以非种子冒充种子或者以此种品种种子冒充其他品种种子的。

2. 种子种类、品种与标签标注的内容不符或者没有标签的。

### （二）劣种子的确定

下列种子为劣种子。

1. 质量低于国家规定标准的。

2. 质量低于标签标注指标的。

3. 带有国家规定的检疫性有害生物的。

### （三）种子监督检查措施

农业、林业主管部门是种子行政执法机关。种子执法人员依法执行公务时应当出示行政执法证件。农业、林业主管部门依法履行种子监督检查职责时，有权采取下列措施。

1. 进入生产经营场所进行现场检查。

2. 对种子进行取样测试、试验或者检验。

3. 查阅、复制有关合同、票据、账簿、生产经营档案及其他有关资料。

4. 查封、扣押有证据证明违法生产经营的种子，以及用于违法生产经营的工具、设备及运输工具等。

5. 查封违法从事种子生产经营活动的场所。

农业、林业主管部门依照种子法规定行使职权，当事人应当协助、配合，不得拒绝、阻挠。农业、林业主管部门所属的综合执法机构或者受其委托的种子管理机构，可以开展种子执法相关工作。

### （四）种子行业协会

种子生产经营者依法自愿成立种子行业协会，加强行业自律管理，维护成员合法权益，为成员和行业发展提供信息交流、技术培训、信用建设、市场营销和咨询等服务。

## 七、进出口种子管理

#### 1. 进出口种子的检疫

进口种子和出口种子必须实施检疫，防止植物危险性病、虫、杂草及其他有害生物传入境内和传出境外，具体检疫工作按照有关植物进出境检疫法律、行政法规的规定执行。

#### 2. 种子进出口许可制度

从事种子进出口业务的，除具备种子生产经营许可证外，还应当依照国家有关规定取得种子进出口许可。

**3. 进口种子的质量要求**

进口种子的质量，应当达到国家标准或者行业标准。没有国家标准或者行业标准的，可以按照合同约定的标准执行。

从境外引进农作物或者林木试验用种，应当隔离栽培，收获物也不得作为种子销售。

**4. 禁止进出口的种子**

禁止进出口假、劣种子以及属于国家规定不得进出口的种子。

**【案例6-3】**

2020年10月8日，湖北省荆门市农业综合执法局接到群众举报，称有人销售未经审定的水稻种子。经查，当事人钱某销售的"台沃香稻"种子系未经审定的水稻种子。经调查认定，2020年9月4日至9月11日，当事人钱某销售"台沃香稻"种子1230千克，销售金额为88560元，另有270千克未销售。

问：本案如何处罚？

**【解析】**

荆门市农业农村局认定，钱某销售"台沃香稻"水稻种子属"销售应当审定未经审定种子"的违法行为，依据《种子法》第78条之规定，荆门市农业农村局依法决定给予钱某没收违法种子1500千克及罚款50000元的行政处罚。

# 第二节　农药管理

## 一、农药管理概述

### （一）农药的概念

农药是指用于预防、控制危害农业、林业的病、虫、草、鼠和其他有害生物以及有目的地调节植物、昆虫生长的化学合成或者来源于生物、其他天然物质的一种物质或者几种物质的混合物及其制剂。包括用于不同目的、场所的下列各类。

1. 预防、控制危害农业、林业的病、虫（包括昆虫、蜱、螨）、草、鼠、软体动物和其他有害生物。

2. 预防、控制仓储以及加工场所的病、虫、鼠和其他有害生物。

3. 调节植物、昆虫生长。

4. 农业、林业产品防腐或者保鲜。

5. 预防、控制蚊、蝇、蜚蠊、鼠和其他有害生物。

6. 预防、控制危害河流堤坝、铁路、码头、机场、建筑物和其他场所的有害生物。

### (二) 适用范围

在中国境内生产、经营和使用农药的,应当遵守《农药管理条例》。国务院于 2017 年 2 月 8 日修订的《农药管理条例》于 2017 年 6 月 1 日开始施行。

### (三) 主管机关

国务院农业主管部门负责全国的农药监督管理工作。县级以上地方人民政府农业主管部门负责本行政区域的农药监督管理工作。县级以上人民政府其他有关部门在各自职责范围内负责有关的农药监督管理工作。

### (四) 生产经营者主体责任

农药生产企业、农药经营者应当对其生产、经营的农药的安全性、有效性负责,自觉接受政府监管和社会监督。

农药生产企业、农药经营者应当加强行业自律,规范生产、经营行为。

## 二、农药登记

### (一) 农药登记制度

国家实行农药登记制度。农药生产企业、向中国出口农药的企业应当依照《农药登记条例》的规定申请农药登记,新农药研制者可以依照《农药登记条例》的规定申请农药登记。国务院农业主管部门所属的负责农药检定工作的机构负责农药登记具体工作。省、自治区、直辖市人民政府农业主管部门所属的负责农药检定工作的机构协助做好本行政区域的农药登记具体工作。

### (二) 登记试验

申请农药登记的,应当进行登记试验。

农药的登记试验应当报所在地省、自治区、直辖市人民政府农业主管部门备案。新农药的登记试验应当向国务院农业主管部门提出申请。国务院农业主管部门应当自受理申请之日起 40 个工作日内对试验的安全风险及其防范措施进行审查,符合条件的,准予登记试验;不符合条件的,书面通知申请人并说明理由。

登记试验单位应当对登记试验报告的真实性负责。

### (三) 农药登记申请

登记试验结束后,申请人应当向所在地省、自治区、直辖市人民政府农业主管部门提出农药登记申请,并提交登记试验报告、标签样张和农药产品质量标准及其检验方法等申请资料;申请新农药登记的,还应当提供农药标准品。

省、自治区、直辖市人民政府农业主管部门应当自受理申请之日起 20 个工作日内提出初审意见,并报送国务院农业主管部门。

### (四) 农药登记证

农药登记证应当载明农药名称、剂型、有效成分及其含量、毒性、使用范围、使用方法和剂量、登记证持有人、登记证号以及有效期等事项。

农药登记证有效期为 5 年。有效期届满,需要继续生产农药或者向中国出口农药的,农药登记证持有人应当在有效期届满 90 日前向国务院农业主管部门申请延续。

新农药研制者可以转让其已取得登记的新农药的登记资料;农药生产企业可以向具有相应生产能力的农药生产企业转让其已取得登记的农药的登记资料。

国家对取得首次登记的、含有新化合物的农药的申请人提交的其自己所取得且未披露的试验数据和其他数据实施保护。

## 三、农药生产

国家对农药生产企业的规范性要求有:

1. 农药生产企业采购原材料,应当查验产品质量检验合格证和有关许可证明文件,不得采购、使用未依法附具产品质量检验合格证、未依法取得有关许可证明文件的原材料。农药生产企业应当建立原材料进货记录制度,如实记录原材料的名称、有关许可证明文件编号、规格、数量、供货人名称及其联系方式、进货日期等内容。原材料进货记录应当保存 2 年以上。

2. 农药生产企业应当严格按照产品质量标准进行生产,确保农药产品与登记农药一致。农药出厂销售,应当经质量检验合格并附具产品质量检验合格证。农药生产企业应当建立农药出厂销售记录制度,如实记录农药的名称、规格、数量、生产日期和批号、产品质量检验信息、购货人名称及其联系方式、销售日期等内容。农药出厂销售记录应当保存 2 年以上。

3. 农药包装应当符合国家有关规定,并印制或者贴有标签。国家鼓励农药生产企业使用可回收的农药包装材料。农药标签应当按照国务院农业主管部门的规定,以中文标注农药的名称、剂型、有效成分及其含量、毒性及其标识、使用范围、使用方法和剂量、使用技术要求和注意事项、生产日期、可追溯电子信息码等内容。

剧毒、高毒农药以及使用技术要求严格的其他农药等限制使用农药的标签还应当标注"限制使用"字样,并注明使用的特别限制和特殊要求。用于食用农产品的农药的标签还应当标注安全间隔期。

4. 农药生产企业不得擅自改变经核准的农药的标签内容,不得在农药的标签中标注虚假、误导使用者的内容。农药包装过小,标签不能标注全部内容的,应当同时附具说明书,说明书的内容应当与经核准的标签内容一致。

## 四、农药经营

### (一)农药经营许可制度

国家实行农药经营许可制度,但经营卫生用农药的除外。农药经营者应当具备下列条件,并按照国务院农业主管部门的规定向县级以上地方人民政府农业主管部门申请农药经营许可证。

1. 有具备农药和病虫害防治专业知识,熟悉农药管理规定,能够指导安全合理使用农药的经营人员。

2. 有与其他商品以及饮用水水源、生活区域等有效隔离的营业场所和仓储场所,并配备与所申请经营农药相适应的防护设施。

3. 有与所申请经营农药相适应的质量管理、台账记录、安全防护、应急处置、仓储管理等制度。

经营限制使用农药的,还应当配备相应的用药指导和病虫害防治专业技术人员,并按照所在地省、自治区、直辖市人民政府农业主管部门的规定实行定点经营。县级以上地方人民政府农业主管部门应当自受理申请之日起 20 个工作日内作出审批决定。符合条件的,核发农药经营许可证;不符合条件的,书面通知申请人并说明理由。

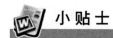
小贴士

### 农药经营许可证

农药经营许可证应当载明农药经营者名称、住所、负责人、经营范围以及有效期等事项。农药经营许可证有效期为 5 年。有效期届满,需要继续经营农药的,农药经营者应当在有效期届满 90 日前向发证机关申请延续。

农药经营许可证载明事项发生变化的,农药经营者应当按照国务院农业主管部门的规定申请变更农药经营许可证。

### (二)农药经营者的义务

#### 1. 采购农药的查验义务

农药经营者采购农药应当查验产品包装、标签、产品质量检验合格证以及有关许可证明文件,不得向未取得农药生产许可证的农药生产企业或者未取得农药经营许可证的其他农药经营者采购农药。

#### 2. 建立台账的义务

农药经营者应当建立采购台账,如实记录农药的名称、有关许可证明文件编号、规格、数量、生产企业和供货人名称及其联系方式、进货日期等内容。采购台账应当保存 2 年以上。

农药经营者应当建立销售台账，如实记录销售农药的名称、规格、数量、生产企业、购买人、销售日期等内容。销售台账应当保存 2 年以上。农药经营者应当向购买人询问病虫害发生情况并科学推荐农药，必要时应当实地查看病虫害发生情况，并正确说明农药的使用范围、使用方法和剂量、使用技术要求和注意事项，不得误导购买人。

**3. 对农药经营者的禁止性规定**

农药经营者不得加工、分装农药，不得在农药中添加任何物质，不得采购、销售包装和标签不符合规定，未附具产品质量检验合格证，未取得有关许可证明文件的农药。

经营卫生用农药的，应当将卫生用农药与其他商品分柜销售；经营其他农药的，不得在农药经营场所内经营食品、食用农产品、饲料等。境外企业不得直接在中国销售农药。境外企业在中国销售农药的，应当依法在中国设立销售机构或者委托符合条件的中国代理机构销售。

# 五、农药使用

## （一）使用农药的注意事项

1. 农药使用者应当严格按照农药的标签标注的使用范围、使用方法和剂量、使用技术要求和注意事项使用农药，不得扩大使用范围、加大用药剂量或者改变使用方法。

2. 农药使用者不得使用禁用的农药。标签标注安全间隔期的农药，在农产品收获前应当按照安全间隔期的要求停止使用。剧毒、高毒农药不得用于防治卫生害虫，不得用于蔬菜、瓜果、茶叶、菌类、中草药材的生产，不得用于水生植物的病虫害防治。

3. 农药使用者应当保护环境，保护有益生物和珍稀物种，不得在饮用水水源保护区、河道内丢弃农药、农药包装物或者清洗施药器械。

严禁在饮用水水源保护区内使用农药，严禁使用农药毒鱼、虾、鸟、兽等。

## （二）假农药的界定

假农药主要包括下列情形。

1. 以非农药冒充农药。

2. 以此种农药冒充他种农药。

3. 农药所含有效成分种类与农药的标签、说明书标注的有效成分不符。

禁用的农药，未依法取得农药登记证而生产、进口的农药，以及未附具标签的农药，按照假农药处理。

## （三）劣质农药的界定

劣质农药主要包括下列情形。

1. 不符合农药产品质量标准。

2. 混有导致药害等有害成分。

超过农药质量保证期的农药,按照劣质农药处理。

## 六、监督管理

县级以上人民政府农业主管部门履行农药监督管理职责,可以依法采取下列措施。

1. 进入农药生产、经营、使用场所实施现场检查。

2. 对生产、经营、使用的农药实施抽查检测。

3. 向有关人员调查了解有关情况。

4. 查阅、复制合同、票据、账簿以及其他有关资料。

5. 查封、扣押违法生产、经营、使用的农药,以及用于违法生产、经营、使用农药的工具、设备、原材料等。

6. 查封违法生产、经营、使用农药的场所。

 【案例 6-4】

2020 年 11 月 9 日,湖北省宜都市农业农村局执法人员在开展市场检查中对农资经销商章某经营的"草铵·草甘膦"进行抽检,经检验,该农药草铵膦质量分数检验结果为 3.9%,单项判定为不符合。经查,当事人章某从山东某生物科技有限公司共购进该种农药 960 瓶,货值金额为 11520 元,销售金额 1056 元。

问:本案如何处罚?

【解析】

鉴于当事人章某积极配合调查,态度良好,且未收到涉案农药使用投诉,根据《农药管理条例》第 56 条和《规范农业行政处罚自由裁量权办法》(农业农村部公告第 180 号)第 11 条第(3)项"罚款为一定金额的倍数,并同时规定了最低罚款倍数和最高罚款倍数的,从轻处罚应低于最低罚款倍数和最高罚款倍数的中间倍数,从重处罚应高于中间倍数"之规定,宜都市农业农村局依法对当事人章某从轻处罚,责令当事人章某停止违法经营行为,没收劣质农药"草铵·草甘膦"872 瓶,没收违法所得 1056 元,并处货值金额 2 倍的罚款 23040 元。

# 第三节　肥料登记管理

## 一、肥料登记管理概述

### （一）《肥料登记管理办法》的适用范围

根据农业农村部 2017 年修订的《肥料登记管理办法》的规定，在我国境内生产、经营、使用和宣传肥料产品，应当遵守《肥料登记管理办法》。

### （二）肥料的概念

肥料是指用于提供、保持或改善植物营养和土壤物理、化学性能以及生物活性，能提高农产品产量，或改善农产品品质，或增强植物抗逆性的有机、无机、微生物及其混合物料。

### （三）肥料产品登记管理制度

实行肥料产品登记管理制度，未经登记的肥料产品不得进口、生产、销售和使用，不得进行广告宣传。

### （四）管理机关

农业农村部负责全国肥料登记和监督管理工作。

省、自治区、直辖市人民政府农业行政主管部门协助农业农村部做好本行政区域内的肥料登记工作。县级以上地方人民政府农业行政主管部门负责本行政区域内的肥料监督管理工作。

## 二、登记申请

### （一）肥料登记申请人

凡经市场监督管理局登记注册，具有独立法人资格的肥料生产者均可提出肥料登记申请。

肥料生产者申请肥料登记，应按照《肥料登记资料要求》提供产品化学、肥效、安全性、标签等方面资料和有代表性的肥料样品。

### （二）规范的田间试验

1. 生产者申请肥料登记前，须在中国境内进行规范的田间试验。

对有国家标准或行业标准，或肥料登记评审委员会建议经农业部认定的产品类型，可相应减免田间试验。

2. 生产者可按要求自行开展肥料田间试验，也可委托有关单位开展，生产者和试验单位对所出具的试验报告的真实性承担法律责任。

### （三）不予受理的产品

有下列情形的肥料产品，登记申请不予受理。

1. 没有生产国使用证明（登记注册）的国外产品。

2. 不符合国家产业政策的产品。

3. 知识产权有争议的产品。

4. 不符合国家有关安全、卫生、环保等国家或行业标准要求的产品。

### （四）免予登记的产品

对经农田长期使用，有国家或行业标准的下列产品免予登记：硫酸铵，尿素，硝酸铵，氰氨化钙，磷酸铵（磷酸一铵、二铵），硝酸磷肥，过磷酸钙，氯化钾，硫酸钾，硝酸钾，氯化铵，碳酸氢铵，钙镁磷肥，磷酸二氢钾，单一微量元素肥，高浓度复合肥。

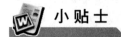 **小 贴 士**

### 肥料登记资料要求

申请正式登记，申请者应填写《肥料临时/正式登记申请表》，并补充提交下列中文资料（临时登记已提供了详细资料的，在正式登记时重复资料可不再要求提交）及肥料样品。（1）生产者基本资料。（2）产品执行标准。（3）产品标签样式（包括标识、使用说明书）。（4）肥料效应示范试验资料。（5）毒性报告。（6）残留试验及残留检测方法资料。（7）肥料样品。

## 三、登记审批

### （一）肥料的登记审批管理机关

农业农村部负责全国肥料的登记审批、登记证发放和公告工作。

农业农村部聘请技术专家和管理专家组织成立肥料登记评审委员会，负责对申请登记肥料产品的产品化学、肥效和安全性等资料进行综合评审。农业农村部根据肥料登记评审委员会的综合评审意见，在评审结束后20日内作出是否颁发肥料登记证的决定。

肥料登记证使用《中华人民共和国农业农村部肥料审批专用章》。

### （二）直接审批、发放肥料登记证的条件

农业农村部对符合下列条件的产品直接审批、发放肥料登记证。

1. 有国家或行业标准,经检验质量合格的产品。

2. 经肥料登记评审委员会建议并由农业农村部认定的产品类型,申请登记资料齐全,经检验质量合格的产品。

肥料商品名称的命名应规范,不得有误导作用。

### (三)肥料登记证有效期限

1. 肥料正式登记证有效期为 5 年。肥料正式登记证有效期满,需要继续生产、销售该产品的,应当在有效期满 6 个月前提出续展登记申请,符合条件的经农业农村部批准续展登记。续展有效期为 5 年。

2. 登记证有效期满没有提出续展登记申请的,视为自动撤销登记。登记证有效期满后提出续展登记申请的,应重新办理登记。

3. 经登记的肥料产品,在登记有效期内改变使用范围、商品名称、企业名称的,应申请变更登记;改变成分、剂型的,应重新申请登记。

## 四、登记管理

### (一)肥料产品包装要求

肥料产品包装应有标签、说明书和产品质量检验合格证。标签和使用说明书应当使用中文,并符合下列要求。

1. 标明产品名称、生产企业名称和地址。

2. 标明肥料登记证号、产品标准号、有效成分名称和含量、净重、生产日期及质量保证期。

3. 标明产品适用作物、适用区域、使用方法和注意事项。

4. 产品名称和推荐适用作物、区域应与登记批准的一致。

禁止擅自修改经过登记批准的标签内容。

### (二)登记管理机关的职责

取得登记证的肥料产品,在登记有效期内证实对人、畜、作物有害,经肥料登记评审员会审议,由农业农村部宣布限制使用或禁止使用。

农业行政主管部门应当按照规定对辖区内的肥料生产、经营和使用单位的肥料进行定期或不定期监督、检查,必要时按照规定抽取样品和索取有关资料,有关单位不得拒绝和隐瞒。对质量不合格的产品,要限期改进。对质量连续不合格的产品,肥料登记证有效期满后不予续展。肥料登记受理和审批单位及有关人员应为生产者提供的资料和样品保守技术秘密。

**【案例 6-5】**

2021 年 1 月 5 日,湖北省随州市农业农村局执法人员在开展农资市场大检查时,在湖北某生物有限公司成品库发现登记证号为"微生物肥(2015)临字 2803 号"的肥料登记证号所有权人非该公司,该公司涉嫌生产未取得登记证的肥料产品、使用假冒肥料登记证号。经查,2020 年 10 月 1 日至 12 月 1 日期间,该公司共生产登记证号为"微生物肥(2015)临字 2803 号"的肥料共计 5 吨,价格定为 1200 元/吨,但未销售。

问:本案如何处罚?

**【解析】**

随州市农业农村局认定,该生物有限公司的行为违反《肥料登记管理办法》第 5 条、第 27 条第(1)项、第(2)项之规定,依法决定给予该公司警告及罚款 5000 元的行政处罚。

# 第四节 兽 药 管 理

## 一、兽药管理概述

### (一)兽药管理立法

为了加强兽药管理,保证兽药质量,防治动物疾病,促进养殖业的发展,维护人体健康,国务院于 2004 年 4 月 9 日发布了《兽药管理条例》,并于 2016 年、2020 年两次修订。

### (二)适用范围

在中华人民共和国境内从事兽药的研制、生产、经营、进出口、使用和监督管理,应当遵守《兽药管理条例》。

### (三)主管机关

国务院兽医行政管理部门负责全国的兽药监督管理工作。

县级以上地方人民政府兽医行政管理部门负责本行政区域内的兽药监督管理工作。

### (四)国家实行的管理制度

国家实行兽用处方药和非处方药分类管理制度。国家实行兽药储备制度。发生重大动物疫情、灾情或者其他突发事件时,国务院兽医行政管理部门可以紧急调用国家储备的兽药;必要时,也可以调用国家储备以外的兽药。

## 二、新兽药研制

### （一）研制新兽药规范

1. 国家鼓励研制新兽药，依法保护研制者的合法权益。

2. 研制新兽药，应当具有与研制相适应的场所、仪器设备、专业技术人员、安全管理规范和措施。研制新兽药，应当进行安全性评价。从事兽药安全性评价的单位，应当经国务院兽医行政管理部门认定，并遵守兽药非临床研究质量管理规范和兽药临床试验质量管理规范。

3. 研制新兽药，应当在临床试验前向临床试验场所所在地省、自治区、直辖市人民政府兽医行政管理部门备案，并附具该新兽药实验室阶段安全性评价报告及其他临床前研究资料。

4. 研制的新兽药属于生物制品的，应当在临床试验前向国务院兽医行政管理部门提出申请，国务院兽医行政管理部门应当自收到申请之日起 60 个工作日内将审查结果书面通知申请人。

5. 研制新兽药需要使用一类病原微生物的，还应当具备国务院兽医行政管理部门规定的条件，并在实验室阶段前报国务院兽医行政管理部门批准。

### （二）新兽药注册申请提交资料

临床试验完成后，新兽药研制者向国务院兽医行政管理部门提出新兽药注册申请时，应当提交该新兽药的样品和下列资料。

1. 名称、主要成分、理化性质。

2. 研制方法、生产工艺、质量标准和检测方法。

3. 药理和毒理试验结果、临床试验报告和稳定性试验报告。

4. 环境影响报告和污染防治措施。

研制的新兽药属于生物制品的，还应当提供菌（毒、虫）种、细胞等有关材料和资料。菌（毒、虫）种、细胞由国务院兽医行政管理部门指定的机构保藏。

研制用于食用动物的新兽药，还应当按照国务院兽医行政管理部门的规定进行兽药残留试验并提供休药期、最高残留限量标准、残留检测方法及其制定依据等资料。

### （三）新兽药审批程序

国务院兽医行政管理部门应当自收到申请之日起 10 个工作日内，将决定受理的新兽药资料送其设立的兽药评审机构进行评审，将新兽药样品送其指定的检验机构复核检验，并自收到评审和复核检验结论之日起 60 个工作日内完成审查。审查合格的，发给新兽药注册证书，并发布该兽药的质量标准；不合格的，应当书面通知申请人。

国家对依法获得注册的、含有新化合物的兽药的申请人提交的其自己所取得且未披露的试验数据和其他数据实施保护。自注册之日起 6 年内，对其他申请人未经已获得注册兽药的申请人同意，使用前款规定的数据申请兽药注册的，兽药注册机关不予注册；但是，其他申请人提交其自己所取得的数据的除外。

除下列情况外，兽药注册机关不得披露本条第一款规定的数据。

1. 公共利益需要。

2. 已采取措施确保该类信息不会被不正当地进行商业使用。

## 三、兽药生产

### （一）设立兽药生产企业应当具备的条件

设立兽药生产企业，应当符合国家兽药行业发展规划和产业政策，并具备下列条件。

1. 与所生产的兽药相适应的兽医学、药学或者相关专业的技术人员。

2. 与所生产的兽药相适应的厂房、设施。

3. 与所生产的兽药相适应的兽药质量管理和质量检验的机构、人员、仪器设备。

4. 符合安全、卫生要求的生产环境。

5. 兽药生产质量管理规范规定的其他生产条件。

### （二）审查

国务院兽医行政管理部门，应当自收到审核意见和有关材料之日起 40 个工作日内完成审查。经审查合格的，发给兽药生产许可证；不合格的，应当书面通知申请人。申请人凭兽药生产许可证办理市场监督管理登记手续。

兽药生产许可证应当载明生产范围、生产地点、有效期和法定代表人姓名、住址等事项。兽药生产许可证有效期为 5 年。有效期届满，需要继续生产兽药的，应当在许可证有效期届满前 6 个月到原发证机关申请换发兽药生产许可证。

### （三）批准文号的有效期

兽药生产企业生产兽药，应当取得国务院兽医行政管理部门核发的产品批准文号，产品批准文号的有效期为 5 年。

### （四）兽药生产企业的义务

1. 兽药生产企业应当按照兽药国家标准和国务院兽医行政管理部门批准的生产工艺进行生产。兽药生产企业改变影响兽药质量的生产工艺的，应当报原批准部门审核批准。兽药生产企业应当建立生产记录，生产记录应当完整、准确。

2. 生产兽药所需的原料、辅料，应当符合国家标准或者所生产兽药的质量要求。

直接接触兽药的包装材料和容器应当符合药用要求。

3. 兽药出厂前应当经过质量检验，不符合质量标准的不得出厂。

兽药出厂应当附有产品质量合格证。

4. 禁止生产假、劣兽药。

5. 兽药生产企业生产的每批兽用生物制品,在出厂前应当由国务院兽医行政管理部门指定的检验机构审查核对,并在必要时进行抽查检验;未经审查核对或者抽查检验不合格的,不得销售。

强制免疫所需兽用生物制品,由国务院兽医行政管理部门指定的企业生产。

6. 兽药包装应当按照规定印有或者贴有标签,附具说明书,并在显著位置注明"兽用"字样。

兽药的标签和说明书经国务院兽医行政管理部门批准并公布后,方可使用。

兽药的标签或者说明书,应当以中文注明兽药的通用名称、成分及其含量、规格、生产企业、产品批准文号(进口兽药注册证号)、产品批号、生产日期、有效期、适应症或者功能主治、用法、用量、休药期、禁忌、不良反应、注意事项、运输贮存保管条件及其他应当说明的内容。有商品名称的,还应当注明商品名称。

兽用处方药的标签或者说明书还应当印有国务院兽医行政管理部门规定的警示内容,其中兽用麻醉药品、精神药品、毒性药品和放射性药品还应当印有国务院兽医行政管理部门规定的特殊标志;兽用非处方药的标签或者说明书还应当印有国务院兽医行政管理部门规定的非处方药标志。

## 四、兽药经营

### (一)经营兽药的企业应当具备的条件

1. 与所经营的兽药相适应的兽药技术人员。

2. 与所经营的兽药相适应的营业场所、设备、仓库设施。

3. 与所经营的兽药相适应的质量管理机构或者人员。

4. 兽药经营质量管理规范规定的其他经营条件。

### (二)兽药经营许可证

兽药经营许可证应当载明经营范围、经营地点、有效期和法定代表人姓名、住址等事项。兽药经营许可证有效期为 5 年。有效期届满,需要继续经营兽药的,应当在许可证有效期届满前 6 个月到原发证机关申请换发兽药经营许可证。

### (三)兽药经营企业的义务

1. 兽药经营企业,应当遵守国务院兽医行政管理部门制定的兽药经营质量管理规范。县级以上地方人民政府兽医行政管理部门,应当对兽药经营企业是否符合兽药经营质量管理规范的要求进行监督检查,并公布检查结果。

2. 兽药经营企业购进兽药,应当将兽药产品与产品标签或者说明书、产品质量合格证核对无误。

3. 兽药经营企业,应当向购买者说明兽药的功能主治、用法、用量和注意事项。销售兽用处方药的,应当遵守兽用处方药管理办法。

兽药经营企业销售兽用中药材的,应当注明产地。

4. 禁止兽药经营企业经营人用药品和假、劣兽药。

5. 兽药经营企业购销兽药,应当建立购销记录。购销记录应当载明兽药的商品名称、通用名称、剂型、规格、批号、有效期、生产厂商、购销单位、购销数量、购销日期和国务院兽医行政管理部门规定的其他事项。

6. 兽药经营企业,应当建立兽药保管制度,采取必要的冷藏、防冻、防潮、防虫、防鼠等措施,保持所经营兽药的质量。

兽药入库、出库,应当执行检查验收制度,并有准确记录。

7. 强制免疫所需兽用生物制品的经营,应当符合国务院兽医行政管理部门的规定。

8. 兽药广告的内容应当与兽药说明书内容相一致,在全国重点媒体发布兽药广告的,应当经国务院兽医行政管理部门审查批准,取得兽药广告审查批准文号。在地方媒体发布兽药广告的,应当经省、自治区、直辖市人民政府兽医行政管理部门审查批准,取得兽药广告审查批准文号;未经批准的,不得发布。

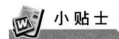 **小贴士**

### 禁止进口的兽药

(1)药效不确定、不良反应大以及可能对养殖业、人体健康造成危害或者存在潜在风险的。(2)来自疫区可能造成疫病在中国境内传播的兽用生物制品。(3)经考查生产条件不符合规定的。(4)国务院兽医行政管理部门禁止生产、经营和使用的。

## 五、兽药使用

兽药使用单位的义务。

1. 兽药使用单位,应当遵守国务院兽医行政管理部门制定的兽药安全使用规定,并建立用药记录。

2. 禁止使用假、劣兽药以及国务院兽医行政管理部门规定禁止使用的药品和其他化合物。

3. 有休药期规定的兽药用于食用动物时,饲养者应当向购买者或者屠宰者提供准确、真实的用药记录;购买者或者屠宰者应当确保动物及其产品在用药期、休药期内不被用于食品消费。

4. 禁止在饲料和动物饮用水中添加激素类药品和国务院兽医行政管理部门规定的其他禁用药品。经批准可以在饲料中添加的兽药，应当由兽药生产企业制成药物饲料添加剂后方可添加。禁止将原料药直接添加到饲料及动物饮用水中或者直接饲喂动物。

5. 禁止将人用药品用于动物。

6. 禁止销售含有违禁药物或者兽药残留量超过标准的食用动物产品。

## 六、兽药监督管理

### （一）兽药监督管理权

县级以上人民政府兽医行政管理部门行使兽药监督管理权。

兽药检验工作由国务院兽医行政管理部门和省、自治区、直辖市人民政府兽医行政管理部门设立的兽药检验机构承担。国务院兽医行政管理部门，可以根据需要认定其他检验机构承担兽药检验工作。

### （二）假兽药的界定

有下列情形之一的，为假兽药。

1. 以非兽药冒充兽药或者以他种兽药冒充此种兽药的。

2. 兽药所含成分的种类、名称与兽药国家标准不符合的。

有下列情形之一的，按照假兽药处理。

1. 国务院兽医行政管理部门规定禁止使用的。

2. 依照本条例规定应当经审查批准而未经审查批准即生产、进口的，或者依照本条例规定应当经抽查检验、审查核对而未经抽查检验、审查核对即销售、进口的。

3. 变质的。

4. 被污染的。

5. 所标明的适应症或者功能主治超出规定范围的。

### （三）劣兽药的界定

有下列情形之一的，为劣兽药。

1. 成分含量不符合兽药国家标准或者不标明有效成分的。

2. 不标明或者更改有效期或者超过有效期的。

3. 不标明或者更改产品批号的。

4. 其他不符合兽药国家标准，但不属于假兽药的。

我国禁止买卖、出租、出借兽药生产许可证、兽药经营许可证和兽药批准证明文件。

【案例6-6】

2020年10月9日，A市农业农村局在2020年第三季度畜产品质量安全例行检测中,在甲食品加工有限公司(以下简称甲食品公司)的一批次羊肉中检出克伦特罗(俗称"瘦肉精")。10月14日,执法人员送达了检测报告,对公司负责人进行了询问,对甲公司仓库进行了现场检查,并对两个仓库的产品进行监督抽样和登记保存。经认定,抽检的130公斤羊肉为含有违禁药物动物产品,违法所得5200元。

问:甲公司的行为是否违法?

【解析】

甲公司行为违反了《兽药管理条例》第41条第2款"禁止在饲料和动物饮用水中添加激素类药品和国务院兽医行政管理部门规定的其他禁用药品"的规定。根据《兽药管理条例》第63条"销售含有违禁药物和兽药残留超标的动物产品用于食品消费的,责令其对含有违禁药物和兽药残留超标的动物产品进行无害化处理,没收违法所得,并处3万元以上10万元以下罚款"的规定,执法人员对甲公司做出了没收违法所得5200元,并处3万元罚款的行政处罚。

# 第五节　饲料和饲料添加剂管理

## 一、饲料和饲料添加剂管理概述

为了加强对饲料、饲料添加剂的管理,提高饲料、饲料添加剂的质量,保障动物产品质量安全,维护公众健康,国务院制定了《饲料和饲料添加剂管理条例》。

### (一)饲料、饲料添加剂的概念

根据《饲料和饲料添加剂管理条例》的规定,饲料是指经工业化加工、制作的供动物食用的产品,包括单一饲料、添加剂预混合饲料、浓缩饲料、配合饲料和精料补充料。饲料添加剂是指在饲料加工、制作、使用过程中添加的少量或者微量物质,包括营养性饲料添加剂和一般饲料添加剂。

饲料原料目录和饲料添加剂品种目录由国务院农业行政主管部门制定并公布。

### (二)饲料、饲料添加剂的管理机关

国务院农业行政主管部门负责全国饲料、饲料添加剂的监督管理工作。

县级以上地方人民政府负责饲料、饲料添加剂管理的部门(以下简称饲料管理部门),负责本行政区域饲料、饲料添加剂的监督管理工作。县级以上地方人民政府统一领导本行政区域饲料、饲料添加剂的监督管理工作,建立健全监督管理机制,保障监督管理工作的开展。

### （三）企业、社会责任

饲料、饲料添加剂生产企业、经营者应当建立健全质量安全制度，对其生产、经营的饲料、饲料添加剂的质量安全负责。任何组织或者个人有权举报在饲料、饲料添加剂生产、经营、使用过程中违反《饲料和饲料添加剂管理条例》的行为，有权对饲料、饲料添加剂监督管理工作提出意见和建议。

## 二、审定和登记

### （一）研制新饲料、新饲料添加剂

国家鼓励研制新饲料、新饲料添加剂。研制新饲料、新饲料添加剂，应当遵循科学、安全、有效、环保的原则，保证新饲料、新饲料添加剂的质量安全。

### （二）审定申请需要提交的资料

研制的新饲料、新饲料添加剂投入生产前，研制者或者生产企业应当向国务院农业行政主管部门提出审定申请，并提供该新饲料、新饲料添加剂的样品和下列资料。

1. 名称、主要成分、理化性质、研制方法、生产工艺、质量标准、检测方法、检验报告、稳定性试验报告、环境影响报告和污染防治措施。

2. 国务院农业行政主管部门指定的试验机构出具的该新饲料、新饲料添加剂的饲喂效果、残留消解动态以及毒理学安全性评价报告。

申请新饲料添加剂审定的，还应当说明该新饲料添加剂的添加目的、使用方法，并提供该饲料添加剂残留可能对人体健康造成影响的分析评价报告。

### （三）评审

国务院农业行政主管部门应当自受理申请之日起 5 个工作日内，将新饲料、新饲料添加剂的样品和申请资料交全国饲料评审委员会，对该新饲料、新饲料添加剂的安全性、有效性及其对环境的影响进行评审。

全国饲料评审委员会应当自收到新饲料、新饲料添加剂的样品和申请资料之日起 9 个月内出具评审结果并提交国务院农业行政主管部门；但是，全国饲料评审委员会决定由申请人进行相关试验的，经国务院农业行政主管部门同意，评审时间可以延长 3 个月。

国务院农业行政主管部门应当自收到评审结果之日起 10 个工作日内作出是否核发新饲料、新饲料添加剂证书的决定；决定不予核发的，应当书面通知申请人并说明理由。

新饲料、新饲料添加剂的监测期为 5 年。

### （四）饲料、饲料添加剂进口登记证

由出口方驻中国境内的办事机构或者其委托的中国境内代理机构向国务院农业行政主管部门申请登记。

国务院农业行政主管部门应当依照《饲料和饲料添加剂管理条例》规定的新饲料、新饲料添加剂的评审程序组织评审，并决定是否核发饲料、饲料添加剂进口登记证。

饲料、饲料添加剂进口登记证有效期为 5 年。进口登记证有效期满需要继续向中国出口饲料、饲料添加剂的，应当在有效期届满 6 个月前申请续展。

禁止进口未取得饲料、饲料添加剂进口登记证的饲料、饲料添加剂。

## 三、生产、经营和使用

### （一）设立饲料、饲料添加剂生产企业应当具备的条件

设立饲料、饲料添加剂生产企业，应当符合饲料工业发展规划和产业政策，并具备下列条件。

1. 有与生产饲料、饲料添加剂相适应的厂房、设备和仓储设施。

2. 有与生产饲料、饲料添加剂相适应的专职技术人员。

3. 有必要的产品质量检验机构、人员、设施和质量管理制度。

4. 有符合国家规定的安全、卫生要求的生产环境。

5. 有符合国家环境保护要求的污染防治措施。

6. 国务院农业行政主管部门制定的饲料、饲料添加剂质量安全管理规范规定的其他条件。

### （二）申请设立程序

申请设立饲料添加剂、添加剂预混合饲料生产企业，申请人应当向省、自治区、直辖市人民政府饲料管理部门提出申请。省、自治区、直辖市人民政府饲料管理部门应当自受理申请之日起 20 个工作日内进行书面审查和现场审核，并将相关资料和审查、审核意见上报国务院农业行政主管部门。国务院农业行政主管部门收到资料和审查、审核意见后应当组织评审，根据评审结果在 10 个工作日内作出是否核发生产许可证的决定，并将决定抄送省、自治区、直辖市人民政府饲料管理部门。

申请人凭生产许可证办理市场监督管理登记手续。

生产许可证有效期为 5 年。生产许可证有效期满需要继续生产饲料、饲料添加剂的，应当在有效期届满 6 个月前申请续展。

饲料添加剂、添加剂预混合饲料生产企业取得国务院农业行政主管部门核发的生产许可证后，由省、自治区、直辖市人民政府饲料管理部门按照国务院农业行政主管部门的规定，核发相应的产品批准文号。

### （三）饲料、饲料添加剂经营者应当符合的条件

1. 有与经营饲料、饲料添加剂相适应的经营场所和仓储设施。

2. 有具备饲料、饲料添加剂使用、贮存等知识的技术人员。

3. 有必要的产品质量管理和安全管理制度。

### （四）饲料、饲料添加剂生产者、经营者不得从事的行为

1. 饲料、饲料添加剂经营者进货时应当查验产品标签、产品质量检验合格证和相应的许可证明文件。饲料、饲料添加剂经营者不得对饲料、饲料添加剂进行拆包、分装，不得对饲料、饲料添加剂进行再加工或者添加任何物质。

2. 禁止经营用国务院农业行政主管部门公布的饲料原料目录、饲料添加剂品种目录和药物饲料添加剂品种目录以外的任何物质生产的饲料。

3. 向中国出口的饲料、饲料添加剂应当符合中国有关检验检疫的要求，由出入境检验检疫机构依法实施检验检疫，并对其包装和标签进行核查。包装和标签不符合要求的，不得入境。境外企业不得直接在中国销售饲料、饲料添加剂。

4. 禁止在饲料、动物饮用水中添加国务院农业行政主管部门公布禁用的物质以及对人体具有直接或者潜在危害的其他物质，或者直接使用上述物质养殖动物。禁止在反刍动物饲料中添加乳和乳制品以外的动物源性成分。

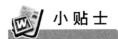 小贴士

## 国家加快水产养殖机械化发展

2020年11月，农业农村部印发《关于加快水产养殖机械化发展的意见》（以下简称《意见》），针对当前水产养殖机械化发展不平衡不充分等问题，指导各地着力补短板、强弱项，推动水产养殖机械化向全程全面高质高效发展。《意见》提出，到2025年，水产养殖机械化水平总体达到50%以上，育种育苗、防疫处置、起捕采收、尾水处理等薄弱环节机械化取得长足进步，主要养殖模式、重点生产环节的机械化、设施化、信息化水平显著提升，绿色高效养殖机械化生产体系和社会化服务体系基本建立。

《意见》明确了推进水产养殖机械化的重点任务。一是大力推进水产养殖机械装备科技创新，聚焦优势资源，推进产学研推用结合，加快攻克技术难题。二是加快构建主要水产绿色养殖全程机械化体系，凝练总结一批水产养殖机械化解决方案，加快推广应用。三是积极推进水产养殖机械化信息化融合，推进设施装备智能化、生产管理精准化和经营服务网络化。四是加快提高绿色养殖重点环节社会化服务水平，发展订单作业、生产托管、承包服务等社会化服务新模式、新业态。五是着力推进养殖池塘标准化宜机化建设，满足设备应用、机械通行作业需求。

# 第六节　农业机械管理

## 一、农业机械管理概述

### (一)农业机械管理立法

农业机械是指用于农业生产及其产品初加工等相关农事活动的机械、设备。

为了加强农业机械安全监督管理,预防和减少农业机械事故,保障人民生命和财产安全,我国制定了《农业机械安全监督管理条例》(以下简称《条例》)。

### (二)《条例》适用范围

在中华人民共和国境内从事农业机械的生产、销售、维修、使用操作以及安全监督管理等活动,应当遵守《农业机械安全监督管理条例》。

### (三)农业机械安全监督管理的原则和主管机关

农业机械安全监督管理应当遵循以人为本、预防事故、保障安全、促进发展的原则。

国家建立落后农业机械淘汰制度和危及人身财产安全的农业机械报废制度,并对淘汰和报废的农业机械依法实行回收。

国务院农业机械化主管部门、工业主管部门、质量监督部门和市场监督管理部门等有关部门依照本条例和国务院规定的职责,负责农业机械安全监督管理工作。

县级以上地方人民政府农业机械化主管部门、工业主管部门和县级以上地方质量监督部门、市场监督管理部门等有关部门按照各自职责,负责本行政区域的农业机械安全监督管理工作。

## 二、生产、销售和维修

### (一)农业机械生产者规范

农业机械生产者应当依据农业机械工业产业政策和有关规划,按照农业机械安全技术标准组织生产,并建立健全质量保障控制体系。对依法实行工业产品生产许可证管理的农业机械,其生产者应当取得相应资质,并按照许可的范围和条件组织生产。

农业机械生产者应当按照农业机械安全技术标准对生产的农业机械进行检验;农业机械经检验合格并附具详尽的安全操作说明书和标注安全警示标志后,方可出厂销售;依法必须进行认证的农业机械,在出厂前应当标注认证标志。上道路行驶的拖拉机,依法必须经过认证的,在出厂前应当标注认证标志,并符合机动车国家安全技术标准。

农业机械生产者应当建立产品出厂记录制度,如实记录农业机械的名称、规格、数量、生产日期、生产批号、检验合格证号、购货者名称及联系方式、销售日期等内容。出厂记录保存期限不得少于 3 年。

### （二）农业机械销售者规范

农业机械销售者对购进的农业机械应当查验产品合格证明。对依法实行工业产品生产许可证管理、依法必须进行认证的农业机械，还应当验明相应的证明文件或者标志。

农业机械销售者应当建立销售记录制度，如实记录农业机械的名称、规格、生产批号、供货者名称及联系方式、销售流向等内容。销售记录保存期限不得少于 3 年。

农业机械销售者应当向购买者说明农业机械操作方法和安全注意事项，并依法开具销售发票。

农业机械生产者、销售者应当建立健全农业机械销售服务体系，依法承担产品质量责任。农业机械生产者、销售者发现其生产、销售的农业机械存在设计、制造等缺陷，可能对人身财产安全造成损害的，应当立即停止生产、销售，及时报告当地质量监督部门、市场监督管理部门，通知农业机械使用者停止使用。农业机械生产者应当及时召回存在设计、制造等缺陷的农业机械。

农业机械生产者、销售者不履行规定义务的，质量监督部门、市场监督管理部门可以责令生产者召回农业机械，责令销售者停止销售农业机械。

### （三）禁止生产、销售的农业机械

1. 不符合农业机械安全技术标准的。
2. 依法实行工业产品生产许可证管理而未取得许可证的。
3. 依法必须进行认证而未经认证的。
4. 利用残次零配件或者报废农业机械的发动机、方向机、变速器、车架等部件拼装的。
5. 国家明令淘汰的。

### （四）从事农业机械维修禁止性行为

农业机械维修经营者应当遵守国家有关维修质量安全技术规范和维修质量保证期的规定，确保维修质量。从事农业机械维修不得有下列行为。

1. 使用不符合农业机械安全技术标准的零配件。
2. 拼装、改装农业机械整机。
3. 承揽维修已经达到报废条件的农业机械。
4. 法律、法规和国务院农业机械化主管部门规定的其他禁止性行为。

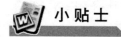 **小贴士**

### 农业农村部印发《关于加快推进设施种植机械化发展的意见》

2020年6月,农业农村部印发《关于加快推进设施种植机械化发展的意见》(以下简称《意见》),明确提出要大力推进设施布局标准化、设施建造宜机化、生产作业机械化、设施装备智能化和生产服务社会化。到2025年,以塑料大棚、日光温室和连栋温室为主的种植设施总面积稳定在200万公顷以上,设施蔬菜、花卉、果树、中药材的主要品种生产全程机械化技术装备体系和社会化服务体系基本建立,设施种植机械化水平总体达到50%以上。

《意见》强调,设施种植是保障"菜篮子"产品供应、促进农民增收和繁荣农村经济的有效途径,设施装备和机械化生产是设施种植高质量发展的重要支撑。要坚持市场导向、问题导向和目标导向,瞄准设施种植绿色高效发展的机械化需求,补短板、强弱项、促协调,全面提升设施种植机械化水平,支持设施种植高质量发展。

## 三、使用操作

### (一)证书和牌照

拖拉机、联合收割机投入使用前,其所有人应当按照国务院农业机械化主管部门的规定,持本人身份证明和机具来源证明,向所在地县级人民政府农业机械化主管部门申请登记。拖拉机、联合收割机经安全检验合格的,农业机械化主管部门应当在2个工作日内予以登记并核发相应的证书和牌照。

### (二)拖拉机、联合收割机操作人员禁止行为

1. 操作与本人操作证件规定不相符的拖拉机、联合收割机。
2. 操作未按照规定登记、检验或者检验不合格、安全设施不全、机件失效的拖拉机、联合收割机。
3. 使用国家管制的精神药品、麻醉品后操作拖拉机、联合收割机。
4. 患有妨碍安全操作的疾病操作拖拉机、联合收割机。
5. 国务院农业机械化主管部门规定的其他禁止行为。

禁止使用拖拉机、联合收割机违反规定载人。

## 四、事故处理

### 1. 农业机械事故责任的认定和调解机关

县级以上地方人民政府农业机械化主管部门负责农业机械事故责任的认定和调解

处理。农业机械事故是指农业机械在作业或者转移等过程中造成人身伤亡、财产损失的事件。

### 2. 在道路上发生的交通事故的处理

农业机械在道路上发生的交通事故,由公安机关交通管理部门依照道路交通安全法律、法规处理;拖拉机在道路以外通行时发生的事故,公安机关交通管理部门接到报案的,参照道路交通安全法律、法规处理。农业机械事故造成公路及其附属设施损坏的,由交通主管部门依照公路法律、法规处理。

### 3. 在道路以外发生的农业机械事故的处理

在道路以外发生的农业机械事故,操作人员和现场其他人员应当立即停止作业或者停止农业机械的转移,保护现场,造成人员伤害的,应当向事故发生地农业机械化主管部门报告;造成人员死亡的,还应当向事故发生地公安机关报告。造成人身伤害的,应当立即采取措施,抢救受伤人员。因抢救受伤人员变动现场的,应当标明位置。

接到报告的农业机械化主管部门和公安机关应当立即派人赶赴现场进行勘验、检查,收集证据,组织抢救受伤人员,尽快恢复正常的生产秩序。

### 4. 农业机械事故认定书的出具

对经过现场勘验、检查的农业机械事故,农业机械化主管部门应当在 10 个工作日内制作完成农业机械事故认定书;需要进行农业机械鉴定的,应当自收到农业机械鉴定机构出具的鉴定结论之日起 5 个工作日内制作农业机械事故认定书。

农业机械事故认定书应当载明农业机械事故的基本事实、成因和当事人的责任,并在制作完成农业机械事故认定书之日起 3 个工作日内送达当事人。

### 5. 调解

当事人对农业机械事故损害赔偿有争议,请求调解的,应当自收到事故认定书之日起 10 个工作日内向农业机械化主管部门书面提出调解申请。

调解达成协议的,农业机械化主管部门应当制作调解书送交各方当事人。调解书经各方当事人共同签字后生效。调解不能达成协议或者当事人向人民法院提起诉讼的,农业机械化主管部门应当终止调解并书面通知当事人。调解达成协议后当事人反悔的,可以向人民法院提起诉讼。

 **导入案例解析**

恩施土家族苗族自治州农业农村局在责令郑州 A 农作物保护有限公司停止经营上述批次假劣农药产品的基础上,适用《农药管理条例》予以行政处罚:共计没收违法所得

41797元、并处罚款101450元,合计罚没143247元。<sup>①</sup>

 **练习题**

## 一、简答题

1. 种子的概念是什么? 种子生产经营许可证制度是什么?

2. 如何确定假种子和劣种子?

3. 开办农药生产企业的条件有哪些?

4. 肥料的概念是什么?

5. 《兽药管理条例》的适用范围有哪些?

6. 禁止生产、销售的农业机械有哪些?

## 二、不定项选择题

1. 销售的种子应当( )。

　　A. 加工　　　　　　　B. 分级　　　　　　　C. 包装　　　　　　　D. 拣选

2. 禁止进出口( )以及属于国家规定( )。

　　A. 假种子　　　　　　　　　　　　　B. 劣种子

　　C. 不得进出口的种子　　　　　　　　D. 自行研制的种子

3. 劣质农药主要是指( )的农药。

　　A. 不符合农药产品质量标准　　　　　B. 混有导致药害等有害成分

　　C. 超过农药质量保证期　　　　　　　D. 以此种农药冒充他种农药

4. 肥料正式登记证有效期为( )。

　　A. 1年　　　　　　　B. 2年　　　　　　　C. 4年　　　　　　　D. 5年

5. 兽药生产许可证有效期为( )。

　　A. 3年　　　　　　　B. 5年　　　　　　　C. 6年　　　　　　　D. 8年

6. 兽药的( )经国务院兽医行政管理部门批准并公布后,方可使用。

　　A. 标签　　　　　　　B. 说明书　　　　　　　C. 处方　　　　　　　D. 许可证

7. 饲料、饲料添加剂经营者应当符合( )条件。

　　A. 有与经营饲料、饲料添加剂相适应的经营场所和仓储设施

　　B. 有具备饲料、饲料添加剂使用、贮存等知识的技术人员

　　C. 有必要的产品质量管理和安全管理制度

　　D. 技术人员持证上岗

8. 对经过现场勘验、检查的农业机械事故,农业机械化主管部门应当在( )工作

---

① http://www.seedinfo.cn/n/2020/06/15/0534146232.shtml.2020-11-06.

日内制作完成农业机械事故认定书。

    A. 6个          B. 7个          C. 8个          D. 10个

### 三、案例分析题

2020年5月6日,在湖北省十堰市竹山县,廖某驾驶无号牌普通二轮摩托车于当日12时30分许,在S236道路上超车过程中,在其行驶方向左侧车道内,碰刮对面被超货车前方,正在左转弯由韦某驾驶的无号牌手扶拖拉机,造成廖某当场死亡及摩托车损坏的道路交通事故。该事故经交警部门现场勘查,认定由廖某承担全部责任,韦某不承担责任。经查,韦某驾驶的无号牌手扶拖拉机标定功率4.85千瓦,没有登记入户,也没有投保交强险。

事故发生后,廖某家人将韦某诉至法院,要求韦某在交强险无责限额内赔偿其经济损失41000元。

试分析:被告韦某是否应当承担赔偿责任?

## 学习目标

1. 掌握植物新品种特征和保护，地理标志产品的概念，强制许可，保护和监督；

2. 理解植物新品种权，申请及受理，农业知识产权战略助力乡村振兴战略实施；

3. 了解独占权，标准制订及专用标志使用，中央一号文件关于农业知识产权保护的举措。

## 引导案例

杭州市西湖区龙井茶产业协会申请注册的西湖龙井地理标志证明商标由国家工商总局商标局核准注册，商标注册证号为第9129815号，核定使用商品为第30类茶叶，商标专用权期限至2021年6月27日。2012年5月，西湖龙井商标被认定为驰名商标。2013年1月14日，一批外包装标有"西湖龙井"字样的礼盒装茶叶出现在北京永辉超市有限公司位于东城区建国门内大街18号的门店（恒基店）的货架上，这批茶叶的生产企业为杭州巨佳茶业有限公司，出品商为北京四海源科贸有限公司。

杭州市西湖区龙井茶产业协会于2013年3月1日分别致函北京永辉超市有限公司、杭州巨佳茶业有限公司和北京四海源科贸有限公司，要求对方停止侵权行为，同时向北京市东城区人民法院提起民事诉讼。

# 第一节　植物新品种保护

## 一、植物新品种保护制度概述

### （一）植物新品种保护的概念

植物新品种保护也叫"植物育种者权利"，同专利、商标、著作权一样，是知识产权保护的一种形式。完成育种的单位或者个人对其授权品种享有排他的独占权。任何单位或者个人未经品种权所有人许可，不得为商业目的生产或者销售该授权品种的繁殖材料，不得为商业目的将该授权品种的繁殖材料重复使用于生产另一品种的繁殖材料。

### （二）植物新品种的特征

《种子法》规定，对国家植物品种保护名录内经过人工选育或者发现的野生植物加以改良，具备新颖性、特异性、一致性、稳定性和适当命名的植物品种，由国务院农业、林业主管部门授予植物新品种权，保护植物新品种权所有人的合法权益。

（1）新颖性。它是指申请植物新品种权的品种在申请日前，经申请权人自行或者同意销售、推广其种子，在中国境内未超过 1 年；在境外，木本或者藤本植物未超过 6 年，其他植物未超过 4 年。

《种子法》施行后新列入国家植物品种保护名录的植物的属或者种，从名录公布之日起 1 年内提出植物新品种权申请的，在境内销售、推广该品种种子未超过 4 年的，具备新颖性。除销售、推广行为丧失新颖性外，下列情形视为已丧失新颖性：①品种经省、自治区、直辖市人民政府农业、林业主管部门依据播种面积确认已经形成事实扩散的；②农作物品种已审定或者登记两年以上未申请植物新品种权的。

（2）特异性。它是指一个植物品种有一个以上性状明显区别于已知品种。

（3）一致性。它是指一个植物品种的特性除可预期的自然变异外，群体内个体间相关的特征或者特性表现一致。

（4）稳定性。它是指一个植物品种经过反复繁殖后或者在特定繁殖周期结束时，其主要性状保持不变。

已知品种是指已受理申请或者已通过品种审定、品种登记、新品种保护，或者已经销售、推广的植物品种。

### （三）《种子法》保护范围

国家林业局负责林木、竹、木质藤本、木本观赏植物（包括木本花卉）、果树（干果部分）及木本油料、饮料、调料、木本药材等植物新品种保护工作，其他植物新品种保护由农业农村部负责。目前,我国对植物品种权的保护还仅限于植物品种的繁殖材料。对植物育种人权利的保护,保护的对象不是植物品种本身,而是植物育种者应当享有的权利。

国家鼓励和支持种业科技创新、植物新品种培育及成果转化。取得植物新品种权的品种得到推广应用的,育种者依法获得相应的经济利益。

### (四)植物新品种保护历史

植物新品种,作为人类智力劳动成果,在农业增产、增效和品质改善中起着至关重要的作用。要推动农作物育种不断创新,关键是要为其提供一种内在的动力机制,创造一个保护育种成果并维护种子贸易公平竞争的外部法律、政策环境。1997 年 3 月 20 日国务院发布了《植物新品种保护条例》,1999 年 4 月 23 日中国加入了《国际植物新品种保护公约》。植物新品种保护制度在我国的建立和实施,标志着我国知识产权保护事业进入了一个新的发展阶段。

我国先后制定了《农业植物新品种保护条例实施细则》《农业部植物新品种复审委员会审理规定》《农业植物新品种权侵权案件处理规定》《农业植物新品种权代理规定》等规章制度;组建了植物新品种保护办公室和复审委员会,绝大多数省级农、林业行政部门成立了植物新品种保护工作领导小组和办公室;农业部植物新品种繁殖材料保藏中心;在植物新品种保护办公室内部还制定有《审查指南》等,从而使品种权审批、品种权案件的查处以及品种权中介服务等工作更具可操作性。

### (五)国家实行植物新品种保护制度

我国 2015 年 11 月 4 日修订的《种子法》第四章"新品种保护",明确了对植物新品种实行保护制度。植物新品种保护是维护品种权人合法权益、促进育种创新、提高创新能力的根本保障。借鉴荷兰、日本等有关国家在种子立法中的经验,新品种保护的规定,使得保护的力度、强度、范围和内容得到加强,品种创新有更好的保障,企业维权变得简单,侵权现象必将减少。

## 二、植物新品种权

### 1. 植物新品种权的概念

植物新品种权是工业产权的一种类型,它是指完成育种的单位或个人对其授权的品种依法享有的排他使用权。是一种民事权利。

植物新品种是指经过人工培育的或者对发现的野生植物加以开发,具备新颖性、特异性、一致性、稳定性,并有适当的命名的植物新品种。完成育种的单位和个人对其授权的品种,享有排他的独占权,即拥有植物新品种权。

### 2. 植物新品种权的归属

《种子法》规定,一个植物新品种只能授予一项植物新品种权。两个以上的申请人分别就同一个品种申请植物新品种权的,植物新品种权授予最先申请的人;同时申请的,植物新品种权授予最先完成该品种育种的人。

对违反法律,危害社会公共利益、生态环境的植物新品种,不授予植物新品种权。

## 小贴士

### 日本：侧重保护"培育者权"

日本历来重视培育新品种作物并且注重保护种子培育者的权利,并将其作为增强农业优势以及确保粮食安全的重要措施。早在 1947 年,日本就制定过《种苗法》,1998 年 5 月 29 日,基于 1991 年修改的《国际植物新品种保护公约》,日本对旧《种苗法》进行了全部修改,制定了新的《种苗法》,原则上涵盖了日本栽培的所有植物。

新《种苗法》在法律上明文规定登记品种的培育者的权利是"培育者权"。培育者权通过品种登记而产生,享受该权利者拥有利用登记品种时产生的所有权利。根据新《种苗法》规定,培育者权涉及的范围除了修改前有偿转让种苗的权利之外,还包括种苗的生产、调整、进出口、保管等的权利,如果在种苗阶段无法行使权利时,则可扩大为收获物的生产、转让、借贷、进出口、保管的权利。

享受培育者权的期限,多年生植物从修改前的 18 年延长到 25 年,其他植物则从 15 年延长到了 20 年。与知识产权法一样,《种苗法》规定了"专用利用权""通常利用权"等各种规定,明确了与利用登记品种有关的知识产权保护的详细内容。

新《种苗法》还建立了品种登记前的临时保护制度,将提出申请到获得登记的期间的权利也作为保护对象,规定了公布申请的效果。从公布申请到品种登记期间,对于繁殖种苗者,可以在品种登记后,作为补偿金,要求其赔偿相当于利用费的金额。《种苗法》明确了农户自己繁殖种苗等可以作为培育者权的例外。

对于侵犯培育者权的行为,新《种苗法》规定了详尽的措施。由于侵犯培育者权,导致培育者权享受者和专用利用权享受者的信用受损,还可以要求侵犯者采取措施恢复信任,包括刊登谢罪广告等。新《种苗法》为了与知识产权保护制度取得平衡,大幅提高了处罚标准,非受害人也可以提出起诉。

## 三、植物新品种名称

授予植物新品种权的植物新品种名称,应当与相同或者相近的植物属或者植物种中已知品种的名称相区别。该名称经授权后即为该植物新品种的通用名称。

下列名称不得用于授权品种的命名。

1. 仅以数字表示的。

2. 违反社会公德的。

3. 对植物新品种的特征、特性或者育种者身份等容易引起误解的。

同一植物品种在申请新品种保护、品种审定、品种登记、推广、销售时只能使用同一个名称。生产推广、销售的种子应当与申请植物新品种保护、品种审定、品种登记时提供的样品相符。

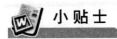 **小贴士**

### 国际上现行的植物新品种保护模式

1961 年通过了《国际植物新品种保护公约》(UPOV),该公约规定,成员国可以选择对植物种植者提供特殊保护或给予专利保护,但两者不得并用。多数成员国均选择给予植物品种权保护。随着生物技术的发展,植物新品种保护要求用专利法取代该专门法的保护,强化培育者的权利。

1991 年,UPOV 进行了第三次修订,增加了一些条款供成员国选择适用,从而加大了对植物新品种的保护力度。该公约修订后规定,如果成员国认为有必要,可以将保护范围扩展至生殖物质以外部分,任何从受保护的品种获得的产品未经权利人同意,均不得进入生产流通。明确许可成员国对植物品种提供专利保护。

1999 年 4 月,我国加入《国际植物新品种保护公约》(UPOV),成为第 39 个成员国。自 2004 年以来,我国植物品种权年申请量一直位居 UPOV 成员国第四位,有效品种权量位居 UPOV 成员国前 10 位。

## 四、独占权

完成育种的单位或者个人对其授权品种,享有排他的独占权。任何单位或者个人未经植物新品种权所有人许可,不得生产、繁殖或者销售该授权品种的繁殖材料,不得为商业目的将该授权品种的繁殖材料重复使用于生产另一品种的繁殖材料;但是《种子法》、有关法律、行政法规另有规定的除外。

 **【案例 7-1】**

原告龙虾协会经核准注册"盱眙龙虾 XUYILONGXIA 及图"注册商标,经持续的宣传和推广,"盱眙龙虾"品牌取得了较强的知名度,并于 2009 年被国家商标局认定为驰名商标。被告 A 饭店未经授权,在其经营场所内外悬挂带有"盱眙龙虾"商标的铜牌、字牌,使用了"盱眙龙虾"图形或字样,误导消费者,损害了"盱眙龙虾"市场声誉。

问：本案如何处理？

【解析】

"盱眙龙虾"不可随意用。法院认定被告店内使用涉案标识的行为侵犯了原告注册商标专用权，判令被告立即停止侵权，赔偿原告经济损失及合理维权开支计人民币6000元。

证明商标是指由对某种商品或者服务具有监督能力的组织所控制，而由该组织以外的单位或者个人使用于其商品或者服务，用以证明该商品或者服务的原产地、原料、制造方法、质量或者其他特定品质的标志。龙虾协会注册的"盱眙龙虾XUYILONGXIA及图"商标属于证明商标，其依法享有的商标专用权应受法律保护。餐饮业经营者须规范使用自己的字号、商标，诚信经营，意图通过搭便车牟利的行为必将受到《商标法》的制裁。

## 五、其他权利

在下列情况下使用授权品种的，可以不经植物新品种权所有人许可，不向其支付使用费，但不得侵犯植物新品种权所有人依照《种子法》，有关法律、行政法规享有的其他权利。

1. 利用授权品种进行育种及其他科研活动。

2. 农民自繁自用授权品种的繁殖材料。

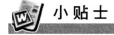 小 贴 士

### 林业植物新品种权的申请程序

育种者应提交相应的申请文件。文件内容包括：植物新品种权请求书、说明书和照片。文件准备齐全后，申请林业植物新品种权的申请人，可以直接向国家林业局提出申请，也可委托国家林业局指定的代理机构代理申请。对于申请品种权的育种者，可以直接向国家林业局植物新品种保护办公室递交申请文件，也可通过邮局邮寄申请文件。

申请文件递交后，申请人所申请的保护品种将在国家林业局下发的书面公告或网上进行公告，如果在公告期没有任何人对该品种提出质疑，该申请人将获得新品种保护权。

## 六、强制许可

为了国家利益或者社会公共利益，国务院农业、林业主管部门可以作出实施植物新品种权强制许可的决定，并予以登记和公告。

取得实施强制许可的单位或者个人不享有独占的实施权，并且无权允许他人实施。

## 七、法律责任

有侵犯植物新品种权行为的,由当事人协商解决,不愿协商或者协商不成的,植物新品种权所有人或者利害关系人可以请求县级以上人民政府农业、林业主管部门进行处理,也可以直接向人民法院提起诉讼。

侵犯植物新品种权的赔偿数额按照权利人因被侵权所受到的实际损失确定;实际损失难以确定的,可以按照侵权人因侵权所获得的利益确定。权利人的损失或者侵权人获得的利益难以确定的,可以参照该植物新品种权许可使用费的倍数合理确定。赔偿数额应当包括权利人为制止侵权行为所支付的合理开支。侵犯植物新品种权,情节严重的,可以在按照上述方法确定数额的一倍以上三倍以下确定赔偿数额。

权利人的损失、侵权人获得的利益和植物新品种权许可使用费均难以确定的,人民法院可以根据植物新品种权的类型、侵权行为的性质和情节等因素,确定给予300万元以下的赔偿。当事人就植物新品种的申请权和植物新品种权的权属发生争议的,可以向人民法院提起诉讼。

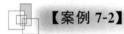

**【案例7-2】**

农闲在家的施某望着自家空着的自留地,就想去山上挖点东西来种。施某不自觉地想到了邻村被挂牌的保护林,里面有当地人称为"根根榧"的树,也即南方红豆杉,知道这树不但能卖钱,还可以嫁接香榧。于是施某就带上锄头、钩刀等工具上山,当天就背了两棵被截取树冠的"根根榧"回家。

回家后,施某赶紧将树种在了自留地里,这让住隔壁的吕某非常眼馋。当晚他便请求施某第二天带他上山一起挖树。连着数天,两人都结伴上山挖树,两人共挖了18棵树,有村民向当地公安部门举报。施某和吕某意识到问题的严重性,于是主动到公安部门自首。

问:施某和吕某的行为是否构成犯罪?

**【解析】**

被告人施某、吕某明知"根根榧"即南方红豆杉,但为了牟取私利,施某先后三次到山上采挖国家重点保护植物南方红豆杉8棵,8棵树均为野生南方红豆杉,属国家重点保护植物,所移植的8棵南方红豆杉均已死亡。吕某先后三次到山上采挖国家重点保护植物南方红豆杉10棵,10棵树均为野生南方红豆杉,属国家重点保护植物,所移植的10棵南方红豆杉有8棵已死亡,两棵成活。

施某、吕某违反国家《森林法》的规定,非法采伐、毁坏国家重点保护植物——南方红豆杉,情节严重,其行为已触犯刑律,构成非法采伐、毁坏国家重点保护植物罪。施某被判处有期徒刑3年,缓刑3年6个月,并处罚金人民币4万元;吕某被判处有期徒刑3年,缓刑 4 年,并处罚金人民币 4.5 万元。

# 第二节　地理标志产品保护

## 一、地理标志产品保护概述

### （一）地理标志产品保护立法

为了有效保护我国的地理标志产品,规范地理标志产品名称和专用标志的使用,保证地理标志产品的质量和特色,根据相关法律法规,国家制定了《地理标志产品保护规定》。2005 年 5 月 16 日经国家质量监督检验检疫总局局务会议审议通过,自 2005 年 7 月 15 日起施行。

### （二）地理标志产品的概念

地理标志产品是指产自特定地域,所具有的质量、声誉或其他特性本质上取决于该产地的自然因素和人文因素,经审核批准以地理名称进行命名的产品。包括。

1. 来自本地区的种植、养殖产品。

2. 原材料全部来自本地区或部分来自其他地区,并在本地区按照特定工艺生产和加工的产品。

地理标志和原产地名称是属于同一概念的,所有的原产地名称都是地理标志,但一些地理标志不是原产地名称。地理标志与原产地域产品(标志)其特性、功用、作用都是相同的。

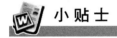 **小 贴 士**

### 地理标志商标

《中华人民共和国商标法》(以下简称《商标法》)第 16 条规定了地理标志,可以依照《商标法》和《中华人民共和国商标法实施条例》的规定,作为证明商标或者集体商标申请注册、受到保护。农产品证明商标,一是可以证明产品的原产地;二是能证明产品的特定品质。由国家工商总局认定并授予。

国家地理标志商标是指由对某种商品或者服务具有监督能力的组织所控制,而由该组织以外的单位或者个人使用于其商品或者服务,用以证明该商品或者服务的原产地、原料、制造方法、质量或者其他特定品质的标志。

### （三）适用范围

《地理标志产品保护规定》适用于对地理标志产品的申请受理、审核批准、地理标志专用标志注册登记和监督管理工作。

### （四）主管机关

国家质量监督检验检疫总局（以下简称"国家质检总局"）统一管理全国的地理标志产品保护工作。各地出入境检验检疫局和质量技术监督局（以下简称各地质检机构）依照职能开展地理标志产品保护工作。

### （五）地理标志产品保护的申请

申请地理标志产品保护，应依照本规定经审核批准。使用地理标志产品专用标志，必须依照《地理标志产品保护规定》经注册登记，并接受监督管理。

地理标志产品保护遵循申请自愿，受理及批准公开的原则。申请地理标志保护的产品应当符合安全、卫生、环保的要求，对环境、生态、资源可能产生危害的产品，不予受理和保护。

## 二、申请及受理

地理标志产品保护申请，由当地县级以上人民政府指定的地理标志产品保护申请机构或人民政府认定的协会和企业（以下简称申请人）提出，并征求相关部门意见。

申请保护的产品在县域范围内的，由县级人民政府提出产地范围的建议；跨县域范围的，由地市级人民政府提出产地范围的建议；跨地市范围的，由省级人民政府提出产地范围的建议。

申请人应提交以下资料。

1. 有关地方政府关于划定地理标志产品产地范围的建议。

2. 有关地方政府成立申请机构或认定协会、企业作为申请人的文件。

3. 地理标志产品的证明材料。

4. 拟申请的地理标志产品的技术标准。

## 三、审核及批准

国家质检总局对收到的申请进行形式审查。审查合格的，由国家质检总局在国家质检总局公报、政府网站等媒体上向社会发布受理公告；审查不合格的，应书面告知申请人。

有关单位和个人对申请有异议的，可在公告后的 2 个月内向国家质检总局提出。

国家质检总局按照地理标志产品的特点设立相应的专家审查委员会，负责地理标志产品保护申请的技术审查工作。国家质检总局组织专家审查委员会对没有异议或者有异议但被驳回的申请进行技术审查,审查合格的,由国家质检总局发布批准该产品获得地理标志产品保护的公告。

## 四、标准制订及专用标志使用

拟保护的地理标志产品,应根据产品的类别、范围、知名度、产品的生产销售等方面的因素,分别制订相应的国家标准、地方标准或管理规范。

国家标准化行政主管部门组织草拟并发布地理标志保护产品的国家标准;省级地方人民政府标准化行政主管部门组织草拟并发布地理标志保护产品的地方标准。

地理标志保护产品的质量检验由省级质量技术监督部门、直属出入境检验检疫部门指定的检验机构承担。必要时,国家质检总局将组织予以复检。地理标志产品产地范围内的生产者使用地理标志产品专用标志,应向当地质量技术监督局或出入境检验检疫局提出申请,并提交以下资料。

1. 地理标志产品专用标志使用申请书。

2. 由当地政府主管部门出具的产品产自特定地域的证明。

3. 有关产品质量检验机构出具的检验报告。

上述申请经省级质量技术监督局或直属出入境检验检疫局审核,并经国家质检总局审查合格注册登记后,发布公告,生产者即可在其产品上使用地理标志产品专用标志,获得地理标志产品保护。

## 五、保护和监督

### (一)各地质检机构的保护

各地质检机构依法对地理标志保护产品实施保护。对下列行为,质量技术监督部门和出入境检验检疫部门将依法进行查处:(1)对于擅自使用或伪造地理标志名称及专用标志的;(2)不符合地理标志产品标准和管理规范要求而使用该地理标志产品的名称的;(3)或者使用与专用标志相近、易产生误解的名称或标识及可能误导消费者的文字或图案标志,使消费者将该产品误认为地理标志保护产品的行为。社会团体、企业和个人可监督、举报。

### (二)生产者的责任

获准使用地理标志产品专用标志资格的生产者,未按相应标准和管理规范组织生产的,或者在2年内未在受保护的地理标志产品上使用专用标志的,国家质检总局将注销其地理标志产品专用标志使用注册登记,停止其使用地理标志产品专用标志并对外公告。

### (三)法律责任

1. 违反《地理标志产品保护规定》的,由质量技术监督行政部门和出入境检验检疫部门依据《中华人民共和国产品质量法》(以下简称《产品质量法》)《中华人民共和国标准化法》(以下简称《标准化法》)《中华人民共和国进出口商品检验法》(以下简称《进出口商品检验法》)等有关法律予以行政处罚。

2. 从事地理标志产品保护工作的人员应忠于职守,秉公办事,不得滥用职权、以权谋私,不得泄露技术秘密。违反以上规定的,予以行政纪律处分;构成犯罪的依法追究刑事责任。

# 第三节 农业知识产权保护

## 一、农业知识产权保护现状

根据中国农业科学院农业知识产权研究中心发布的《中国农业知识产权创造指数报告(2020)》,2019 年我国共公开涉农发明和实用新型专利申请 1357696 件。在授权的 638392 件涉农专利中,发明专利 220149 件,占 34.48%;实用新型专利 418243 件,占 65.52%。我国农业专利的年度申请量和授权量位居世界第一。但转化利用率低。2019 年公布的第 21 届中国专利奖中,涉农专利获奖比例低。其中专利金奖没有涉农专利,专利银奖只有两个是涉农专利。

## 二、实施农业知识产权保护战略

### (一)提高对农业知识产权保护与利用重要性的认识

采取各种方式,持续推进农业知识产权法制宣传教育活动,推动知识产权文化建设和农业知识产权的普及教育。

### (二)加强相关法律体系建设

当今社会在新科技不断涌现的大背景下,农业知识产权保护复杂性加大。必须对现有的法律法规进行全面梳理、修订和不断完善,以发挥好相关立法在促进我国农业知识产权制度确立、行政和司法保护、产权利用和管理等方面的重要作用。

### (三)强化农业知识产权的培育和创造

鼓励支持知识产权服务特别是专利服务机构,提供科技成果的专利化和转化利用服务。继续推进农业品牌计划,构建富有区域竞争力的农业品牌组合体。建立健全地理标志的使用与保护体系。做好农产品商标的申请注册工作。做好植物新品种的培育与申报工作,鼓励植物新品种培育,推动农作物育种创新成果转化为植物新品种权。做好农村文学艺术作品、非物质文化遗产、历史遗存的发现、统计和登记备案工作。

### （四）加强农业知识产权的转化与利用

做好农业科技领域分配制度改革,落实激励农业科技创新和促进科技成果转化利用的相关政策。积极探索、创新和实践涉农知识产权的转化模式,加大农业知识产权的转化运用力度。制定实施促进转化运用的保障措施。

### （五）加强农业知识产权的保护与管理

从立法、行政、司法和社会意识四个方面,做好农业知识产权保护工作,不断提高农业知识产权管理水平。加快构建农业知识产权的公共服务体系,构建农业知识产权信息公共服务平台,完善知识产权中介服务体系。加强维权投诉、举报等公共服务平台建设。

 **导学案例解析**

(1) 原告是涉案第 9129815 号西湖龙井地理标志证明商标的注册人,且该商标在有效期内,原告依法享有的注册商标专用权受法律保护。杭州巨佳茶业有限公司生产、销售的标有"西湖龍井"及"西湖龙井"字样的礼盒装茶叶与原告注册商标西湖龙井核定使用的第 30 类商品为同类商品,虽"西湖龍井"字样中的"龍"与原告注册商标简繁体不相同,但读音、含义相同,已构成近似;而"西湖龙井"字样与原告注册商标西湖龙井读音、含义相同,构成相同;且均在侵权商品上以突出方式标注,会使相关公众认为涉案商品系原产于西湖龙井茶区的茶叶。故在杭州巨佳茶业有限公司不能证明其生产、销售的涉案商品原产地为西湖龙井茶区的情况下,法院认定其在所生产、销售的涉案商品上标注"西湖龍井""西湖龙井"字样的行为不属于正当使用,侵犯了原告的商标专用权。

(2) 北京永辉超市有限公司、北京四海源科贸有限公司销售的标有"西湖龍井"及"西湖龙井"字样的涉案侵权商品,非为原告授权使用注册商标的商品,亦侵犯了原告的注册商标专用权。但是,北京永辉超市有限公司所销售的涉案茶叶系从北京四海源科贸有限公司进货,具有合法的进货渠道和来源,北京永辉超市有限公司不用承担赔偿责任。

(3) 法院作出如下判决：杭州巨佳茶业有限公司立即停止生产、销售侵犯第 9129815 号注册商标专用权商品的行为,北京永辉超市有限公司、北京四海源科贸有限公司立即停止销售侵犯第 9129815 号注册商标专用权商品的行为,杭州巨佳茶业有限公司赔偿杭州市西湖区龙井茶产业协会经济损失 5 万元及为制止侵权所支出的合理开支 609 元,北京四海源科贸有限公司赔偿杭州市西湖区龙井茶产业协会经济损失 2 万元及为制止侵权所支出的合理开支609元。①

 练习题

## 一、简答题

1. 植物新品种的特征有哪些？

2. 《种子法》保护范围是什么？

3. 地理标志产品的概念是什么？TRIPS协定是如何规定的？

4. 农业知识产权战略助力乡村振兴战略实施有哪些？

5. 中央一号文件关于农业知识产权保护的举措有哪些？

## 二、不定项选择题

1. 对(    )的植物新品种,不授予植物新品种权。

    A. 违反法律                       B. 危害社会公共利益

    C. 危害生态环境               D. 培育时间较长

2. 新颖性是指申请植物新品种权的品种在申请日前,经申请权人自行或者同意销售、推广其种子,在中国境内未超过(    );在境外,木本或者藤本植物未超过(    ),其他植物未超过(    )。

    A. 1年           B. 3年           C. 6年           D. 4年

3. 下列名称不得用于授权品种的命名(    )。

    A. 仅以数字表示的

    B. 违反社会公德的

    C. 对植物新品种的特征、特性或者育种者身份等容易引起误解的

    D. 命名太长的

4. 完成育种的(    )或者(    )对其授权品种,享有排他的独占权。

    A. 单位          B. 个人          C. 企业          D. 合伙人

5. 为了国家利益或者社会公共利益,(    )主管部门可以作出实施植物新品种权强制许可的决定,并予以登记和公告。

    A. 国务院农业     B. 林业          C. 省市农业          D. 市场监督

6. (    )统一管理全国的地理标志产品保护工作。

    A. 国家质量监督检验检疫总局          B. 国家知识产权局商标局

    C. 市场监督管理局                       D. 农业农村部

---

① 地理标志证明商标及侵权案例_市场监管律师_新浪博客 http://blog.sina.com.cn/s/blog_7f1ed0510102vco6.html.2020-11-04.

7. 有关单位和个人对地理标志产品保护申请有异议的,可在公告后的(　　)内向国家质检总局提出。

A. 1 个月 　　　　 B. 2 个月 　　　　 C. 3 个月 　　　　 D. 4 个月

8. 2019 年我国共公开涉农发明和实用新型专利申请(　　)件。

A. 1357696 　　　 B. 8157 　　　　 C. 136 　　　　 D. 2025

## 二、案例分析题

山东省 A 市农业科学院(以下简称农科院)自行培育的"澄海 6 号"玉米杂交种被国家农业部授予植物新品种权。2016 年 1 月 14 日 A 市农科院将"澄海 6 号"玉米杂交种品种权转让给了山东省澄海种业股份有限公司(以下简称澄海公司),该变更申请已在《植物新品种权保护》中予以公告,4 月 6 日澄海公司缴纳了品种权维持年费,即享有"澄海 6 号"玉米杂交种的品种权。

2016 年 5 月 26 日山东省 A 市农业科学研究所(以下简称农科所)经内蒙古自治区种子管理站批准,在 B 市某县生产(繁殖)名为"叶单 43 号"的玉米品种,生产面积为 400 亩,并办理了主要农作物种子生产许可证。

澄海公司认为农科所未经品种权人许可,以生产(繁殖)"叶单 43 号"玉米杂交种的名义,擅自生产"澄海 6 号"玉米杂交种。随将农科所告到呼和浩特市中级人民法院,要求消除影响,赔偿损失 53000 元,销毁所生产的侵权品种。法院依法委托鉴定专家鉴定结论认为:送检的"叶单 43 号"玉米杂交种样品中,有 54% 的籽粒与"澄海 6 号"杂交种没有差异,可以认定是"澄海 6 号"杂交种;有 46% 的籽粒与"澄海 6 号"杂交种不一样(经分析是制种过程中母本抽雄不彻底,造成自交结实和接受外来花粉而引起)。

试分析:人民法院应当如何进行判决?

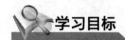

**学习目标**

  1. 掌握自然资源的定义和分类及特征，耕地资源保护制度，森林资源的定义，草原的定义，动物、植物资源保护概念，森林经营；

  2. 理解我国农业可持续发展的目标，水资源利用保护制度，森林保护制度，草原保护制度，农业环境保护制度；

  3. 了解保护生态资源，矿产资源保护制度，水产资源保护的法律规定。

**引导案例**

  2020 年 11 月 12 日下午，胡某某到 A 市慈溪镇长乐村村委会后山场采摘草药期间，在一山坳处发现 1 只白鹇（系国家二级保护动物），遂将其猎捕。次日，胡某某在 A 市楼西镇康乐村附近山场上，发现 3 只果子狸，遂将其猎捕。之后，胡某某将猎捕的白鹇和 3 只果子狸出售给王某某。王某某又将该只白鹇和其中 1 只果子狸出售给翁某某。另调查发现，王某某还有非法猎捕、收购尖吻蝮、乌梢蛇共计 6 条和棘胸蛙 45 只等破坏生态的违法事实。

# 第一节　自然资源概述与农业可持续发展

## 一、自然资源概述

### （一）自然资源的定义、分类及特征

#### 1. 自然资源的定义

自然资源是指天然存在的(不包括人类加工制造的原材料)，并有利用价值的自然

物,如土地、矿藏、水利、生物、气候、海洋等资源,是生产的原料来源和布局场所。联合国环境规划署将其定义为:自然资源是在一定的时间和技术条件下,能够产生经济价值,提高人类当前和未来福利的自然环境因素的总称。

自然资源仅为相对概念,随社会生产力水平的提高与科学技术进步,部分自然条件可转换为自然资源。如随海水淡化技术的进步,在干旱地区,部分海水和咸湖水有可能成为淡水的来源。

**2. 自然资源的分类**

自然资源是人类生存和发展的物质基础和社会物质财富的源泉,是可持续发展的重要依据之一。

(1) 按照自然资源的属性和用途可分为:陆地自然资源、海洋自然资源、太空自然资源。陆地自然资源又分为:土地资源、气候资源、水资源、生物资源、矿产资源。海洋自然资源分为:海洋生物资源、海洋矿产资源、海洋化学资源、海洋气候资源、海底资源。

(2) 按照圈层特征可分为:土地资源、气候资源、矿产资源、水资源、生物资源、能源资源、旅游资源、海洋资源。

(3) 按照自然资源的利用限度可分为:可更新资源和不可更新资源。

(4) 按照自然资源的固有属性可分为:耗竭性资源和非耗竭性资源。

**3. 自然资源的特点**

自然资源具有两重性,既是人类生存和发展的基础,又是环境要素。自然资源具有以下特点。

(1) 稀缺性。自然资源相对于人类的需求,在数量上是不足的。这是人类社会和自然资源关系的核心所在。

(2) 空间分布不均匀性。资源分布的不平衡,存在数量或质量上的显著地域差异,并有其特殊分布规律。

(3) 整体性。每个地区的自然资源要素彼此有生态上的联系,形成一个整体,必须强调综合研究与综合开发利用。

(4) 多用性。大部分资源都具有多种功能和用途。

(5) 社会性。人类通过生产活动,把自然资源加工成有价值的物质财富,从而使自然资源具有广泛的社会属性。

**(二) 农业资源的定义和特性**

**1. 农业资源的定义**

农业资源是指自然界存在的、可作为农业生产原料的物质和能量来源,以及农业生产所必要的环境条件。

**2. 农业资源具有的特性**

(1) 农业资源的系统整体性。

(2) 农业资源的地域差异性。

(3) 农业资源的可更新性。

(4) 农业资源的有限性与无限性。

(5) 农业资源的多功用性。

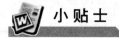 小贴士

### 生态农业与旅游农业

生态农业:就是以生态学理论为依据,在一定的区域内因地制宜地规划、组织和进行农业生产。旅游农业:又称观光农业,兴起于"二战"后的欧美国家,是以农业资源为基础,把农园观光、农艺展示、农产品提供与农村空间出让等生产、经营赋予旅游的内涵,使旅游者参与到农业的生产形态中去的新型旅游形式。

## 二、我国农业可持续发展

农业农村部等 8 部委、局联合发布了《全国农业可持续发展规划(2015—2030 年)》(以下简称《规划》)。《规划》提出。

### (一)全国农业可持续发展的基本原则

坚持生产发展与资源环境承载力相匹配。坚守耕地红线、水资源红线和生态保护红线,优化农业生产力布局,提高规模化集约化水平,确保国家粮食安全和主要农产品有效供给。坚持创新驱动与依法治理相协同。坚持当前治理与长期保护相统一。坚持试点先行与示范推广相统筹。坚持市场机制与政府引导相结合。

### (二)全国农业可持续发展的目标

**1. 到 2020 年,农业可持续发展取得初步成效,经济、社会、生态效益明显**

农业发展方式转变取得积极进展,农业综合生产能力稳步提升,农业结构更加优化,农产品质量安全水平不断提高,农业资源保护水平与利用效率显著提高,农业环境突出问题治理取得阶段性成效,森林、草原、湖泊、湿地等生态系统功能得到有效恢复和增强,生物多样性衰减速度逐步减缓。

**2. 到 2030 年,农业可持续发展取得显著成效**

供给保障有力、资源利用高效、产地环境良好、生态系统稳定、农民生活富裕、田园风光优美的农业可持续发展新格局基本确立。

# 第二节　耕地资源利用保护

## 一、耕地资源利用保护概述

### （一）我国土地资源现状

我国国土面积排名世界第三,耕地面积排名世界第四。但由于人口密度大,我国人均土地面积 $0.72hm^2$,人均耕地仅 $0.09hm^2$,是世界人均耕地($0.37hm^2$)的 1/4。由于我国社会发展前期未认识到土地资源利用与土地需求之间存在的矛盾,造成土地资源开发利用粗放化、无序性、缺乏科学性。

目前,由于我国土地沙漠化、水土流失、土壤贫瘠化、盐渍化、草场退化以及土地污染等,造成土地资源总体质量下降,使得可利用土地进一步减少。[①]

### （二）土地资源的特性

土地资源的特性主要有以下几方面。

1. 土地数量的有限性。
2. 土地功能的不可代替性。
3. 土地位置的固定性。
4. 土地肥力的持久性。
5. 土地利用的不可逆性。

### （三）保护耕地资源

在合理利用土地保持足够的耕地的同时,要保护提高耕地的质量,改良土壤,培育地力,提高其生产能力。

《环境保护法》规定,各级人民政府应当加强对农业环境的保护,防治土壤污染、土地沙化、盐渍化、贫瘠化、沼泽化、地面沉降和防治植被破坏、水土流失、水源枯竭、种源灭绝以及其他生态失调现象的发生和发展,推广植物病虫害的综合防治,合理使用化肥、农药及植物生长激素。《土地管理法》第 36 条明确规定,各级人民政府应当采取措施,引导因地制宜轮作休耕,改良土壤,提高地力,维护排灌工程设施,防止土地荒漠化、盐渍化、水土流失和土壤污染。

## 二、非农业建设占用耕地补偿制度

《土地管理法》规定,国家实行占用耕地补偿制度。非农业建设经批准占用耕地的,

---

① 王一汀:《我国土地资源开发与利用研究现状》,载《建材与装饰》,2016,22(133)。

按照"占多少,垦多少"的原则,由占用耕地的单位负责开垦与所占用耕地的数量和质量相当的耕地;没有条件开垦或者开垦的耕地不符合要求的,应当按照省、自治区、直辖市的规定缴纳耕地开垦费,专款用于开垦新的耕地。

## 三、永久基本农田保护制度

国家实行永久基本农田保护制度。下列耕地应当根据土地利用总体规划划为永久基本农田,实行严格保护。

(1)经国务院农业农村主管部门或者县级以上地方人民政府批准确定的粮、棉、油、糖等重要农产品生产基地内的耕地。

(2)有良好的水利与水土保持设施的耕地,正在实施改造计划以及可以改造的中、低产田和已建成的高标准农田。

(3)蔬菜生产基地。

(4)农业科研、教学试验田。

(5)国务院规定应当划为永久基本农田的其他耕地。

## 四、土地整理、土地复垦和恢复植被

1.国家鼓励土地整理。县、乡(镇)人民政府应当组织农村集体经济组织,按照土地利用总体规划,对田、水、路、林、村综合整治,提高耕地质量,增加有效耕地面积,改善农业生产条件和生态环境。

地方各级人民政府应当采取措施,改造中、低产田,整治闲散地和废弃地。

2.因挖损、塌陷、压占等造成土地破坏,用地单位和个人应当按照国家有关规定负责复垦;没有条件复垦或者复垦不符合要求的,应当缴纳土地复垦费,专项用于土地复垦。复垦的土地应当优先用于农业。

3.开采矿产资源,应当节约用地。耕地、草原、林地因采矿受到破坏的,矿山企业应当因地制宜地采取复垦利用、植树种草或者其他利用措施。

## 五、土地资源的合理利用、管理和保护

对土地资源的合理利用、管理和保护应从以下几方面着手。

(1)切实保护和利用好现有耕地;(2)进一步完善土地管理法规体系;(3)改善土地管理体制,建立统一的有权威的土地管理机构;(4)采用经济手段,确定土地价格,土地价格同价同市;(5)加强土地利用的统一规划管理;(6)增加对土地资源开发利用的投入,不断提高土地生产力;(7)加强智力投资,积极培训土地管理人才。

## 六、耕地、林地等农用地的司法保护

我国《刑法》第342条规定,违反土地管理法规,非法占用耕地、林地等农用地,改变被占用土地用途,数量较大,造成耕地、林地等农用地大量毁坏的,处5年以下有期徒刑或者拘役,并处或者单处罚金。

# 第三节 水资源利用保护

## 一、水资源及其特点

### (一)水资源的定义

水资源是指地表水和地下水。地表水包括江河水、湖沼水、土壤水,以及地上的冰川等;地下水是指地表以下的水。地表水与地下水相互转化,难以绝对分开。水资源又是一种再生的动态资源,与大气层降雨相互循环密切相关。

### (二)我国水资源的基本特点

我国水资源主要有如下特点。

(1)总资源量丰富,人均拥有量少;(2)水土配比相差极大,旱涝常有;(3)雨热同步组合,有利于生物及农业生产;(4)年际变化频率大,旱涝交替出现;(5)水质成地带性分布。

## 二、水资源保护与节约

### (一)开发利用水资源,应注意维护生态环境

水是可再生的资源,应考虑既满足防洪、灌溉、发电、供水、航运、水生生物、旅游等方面的需要,也应注意到生态环境的需要。

### (二)节约用水

我国水资源不丰富,总量排在世界第6位。2019年中国水资源总量为28670亿立方米,人均水资源量为2051.21立方米。2019年用水占比最大的产业为农业用水,占全国用水量的61%。其次是工业用水,占全国用水量的21%。再次为生活用水,占全国用水量的15%。最后为生态用水,2019年生态用水总量为202亿立方米。预计未来生活用水和生态用水占比将逐渐上升,工业用水占比将逐步下降。[①] 为此应通过改进灌溉技术,

---

① http://www.chyxx.com/industry/202006/876926.html.2020-11.06.

提高利用率,降低亩均耗水量。节约生活用水,主要是要把用水的多少和用户的经济利益结合起来,运用经济手段节约用水。国家对直接从地下或者江河、湖泊取水的,实行取水许可证制度和用水收费制度。

### (三)水域、水工程保护

水域,包括江、河、湖、海、水库等一切水面。水域、水工程保护是保护航道、堤防、护岸和水工程等设施;保护地下水资源,防止地面沉降;禁止围湖造田,禁止围垦河流等。

法律规定,在江河、湖泊、水库、渠道内,不得弃置、堆放阻碍行洪、航运的物体,不得种植阻碍行洪的林木和高秆作物。在航道内不得弃置沉船,不得设置碍航渔具,不得种植水生植物。禁止围湖造田,禁止围垦河流,湖泊具有抗旱、防洪、调节气候和繁殖水生生物等作用。盲目围垦湖泊,将影响渔业生产及农林牧副业的全面发展。确需围垦的,应依法申请批准。

## 三、水资源持续利用和合理开发

开发利用水资源和防治水害,应当综合考虑地表水和地下水的特点,兼顾上下游,左右岸和地区之间的利益,根据近期与远期相结合的原则,按流域或区域进行统一规划。

合理开发和提取地下水;修筑水库,把大气降水以及洪水期多余的河水蓄积起来;开渠引水,把水资源相对丰富地区的水调入水资源相对贫乏的地区,加强对水资源在时间和空间分布上的调节;海水淡化、人工增雨等。大力发展节水灌溉农业,提高水资源利用效率。

加强宣传教育,提高公民节水意识;重视改进农业灌溉技术,提高工业用水的重复利用率,注意从农业和工业这两个用水大户中挖掘水资源的潜力。

# 第四节　矿产资源保护

## 一、矿产资源保护概述

### (一)矿产资源现状

我国矿产资源总量丰富,但人均占有量不足,仅为世界人均水平的 58%。同时存在三个突出问题:一是支柱性矿产(如石油、天然气、富铁矿等)后备储量不足,而储量较多的则是部分用量不大的矿产(如钨、锡、钼等);二是小矿床多、大型特大型矿床少,支柱性矿产贫矿和难选冶矿多、富矿少,开采利用难度很大;三是资源分布与生产力布局不匹配。

随着经济社会的发展,未来 20~30 年内我国矿产品的需求量将大幅度增加,而大宗矿产储量的增长速度远远低于矿产消耗增长的速度,矛盾比较突出。

### (二)矿产资源定义

矿产资源是指可以用于生产和生活在地壳中或地表某处聚集起来的具有开采价值的矿物。它是人类赖以生存和发展的重要物质基础,又是人类可以利用但又不可再生的自然资源。矿产资源包括:呈固、液、气体状态的各种金属矿产、非金属矿产、燃料矿产、地下热能等。我国的矿产资源丰富,是世界上矿产种类比较齐全的国家之一,已探明储量的矿种有 136 种。

### (三)合理开发利用

国家保障矿产资源的合理开发利用,禁止任何组织或者个人用任何手段侵占或者破坏矿产资源。对矿产资源的勘查、开发实行统一规划、合理布局、综合勘查、合理开采和综合利用的方针。禁止乱挖滥采,破坏矿产资源。

### (四)防止恶化环境

在矿产资源的勘查、开发利用中使环境质量恶化的情况必须防止。耕地、草原、林地因采矿受到破坏的,矿山企业应当因地制宜地采取复垦利用、植树种草或者其他利用措施。

### (五)防止污染环境

开采矿产资源,必须遵守有关环境保护的法律规定,防止污染环境。

## 二、采矿许可证制度

国家根据矿产资源的不同情况,授权不同的部门审批颁发开发矿产资源许可证。

## 三、矿产资源开发的战略措施

矿产资源开发的战略措施主要包括:(1)制止掠夺性经营,改善生态环境;(2)综合开发利用,提高资源利用率和资源生产力;(3)珍惜节约,实行有偿开发利用;(4)开辟和节约能源。

# 第五节　森林资源保护

## 一、森林资源保护概述

### (一)我国森林资源现状

我国陆地总面积 96027.16 万公顷,林业用地 26329.47 万公顷,有林地面积 15894.09

万公顷。我国森林覆盖率为 16.55%，而世界平均覆盖率为 27%，我国低于世界平均水平 10.45%。我国人口占世界人口 22%，但我国森林蓄积仅占世界森林蓄积的 3.7%，我国人均森林面积 0.128 公顷，世界人均森林面积是 0.58 公顷，我国人均蓄积为 9.048 立方米，世界人均蓄积为 58 立方米。

我国森林资源总量不足，属于少林国家。[①] 森林生态系统功能脆弱的状况尚未得到根本改变，生态产品短缺的问题依然是制约我国可持续发展的突出问题。

### （二）森林资源的定义

森林资源是指包括林地以及林区内野生的植物和动物。森林，包括竹林。林木包括树木、竹子。林地，包括郁闭度 0.3 以上的乔木林地，疏林地，灌木林地，采伐迹地，火烧迹地，苗圃地和国家规划的宜林地。森林不仅生产木材和其他林产品，而且能调节气候，保持水土、防风固沙和防止大气污染，它是人类可持续利用、可更新的资源。

新修订的《森林法》2020 年 7 月 1 日起开始施行。在中华人民共和国领域内从事森林、林木的保护、培育、利用和森林、林木、林地的经营管理活动，适用《森林法》。

## 二、森林保护

1. 实行保护、培育、利用森林资源应当尊重自然、顺应自然，坚持生态优先、保护优先、保育结合、可持续发展的原则。

2. 国家对森林资源实行全方位、全地域、全过程的保护，提升森林生态系统质量和稳定性。

3. 国家实行天然林全面保护制度。严格限制天然林采伐，保护和修复天然林资源，逐步提高天然林生态功能。

4. 禁止毁林开垦、采石、采砂、采土以及其他毁坏林木和林地的行为。禁止向林地排放重金属或者其他有毒有害物质含量超标的污水、污泥，以及可能造成林地污染的清淤底泥、尾矿、矿渣等。

5. 禁止在幼林地砍柴、毁苗、放牧。国家保护古树名木和珍贵树木。禁止破坏古树名木和珍贵树木及其自然生境。

## 三、植树造林

国家组织和鼓励植树造林，保护林木。植树造林、保护森林，是公民应尽的义务。

1. 提高森林覆盖率。

---

① 森林资源概念 http://www.ljforest.gov.cn/zw/lqzw/hljsshjlq_139/hljshllyj/kpxc_1755/201712/t20171205_44600.htm.2020-11-06.

2. 营造防护林。防护林是以防护为主要目的的森林、林木和灌木丛。包括水源涵养林、水土保持林、防风固沙林、农田防护林、基本草牧场防护林、护岸林、护路林。

3. 建立用材林、经济林基地。用材林是以生产木材（竹林）为主的森林和林木。经济林是以生产果品、食用油料、饮料、药材和工业原料为主的林木。

4. 植树造林。国家统筹城乡造林绿化，开展大规模国土绿化行动。有劳动能力的适龄公民，应当按照有关规定通过植树造林、抚育管护、认建认养等多种方式履行植树义务。每年 3 月 12 日为植树节。

## 四、森林经营

### 1. 森林经营的原则

应当尊重自然规律，符合相关技术规程，按照可持续经营原则，以培育稳定、健康、优质、高效的森林生态系统为目标，对公益林和商品林实行不同的经营措施，突出主导功能，兼顾其他功能，发挥森林多种功能，实现森林永续利用。

### 2. 公益林经营

可以合理利用林地资源和森林景观资源，适度开展林副产品生产，发展森林旅游、康养、文化产业等非木质资源利用，但是应当符合生态区位保护要求，不得破坏公益林生态功能。

### 3. 商品林经营

商品林由林业经营主体依法自主经营。在不破坏生态的前提下，可以采取集约化经营措施，充分发挥林地生产经营潜力，实现商品林经营的最优价值。

国家鼓励建设速生丰产、珍贵和大径级的用材林，增加林木储备，保障木材供给安全。

### 4. 采伐许可证制度

符合林木采伐技术规程或者批准的森林经营方案的，审核发放采伐许可证的部门应当核发采伐许可证。审核发放采伐许可证的部门不得超过年采伐限额发放采伐许可证。

### 【案例 8-1】

2021 年 1 月，某化纤厂为扩大生产，需修建新厂房，于是向当地自然资源管理部门申请办理了有关建设用地手续，总占用土地面积 100 亩。施工过程中，施工单位的推土机铲掉了大量的幼林。接到举报后，林业和草原局派执法人员进行调查。执法人员在调查中发现，某化纤厂占用的 100 亩土地中有 9 亩是林地，但在办理土地征占用手续时未经林业和草原局审核同意。

问：本案应如何处罚？

**【解析】**

林业和草原局根据《森林法》和《森林法实施条例》第 43 条的规定,作出限期恢复原状,并处非法改变用途林地每平方米 20 元罚款的处罚决定。化纤厂拿出自然资源管理部门批准的有关土地征占用手续,拒绝履行林业和草原局的处罚。林业和草原局向人民法院申请强制执行,最后,人民法院做出了强制执行的决定。

## 五、森林资源合理开发利用原则

森林资源的合理开发利用需遵循如下原则:

(1)森林采伐要遵循生物学特性;(2)因地制宜,实行科学的采育方法;(3)最佳轮伐期确定的经济原则;(4)大力发展木材的综合利用。

# 第六节　草原资源保护

## 一、草原资源保护概述

### (一)我国草地资源现状

我国拥有草场近 4 亿 $hm^2$,约占国土面积 42%;但人均草地只有 0.33 $hm^2$,为世界人均草地 0.64 $hm^2$ 的 52%。我国草地可利用面积比例较低,优良草地面积小,草地品质偏低;天然草地面积大,人工草地比例过小,天然草地面积逐年缩减,质量不断下降。

草地载畜量减少,普遍超载过牧,草地"三化"不断扩展,中国 90%的草地不同程度地退化,其中中度退化以上的草地面积占 50%,全国"三化"草地面积已达 1.35 亿 $hm^2$,并且每年以 200 万 $hm^2$ 的速度增加。我国 84.4%的草地分布在西部,面积约 3.3 亿 $hm^2$。

### (二)草原的定义

草原是指生长在温带气候半干旱、半湿润的地区,以旱生多年生草本植物为主体的植物群落,能够用作放牧和割草的场地。包括天然草场、人工改良草场、放牧场、打草场和草籽繁殖地。

## 二、保护草原植被

《草原法》规定,严格保护草原植被,禁止开垦和破坏。草原使用者进行少量开垦,必须经县级以上人民政府批准。已经开垦并造成草原沙化或者严重水土流失的,县级以上地方人民政府应当限期封闭,责令恢复植被,退耕还牧。为了防止植被破坏,禁止在荒漠草原、半荒漠草原和沙化地区砍挖灌木、药材及其他固沙植物。未经县级人民政府批准,不得采集草原上的珍稀野生植物。为防止机动车辆破坏草原植被,规定机动车辆在草原上行驶,应当注意保护草原;有固定公路线的,不得离开固定的公路线行驶。

## 三、保护草原生态环境与防火

### （一）草原生态环境保护

《草原法》规定,地方各级人民政府应当采取措施,防治草原鼠虫害,保护捕食鼠虫的益鸟益兽。防治草原地区牲畜疫病和人畜共患疾病。猎捕草原野生动物,应当遵守当地人民政府关于预防疫病流行的有关规定。

### （二）草原防火

贯彻"预防为主,防消结合"的方针。建立防火责任制,制定草原防火制度和公约,规定草原防火期。在草原防火期间,应当采取安全措施,严格管理。发生草原火灾,应当迅速组织群众扑灭,查明火灾原因和损失情况,及时处理。

## 四、合理利用草原和建设草原

### （一）合理利用草原,防止过量放牧

《草原法》规定,因过量放牧造成草原沙化、退化、水土流失的,草原使用者应当调整放牧强度,补种牧草,恢复植被。对已经建成的人工草场应当加强管理,合理经营,科学利用,防止退化,提高载畜能力。

### （二）开发利用我国草地资源的途径

开发利用我国草地资源的途径主要包括。

(1)合理利用西、北部天然草地;(2)挖掘南方草山草坡的潜力;(3)防止退化,积极恢复退化草场;(4)逐步推广轮牧,建立合理的轮牧制度;(5)重视草地的合理利用,提高牧畜生产能力。

# 第七节　野生动、植物资源保护

## 一、野生动、植物资源概念

野生动物是指非人工驯养的,生存于自然界的哺乳动物、鸟类、爬行动物、两栖动物、鱼类、软体动物、昆虫、腔肠动物等。我国是世界上野生动物种类最多的国家,约占世界动物总种数的 12%。其中我国特有或主要分布在我国的有熊猫、金丝猴、羚牛、白鱀豚、扬子鳄等。

野生植物是指自然生长的被子植物、裸子植物和蕨类植物。其中稀有、渐危、濒危的种类,称为珍稀野生植物。据统计,我国有高等植物 3 万多种,木本植物 7 千多种,共占世界总数的 10%,其中不少为我国独有。如金钱松、台湾松、水松、珙桐、杜仲等。

## 二、野生动物资源保护

### (一)野生动物的保护

**1. 野生动物定义**

《野生动物保护法》规定,保护的野生动物是指珍贵、濒危的陆生、水生野生动物和有益的或者有重要经济、科学研究价值的陆生野生动物。国家保护野生动物及其生存环境,禁止任何单位和个人非法猎捕或者破坏。

**2. 国家重点保护的野生动物的种类**

国家重点保护的野生动物分为一级保护野生动物和二级保护野生动物。

一级保护动物,是指中国特产稀有或濒于灭绝的野生动物,禁止任何组织和个人在任何时间、地点和使用任何方法猎捕、伤害,包括它们的幼体、卵等。

二级保护动物,是指数量稀少或分布地域狭窄,若不采取保护措施将有灭绝危险的野生动物。

禁止在自然保护区、风景名胜区及省、自治区、直辖市人民政府规定的其他禁猎区、禁猎期内,猎捕、伤害国家二级保护动物。

**3. 国家保护野生动物的措施**

国家建立自然保护区对野生动物进行保护。《野生动物保护法》明确禁止对国家保护的野生动物的猎捕、杀害、出售、收购。

### (二)野生植物资源保护

**1. 我国的野生植物资源**

我国有许多十分珍贵而稀有的树种,其中有许多中草药植物、香料植物和工业用植物等。合理的利用野生植物资源,保护野生珍稀植物,对发展经济、开展科学研究,改善自然环境都具有重要意义。

**2. 野生植物资源保护的种类**

(1)野生植物的分级保护

野生植物的分级保护是对珍贵、稀有野生植物的保护。珍贵植物是指我国特产并具有极为重要的科研、经济或文化价值的植物;稀有植物是指分布区范围狭窄,生存环境比较独特或者分布区虽广但零星分散的植物。对这些野生植物及其生存环境,国家实行重点保护。

(2)自然保护区保护

国家建立自然保护区对野生植物进行保护。我国著名的植物保护区有:稀有的南亚热带常绿阔叶林——鼎湖山自然保护区、丰林自然保护区、银杉——花坪自然保护区和金佛山自然保护区等。

**3. 植物检疫专门法规保护**

国家对植物检疫专门发布《植物检疫条例》,对植物检疫管理机构、植物检疫对象、植物检疫措施等均作了具体规定。

**【案例 8-2】**

2020 年 6 月,袁某某等 21 人非法收购、出售 11 只穿山甲,涉嫌非法收购、出售珍贵、濒危野生动物,非法收购、出售珍贵、濒危野生动物制品罪。常州市 A 区人民检察院向常州市 A 区人民法院提起公诉,同时针对本案提起了江苏省首例涉珍贵濒危野生动物犯罪刑事附带民事公益诉讼,要求判令 21 名被告人连带承担非法收购、出售 11 只穿山甲造成的生态资源受损费用合计 88 万元。

问:对袁某某等 21 人的民事公益诉讼如何处理?

**【解析】**

常州市 A 区人民法院判令 21 名被告人连带承担非法收购、出售 11 只穿山甲造成的生态资源受损费用合计 88 万元。21 名被告人对民事公益诉讼的主要事实和证据无异议,均真诚悔罪,自愿缴纳资源补偿费,支付 88 万元资源补偿费及 1 万元专家咨询费至金坛区财政非税账户。21 名被告人在庭审后悔罪态度较好,积极自愿承担民事赔偿责任,主动缴纳了全额赔偿款,纳入区财政非税专户管理,专门用于生态环境修复。

# 第八节　水产资源保护

## 一、水产资源保护概述

水产资源是一种生物资源即水生动植物。它的主要产品——鱼类,是人们生活中重要的副食品之一,各种水生动植物及其副产品(如鱼类的内脏、骨头等废弃物),在工业、农业和医药上的用途也很广泛。

如果维护好水域环境,把开发利用和繁殖保护很好地结合起来,资源就可以稳步增值;如果采捕过度,滥用危害资源的渔具去破坏水域环境,资源就会遭到破坏。资源一经破坏再恢复就比较困难。因此,在发展水产资源的同时,必须注意繁殖保护,加强水产事业的法制建设,提高水产科学管理水平,以便有效地保护和增加水产资源,使水产事业健康地发展。

## 二、水产资源保护的法律规定

### （一）水产资源保护对象和采捕原则

#### 1. 保护对象

除了一些珍稀名贵的水生动植物品种外，主要根据我国水产资源的状况和人民生活的需要情况来决定。

#### 2. 采捕的原则和标准

水生动物的可捕标准，应当以达到性成熟为原则。对各种捕捞对象应当规定具体的可捕标准（长度或重量）和渔获物中小于可捕标准部分的最大比重。捕捞水生动植物时，应当保留足够数量的亲体，使资源能够稳定增长。对于各种经济藻类和淡水食用水生植物，应当待其长成后方得采收，并注意留种、留株、合理轮采。

### （二）加强捕捞监督管理

#### 1. 划定禁渔区

为维护国家的渔业权益，保护水产资源，以法律形式规定禁止某种渔业在划定的水域内进行捕捞作业，这个划定的水域就是该渔业的禁渔区。

#### 2. 禁渔期

在一定时间内，在一定的水域，禁止全部捕捞作业，或限制作业的种类和某些作业的渔具数量，以保护和合理捕捞渔业资源。县级以上人民政府渔业行政主管部门，可以确定重点保护的渔业资源品种及采捕标准。在重要的鱼、虾、蟹、贝、藻类，以及其他重要水生生物的产卵场、索饵场、越冬场和洄游通道，规定禁渔区和禁渔期。

#### 3. 渔具和渔捕

为了保证渔业资源，在一定的地区内，按不同的捕捞对象对捕捞作业的工具，方法，分别提出具体规定和要求。各种主要渔具，应当按不同捕捞对象，分别规定最小网眼（箔眼，尺寸）。其中机轮拖网、围网和机帆船拖网的最小网眼尺寸由国家渔产行政主管部门规定。对于危害资源的渔具、渔捕，应根据危害资源的程度，分别予以改进，限期淘汰或禁止使用。

# 第九节　农业环境保护

## 一、农业环境概述

### （一）农业环境的定义

农业环境是指农作物、林木、果树、畜禽和鱼类等农业生物赖以生存、发育、繁殖的自然环境,主要包括农田土壤、农业用水、空气、日光、温度等。当前由人类活动所引起的农业环境质量恶化,已成为妨害农业生物正常生长发育、破坏农业生态平衡的突出问题。其中既有由农业外的人类活动引起的,也有由农业生产本身引起的。

### (二) 来自农业外的污染与危害

#### 1. 农区大气污染

全世界每年排入大气的废气中约含 400 多种有毒物质,通常造成危害的约 30 余种。主要的有害气体有:(1)二氧化硫;(2)氟化物;(3)氯;(4)光化学烟雾;(5)粉尘。

#### 2. 农业用水污染

由工矿企业排放的未经净化的废水、废渣、废气和城镇居民排放的生活污水是主要的污染源。农业用水中为害较大的污染物质主要有:(1)氰化物和酚、苯类;(2)三氯乙醛;(3)次氯酸;(4)油类;(5)洗涤剂(主要来自家庭生活污水);(6)氮素过剩(城市污水和畜舍污水中均富含氮素);(7)病原微生物。

#### 3. 农田土壤污染

与农业用水污染密切有关。造成农田土壤污染的有毒物质主要有:(1)镉;(2)汞;(3)砷;(4)铅;(5)硒等。

此外,农业用水和农田土壤中的有害物质还常污染水体,对水产业造成危害。如:水中氰化物 0.3～0.5 毫克的含量就可使许多鱼类致死。酚可影响鱼、贝类的发育繁殖。镉、汞和铅对鱼类生存的威胁也大。

### (三) 来自农业本身的污染与危害

#### 1. 农药污染

一些长效性农药如滴滴涕、六六六等。另外,农药的长期使用,还会因害虫的天敌被消灭和害虫、致病微生物产生抗药性而加剧病虫为害。

#### 2. 化肥污染

长期过量施用化肥或施用不当可造成明显的环境污染或潜在性污染。

#### 3. 盲目性的农事活动

如对森林、草原以及水、土等农业自然资源不合理的开发利用等,也是恶化农业环境、破坏农业生态平衡的重要原因。

## 二、保护农业环境的措施

### (一) 控制和消除污染源

制定法律法规控制和消除污染,包括对污染物的净化处理、排放标准以及排放量和浓度的限制等。同时,辅以行政措施和经济制裁,如排污收费、污染罚款等。

### (二)农业环境监测

目的在于迅速掌握农业环境污染的现状和动向,提供预报资料,以便及早采取相应措施。监测内容以为害农业环境的主要污染物为重点,在紧急情况下,可进行特定项目的监测。

### (三)污染防治措施

**1. 利用植物防治**

选用具有较强抗性和耐污性的树种营造防污林带,以阻止大气污染物的扩散,并通过林网吸收污染物质等。某些对污染物敏感的植物,则可作为指示植物,用来监测大气污染。

**2. 利用某些生物的自净能力**

池、沼、库、塘、湖泊等水域中的某些水生生物除能将酚、氰等毒物分解成无毒物质外,对汞、镉、铬、锌等元素也有较强的吸收能力。

**3. 耕作措施防治**

对已被污染的土壤,除发挥土壤自然净化作用外,可通过深翻、刮土甚至换土等方法来消除污染。此外,增加土壤有机质含量可提高土壤的净化能力;施加石灰、磷酸盐、硅酸盐等可抑制植物对重金属的吸收。

**4. 合理使用农药、化肥**

禁用和限制使用剧毒农药和稳定性强的农药,发展高效、低毒、低残留农药,以及利用天敌,培养抗性品种,采取综合措施防治病虫害等。

**5. 维护生态平衡**

包括种植防护林,禁止对草原、森林和水域的不合理开发以及保护和利用天敌等。

 **引导案例解析**

王某等人的行为破坏了生态环境,损害了社会公共利益。本案涉案野生动物共 5 个物种 55 只,且存在不同情形的违法行为和损害后果。2020 年 11 月 28 日,玉泉市人民检察院提起刑事附带民事公益诉讼,请求法院判令王某某、胡某某对猎捕、杀害、收购、出售珍贵、濒危野生动物所造成的生态环境损失 8600 元承担连带赔偿责任,翁某某对其非法收购珍贵、濒危野生动物所产生的生态环境损失 6200 元承担连带赔偿责任。玉泉市人民法院支持了检察机关民事公益诉讼全部诉讼请求。

判决生效后,王某某、胡某某、翁某某履行了法院判决确定的生态环境损害赔偿责任,并在媒体公开赔礼道歉。

 **练习题**

## 一、简答题

1. 简述自然资源的特点。

2. 我国农业可持续发展的目标是什么？

3. 土地资源的特性有哪些？

4. 如何进行水资源的保护与节约？

5. 简述习总书记的"两山论"在《森林法》中的体现。

## 二、不定项选择题

1. 自然资源具有(　　)的特点。

    A. 稀缺性　　　　　　　　　　　　B. 空间分布不均匀性

    C. 整体性　　　　　　　　　　　　D. 多用性

2. 森林经营应当尊重自然规律，符合相关技术规程，按照(　　)原则，实现森林永续利用。

    A. 可持续经营　　　　　　　　　　B. 长久经营

    C. 永续经营　　　　　　　　　　　D. 保护经营

3. 森林经营分为(　　)。

    A. 养护林经营　　　　　　　　　　B. 非公益林经营

    C. 公益林经营　　　　　　　　　　D. 商品林经营

4. 我国法律禁止任何(　　)或者(　　)用任何手段侵占或者破坏矿产资源。

    A. 组织　　　　B. 个人　　　　C. 单位　　　　D. 企业

5. 我国规定，每年的(　　)是植树节。

    A. 2 月 12 日　　B. 3 月 12 日　　C. 4 月 12 日　　D. 5 月 12 日

6. 《草原法》还规定，草原使用者进行少量开垦，必须经(　　)以上人民政府批准。

    A. 区级　　　　B. 县级　　　　C. 市级　　　　D. 省级

7. 《野生动物保护法》明确禁止对国家保护的野生动物的(　　)。

    A. 猎捕　　　　B. 杀害　　　　C. 出售　　　　D. 收购

8. 我国法律规定，禁用和限制使用剧毒农药和稳定性强的农药，发展(　　)农药。

    A. 高效　　　　B. 低毒　　　　C. 低残留　　　　D. 高残留

## 三、案例分析题

2021 年 1 月 17 日 14 时 20 分，云南省大姚县森林公安局接 110 指挥中心转警称："大姚县金碧镇席坝村委会山上起火，请求森林公安出警处置。"接报后，民警立即出警核实,到达现场后经初步调查得知,山火由王某某上坟放鞭炮不慎引发,经对现场查看,烧毁林地面积较大。经鉴定,王某某失火案涉案林地面积 45.7 公顷,林地所有权、使用权、森林林木所有权使用权均属集体,烧毁林地内林木林种为用材林、烧毁林木蓄积为 643 立方米。

试分析:对王某某的行为是否要追究责任?

## 学习目标

1. 掌握农业行政执法的主体,行政执法程序,行政复议程序,行政诉讼裁判类型;
2. 理解农业行政执法内容;
3. 了解农业行政执法概念、特征。

## 案例导学

2020年11月9日,群众举报陈某在浙江省龙游县龙游镇龙南路2号多次从事无《兽药经营许可证》经营兽药的违法行为,当日龙游县农业农村局予以立案调查。

执法人员分别对3家生猪养殖场主、兽药仓库进行调查,制作询问笔录,取得销售票据(经复印),证明陈某自2020年7月以来,以北京大北农科技有限责任公司杭州分公司员工身份,直接售给养殖户兽药44次,销售金额17776.56元,上述调查当事人均不能提供在龙游经营兽药的《兽药经营许可证》。

# 第一节　农业行政执法

## 一、农业行政执法的概念

执法即执行法律,亦称法律执行或法的执行,是指国家机关和法律法规授权、委托的组织及其公职人员,依照法定职权和程序,贯彻实施法律的活动。

广义的执法是指一切执行法律的活动,包括国家行政机关、司法机关及其公职人员,依照法定职权和程序,贯彻执行法律的活动。这种意义上的执法,既包括国家行政机关的执法活动,也包括国家司法机关的司法活动。

狭义的执法,仅指国家行政机关及其公职人员,依照法定职权和程序,贯彻执行法律的活动,称为"行政执法"。

农业行政执法是指国家农业行政主管部门和法律法规授权、委托的组织及其公职人员在行使农业行政管理权的过程中,依照法定职权和程序,贯彻实施法律的活动。

## 二、农业行政执法的主体

学理上的农业行政执法主体是指依法享有农业行政管理职权,以自己的名义从事农业行政管理活动,独立地承担由此所产生的法律责任的组织。在我国,农业行政主体包括:农业农村部;省、市、县各级政府的农业、畜牧、水产、农机等厅、局、委;法律法规授权的动物防疫监督机构、植物检疫机构、农机监理机构、森林和草原监理机构、渔政监督管理机构;国家和省级农作物种子(畜禽品种)审定委员会、植物新品种复审委员会、农药登记复审委员会、兽药评审委员会、农村承包合同管理委员会。

具体到现行法律、法规,我国的行政执法主体可分为三类。

### (一) 国家行政机关

国家设置行政机关的目的就是进行行政管理,因此,国家行政机关是最主要的行政执法主体。目前,具有行政执法主体资格的国家行政机关主要包括:各级人民政府、县级以上人民政府组成部门(如农业农村部、农业农村厅、农业农村局等)、地方各级人民政府派出机关(行政公署、区公所、街道办事处)。此外,国务院具有行政管理职能的直属机构(如海关总署、国家税务总局、国家市场监督管理总局等)、国务院部委管理的国家局(国家粮食局、国家烟草专卖局、国家邮政局等)也是行政执法主体。

需要强调的是,尽管上述国家行政机关都由司局、处(科)室等内设机构组成,但司局、处(科)室等内设机构不能成为行政执法主体(除非有法律法规授权),不能单独对外作出行政决定。实践中,农业法律、法规在规定主管部门时,往往使用"国务院(地方人民政府)农业(畜牧、草原、兽医、渔业、农垦、乡镇企业、饲料工业、农业机械化)主管部门"的表述,但此处的主管部门并不是指负责该领域具体工作的农业农村部门内设机构,而是指该内设机构所属的农业农村部门(部、厅、局)。

### (二) 法律、法规授权的组织

随着社会的发展和行政范围的扩张,许多社会性和专业性的行政事务不再由国家行政机关直接管理,而是交由其他社会组织来管理,如果这种管理得到法律、法规(行政法规和地方性法规)的授权,相应的社会组织也会在授权范围内成为行政执法主体。这类组织主要有以下三类。

**1. 行政机关的内设机构、派出机构**

行政机关的内设机构和派出机构一般不能以自己的名义独立对外作出行政行为并承担法律责任,从而不构成独立的行政主体,但在某些特殊情况下,法律、法规会授权内设机构或派出机构作出某种特定的行政行为,使其成为行政主体,成为独立承担法律责任的行政执法主体。如《中华人民共和国治安管理处罚法》(以下简称《治安管理处罚法》)授权公安派出所就警告、500元以下罚款独立作出决定,在这一权限范围内,公安派出所就获得了行政主体资格,成为独立承担法律责任的行政执法主体。

**2. 事业单位**

证监会、银保监会、电监会均属于国务院直属事业单位,但通过《中华人民共和国证券法》(以下简称《证券法》)、《中华人民共和国保险法》(以下简称《保险法》)、《中华人民共和国银行业监督管理法》(以下简称《银行业监督管理法》)、《电力监督管理条例》等法律法规获得了授权,取得行政主体资格,成为独立承担法律责任的行政执法主体。

**3. 行业协会等社会组织**

注册会计师协会通过《中华人民共和国注册会计师法》(以下简称《注册会计师法》)的授权,获得对注册会计师实施考试、注册管理的职权,成为行政执法主体,并以自己名义独立承担法律责任。

目前,农业系统的法律、法规授权组织分别是。

**1. 植物检疫机构**

《植物检疫条例》第3条第1款规定:"县级以上地方各级农业主管部门、林业主管部门所属的植物检疫机构,负责执行国家的植物检疫任务。"

**2. 动物卫生监督机构**

《动物防疫法》第8条规定:"县级以上地方人民政府设立的动物卫生监督机构依照本法规定,负责动物、动物产品的检疫工作和其他有关动物防疫的监督管理执法工作。"

**3. 渔政监督管理机构**

《渔业法》第6条、第7条、第8条规定:"县级以上人民政府渔业行政主管部门可以在重要渔业水域、渔港设渔政监督管理机构,对渔业实施监督管理。国家渔政渔港监督管理机构对外行使渔政渔港监督管理权。"

**4. 渔船检验机构**

《渔业船舶检验条例》第3条第2款、第3款规定:"中华人民共和国渔业船舶检验局行使渔业船舶检验及其监督管理职能;地方渔业船舶检验机构依照本条例规定,负责有关的渔业船舶检验工作。"

**5. 草原监督管理机构**

《草原法》第56条第1款规定:"草原监督管理机构负责草原法律、法规执行情况的监督检查,对违反草原法律、法规的行为进行查处。"

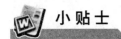 **小贴士**

草原行政处罚权

《草原法》规定的行政处罚由草原行政主管部门实施,即草原监督管理机构不能以自己名义实施行政处罚。

### (三)受委托组织

实践中,行政机关基于管理的需要,还可能委托其他组织从事行政管理活动,这类组织被称为受委托组织。按照《中华人民共和国行政处罚法》(以下简称《行政处罚法》)第18条的规定,委托其他组织实施行政处罚要符合下列要求:(1)法律、法规或规章允许委托;(2)不得超出委托行政机关的法定权限;(3)受委托组织须是具有相应人员和技术条件的管理公共事务的事业组织;(4)受委托组织以委托行政机关名义实施处罚;(5)受委托组织不得再委托其他组织或个人实施处罚;(6)委托行政机关要监督受委托组织的处罚行为并承担法律责任。

《中华人民共和国行政诉讼法》(以下简称《行政诉讼法》)第26条第5款也规定:行政机关委托的组织所作的行政行为,委托的行政机关是被告。根据上述规定,受委托组织并不是行政主体。

法律、法规授权组织与受委托组织除在是否属于行政主体上存在不同外,一个重要区别还在于:法律、法规授权组织直接通过法律、法规获得行政权力;受委托组织除要有法律、法规、规章允许委托的规定外,还要有行政机关的具体委托行为,否则就不能行使相应的行政权力。

## 三、农业行政执法主体的特征

**1. 农业行政执法主体是组织,不是个人**

国家行政权力虽然由行政主体的工作人员具体行使,但他们并不是行政执法主体。

**2. 行政执法主体行使的是国家行政权力**

行使国家立法权的权力机关(人民代表大会及其常委会)、行使国家司法权的司法机关(人民法院和人民检察院)均不属于行政主体。隶属于行政主体但不行使行政权力的组织,如农业农村部门所属的科研机构,也不属行政执法主体。

**3. 行政执法主体能以自己的名义进行管理并独立承担法律责任**

行政执法主体的内设机构(如农业农村部各司、局)、派出机构(如一些部委派驻各地的特派员办事处)以及受行政主体委托从事行政管理的组织(受委托组织)尽管也在行使国家行政权力,但他们不能以自己名义,也不能独立承担法律责任,不是行政主体。

## 四、农业行政执法程序

### 1. 农业行政执法程序的概念

这是指农业行政行为在时间和空间上的表现形式,是指农业行政执法机关行使行政权力、实施行政执法活动过程中所遵循的方式、步骤、顺序以及时限的总和。

### 2. 农业行政执法程序的构成

一般包括六个要素。一是过程,指行政执法程序自始至终的整体。二是步骤,指过程中间的环节。如处罚中的立案、调查、取证、处罚步骤。三是方式,如合议、告知、送达等。四是形式,如使用行政法律文书证书等。五是时限,即对农业行政行为所经历一定时间的限度规定。六是顺序,指要求某些步骤的实施不可前后颠倒。这六个要素对一般正式的农业行政行为应是缺一不可的,但对某些非正式的农业行政行为,可能只需具备其中的部分要素。

### 3. 农业行政执法程序的基本原则

农业行政执法程序的设立、实施应遵循的基本准则包括。

(1) 程序法定原则,是指农业行政执法活动的主要程序必须由法律加以规定,执法主体实施行政行为时必须严格遵循,不得违反法定程序。

(2) 公开原则,是指农业行政执法主体主动增强其行政活动的透明度,使外界易于了解和知晓。

(3) 公民参与原则,是指农业行政执法机关在实施行政行为时,要保障公民的了解权和参与权的实现。

(4) 公正原则,是指农业行政执法机关实施行政行为是应合理处理公共利益与个人利益之间的关系,并在程序上平等地对待相对人。

(5) 效率原则,是指行政程序要适应现代行政的需要,以迅速、简便与经济的方式达到行政目的。

### 4. 农业行政执法程序的主要制度

这是指农业行政机关在行政活动中必须遵循的重要程序制度,是农业行政执法程序的基本原则的具体化,主要包括以下内容:

(1) 告示制度,是指农业行政主体应把农业行政行为实施中应当让行政相对人了解的事项,通过一定的方式对外通知告示的制度。

(2) 听证制度,是指农业行政机关在作出影响行政相对人权利义务的决定前,应当听取当事人的陈述、申辩和质证,然后根据经双方质证、核实的材料作出行政决定的一种程序制度。

(3) 说明理由制度,是指农业行政机关在作出影响行政相对人权利义务的决定时,要说明作出该决定的事实根据和法律依据的制度。

(4) 辩论制度,是指在裁决争议时,由双方当事人在农业行政机关主持下就事实和法律问题进行对质的一种法律制度。

(5) 回避制度,是指农业执法人员若和所处理事项或裁决的争议有某种利害关系,应当回避的制度。

(6) 合议制度,是指在涉及行政相对人重大利益或复杂事由时,由多人(通常为单数)作出决定或裁决的制度。

(7) 职能分离制度,是指将行政机关的某些相互联系的职能予以分离使其分属于不同的机关或工作人员以加强对权力制约的制度。

(8) 情报公开制度,是指通过各种方式和途径让行政相对人知晓有关行政活动的情况及有关信息资料。

(9) 不单方接触制度,是指处理两个以上行政相对人的、具有相互排斥利益的事项时,不单方接触另一方当事人的制度。

(10) 充分考虑制度,是指有关行政主体作出决定时,在法律法规允许范围内,充分考虑相对人利益的制度。

(11) 保护秘密隐私制度,行政执法主体有义务对行政管理过程中了解的个人隐私和商业秘密进行保密。

(12) 时效制度,是指农业行政行为的全过程或其各个阶段受到法定时间限制的程序制度。

(13) 行政救济制度,是指行政相对人不服农业行政执法主体作出的影响其权利义务的行政决定时,法律应为其提供申请复议或提起行政诉讼以获得救济的途径与机会的制度。

 【案例 9-1】

2020 年 8 月 20 日,浙江省松阳县农业农村局在检查中发现,松阳县北山路 7 号农资经营者陈某经营的"氨基酸""精品茶园""金茶园""黄叶 1 喷绿""豆满园""土地快餐""强力增瓜灵""茶丰灵""芸豆保花膨果灵""茶又绿活力催芽素""一品茶催芽先锋"等 11 种叶面肥未取得肥料登记证。

问:松阳县农业农村局执法大队应当依据什么法律法规进行处罚?

【解析】

松阳县农业农村局立案调查,经查实当事人于 2020 年 6 月至 2020 年 8 月通过托运等方式进得上述产品并进行销售,其行为已构成经营未取得肥料登记证的肥料产品的违法行为,共获取违法所得计人民币 11917.00 元。松阳县农业局根据《肥料登记管理办法》,对当事人陈某作出警告,并处罚款 15000 元的行政处罚。

# 第二节　行　政　复　议

## 一、行政复议的概念和特征

行政复议是指行政相对人对行政主体的具体行政行为不服,依法向行政复议机关提出行政复议申请,行政复议机关依照法定程序对被申请的具体行政行为进行合法性和适当性审查,并作出行政复议决定的一种法律制度。对于涉农纠纷而言,行政复议就是一种通过涉农行政执法机关的上级机关来解决争议的纠纷解决方式。我国的《行政复议法》和《行政复议法实施条例》对行政复议制度从立法上进行了规定。

行政复议解决涉农纠纷具有如下特征。

1. 行政复议所处理的涉农争议是行政争议。

这主要是指行政主体在行政管理过程中因实施具体行政行为而与农业、农村、农民相对人发生的争议,这种争议的核心是该涉农具体行政行为是否合法、适当。行政复议不解决民事争议,行政机关解决民事争议的行为是行政裁决或行政调解,不是行政复议。

2. 行政复议以具体行政行为为审查对象,并附带审查部分抽象行政行为。

涉农行政主体的行政行为可以分为具体行政行为和抽象行政行为,前者如农业行政处罚、行政许可等,后者如制定和发布行政法规、规章和其他规范性文件等。所以,如果认为与"三农"有关的行政法规和规章违法,不能直接通过行政复议途径解决,需要通过其他法制监督途径办理。

3. 行政复议必须由不服涉农具体行政行为的行政相对人提出。

申请行政复议的相对人必须与农业行政机关的具体行政行为之间有法律上的利害关系,其他公民、法人和其他组织对农业行政机关的具体行政行为有异议的,只能通过检举、控告等方式向信访机关提出。

4. 行政复议主要采用书面审查方式,必要时也可以通过听证的方式审查。

## 二、农业行政复议的受案范围

农业行政复议的受案范围主要包括以下几个方面。

1. 对农业行政执法机关作出的具体行政行为不服的。如对罚款、吊销许可证、批准文号等行政处罚不服;对扣押、查封、限制出运动植物及其产品等农业行政强制措施不服;对土地征收及补偿不服等。

2. 认为农业行政机关不作为的。如申请有关证照不予办理或者不予答复。

3. 认为农业行政执法机关侵犯其合法权益的其他具体行政行为。

但下列事项不能提起行政复议。

1. 就具体行政行为已经向人民法院提起行政诉讼，人民法院已经依法受理的。

2. 不服农业行政机关对有关民事的涉农纠纷的调解或者其他方式处理的，不可以提起行政复议，应依法申请仲裁或者向人民法院提起诉讼。

## 三、行政复议的程序

行政复议分为申请、受理、审理、决定、执行五个阶段。

**1. 申请**

公民、法人或者其他组织认为涉农的具体行政行为侵犯其合法权益，可以自知道该具体行政行为之日起 60 日内提出行政复议申请；但是法律规定的申请期限超过 60 日的除外。因不可抗力或者其他正当理由耽误法定申请期限的，申请期限自障碍消除之日起继续计算。农业行政复议的复议机关一般为农业行政执法机关的上级机关或者本级人民政府，但对农业农村部的具体行政行为不服，直接向农业农村部提起行政复议。

**2. 受理**

行政复议机关收到行政复议申请后，应当在 5 日内进行审查，对不符合本法规定的行政复议申请，决定不予受理，并书面告知申请人；对符合本法规定，但是不属于本机关受理的行政复议申请，应当告知申请人向有关行政复议机关提出。除此之外，行政复议申请自行政复议机关负责法制工作的机构收到之日起即为受理。

**3. 审理**

行政复议原则上采取书面审查的办法，但是申请人提出要求或者行政复议机关负责法制工作的机构认为有必要时，可以向有关组织和人员调查情况，听取申请人、被申请人和第三人的意见。

**4. 决定**

行政复议机关应当自受理申请之日起 60 日内作出行政复议决定；但是法律规定的行政复议期限少于 60 日的除外。情况复杂，不能在规定期限内作出行政复议决定的，经行政复议机关的负责人批准，可以适当延长，并告知申请人和被申请人；但是延长期限最多不超过 30 日。

复议机关经过审理，根据不同情况分别作出以下种类的决定。

（1）维持决定。具体行政行为认定事实清楚，证据确凿，适用依据正确，程序合法，内容适当的，决定维持。

（2）限期履行决定。被申请人不履行法定职责的，决定其在一定期限内履行。

（3）撤销、变更或者确认违法决定。具体行政行为有下列情形之一的，决定撤销、变更或者确认该具体行政行为违法；决定撤销或者确认该具体行政行为违法的，可以责令被申请人在一定期限内重新作出具体行政行为：主要事实不清、证据不足的；适用依据错误的；违反法定程序的；超越或者滥用职权的；具体行政行为明显不当的。被申请人不按照规定提出书面答复、提交当初作出具体行政行为的证据、依据和其他有关材料的，视为该具体行政行为没有证据、依据，决定撤销该具体行政行为。行政复议机关责令被申请人重新作出具体行政行为的，被申请人不得以同一的事实和理由作出与原具体行政行为相同或者基本相同的具体行政行为。

（4）赔偿决定。申请人在申请行政复议时可以一并提出行政赔偿请求，行政复议机关对符合国家赔偿法的有关规定应当给予赔偿的，在决定撤销、变更具体行政行为或者确认具体行政行为违法时，应当同时决定被申请人依法给予赔偿。

申请人在申请行政复议时没有提出行政赔偿请求的，行政复议机关在依法决定撤销或者变更罚款，撤销违法集资、没收财物、征收财物、摊派费用以及对财产的查封、扣押、冻结等具体行政行为时，应当同时责令被申请人返还财产，解除对财产的查封、扣押、冻结措施，或者赔偿相应的价款。

**5. 执行**

行政复议决定生效后，被申请人应当履行行政复议决定。被申请人不履行或者无正当理由拖延履行行政复议决定的，根据《行政复议法》的规定，行政复议机关或者有关上级行政机关应当责令其限期履行。

申请人逾期不起诉又不履行行政复议决定的，或者不履行最终裁决的行政复议决定的，按照下列规定分别处理：（1）维持具体行政行为的行政复议决定，由作出具体行政行为的行政机关依法强制执行，或者申请人民法院强制执行；（2）变更具体行政行为的行政复议决定，由行政复议机关依法强制执行，或者申请人民法院强制执行。

 **【案例9-2】**

2020年7月，江苏省农业农村厅经暗访查出扬州市翔宇农作物研究所存在无证生产杂交玉米种子违法行为嫌疑，8月10日，省农业农村厅决定立案调查。经查实，当事人以永康种子公司门市部名义擅自在河北省三河市组织生产科糯986、浙糯玉1号、超甜3号、密玉8号四个品种杂交玉米种子，属于无证生产。截至2020年8月8日，当事人已生产销售杂交玉米种子5686.8公斤，共获违法所得66844.32元。

问：本案如何处理？

**【解析】**

翔宇农作物研究所的行为违反了《种子法》第22条之规定，根据《种子法》第76条和《行政处罚法》第27条之规定，省农业农村厅作出责令改正，没收违法所得人民币

66844.32元的行政处罚。

# 第三节  行 政 诉 讼

## 一、行政诉讼的概念和特征

### (一)行政诉讼的概念

行政诉讼是指公民、法人或者其他组织认为行政机关和法律、法规授权的组织行使行政权力的行政行为侵犯其合法权益,依法向人民法院提起诉讼,人民法院在当事人和其他诉讼参与人的参加下,对行政行为进行审理并作出裁判的活动。行政争议有两种,为内部行政争议和外部行政争议。行政诉讼与行政复议是解决外部行政争议的两种主要法律制度。

### (二)行政诉讼的特征

1. 行政诉讼是解决行政纠纷的一种诉讼活动,是发生纠纷的相对人一方或多方,请求与纠纷各方没有利害关系的国家司法机关,按照能确保公正的程序解决纠纷的一种活动。

2. 行政诉讼的原告只能是相对人,即认为行政机关的具体行政行为侵犯了自己合法权益的公民、法人或者其他组织。行政诉讼的原告只要认为自己的权利受到行政机关的行为侵害就可以提起诉讼,至于是否实际上受到侵害须经法院审理后才能确定。

3. 行政诉讼的被告只能是作出具体行政行为的行政机关或法律、法规授权的组织。行政机关或者经法律、法规授权的组织实施具体行政行为时处于行使国家行政权的主导地位,因此,行政机关或者依法授权的组织在行政诉讼中无须通过作为原告提起诉讼的方式来实现行政目的。

## 二、行政诉讼特有的原则

### (一)人民法院特定主管原则

人民法院对刑事案件、民事案件有完全管辖权,而行政案件只有一部分归人民法院管辖。所谓特定主管,一是指人民法院只主管法律规定由法院主管的那一部分行政案件,法律未规定的则不予受理;二是指法律规定由人民法院主管的行政案件,只要依法提起诉讼,就必须由人民法院管辖。特定主管的内容构成了人民法院受理行政案件的范围。

特定主管的另一含义是,除法律另有规定外,凡涉及公民、法人或者其他组织权利义务的外部具体行政行为引起的行政争议，最终都必须依法由人民法院主持解决。

### （二）行政行为合法性审查原则

《行政诉讼法》第 6 条规定，人民法院审理行政案件，对行政行为是否合法进行审查。这一规定确立了人民法院通过行政审判对行政行为进行合法性审查的原则。行政行为合法性的标准，包括两个方面。

1. 实体合法，即行政机关所作出的行政行为，是否有法律依据，是否在法定职权范围内作出，适用的法律、法规是否正确等。

 小贴士

**行政行为的实体合法性审查**

行政机关作出一个治安管理处罚行为，法院在审查时，要看该处罚行为是否有治安管理处罚法的依据，该行政机关是否为具有处罚权的执法主体，被处罚当事人是否存在治安管理处罚法规定的违法行为，处罚决定所适用的法律条款是否正确等。

2. 程序合法，即是实体合法的保障，是依法行政的重要组成部分。如果一个行政行为在程序方面出现违法，即使其实体方面没有问题，该行政行为依然是违法的。如对于责令停产停业、吊销许可证或者执照、数额较大的罚款等较重的行政处罚，根据行政处罚法的规定，行政机关作出行政处罚决定之前，应当告知当事人有要求听证的权利，当事人要求听证的，行政机关应当组织听证。如果行政机关没有遵守这一程序性规定，即作出处罚决定，则属于程序违法，应予依法撤销。

### （三）司法变更权有限原则

在行政诉讼中，人民法院一般不享有司法变更权。行政决定是行政机关等行使职权的行政执法行为，法院不应代替行政机关等变更行政决定。在司法变更权问题上，不得变更是一般原则，可以变更是例外。我国《行政诉讼法》第 77 条规定：行政处罚明显不当，或者其他行政行为涉及对款额的确定、认定确有错误的，人民法院可以判决变更。

人民法院判决变更，不得加重原告的义务或者减损原告的权益。但利害关系人同为原告，且诉讼请求相反的除外。

### （四）诉讼期间不停止执行原则

具体行政行为不因原告提起诉讼而停止执行，是国家行政管理的连续性和不间断性的必然要求。国家行政机关及法律、法规授权的组织的行政行为一经作出，就应推定为合法，具有法律效力。

当然，行政诉讼期间不停止执行原则不是绝对的，根据我国《行政诉讼法》第 56 条之

规定,有下列情形之一的,裁定停止执行。

(1)被告认为需要停止执行的。

(2)原告或者利害关系人申请停止执行,人民法院认为该行政行为的执行会造成难以弥补的损失,并且停止执行不损害国家利益、社会公共利益的。

(3)人民法院认为该行政行为的执行会给国家利益、社会公共利益造成重大损害的。

(4)法律、法规规定停止执行的。

### (五)被告负举证责任原则

被告负举证责任与行政机关、法律、法规授权的组织的行政行为的特点有关。行政行为依法作出的过程实质上是一个收集和运用证据并适用法律的过程。公民、法人或者其他组织在这个过程中,往往不清楚行政机关、法律法规授权组织作出的行政行为所依据的事实和法律,处于被动地位。因此,不能要求原告负主要举证责任,而由被告负主要举证责任。

### (六)不得调解原则

在行政诉讼中,不能以调解为诉讼的必经阶段,也不能以调解为结果方式,除原告撤诉外,只能以裁定或判决方式结案。新修改的《行政诉讼法》第 60 条规定,人民法院审理行政案件,不适用调解。但是,行政赔偿、补偿以及行政机关行使法律、法规规定的自由裁量权的案件可以调解。

## 三、行政诉讼的受案范围

从法律规定来看,包括《行政诉讼法》直接列举的行政案件受理范围和根据法律、法规规定,可以提起诉讼的其他行政案件的范围两部分。此外,还要考虑排除司法审查的范围。

### (一)《行政诉讼法》直接列举的行政案件受案范围

《行政诉讼法》第 12 条第 1 款规定了 12 类行政案件属于行政诉讼受案范围。

(1)对行政拘留、暂扣或者吊销许可证和执照、责令停产停业、没收违法所得、没收非法财物、罚款、警告等行政处罚不服的。

(2)对限制人身自由或者对财产的查封、扣押、冻结等行政强制措施和行政强制执行不服的。

(3)申请行政许可,行政机关拒绝或者在法定期限内不予答复,或者对行政机关作出的有关行政许可的其他决定不服的。

(4)对行政机关作出的关于确认土地、矿藏、水流、森林、山岭、草原、荒地、滩涂、海域等自然资源的所有权或者使用权的决定不服的。

(5)对征收、征用决定及其补偿决定不服的。

（6）申请行政机关履行保护人身权、财产权等合法权益的法定职责，行政机关拒绝履行或者不予答复的。

（7）认为行政机关侵犯其经营自主权或者农村土地承包经营权、农村土地经营权的。

（8）认为行政机关滥用行政权力排除或者限制竞争的。

（9）认为行政机关违法集资、摊派费用或者违法要求履行其他义务的。

（10）认为行政机关没有依法支付抚恤金、最低生活保障待遇或者社会保险待遇的。

（11）认为行政机关不依法履行、未按照约定履行或者违法变更、解除政府特许经营协议、土地房屋征收补偿协议等协议的。

（12）认为行政机关侵犯其他人身权、财产权等合法权益的。

### （二）法律、法规规定可以提起诉讼的其他行政案件范围

这里的"法律"指全国人大及其常委会制定的法律，包括基本法律和普通法律；"法规"是指国务院制定的行政法规、省、自治区和直辖市人大及其常委会制定的地方性法规、民族自治地方的人大制定的自治条例和单行条例等。

根据目前法律法规的规定，我国受司法审查的其他行政案件主要是不服关于政府信息公开类处理决定的行政案件。新修改的《行政诉讼法》没有将政府信息公开的行政行为明确列为第 12 条规定的受案范围内，但在该法第七章第三节的简易程序中第 82 条将政府信息公开的行政案件作为受案范围。

### （三）行政诉讼的排除

《行政诉讼法》在第 12 条作了肯定性直接列举和法律法规列举的规定之后，在第 13 条中，对不能提起行政诉讼的行政行为作出了明确规定。《行政诉讼法》列举排除的行政行为，即法院不予受理的事项是：（1）国防、外交等国家行为；（2）行政法规、规章或者行政机关制定、发布的具有普遍约束力的决定、命令；（3）行政机关对行政机关工作人员的奖惩、任免等决定；（4）法律规定由行政机关最终裁决的行政行为。

 **导学案例解析**

龙游县农业农村局依据《兽药管理条例》第 56 条第 1 款的规定，责令当事人停止无《兽药经营许可证》经营兽药，没收违法所得 17776.56 元，并处罚款 50000.00 元的行政处罚决定。

 练习题

## 一、简答题

1. 农业行政执法的主体有哪些？

2. 农业行政执法主体的特征有哪些？

3. 简述行政复议的程序。

4. 简述《行政诉讼法》直接列举的行政案件受案范围。

5. 简述行政诉讼特有的原则。

## 二、不定项选择题

1. 下列组织中,(　　)可以以自己名义作出具体行政行为。

　　A. 植物检疫机构　　　　　　　　　B. 动物卫生监督机构

　　C. 渔政监督管理机构　　　　　　　D. 渔船检验机构

2. 农业行政执法程序的基本原则包括(　　)。

　　A. 程序法定原则　　B. 公开原则　　　C. 公民参与原则　　D. 公正原则

3. 某区食品药品监管局以某公司生产经营超过保质期的食品违反《食品安全法》为由,作出处罚决定。公司不服,申请行政复议。关于此案,下列(　　)说法是正确的。

　　A. 申请复议期限为60日

　　B. 公司不得以电子邮件形式提出复议申请

　　C. 行政复议机关不能进行调解

　　D. 公司如在复议决定作出前撤回申请,行政复议中止

4. 某区卫计局以董某擅自开展诊疗活动为由作出没收其违法诊疗工具并处5万元罚款的处罚。董某向区政府申请复议,区政府维持了原处罚决定。董某向法院起诉。下列(　　)说法是正确的。

　　A. 如董某只起诉区卫计局,法院应追加区政府为第三人

　　B. 本案应以区政府确定案件的级别管辖

　　C. 本案可由区卫计局所在地的法院管辖

　　D. 法院应对原处罚决定和复议决定进行合法性审查,但不对复议决定作出判决

5. 某市场监督管理局认定豪美公司的行为符合《广告法》第28条第2款第2项规定的"商品或者服务有关的允诺等信息与实际情况不符,对购买行为有实质性影响"情形,属发布虚假广告,予以行政处罚。豪美公司向省市场监督管理局申请行政复议,省市场监督管理局受理。如省市场监督管理局在复议时认定,豪美公司的行为符合《广告法》第28条第2款第(4)项规定的"虚构使用商品或者接受服务的效果"情形,亦属发布虚假广

告,在改变处罚依据后维持了原处罚决定。公司不服起诉。下列说法正确的是( )。

    A. 被告为某市场监督管理局和省市场监督管理局

    B. 被告为省市场监督管理局

    C. 某市场监督管理局所在地的法院对本案有管辖权

    D. 省市场监督管理局所在地的法院对本案无管辖权

  6. 法院审理行政案件,对下列( )事项,《行政诉讼法》没有规定的,适用《民事诉讼法》的相关规定。

    A. 受案范围、管辖

    B. 期间、送达、财产保全

    C. 开庭审理、调解、中止诉讼

    D. 检察院对受理、审理、裁判、执行的监督

  7. 下列选项( )属于行政诉讼受案范围的是:

    A. 方某在妻子失踪后向公安局报案要求立案侦查,遭拒绝后向法院起诉确认公安局的行为违法

    B. 区房管局以王某不履行双方签订的房屋征收补偿协议为由向法院起诉

    C. 某企业以市场监督管理局滥用行政权力限制竞争为由向法院起诉

    D. 黄某不服市政府发布的征收土地补偿费标准直接向法院起诉

  8.《行政诉讼法》列举排除的行政行为,即法院不予受理的事项是:( )。

    A. 国防、外交等国家行为

    B. 行政法规、规章或者行政机关制定、发布的具有普遍约束力的决定、命令

    C. 行政机关对行政机关工作人员的奖惩、任免等决定

    D. 法律规定由行政机关最终裁决的行政行为

### 三、案例分析题

    2012年,成立平与村民委员会签订承包合同,承包了村里的100亩山地,约定每年上缴承包款8000元,承包期20年。此后,成立平在山地上种上了板栗树。2016年后,成立平每年从山地上获取的收益都达20万元以上,这引起了村里一部分人的不满。2020年6月,在部分村民的要求下,村民委员会召开村民代表会议讨论后决定,以情势变更为由,将这100亩山地收回,并转由严某新、蔺某林承包,年承包款各3万元。成立平向乡人民政府申请裁决,乡人民政府经审查后认定,村民委员会收回山地的行为经过村民代表会议讨论通过,是有效的行为,并确定山地由严某新、蔺某林承包。

    成立平向所在地A县人民法院提起行政诉讼。A县人民法院裁定不予受理,并告知其应先提起行政复议。成立平随即向该乡所属的区公所申请行政复议,区公所未予受

理,成立平又向 A 县人民政府申请行政复议。A 县人民政府审理过程中,乡人民政府辩称其行为是对民事纠纷的调解,不在复议范围内。最后,A 县人民政府作出了成立平与村民委员会签订的合同有效,撤销乡人民政府裁决的复议决定。

试分析下列问题:

(1) 乡政府的行为属于具体行政行为还是民事调解行为?

(2) A 县人民法院的做法是否合法?

(3) 区公所是否有复议管辖权?

# 第十章
## 农村科技、教育与创业创新

### 学习目标

1. 掌握农业技术和农业技术推广的含义，农业技术推广机构的岗位设置、人员条件，农村义务教育法律要求；

2. 理解农业技术推广应当遵循的原则，农村创业创新政策；

3. 了解农业技术推广机构的公益性职责，农业技术推广的保障措施。

### 引导案例

四川省成都市金堂县与中国农科院、深圳华大基因等科研机构开展深度合作，建成省级食用菌工程技术研究中心、黑山羊原种场等科技创新载体23个，建成国家蛋鸡十大良种繁育基地、四川农科院食用菌科技成果转化示范基地、四川柑桔母本园等成果转化载体36个。开展创业创新项目100余项，获得国家授权的农业创业创新专利300余项、科技成果50余项，科技计划立项35项。形成了以农业领军企业为龙头，农民专业合作社、家庭农场、农业职业经理人和新型职业农民为主体的创业创新格局。

这些主体共计吸引返乡农民工创业就业4083人，创办各类实体1904家。实施"返乡下乡人才培训计划"，每年开展农业实用技术培训16万人次，年均培训、选拔新型职业农民和农业职业经理人2800余名，带动万余人就业创业。

# 第一节　农业技术推广法律制度

## 一、农业技术推广法概述

### (一)立法目的

为了加强农业技术推广工作,促使农业科研成果和实用技术尽快应用于农业生产,增强科技支撑保障能力,促进农业和农村经济可持续发展,实现农业现代化。

### (二)农业技术和农业技术推广的含义

农业技术是指应用于种植业、林业、畜牧业、渔业的科研成果和实用技术,包括以下几个方面。

1. 良种繁育、栽培、肥料施用和养殖技术。
2. 植物病虫害、动物疫病和其他有害生物防治技术。
3. 农产品收获、加工、包装、贮藏、运输技术。
4. 农业投入品安全使用、农产品质量安全技术。
5. 农田水利、农村供排水、土壤改良与水土保持技术。
6. 农业机械化、农用航空、农业气象和农业信息技术。
7. 农业防灾减灾、农业资源与农业生态安全和农村能源开发利用技术。
8. 其他农业技术。

农业技术推广是指通过试验、示范、培训、指导以及咨询服务等,把农业技术普及应用于农业产前、产中、产后全过程的活动。

国家扶持农业技术推广事业,加快农业技术的普及应用,发展高产、优质、高效、生态、安全农业。

### (三)农业技术推广应当遵循的原则

农业技术推广应当遵循的原则包括以下几个方面。

1. 有利于农业、农村经济可持续发展和增加农民收入。
2. 尊重农业劳动者和农业生产经营组织的意愿。
3. 因地制宜,经过试验、示范。
4. 公益性推广与经营性推广分类管理。
5. 兼顾经济效益、社会效益,注重生态效益。

国家鼓励和支持科技人员开发、推广应用先进的农业技术,鼓励和支持农业劳动者和农业生产经营组织应用先进的农业技术。

国家鼓励运用现代信息技术等先进传播手段，普及农业科学技术知识，创新农业技术推广方式方法，提高推广效率。

国家鼓励和支持引进国外先进的农业技术，促进农业技术推广的国际合作与交流。

【案例 10-1】

2018 年以来，财政部、农业农村部联合推出农业重大技术协同推广试点项目，首先在江苏、浙江、内蒙古等 8 省区试点开展，重点支持推广一批农业领域新品种、新技术、新装备，加强农业与科技的高度融合，推动农机农艺融合、良种良法配套，构建农作物重大病虫害防控体系，全面提高粮食生产品质与效益，建设一批农业绿色提质增效技术集成示范区。

2020 年 10 月 30 日，作为 2020 年农业重大技术协同推广试点项目之一，北斗导航稻麦全程精准化生产技术协同示范推广启动仪式在江苏金庄智慧农业科技有限公司举行，并成立由政府主管部门、科研院校、农业经营主体等组成的技术协同推广联盟。

该生产技术是扬州大学通过产学研合作在现代智能农业技术领域取得的重大创新成果，集成了国内首套具有自主知识产权的北斗农机自动驾驶仪、双轴分层切削大耕深秸秆全量还田、北斗导航农机智能管理等 10 多项关键技术。该生产技术已获授权农机领域发明专利 40 余项，其中有 2 项获得国家科技进步奖。这些智能技术装备在研制与推广中，分别得到国家科技支撑计划、国家重点研发计划、国家农业科技成果转化资金等专项资金支持。

问：北斗导航稻麦全程精准化生产技术协同示范推广有哪些具体实效？

【解析】

北斗导航稻麦全程精准化生产技术协同示范推广，依托高校、农机推广站、农机制造企业、农业种植企业、新型农业经营主体等联合推进，共同解决推广应用技术难题，构建完善"农业科研试验基地＋区域示范基地＋基层农机推广站点＋新型农业经营主体"的链条式技术推广机制，以及制定稻麦生产智能化精准化的标准，探索稻麦产业的全新种植模式。建成核心推广示范区 2 万亩，辐射面积超 10 万亩。

## 二、农业技术推广体系

### （一）农业技术推广体系建设

农业技术推广实行国家农业技术推广机构与农业科研单位、有关学校、农民专业合作社、涉农企业、群众性科技组织、农民技术人员等相结合的推广体系。

国家鼓励和支持供销合作社、其他企业事业单位、社会团体以及社会各界的科技人员,开展农业技术推广服务。

## （二）农业技术推广机构的公益性职责

各级国家农业技术推广机构属于公共服务机构,履行下列公益性职责。

1. 各级人民政府确定的关键农业技术的引进、试验、示范。

2. 植物病虫害、动物疫病及农业灾害的监测、预报和预防。

3. 农产品生产过程中的检验、检测、监测、咨询、技术服务。

4. 农业资源、森林资源、农业生态安全和农业投入品使用的监测服务。

5. 水资源管理、防汛抗旱和农田水利建设技术服务。

6. 农业公共信息和农业技术宣传教育、培训服务。

7. 法律、法规规定的其他职责。

根据科学合理、集中力量的原则以及县域农业特色、森林资源、水系和水利设施分布等情况,因地制宜设置县、乡镇或者区域国家农业技术推广机构。

## （三）农业技术推广机构的岗位设置、人员条件

### 1. 人员编制要求

国家农业技术推广机构应当根据所服务区域的种养规模、服务范围和工作任务等合理确定人员编制,保证公益性职责的履行。

### 2. 岗位设置

《农业技术推广法》规定,乡镇国家农业技术推广机构的岗位应当全部为专业技术岗位,县级国家农业技术推广机构的专业技术岗位不得低于机构岗位总量的80%,其他国家农业技术推广机构的专业技术岗位不得低于机构岗位总量的70%。

### 3. 专业技术人员条件

国家农业技术推广机构的专业技术人员应当具有相应的专业技术水平,符合岗位职责要求。

国家农业技术推广机构聘用的新进专业技术人员,应当具有大专以上有关专业学历,并通过县级以上人民政府有关部门组织的专业技术水平考核。自治县、民族乡和国家确定的连片特困地区,经省、自治区、直辖市人民政府有关部门批准,可以聘用具有中专有关专业学历的人员或者其他具有相应专业技术水平的人员。

国家鼓励和支持高等学校毕业生和科技人员到基层从事农业技术推广工作。各级人民政府应当采取措施,吸引人才,充实和加强基层农业技术推广队伍。

国家鼓励和支持村农业技术服务站点和农民技术人员开展农业技术推广。对农民技术人员协助开展公益性农业技术推广活动,按照规定给予补助。

农业科研单位和有关学校应当适应农村经济建设发展的需要,开展农业技术开发和推广工作,加快先进技术在农业生产中的普及应用。

国家鼓励农场、林场、牧场、渔场、水利工程管理单位面向社会开展农业技术推广服务。

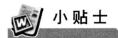 **小贴士**

### 农业新技术

近年来，生物技术、信息技术不断向农业科技领域进行渗透和融合，对农业生产起到巨大的推动作用，转基因技术、生物防治技术、农业信息技术、农作物化控技术、节水保水技术等农业新技术将在未来5～10年对世界农业，特别是种植业产生重大影响。

## 三、农业技术的推广与应用

1. 重大农业技术的推广应当列入国家和地方相关发展规划、计划，由农业技术推广部门会同科学技术等相关部门按照各自的职责，相互配合，组织实施。

2. 农业科研单位和有关学校应当把农业生产中需要解决的技术问题列为研究课题，其科研成果可以通过有关农业技术推广单位进行推广或者直接向农业劳动者和农业生产经营组织推广。

国家引导农业科研单位和有关学校开展公益性农业技术推广服务。

3. 向农业劳动者和农业生产经营组织推广的农业技术，必须在推广地区经过试验证明具有先进性、适用性和安全性。

国家鼓励和支持农业劳动者和农业生产经营组织参与农业技术推广。

4. 农业劳动者和农业生产经营组织在生产中应用先进的农业技术，有关部门和单位应当在技术培训、资金、物资和销售等方面给予扶持。

农业劳动者和农业生产经营组织根据自愿的原则应用农业技术，任何单位或者个人不得强迫。

推广农业技术，应当选择有条件的农户、区域或者工程项目进行应用示范。

5. 县、乡镇国家农业技术推广机构应当组织农业劳动者学习农业科学技术知识，提高其应用农业技术的能力。

6. 教育、人力资源和社会保障、农业、林业、水利、科学技术等部门应当支持农业科研单位、有关学校开展有关农业技术推广的职业技术教育和技术培训，提高农业技术推广人员和农业劳动者的技术素质。

国家鼓励社会力量开展农业技术培训。

各级国家农业技术推广机构向农业劳动者和农业生产经营组织推广农业技术，实行无偿服务。

7. 国家农业技术推广机构以外的单位及科技人员以技术转让、技术服务、技术承包、技术咨询和技术入股等形式提供农业技术的,可以实行有偿服务,其合法收入和植物新品种、农业技术专利等知识产权受法律保护。进行农业技术转让、技术服务、技术承包、技术咨询和技术入股,当事人各方应当订立合同,约定各自的权利和义务。

8. 国家鼓励和支持农民专业合作社、涉农企业,采取多种形式,为农民应用先进农业技术提供有关的技术服务。

9. 国家鼓励和支持以大宗农产品和优势特色农产品生产为重点的农业示范区建设,发挥示范区对农业技术推广的引领作用,促进农业产业化发展和现代农业建设。

## 四、农业技术推广的保障措施

### 1. 技术推广资金保障

国家逐步提高对农业技术推广的投入。各级人民政府在财政预算内应当保障用于农业技术推广的资金,并按规定使该资金逐年增长。

各级人民政府通过财政拨款以及从农业发展基金中提取一定比例的资金,筹集农业技术推广专项资金,用于实施农业技术推广项目。中央财政对重大农业技术推广给予补助。

县、乡镇国家农业技术推广机构的工作经费根据当地服务规模和绩效确定,由各级财政共同承担。

任何单位或者个人不得截留或者挪用用于农业技术推广的资金。

### 2. 推广人员的工作条件和待遇保障

各级人民政府应当采取措施,保障和改善县、乡镇国家农业技术推广机构的专业技术人员的工作条件、生活条件和待遇,并按照国家规定给予补贴,保持国家农业技术推广队伍的稳定。

对在县、乡镇、村从事农业技术推广工作的专业技术人员的职称评定,应当以考核其推广工作的业务技术水平和实绩为主。

各级人民政府应当采取措施,保障国家农业技术推广机构获得必需的试验示范场所、办公场所、推广和培训设施设备等工作条件。

地方各级人民政府应当保障国家农业技术推广机构的试验示范场所、生产资料和其他财产不受侵害。

### 3. 技术培训

农业技术推广部门和县级以上国家农业技术推广机构,应当有计划地对农业技术推广人员进行技术培训,组织专业进修,使其不断更新知识、提高业务水平。

### 4. 制度建设

县级以上农业技术推广部门、乡镇人民政府应当对其管理的国家农业技术推广机构履行公益性职责的情况进行监督、考评。

各级农业技术推广部门和国家农业技术推广机构,应当建立国家农业技术推广机构的专业技术人员工作责任制度和考评制度。

县级人民政府农业技术推广部门管理为主的乡镇国家农业技术推广机构的人员,其业务考核、岗位聘用以及晋升,应当充分听取所服务区域的乡镇人民政府和服务对象的意见。

乡镇人民政府管理为主、县级人民政府农业技术推广部门业务指导的乡镇国家农业技术推广机构的人员,其业务考核、岗位聘用以及晋升,应当充分听取所在地的县级人民政府农业技术推广部门和服务对象的意见。

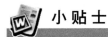 **小贴士**

## 科技改变农业:2020 中国农业科学十大进展

1. 利用大刍草挖掘玉米密植增产基因

该研究由中国农业大学田丰团队主导,首次从玉米野生种大刍草中克隆了控制玉米紧凑株型、密植增产的关键基因,建立了玉米紧凑株型的分子调控网络。

2. 利用基因编辑技术实现杂交稻自留种

该研究由中国农科院水稻研究所王克剑团队和中国科学院遗传与发育生物学研究所等单位合作,借助基因编辑技术将杂交稻中 4 个生殖相关基因敲除后,成功将无融合生殖特性引入到杂交稻当中,从而实现杂合基因型的固定。

3. 发现黄瓜分枝调控新基因

该研究由中国农业大学张小兰团队主导,发现侧枝调控新基因(CsBRC1),通过直接抑制生长素输出基因的功能,促使黄瓜侧芽中的生长素积累,从而抑制黄瓜侧枝的生长发育。

4. 建立高杂合物种单倍型基因组组装的新方法

该研究由南京农业大学张绍铃团队主导,完成了梨花粉单细胞测序,自主开发了"条形-编码"(bar-coding)的单倍型基因组组装技术,成功组装了高杂合梨两套单倍型基因组。

5. 揭示反刍动物的进化及其独特性状的分化机制

该研究由西北工业大学王文团队主导,通过大尺度、跨物种、多组学大数据分析与实验的研究思路和手段,阐明了长期有争议的反刍动物进化关系和历史,解析了反刍动物复杂性状的遗传基础。

6. 发现两种可转移替加环素高水平耐药新基因

该研究由中国农业大学沈建忠院士团队联合江苏农科院王冉团队,发现了两种新可转移高水平替加环素耐药新基因 tet(X3) 和 tet(X4),揭示了替加环素耐药机制。

7. 解析非洲猪瘟病毒三维结构

该研究由中国科学院生物物理研究所王祥喜/饶子和团队和中国农业科学院哈尔滨兽医研究所步志高团队等单位合作,采用单颗粒三维重构的方法,首次解析了非洲猪瘟病毒全颗粒的三维结构,阐明了非洲猪瘟病毒独有的 5 层结构特征,揭示了病毒的组装机制。

8. 编辑感病基因培育抗白叶枯病水稻

该研究由上海交通大学陈功友研究团队主导,利用基因编辑技术,同步编辑水稻 3 个感病基因,获得了具广谱抗性的水稻新种质,能有效抵御水稻生产的头号细菌"杀手"白叶枯病害。

9. 解密土传病原真菌的强致病性

该研究由中国科学院微生物研究所郭惠珊团队主导,通过生化和双遗传试验,发现了土传病原真菌分泌几丁质脱乙酰酶、消除免疫原活性,成功规避植物免疫反应,表现出强大的致病性。

10. 构建我国氮排放安全阈值定量评估新方法

该研究由清华大学喻朝庆团队主导,首次探明了全国农业生产、氮排放和水环境质量的演化关系,量化了省级和全国尺度的氮排放安全阈值及超排量,明确了恢复水质的定量化管理目标。

(资料来源:https://www.360kuai.con/pc/qfczd147c7498ece4?cota.)

## 【案例 10-2】

辽宁省大连市金普新区文旅中心在二十里堡街道二十里村建的"乡村书房",让偏远山村从此飘满书香。2019 年 6 月,金普新区文旅中心按照公共图书馆的建设标准,在金普农村建设农家书屋,在 60 多平方米的书房里,有农作物种植、文学、经济、党建、少儿读物等书籍 3000 余册。该区文旅中心依托所属的两家图书馆,根据图书借阅量有针对性地替换低借阅量的图书,使"乡村书房"更受村民欢迎。

二十里村有果农 218 户,种植大樱桃 2000 余亩。"乡村书房"也成为二十里村科学种植、农业技术推广的阵地。书房定期举办的"村耕细播"知识讲座,通过邀请农技推广员开展科学种植讲座和技术交流活动。在"乡村书房"的房前屋后,村里还设置了户外阅读休闲区。

问:为什么"乡村书房"能成为农业技术推广的阵地?

**【解析】**

辽宁大连市农村的"乡村书房"成为农业技术的推广阵地。读书已逐渐成为农民农闲时节最喜欢做的事儿。它是农村文化建设和党建活动的创新载体。定期为书房更新图书，让果农收益与学习热情同步提高。建起农业生态体验园,利用新媒体进行宣传,直接帮助果农销售优质农产品,增强了"乡村书房"的凝聚力和吸引力。

# 第二节　农村教育

## 一、加大农村教育投入

2015年中央一号文件明确提出,全面改善农村义务教育薄弱学校基本办学条件,提高农村学校教学质量。因地制宜保留并办好村小学和教学点。支持乡村两级公办和普惠性民办幼儿园建设。加快发展高中阶段教育,以未能继续升学的初中、高中毕业生为重点,推进中等职业教育和职业技能培训全覆盖,逐步实现免费中等职业教育。

积极发展农业职业教育,大力培养新型职业农民。全面推进基础教育数字教育资源开发与应用,扩大农村地区优质教育资源覆盖面。提高重点高校招收农村学生比例。加强乡村教师队伍建设,落实好集中连片特困地区乡村教师生活补助政策。国家教育经费要向边疆地区、民族地区、革命老区倾斜。

## 二、提高农村学前教育质量

农村学前教育是基础教育的基石,质量的优劣关系到整个国民素质的提高。要集中解决好农村学前教育面临的一系列问题。

**1. 合理规划,调整布局,创设优良的办园环境**

做好农村学前教育发展事业规划,探索多元化农村学前教育办园体制。着力推进和落实"以县实验幼儿园为示范,乡镇中心幼儿园为骨干,集体办园为主体,个人办园为补充的农村学前教育发展的目标"。创设优良的办园环境,使广大儿童能有一个安全健康的生活环境,使儿童的身心得以健康成长。

**2. 理顺农村学前教育管理体制**

实行县、乡两级共管,教育部门主管,有关部门分工负责的管理体制。

**3. 加大投入,出台政策,扶持社会力量办园,创建一批优质示范幼儿园**

加大对乡镇中心幼儿园的建设投入,改善办园条件。落实乡镇中心幼儿园的创建工作,把中心幼儿园建设和政府业绩考核相挂钩。

4.拓宽师资来源,提升教师素质,充实教师队伍,提高农村幼儿教师福利待遇。

5.提倡微笑工作,服务好家长和幼儿。

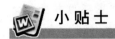 小贴士

### 小学生走进现代农业园开展"以食育人,守护未来"活动

2020年10月,辽宁省辽阳市弓长岭区组织全区六年级师生共600余人走进辽阳灯塔市新特现代农业园开展"以食育人,守护未来"专项活动。

同学们从传统石磨豆腐和创意作画活动中,体会到了劳动才能创造价值、科学才能促进发展的硬道理;从工厂化育苗活动中,了解到传统农业和现代农业的科学知识,学习了党和国家关于农业发展的相关政策,激发了热爱科学、热爱农村的热情;通过棚菜移栽的种植流程,体会到了农民的辛勤劳作,养成"珍惜粮食,光盘行动"的好习惯;通过掰玉米的活动,同学们充分体验农民劳作的辛苦,懂得付出必有回报的道理。

活动拓宽了学生的广阔视野,丰富了学生的社会阅历,增强了学生的组织性和纪律性,培养了学生团结协作的精神,增强了学生的主人翁意识和社会责任感。

## 三、落实好农村义务教育

### (一)义务教育概述

《宪法》规定,适龄儿童和青少年都必须接受义务教育,国家、社会、家庭必须予以保证。义务教育的实质是国家依照法律的规定对适龄儿童和青少年实施的一定年限的强制教育的制度。义务教育具有强制性、公益性、普及性的基本特点。《中华人民共和国义务教育法》(以下简称《义务教育法》)规定的义务教育年限为九年(小学六年,初中三年)。

### (二)义务教育法律要求

#### 1.条件要求

根据《义务教育法》的规定,凡具有中华人民共和国国籍的适龄儿童、少年,不分性别、民族、种族、家庭财产状况、宗教信仰等,依法享有平等接受义务教育的权利,并履行接受教育的义务。

凡年满6周岁的儿童,其父母或者其他法定监护人应当送其入学接受并完成义务教育;条件不具备的地区的儿童,可以推迟到7周岁。

适龄儿童、少年因身体状况需要延缓入学或者休学的,其父母或者其他法定监护人应当提出申请,由当地乡镇人民政府或者县级人民政府教育行政部门批准。

适龄儿童、少年免试入学。地方各级人民政府应当保障适龄儿童、少年在户籍所在

地学校就近入学。

父母或者其他法定监护人在非户籍所在地工作或者居住的适龄儿童、少年,在其父母或者其他法定监护人工作或者居住地接受义务教育的,当地人民政府应当为其提供平等接受义务教育的条件。

县级人民政府教育行政部门对本行政区域内的军人子女接受义务教育予以保障。

### 2. 学校

县级以上地方人民政府根据本行政区域内居住的适龄儿童、少年的数量和分布状况等因素,按照国家有关规定,制定、调整学校设置规划。新建居民区需要设置学校的,应当与居民区的建设同步进行。

学校建设,应当符合国家规定的办学标准,适应教育教学需要;应当符合国家规定的选址要求和建设标准,确保学生和教职工安全。

县级人民政府根据需要设置寄宿制学校,保障居住分散的适龄儿童、少年入学接受义务教育。

国务院教育行政部门和省、自治区、直辖市人民政府根据需要,在经济发达地区设置接收少数民族适龄儿童、少年的学校(班)。

县级以上地方人民政府根据需要设置相应的实施特殊教育的学校(班),对视力残疾、听力语言残疾和智力残疾的适龄儿童、少年实施义务教育。特殊教育学校(班)应当具备适应残疾儿童、少年学习、康复、生活特点的场所和设施。

普通学校应当接收具有接受普通教育能力的残疾适龄儿童、少年随班就读,并为其学习、康复提供帮助。

### 3. 教师

教师享有法律规定的权利,履行法律规定的义务,应当为人师表,忠诚于人民的教育事业。全社会应当尊重教师。教师在教育教学中应当平等对待学生,关注学生的个体差异,因材施教,促进学生的充分发展。

教师应当尊重学生的人格,不得歧视学生,不得对学生实施体罚、变相体罚或者其他侮辱人格尊严的行为,不得侵犯学生合法权益。

教师应当取得国家规定的教师资格。国家建立统一的义务教育教师职务制度。教师职务分为初级职务、中级职务和高级职务。

各级人民政府保障教师工资福利和社会保险待遇,改善教师工作和生活条件;完善农村教师工资经费保障机制。教师的平均工资水平应当不低于当地公务员的平均工资水平。特殊教育教师享有特殊岗位补助津贴。在民族地区和边远贫困地区工作的教师享有艰苦贫困地区补助津贴。

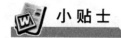 **小贴士**

### 全国多地均着力于提升教师工资待遇，政策向乡村教师倾斜

（1）编制向教师倾斜，待遇不断提升

山东省郓城县李集镇第一实验小学，新学年迎来了 5 名新教师，以前短缺的音乐、美术等师资全部补齐。自 2016 年以来，这所村小已累计引进 40 名新教师，而整个郓城县挖潜用于补充教师的编制达到 903 名，力度之大，前所未有。山东全省新增教师 12.87 万人，较好地解决了师资短缺难题。

各地还积极落实国家关于教师待遇向乡村倾斜的政策要求。河南省对乡村教师生活补助"提标扩面"，已筹措 36 亿元，让农村基层教师享受到岗位津贴、教龄津贴等一系列优惠。2019 年，江西赣州制定教师工资待遇保障措施，确保教师平均工资不低于当地公务员平均工资收入。新增安排提高教师待遇专项补助。

（2）推进教师薪酬制度改革、中小学教师职称设置到正高级

财政部门继续加大对师范教育的投入力度；同时将继续对农村教师予以财政支持，并且积极推进高等学校教师薪酬制度改革，建立体现以增加知识价值为导向的收入分配机制，解决义务教育阶段教师工资待遇问题，中央财政对地方落实教师工资待遇给予积极支持。

职称改革也是近年来保障教师待遇，提升队伍质量的重要措施。目前，中小学教师、中等各职业学校教师和技工院校教师 3 个职称系列的改革已经完成，如今这 3 个职称系列均新设置到正高级，畅通了教师职业发展的通道。浙江从 2019 年起，把中级教师的评聘权限全部下放到中小学，高级职称自主评聘试点学校达到 100 所，更加体现注重实际的激励作用。

## 四、加强农业职业教育

### （一）职业教育的定义

职业教育是指让受教育者获得某种职业或生产劳动所需要的职业知识、技能和职业道德的教育。与普通教育和成人教育相比较，职业教育侧重于实践技能和实际工作能力的培养。

### （二）办学模式

职业教育的办学模式提倡"工学结合、校企合作、顶岗实习"等模式。

### （三）发展农业职业教育

**1. 开展送教下乡**

直接把学校搬到农村,把技术送到老百姓的家门口,对在家务农的中青年农民进行学历教育。

**2. 根据当地的生产特色开设专业**

根据当地的生产特色开设专业(如在蔬菜专业村开设蔬菜班、果树专业村开设果树班等),并根据农时季节进行授课。

**3. 开展短期培训**

根据农民的需要开展短期培训,送技术下乡。

教育部等九部门制定《职业教育提质培优计划(2020—2023 年)》(教职成〔2020〕7号)。明确提出重点任务：落实立德树人根本任务;推进职业教育协调发展;完善服务全民终身学习的制度体系;深化职业教育产教融合、校企合作等。

# 第三节　农村创业创新

## 一、加强政策创设

2019 年,农业农村部会同人力资源社会保障部、财政部联合印发《关于进一步推动返乡入乡创业工作的意见》,明确提出结合地方资源禀赋和产业优势,合理确定返乡入乡创业工作方向,鼓励发展"一县一品、一乡一业"创业模式;对首次创业、正常经营 1 年以上的返乡入乡创业人员,可给予一次性创业补贴。

2020 年,农业农村部与人力资源社会保障部联合印发《扩大返乡留乡农民工就地就近就业规模实施方案》,引导返乡留乡农民工投入农业生产,领办合办农民合作社、农机服务社,开办家庭农场,兴办特色种植业和规模养殖业,推进农产品产业链、物流体系建设,扩大农业生产和服务领域的就业机会。

## 二、培育创新创业主体

2020 年,农业农村部会同国家发展改革委等部门联合印发《关于深入实施农村创新创业带头人培育行动的意见》,明确将返乡创业农民工列为扶持重点,引导有资金积累、技术专长、市场信息和经营头脑的返乡农民工重点发展特色种植业、规模养殖业、农产品加工流通业、乡村服务业、休闲旅游业、劳动密集型制造业等,吸纳更多农村劳动力就地就近就业。目前,全国各类返乡入乡创新创业人员数量超过 850 万人,在乡创新创业人员超过 3100 万。

### (一)培育创新创业主体概述

**1. 农村创新创业带头人**

农村创新创业带头人是饱含乡土情怀、具有超前眼光、充满创业激情、富有奉献精神,带动农村经济发展和农民就业增收的乡村企业家。

培育农村创新创业带头人,就是培育农村创新创业的"领头雁",培育乡村产业发展的动能。

**2. 实施农村创新创业带头人培育行动的必要性**

(1)实施国家创新驱动战略的迫切需要。农村创新创业日益成为国家创新驱动战略的重要"战场"。但与城市相比,农村创新创业还存在质量相对较低,配套政策、服务和基础设施还相对薄弱等问题,亟需培育一批农村创新创业带头人,促进农村创新创业高质量发展。

(2)实施乡村振兴战略的迫切需要。产业兴旺是乡村振兴的重点,创新创业是乡村产业振兴的动能。

(3)全面建成小康社会的迫切需要。全面建成小康社会,短板在农村,难点是农村贫困人口脱贫。培育一批带动农村经济发展和农民就业增收的乡村企业家,有利于激发返乡入乡人员自主创业、主动就业,形成创新带创业、创业带就业、就业促增收、致富奔小康的良好局面。

**3. 农村创新创业带头人培育的重点对象**

(1)扶持返乡创业农民工。返乡农民工具有一定的资金积累、技术专长、市场信息和经营头脑,他们是农村创新创业带头人的主体。支持引导返乡农民工重点发展特色种植业、规模养殖业、加工流通业、乡村服务业、休闲旅游业、劳动密集型制造业等,吸纳更多农村劳动力就地就近就业。

(2)鼓励入乡创业人员。通过培育一批优秀的入乡创业带头人,带动更多农民学技术、闯市场、创品牌,提升乡村产业的层次水平。

(3)发掘在乡创业能人。支持他们创办家庭工场、手工作坊、乡村车间,培育一批在乡创业能人,打造一批"乡字号""土字号"乡土特色产品,保护传统手工艺,发掘乡村非物质文化遗产资源,带动农民就业增收。

### (二)为农村创新创业带头人提供政策支持

主要从"钱、地、人"三方面给予政策支持。

**1. 在钱的方面给予政策支持**

(1)落实创业一次性补贴政策。对首次创业、正常经营1年以上的农村创新创业带头人,按规定给予一次性创业补贴。

(2)加强金融扶持。落实创业担保贷款贴息政策,重点扶持农村创新创业带头人。

发挥国家融资担保基金等政府性融资担保体系作用,积极为农村创新创业带头人提供融资担保。

此外,鼓励各地统筹利用现有资金渠道或有条件的地区因地制宜设立返乡入乡创业资金,并引导各类产业发展基金、创业投资基金投入农村创新创业带头人创办的项目。允许发行地方政府专项债券,支持农村创新创业园和孵化实训基地中符合条件的项目建设。

**2. 在地的方面给予政策支持**

(1) 强化用地计划保障。各地新编县乡级国土空间规划、省级制定土地利用年度计划应做好农村创新创业用地保障。

(2) 盘活现有土地资源。支持开展县域农村闲置宅基地、农业生产与村庄建设复合用地、村庄空闲地等土地综合整治,农村集体经营性建设用地、复垦腾退建设用地指标,优先用于乡村新产业新业态和返乡入乡创新创业。

**3. 在人的方面给予政策支持**

(1) 政策激励。将农村创新创业带头人及其所需人才纳入地方政府人才引进政策奖励和住房补贴等范围。支持和鼓励科研人员按国家有关规定离岗入乡创业,允许科技人员以科技成果作价入股农村创新创业企业。

(2) 社会保障。对符合条件的农村创新创业带头人及其共同生活的配偶、子女和父母全面放开城镇落户限制,纳入城镇住房保障范围,增加优质教育、住房等供给。

加快推进全国统一的社会保险公共服务平台建设,切实为农村创新创业带头人及其所需人才妥善办理社保关系转移接续。

## 三、加强创业培训,搭建创新创业平台,优化创业服务

**1. 加强创业培训**

扩大培训范围,将农村创新创业带头人纳入创业培训重点对象,支持有意愿人员参加创业培训,符合条件的按规定纳入职业培训补贴范围。创新培训方式,充分利用门户网站、远程视频、云互动平台等现代信息技术手段,提供灵活便捷的在线培训。提升培训质量,推行互动教学、案例教学和现场观摩教学,组建专业化、规模化、制度化的创新创业导师队伍和专家顾问团,建立"一对一""师带徒"培养机制。

**2. 提供优质服务**

建设服务窗口,支持鼓励各级政府在门户网站设立农村创新创业网页专栏,县乡政府在政务大厅设立农村创新创业服务窗口,充分发挥基层乡村产业服务指导机构作用。提供一站式服务,打通部门间信息查询互认通道,集中提供项目选择、技术支持、政策咨询、注册代办等一站式服务,推进政务服务"一网通办"、扶持政策"一键查询"。

### 3. 搭建创业平台

建设农村创新创业园区，依托现代农业产业园、农产品加工园、高新技术园区等，建设一批乡情浓厚、特色突出、设施齐全的农村创新创业园区，吸纳农村创新创业企业入驻。建设农村创新创业孵化实训基地，支持有条件的职业院校、企业深化校企合作，依托大型农业企业、知名村镇、大中专院校等建设一批集"预孵化＋孵化器＋加速器＋稳定器"全产业链的农村创新创业孵化实训基地，帮助农村创新创业带头人开展上下游配套创业。

返乡下乡人员网上创业可以获得支持政策，如果能提供网上营销、农资配送、技术培训等社会化服务，特别是如果能利用物联网、大数据、云计算等高科技信息技术到农村创业创新，政府可以通过财政补贴、政府购买服务、落实税收优惠等措施给予支持。

### 4. 拓宽服务渠道

培育社会化服务机构，积极培育市场化中介服务机构，发挥行业协会商会作用，组建农村创新创业联盟，实现信息共享、抱团创业。发展互联网创业，建立"互联网＋创新创业"模式，推进农村创新创业带头人在线、实时与资本、技术、商超和电商对接，利用5G技术、云平台和大数据等创新创业。

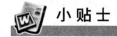 **小贴士**

## 国家推进返乡入乡创业园建设　提升农村创业创新水平

2020年11月，农业农村部联合科技部、财政部、人力资源和社会保障部、自然资源部、商务部和银保监会等7部门印发《关于推进返乡入乡创业园建设 提升农村创业创新水平的意见》。《意见》提出，到2025年，在全国县域建设1500个功能全、服务优、覆盖面广、承载力强、孵化率高的返乡入乡创业园，吸引300万返乡入乡人员创业创新，带动2000万农民工就地就近就业。

《意见》强调，要以培育初创型和成长型企业为重点，推进要素集聚、政策集成、服务集合，高质量建设一批县域返乡入乡创业园，重点是"四个一批"：新建一批返乡入乡创业园，利用现有涉农资金项目构建多位一体、上下游产业衔接的创业格局。提升改造一批返乡入乡创业园，依托现有创业园改造配套设施，集成实训功能，增强服务功能。拓展一批返乡入乡创业园，依托现有产业园区，配置现代产业要素，嫁接成熟生产技术，匹配优秀管理人才，引入金融资本和风投创投。整合一批返乡入乡创业园，依托现有大型企业和知名村镇挖掘现有设施潜力，集中提供公共服务，支持返乡入乡创业创新。

《意见》提出，要强化财政扶持，对首次创业、正常经营1年以上的返乡入乡创业人员，可给予一次性创业补贴。落实税费减免，对厂房租金、房租物业费、卫生费、管理费等给予一定额度减免。创新金融保险,设立信用园区,形成支持白名单,逐步取消反担保,建立绿色通道,做到应贷尽贷快贷。引导资本投入,支持返乡入乡创业企业通过发行创业创新公司债券、县城新型城镇化建设专项企业债券等方式,实现债权融资。

保障园区用地,依法依规改造利用盘活工厂、公用设施等闲置房产、空闲土地,为返乡入乡创业人员提供低成本生产和办公场地。强化创业人才支撑,允许科技人员以科技成果作价入股返乡入乡人员创办的企业。优化创业服务,推进政务服务"一网通办",建立"互联网＋创业创新"模式,打造生产协同、创新协同、战略协同的创业链,为返乡入乡创业团队提供一站式、个性化服务。聚集培训资源,将返乡入乡创业人员纳入创业培训重点对象,大力推行互动教学、案例教学和现场观摩教学,组建创业导师队伍和专家顾问团。

## 导学案例解析

四川省成都市金堂县推进创业创新助力乡村振兴。深入贯彻落实中央一号文件精神,坚持以《国务院办公厅关于支持返乡下乡人员创业创新　促进农村一二三产业融合发展的意见》为指导,掀起了农村双创新热潮。

(1) 健全"院县合作、人才科技共建"机制。

(2) 建立产学研一体化发展体系。发挥"四级"产业发展技术服务体系作用。

(3) 强化各类经营主体培育。

(4) 促进创业人员技能提升。先后被评为全国农村创业创新基地、全国农村劳动力转移就业工作示范县、西部地区农民创业促进工程试点县。昔日"打工大县"正在向"双创强县"转变。

## 练习题

### 一、简答题

1. 简述农业技术和农业技术推广的含义。
2. 农业技术推广机构的公益性职责有哪些?
3. 农业技术推广的保障措施有哪些?
4. 农业技术推广重点项目和行动有哪些?
5. 简述农村创新创业带头人培育的重点对象。

### 二、不定项选择题

1.《农业技术推广法》规定,县级国家农业技术推广机构的专业技术岗位不得低于机构岗位总量的(　　)。

　　A. 40%　　　　　　B. 50%　　　　　　C. 60%　　　　　　D. 80%

2. 农业劳动者和农业生产经营组织根据自愿的原则应用农业技术,任何单位或者个人不得(　　)。

　　A. 胁迫　　　　　　B. 阻碍　　　　　　C. 强制　　　　　　D. 强迫

3. 为解决农村创新创业项目不好选、创业过程风险大的问题,重点要做到(　　)。

　　A. 加强创业培训　　B. 提供优质服务　　C. 搭建创业平台　　D. 拓宽服务渠道

4. 义务教育具有(　　)的基本特点。

　　A. 强制性　　　　　B. 公益性　　　　　C. 普及性　　　　　D. 自愿性

5. 国家出台政策引导有资金积累、技术专长、市场信息和经营头脑的返乡农民工重点发展(　　)、休闲旅游业、劳动密集型制造业等,吸纳更多农村劳动力就地就近就业。

　　A. 特色种植业　　　　　　　　　　　B. 规模养殖业

　　C. 农产品加工流通业　　　　　　　　D. 乡村服务业

6. 返乡下乡人员网上创业支持政策,如果能提供网上营销、农资配送、技术培训等社会化服务,特别是如果能利用(　　)等高科技信息技术到农村创业创新,政府可以通过财政补贴、政府购买服务、落实税收优惠等措施给予支持。

　　A. 物联网　　　　　B. 大数据　　　　　C. 云计算　　　　　D. 互联网

三、案例分析题

试分析:你所在的省(自治区、直辖市)培养新型农民的典型案例。

# 第十一章
## 农村财政、金融与税收

## 学习目标

　　1. 掌握我国农业贷款政策、小额贷款、农业保险种类，健全农村金融体系的建议；

　　2. 理解涉农项目资金，农村信用合作社制度，农民工工伤保险；

　　3. 了解农业支持政策，发展新型农村合作金融组织政策，村镇银行制度，涉农税收优惠政策。

## 引导案例

　　近年来，贵州省罗甸县深入推进产业革命，加快农业产业结构调整，构建了"蔬菜、精品水果、桑蚕"三大主导产业，"中药材、生态畜（禽）、林（茶）"三大特色产业的"3＋3"产业发展格局，农业产业发展势头良好。探索推行"一证一贷一联盟"农银企产业发展合作机制。

　　一证，即果园证；一贷，即果园贷；一联盟，即"三保三统一分"产销对接联盟，以县属国企为龙头，推动保底订单收购、自然灾害保险和产品目标价格保险覆盖，助推农产品实现统一生产标准、统一品控标准、统一组织销售，并在销售环节上产生净收益后，将利益按6：2：2比例留存国企及分享给供应农产品的村合作社、农户。

　　截至2020年11月，全县已有50余家企业（合作社）响应倡议加入了"三保三统一分"产销对接联盟，首批12个优质项目已进入重点融资项目库，其中7个项目省邮储银行、省农业银行已意向授信共计2250万元，此外的5个项目申贷3700万元也正处于前期准备工作阶段。

# 第一节　财政支农政策

## 一、农业支持政策

### (一)农业生产发展与流通的农业支持政策

#### 1. 耕地地力保护补贴

补贴对象原则上为拥有耕地承包权的种地农民。补贴资金通过"一卡(折)通"等形式直接兑现到户,严禁任何方式统筹集中使用。各省(自治区、直辖市)继续按照《财政部、农业农村部关于全面推开农业"三项补贴"改革工作的通知》要求,并结合本地实际具体确定补贴对象、补贴方式、补贴标准。

鼓励各地逐步将补贴发放与土地确权面积挂钩。鼓励各地创新方式方法,以绿色生态为导向,探索将补贴发放与耕地保护责任落实挂钩的机制,引导农民自觉提升耕地地力。

#### 2. 农机购置补贴

各省(自治区、直辖市)在中央财政农机购置补贴机具种类范围内选取确定本省补贴机具品目,优先保证粮食等主要农产品生产所需机具和支持农业绿色发展机具的补贴需要,增加畜禽粪污资源化利用机具品目。

将支持生猪等畜产品生产的自动饲喂等机具装备全部纳入各省补贴范围。将果园轨道运输机等助力丘陵山区等贫困地区产业发展所需机具纳入全国补贴范围,由各省从中选取品目进行补贴。补贴额依据同档产品上年市场销售均价测算,原则上测算比例不超过30%。实施农机报废更新补贴政策,对报废老旧农机给予适当补助。

#### 3. 优势特色产业集群

坚持市场主导、政府扶持的原则,按照全产业链开发、全价值链提升的思路,支持选择省域内基础好、规模大、有特色、比较优势显著的主导产业,打造一批结构合理、链条完整的优势特色产业集群。着力解决好产业发展中的瓶颈制约和关键环节,推动产业形态由"小特产"升级为"大产业",空间布局由"平面分布"转型为"集群发展",主体关系由"同质竞争"转变为"合作共赢"。

2020年首批启动支持建设50个产业集群,原则上连续支持,中央财政对批准建设的产业集群进行适当补助,支持各省围绕基地建设、机收机种、仓储保鲜、产地初加工、精深加工、现代流通、品牌培育等全产业链建设,鼓励创新资金使用方式,采取先建后补、以奖代补、贷款贴息、政府购买服务等方式对相关主体给予支持。

### 4. 国家现代农业产业园

立足优势特色产业,突出一二三产业融合和联农增收机制创新两大任务,2020年继续创建31个国家现代农业产业园,择优认定一批国家现代农业产业园,着力改善产业园基础设施条件,提升公共服务能力。创建工作由各省(自治区、直辖市)负责,中央财政对符合创建条件的安排部分补助资金,通过农业农村部、财政部中期评估和认定后,再视情况安排部分奖补资金。

### 5. 农业产业强镇

继续以乡镇为平台载体,聚焦主导产业,发展壮大乡村产业,加快培育一批产业生产经营市场主体,创新农民利益联结共享机制,重点支持全产业链开发中的仓储保鲜、加工营销等关键领域、薄弱环节,推动主导产业转型升级、由大变强,建设一批主导产业突出、产村融合发展、宜业宜居的农业产业强镇。

中央财政通过安排奖补资金予以支持,引导企业与农户建立订单收购、保底分红、二次返利等紧密型利益联结机制,促进农民分享全产业链增值收益。2020年共支持259个镇(乡)开展农业产业强镇建设。

### 6. 农产品地理标志保护工程

支持区域特色品种繁育基地和核心生产基地建设,改善生产及配套仓储保鲜设施设备条件。健全生产技术标准体系,强化特色品质保持技术集成,推动全产业链标准化生产。挖掘传统农耕文化,讲好地标历史故事,强化产品推介,叫响特色品牌。支持利用信息化技术,实施产品可追溯管理,推动地理标志农产品身份化、标识化和数字化。

### 7. 推进信息进村入户

支持开展益农信息社整省推进建设。严格按照《农业农村部关于全面推进信息进村入户工程的实施意见》要求组织实施,依据"六有"标准建设益农信息社,提升便民服务、电子商务、培训体验服务水平,推进"互联网＋"农产品出村进城,将益农信息社打造成为农服务的一站式窗口。

### 8. 奶业振兴和畜牧业转型升级

支持建设优质苜蓿生产基地,降低奶牛养殖饲喂成本,提高生鲜乳质量水平。以北方农牧交错带为重点,支持牛羊养殖场(户)和饲草专业化服务组织收储青贮玉米、苜蓿、燕麦草等优质饲草,通过以养带种的方式加快推动种植结构调整和现代饲草产业发展。在内蒙古、四川等8个主要草原牧区省份,对项目区内使用良种精液开展人工授精的肉牛养殖场(小区、户),以及存栏能繁母羊、牦牛能繁母牛养殖户进行补助。

鼓励和支持推广应用优良种猪和精液,加快生猪品种改良。在黑龙江、江苏等10个蜂业主产省,实施蜂业质量提升行动,支持建设高效优质蜂产业发展示范区。

### 9. 重点作物绿色高质高效行动

建设一批绿色高质高效生产示范片,集成组装耕种管收全过程绿色高质高效新技术,示范推广优质高产、多抗耐逆新品种,集中打造优良食味稻米、优质专用小麦、高油高蛋白大豆、双低双高油菜、高品质棉花、高产高糖甘蔗、优质果菜茶、道地中药材等生产基地,带动大面积区域性均衡发展,促进种植业稳产高产、节本增效和提质增效。南方早稻主产省要集中支持早稻生产,促进双季稻恢复。

### 10. 推广旱作节水农业技术

以巩固提升旱区农业综合生产能力和资源利用效率为目标,实施区域向黄河流域倾斜,示范水肥一体化、集雨补灌、垄作(膜)沟灌、测墒节灌等高效节水技术,提高水肥利用效率;示范蓄水保墒、抗旱抗逆等现代旱作雨养技术,提高天然降水利用效率;立足干旱半干旱地区水资源条件,开展旱作节水农业新技术、新产品、新材料试验示范,创新集成旱作节水农业技术模式,促进旱区农业绿色高质量发展。

### 11. 有机肥替代化肥行动

以减少化肥投入、增加有机肥投入为目标,支持重点县实施果菜茶有机肥替代化肥,实施区域重点向长江经济带和黄河流域倾斜,试点作物向其他节肥潜力大的园艺作物和大田作物拓展。集成推广堆肥还田、商品有机肥施用、沼渣沼液还田等技术模式,配套完善设施设备,促进果菜茶提质增效和资源循环利用。

工作推进要与畜禽粪污资源化利用相结合,采取政府购买服务、技术补贴、物化补贴等方式,支持农民和新型农业经营主体积造施用有机肥,培育一批生产性服务组织,加快有机肥应用,促进种养结合。

### 12. 农业生产社会化服务

围绕粮棉油糖等重要农产品和当地特色主导产业,集中连片开展社会化服务,服务方式进一步聚焦农业生产托管,服务对象进一步聚焦服务小农户,服务环节进一步聚焦农业生产的关键薄弱环节和农民急需的生产环节。

采取先服务后补助的方式,支持专业服务公司、供销合作社、农村集体经济组织、服务型农民合作社和家庭农场等服务主体,并优先支持安装机械作业监测传感器的服务主体,提升农业生产社会化服务的市场化、专业化、规模化、信息化水平。江西、湖南、广东、广西等早稻主产省要重点推广早稻生产托管等社会化服务。

### 13. 农机深松整地

支持适宜地区开展农机深松整地作业,全国作业面积达到1.4亿亩以上,作业深度一般要求达到或超过25厘米,打破犁底层。

### 14. 产粮大县奖励

对符合规定的常规产粮大县、超级产粮大县、产油大县、商品粮大省、制种大县、"优质粮食工程"实施省份给予奖励。常规产粮大县奖励资金作为财力补助,由县级人民政府统筹安排;其他奖励资金按照有关规定用于扶持粮油产业发展。

### 15. 生猪（牛羊）调出大县奖励

包括生猪调出大县奖励、牛羊调出大县奖励和省级统筹奖励资金。生猪调出大县奖励资金和牛羊调出大县奖励资金由县级人民政府统筹安排用于支持本县生猪（牛羊）生产流通和产业发展，省级统筹奖励资金由省级人民政府统筹安排用于支持本省（自治区、直辖市）生猪（牛羊）生产流通和产业发展。

### 16. 玉米、大豆生产者补贴和稻谷补贴

为巩固农业供给侧结构性改革成效，在玉米和大豆价格由市场形成的基础上，国家继续在东北三省和内蒙古自治区实施玉米和大豆生产者补贴政策。中央财政对有关省（区）玉米补贴不超过 2014 年基期播种面积，大豆补贴面积不超过 2019 年基期播种面积，2020—2022 年保持不变。为支持深化稻谷收储制度和价格形成机制改革，国家在有关稻谷主产省份继续实施稻谷补贴政策。中央财政对稻谷补贴数量上限为基期（2016—2018 年）稻谷年平均产量的 85％。

### （二）农业防灾减灾的农业支持政策

#### 1. 农业生产救灾

中央财政对各地农业重大自然灾害及生物灾害的预防控制、应急救灾和灾后恢复生产工作给予适当补助。支持范围包括农业重大自然灾害预防及生物灾害防控所需的物资材料补助，恢复农业生产措施所需的物资材料补助，牧区抗灾保畜所需的储草棚（库）、牲畜暖棚和应急调运饲草料补助等。

#### 2. 动物疫病防控

中央财政对动物疫病强制免疫、强制扑杀和养殖环节无害化处理工作给予补助。强制免疫补助经费主要用于开展口蹄疫、高致病性禽流感、小反刍兽疫、布病、包虫病等动物强制免疫疫苗（驱虫药物）采购、储存、注射（投喂）以及免疫效果监测评价、人员防护等相关防控工作，以及对实施和购买动物防疫服务等予以补助。

国家在预防、控制和扑灭动物疫病过程中，对被强制扑杀动物的所有者给予补偿，补助经费由中央财政和地方财政共同承担。国家对养殖环节病死猪无害化处理予以支持，由各地根据有关要求，结合当地实际，完善无害化处理补助政策，切实做好养殖环节无害化处理工作。

#### 3. 农业保险保费补贴

在地方财政自主开展、自愿承担一定补贴比例基础上，中央财政对水稻、小麦、玉米、棉花、马铃薯、油料作物、糖料作物、能繁母猪、奶牛、育肥猪、森林、青稞、牦牛、藏系羊和天然橡胶，以及水稻、小麦、玉米制种保险给予保费补贴支持。

继续在 13 个粮食主产省面向适度规模经营农户开展农业大灾保险试点，保障水平覆盖"直接物化成本＋地租"；继续在内蒙古、辽宁、安徽、山东、河南、湖北等 6 个省（自治

区），面向规模经营农户和小农户开展三大粮食作物完全成本保险和收入保险试点，保障水平覆盖农业生产总成本或农业生产产值；在20个省份开展中央财政对地方优势特色农产品保险奖补试点。

### （三）乡村建设的农业支持政策

#### 1. 农村人居环境整治先进县激励

贯彻落实《农村人居环境整治三年行动方案》和《国务院办公厅关于对真抓实干成效明显地方进一步加大激励支持力度的通知》精神，按照《农村人居环境整治激励措施实施办法》对各省开展农村人居环境整治工作进行评价，确定20个农村人居环境整治激励县（市、区、旗）名单。2020年，中央财政对农村人居环境整治成效明显的县予以激励支持，主要用于农村厕所革命整村推进、村容村貌整治提升等农村人居环境整治相关建设。

#### 2. 农村厕所革命整村推进

中央财政安排专项奖补资金，支持和引导各地以行政村为单元，整体规划设计，整体组织发动，同步实施户厕改造、公共设施配套建设，并建立健全后期管护机制。卫生厕所普及率达到85%左右。奖补资金主要支持粪污收集、储存、运输、资源化利用及后期管护能力提升等方面的设施设备建设。

## 二、农业绿色生产与农业资源保护利用的农业支持政策

#### 1. 草原生态保护补助奖励

在内蒙古、四川、云南、西藏、甘肃、宁夏、青海、新疆等8个省（自治区）和新疆生产建设兵团实施禁牧补助、草畜平衡奖励；在河北、山西、辽宁、吉林、黑龙江和黑龙江省农垦总局实施"一揽子"政策。

#### 2. 长江流域重点水域禁捕补偿

中央财政采取一次性补助与过渡期补助相结合的方式，对长江流域重点水域禁捕工作给予支持，促进水生生物资源恢复和水域生态环境修复。其中，一次性补助由地方结合实际统筹用于收回渔民捕捞权和专用生产设备报废，直接发放到符合条件的退捕渔民。过渡期补助由各地统筹用于禁捕宣传动员、提前退捕奖励、加强执法管理、突发事件应急处置等与禁捕直接相关的工作。

#### 3. 渔业发展与船舶报废拆解更新补助

按照海洋捕捞强度与资源再生能力平衡协调发展的要求，支持渔民减船转产和人工鱼礁建设，促进渔业生态环境修复。适应渔业发展现代化、专业化的新形势，在严控海洋捕捞渔船数和功率数"双控"指标、不增加捕捞强度的前提下，有计划升级改造选择性好、高效节能、安全环保的标准化捕捞渔船。同时，支持深水网箱推广、渔港航标等公共基础设施，改善渔业发展基础条件。

**4. 渔业增殖放流**

在流域性大江大湖、界江界河、资源退化严重海域等重点水域开展渔业增殖放流,促进恢复或增加渔业种群的数量,改善和优化水域的渔业种群结构,实现渔业可持续发展。

**5. 农作物秸秆综合利用试点**

在全国范围内整县推进,坚持农用优先、多元利用,培育一批产业化利用主体,打造一批全量利用样板县。激发秸秆还田、离田、加工利用等各环节市场主体活力,探索可推广、可持续的秸秆综合利用技术路线、模式和机制。

**6. 畜禽粪污资源化处理**

支持畜牧大县开展畜禽粪污资源化利用工作,探索在非畜牧养殖大县推广粪污资源化利用。按照政府支持、企业主体、市场化运作的原则,以就地就近用于农村能源和农用有机肥为主要利用方式,新(扩)建畜禽粪污收集、利用等处理设施,以及区域性粪污集中处理中心、大型沼气工程,实现规模养殖场全部实现粪污处理和资源化利用,形成农牧结合、种养循环发展的产业格局。

**7. 地膜回收利用**

在内蒙古、甘肃和新疆支持 100 个县整县推进废旧地膜回收利用,鼓励其他地区自主开展探索。支持建立健全废旧地膜回收加工体系,建立经营主体上交、专业化组织回收、加工企业回收、以旧换新等多种方式的回收利用机制,并探索"谁生产、谁回收"的地膜生产者责任延伸制度。

**8. 耕地轮作休耕制度试点**

2020 年,中央财政继续支持轮作休耕试点。其中,轮作试点主要在东北冷凉区、北方农牧交错区、黄淮海地区、华南双季稻区和长江流域的大豆、花生、油菜产区实施;休耕试点主要在地下水超采区、西北生态严重退化地区实施。

## 三、返乡下乡人员创业创新在税收上的优惠

返乡下乡人员创办的企业如果符合政策规定条件,可享受减征企业所得税、免征增值税、营业税、教育费附加、地方教育附加、水利建设基金、文化事业建设费、残疾人就业保障金等税费减免和降低失业保险费率等税费优惠政策。

### (一)财政部的各项税收优惠政策

**1. 农村金融方面**

自 2016 年 5 月 1 日起,在营改增试点期间,农村信用社、村镇银行、农村资金互助社、由银行业机构全资发起设立的贷款公司、法人机构在县及县以下地区的农村合作银行和农村商业银行提供金融服务收入,可以选择适用简易计税方法按照 3% 征收率计算缴纳增值税;对中国农业银行纳入"三农金融事业部"改革试点的县域支行提供农户贷款、农

村企业和农村各类组织贷款取得的利息收入,可以选择适用简易计税方法按照3%的征收率计算缴纳增值税;中国农业发展银行总行及其各分支机构提供涉农贷款取得的利息收入,可以选择适用简易计税方法按照3%的征收率计算缴纳增值税。

**2. 科技创新方面**

对高新技术企业减按15%税率征收企业所得税,实行研发费用税前加计扣除,对符合条件的股权激励和技术入股递延纳税等。

**3. 小微企业方面**

年应纳税所得额30万元以下的小型微利企业均可依法享受减半征收企业所得税的优惠,并将于今年按照国务院统一部署,把上限提高到50万元。

**4. 创业就业方面**

明确对符合条件从事个体经营的人员,自其在工商部门首次注册登记之日起3年内免收管理类、登记类和证照类等有关行政事业性收费。

### (二)返乡下乡人员创业创新财政支持

一是到农村创业,如果在新型职业农民培育、农村一二三产业融合发展、农业生产全程社会化服务、农产品加工、农村信息化建设等范围内,可以申请相关的财政支农项目和产业基金的支持。如果符合条件,地方政府会通过以奖代补、先建后补、政府购买服务等方式予以支持。二是过去只适用于在城市创业的财政支持政策,如今也可以支持到农村创业。三是如果创办的是开展适度规模经营的农业企业或者农民专业合作社,在办理银行贷款时可以由全国农业信贷担保体系来提供担保服务。

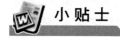 小贴士

**三大举措推进乡村振兴发展**

2019年以来,按照党的十九大提出的"乡村振兴"战略部署,杭州市立足实际,构建以产业发展为重点的"乡村振兴"战略财政支农保障体系,为打造"乡村振兴"杭州样本提供有效可持续的财力支撑。

一是建立健全财政"乡村振兴"投入保障机制。杭州市坚持"大杭州"发展理念,持续重视对"三农"的投入,坚持把"三农"作为市财政优先保障领域。近年来,杭州市本级财政对萧山、余杭等7县(市、区)的投入年均在30亿元以上。2018年市本级"农林水支出"安排16.9亿元,比上年增长3.8%。2019年杭州市继续加大"乡村振兴"投入,全力保障农业农村重点领域投入。在保证"三农"投入的基础上,以推动农业产业发展为核心,统筹安排产业类专项资金10亿元用于支持全市农业产业发展。

二是完善"乡村振兴"财政支出结构。杭州市财政坚持以实施乡村振兴战略为总抓

手,以供给侧结构性改革为主线,加强财政涉农资金整合,整合原有 19 项产业政策,并按照"产业兴旺"的要求,加大产业投入,包括支持米袋子工程、菜篮子工程、"16666"乡村产业振兴发展、数字农业建设、现代农业大项目建设、区域公共品牌和省级以上知名农产品品牌建设、美丽农业示范、生态循环农业、农产品质量安全、农业科技和现代种业发展等等。

三是探索财政资金分配方式改革。2020 年杭州市实行涉农资金"大专项＋任务清单"管理模式,将原先相近的政策合并为"大专项",市级任务清单根据乡村振兴实施的重点任务和涉农资金重点保障的政策内容安排确定。赋予县(市、区)更大的项目安排权和资金使用统筹权。建立科学合理的综合性绩效评价指标体系。

# 第二节　农村金融

## 一、我国农村金融服务体系概况

农村金融服务对象是农业、农村和农民。经过多年的改革与发展,我国已形成了包括商业性、政策性、合作性金融机构在内的,以国有商业银行为主体、农村信用社为核心、民间借贷为补充的农村金融体系,在关心农民、关注农村、支持农业经济发展上发挥了重要作用,农村金融服务已经发展到可以为用户提供投资、储蓄、信贷、结算、兑换、商业保险以及金融信息咨询等多方面的服务。

2007 年到 2018 年,全部金融机构涉农贷款余额从 2007 年末的 6.1 万亿元增加至 2018 年末的 32.7 万亿元,占各项贷款的比重从 22% 提高至 24%,涉农贷款余额累计增长 534.4%,平均年增速为 16.5%;债券、股票等直接融资也有较快发展,农产品期货市场从无到有,功能逐渐显现。同期,我国农业保险保费收入从 51.8 亿元增长到 572.7 亿元,参保农户从 4981 万户次增长到 1.95 亿户次,分别增长了 10.1 倍和 2.9 倍。

截至 2018 年末,全国支农、支小再贷款余额分别为 2 870 亿元、2 172 亿元,向国家开发银行、农业发展银行、进出口银行提供抵押补充贷款 33 795 亿元。信用信息体系建设日趋完备,为 261 万户小微企业、1.84 亿户农户建立信用档案。农村地区总体上实现了人人有银行结算账户,乡乡有 ATM,村村有 POS。

## 二、加大金融扶持力度

中国人民银行高度重视金融服务乡村产业,采取多种措施,引导金融机构加大对乡村产业的信贷支持,降低企业融资成本。

### 1. 加强政策扶持

2019 年,中国人民银行联合银保监会等部门印发《关于金融服务乡村振兴的指导意见》,引导金融机构加大对乡村振兴重点领域和薄弱环节的金融支持,支持乡村产业发展。

### 2. 降低融资成本

2019 年以来,中国人民银行改革完善贷款市场报价利率(LPR)形成机制,提高 LPR市场化程度,推动银行运用 LPR 定价,打破贷款利率隐性下限,疏通货币政策传导渠道,降低贷款实际利率。同时,对服务县域农商行和仅在县域内经营的城商行实施定向降准,扩大普惠金融定向降准政策支持范围。积极运用好再贷款、再贴现等政策工具,发挥定向调控、精准灌溉的积极作用,降低企业融资成本。

### 3. 创新金融产品和服务

引导金融机构积极稳妥开展农村承包土地经营权、活体畜禽和林权抵押贷款,鼓励具备条件的地区探索开展集体资产股份抵押、农垦国有农用地使用权抵押等业务,支持乡村产业发展。如,中国农业银行推出"温室大棚抵押贷款",中国邮储银行将大型农机具、大额农业订单、设施大棚、水域滩涂使用权等纳入抵质押物范围,江苏银行推出"新农贷""惠捷贷"等涉农特色金融产品。

### 4. 发挥债券市场融资支农作用

支持金融机构发行"三农"专项金融债券,为农业企业中长期贷款提供稳定的资金来源。目前,已累计发行"三农"专项金融债券 414 亿元,募集资金全部用于发放涉农贷款。鼓励农业企业通过债券市场发债融资。

### 【案例 11-1】

广东省农信联社在全省启动中小农合机构"基层网点风控转型(网格化管理)"项目。启动金融网格化服务建设以来,汕尾农商行和陆河农商行以"跑户建档＋信用村建设＋提供金融服务"为主要工作内容,充分利用网点布局广、人员多的优势,通过划分片区,以"网格化"服务平台为抓手,在汕尾市区及陆河县区掀起全员助力"普惠金融"的热潮。

两家农商行营销团队走街串巷,日夜外拓营销,开展"一对一""点对点"宣传,走访各网点周边个体商户和小微企业,向客户介绍特色金融产品;积极上门为村民提供开户、签约等金融服务,为村民开展反假币、防诈骗、安全理财和防范非法集资等金融知识宣讲会。

截至 2020 年 10 月 10 日,两家农商行通过跑户建档,合计跑户 6729 户,有效建档6419 户;主动联系地方村委合作开展"整村授信"项目,其中与 9 个自然村正式启动该项目,3 个"整村授信"的自然村农户已获得线上授信额度,26 户已顺利成功激活用信。

此外,两家农商行因地制宜推出"商圈贷""立码贷""示范贷"等差异化信贷产品,让金融服务从过去的"客户在路上跑"向"服务在格中办"转变,用实际行动打通金融服务"最后一公里"。

问:广东省汕尾农商行和陆河农商行构建农村金融网格化服务体系,助力乡村振兴取得了哪些成效?

【解析】

广东省汕尾农商行和陆河农商行充分发挥汕尾市各农商行服务"三农"主力军作用,扎实推进金融网格化服务体系建设工作。汕尾市金融工作局、农业农村局、汕尾农商行系统党委联合印发《派驻村(社区)金融助理工作方案》,开展"派驻金融助理"工作,建立"派驻金融助理联席会议"制度和金融助理"定点、定人、定时"驻村机制,逐步在全市建立起全方位、多层次、广覆盖的基层金融服务基础网络体系,构建本土金融服务生态圈,精准施策助力脱贫攻坚,深入普及金融知识,切实帮助乡村(社区)群众解决贷款难、融资难等问题,提升金融服务乡村振兴、助力实体经济发展水平和成效。

## 三、新型农村金融贷款业务

### (一)小额贷款

#### 1. 贷款银行

农业银行、邮政储蓄银行、信用社和其他各类商业银行。

以农村信用社为例,农户可以持《贷款证》及有效身份证件,直接到农村信用社申请办理。农村信用社在接到贷款申请时,要对贷款用途及额度进行审核,一般额度控制5万~10万元以内。

信用社还有农民联保贷款,三五户农民组成联保小组,相互为彼此贷款担保。有联保的贷款额度比个人信用贷款额度相对高一些。

#### 2. 贷款用项

种植业、养殖业等农业生产费用贷款;农机具贷款;围绕农业产前、产中、产后服务贷款及购置生活用品、建房、治病、子女上学等消费类贷款。

#### 3. 抵押或担保

以农业银行为例。农业银行创新了农机具抵押、农副产品抵押、林权抵押、农村新型产权抵押、"公司+农户"担保、专业合作社担保等担保方式,还允许对符合条件的客户发放信用贷款。

(1)土地经营权抵押贷款

土地经营权抵押贷款是指农户或合作社将合法的农村土地承包经营权向金融机构申请做抵押的贷款。贷款需提交的资料包括:身份证明或其他证明材料;土地经营权权属证明资料;农村土地经营权抵押登记申请书;农村土地经营权抵押登记证;土地经营权抵押承诺书;抵押贷款申请书;银行要求的其他材料。

(2) 林权抵押贷款

开展林权抵押贷款业务要建立抵押财产价值评估制度,对抵押林权进行价值评估。对于贷款金额在 30 万元以下的林权抵押贷款项目,贷款人要参照当地市场价格自行评估,不得向借款人收取评估费。

抵押贷款程序:权利人提交新版《林权证》→权利人提交书面抵押申请(内容包括个人基本情况、林权情况、贷款额、金融资信证明等)→权利人是个人的,提交个人身份证复印件;是单位的提交法人身份证复印件和单位资质证明复印件→乡镇林业站在书面抵押申请上签署初审意见→县林业规划调查设计队现场评估,制作评估报告→提供金融部门的贷款协议→金融部门提供单位注册复印件和法人身份证复印件→缴费,办理他项权证。

### (二) 合作社贷款

**1. 优惠利率**

农民专业合作社及其成员贷款可以实行优惠利率,具体优惠幅度由各地结合当地实际情况确定。

**2. 贷款条件**

经工商行政管理部门核准登记,取得农民专业合作社法人营业执照;有固定的生产经营服务场所,依法从事农民专业合作社章程规定的生产、经营、服务等活动;具有健全的组织机构和财务管理制度,能够按时向农村信用社报送有关材料;在申请贷款的银行开立存款账户,自愿接受信贷监督和结算监督;无不良贷款及欠息;银行规定的其他条件。

### (三) 家庭农场贷款

农业银行对家庭农场贷款额度最高为 1000 万元,除了满足购买农业生产资料等流动资金需求,还可以用于农田基本设施建设和支付土地流转费用,贷款期限最长可达 5 年。

## 【案例 11-2】

吉林省龙井市老头沟镇远航专业农场,农场成立之初耕种土地 65 公顷,投资总额 140 万元。农场负责人高洪海想改善经营环境和扩大经营规模,然而缺少资金。正在高洪海为资金发愁时,吉林省金融办推出了"土地收益保证贷款"这一全新融资模式,龙井市是试点单位之一。高洪海立即申请了 50 万元贷款,扩大储存库房 120 平方米、流转了 40 公顷土地,年底农场纯收入 60 万元,当年就全部还清贷款。

问：这一贷款融资模式给农民带来的好处有哪些？

【解析】

土地收益保证贷款融资模式，从根本上解决了农民贷款难、贷款成本高的问题，程序方便快捷，农民种多少地就能贷多少款，真正能够满足农户的资金需求。全程免费为农户提供贷款服务，给农户吃了一颗定心丸，为农户提供了一个安全贷款的新平台。

## 四、农村信用合作社

### （一）农村信用合作社的地位、特征和任务

#### 1. 农村信用合作社是银行类金融机构

银行类金融机构又叫作存款机构和存款货币银行，其特点是以吸收存款为主要负债，以发放贷款为主要资产，以办理转账结算为主要中间业务，直接参与存款货币的创造过程。农村信用合作社又是信用合作机构，是由个人集资联合组成的以互助为主要宗旨的合作金融机构，简称"信用社"，以互助、自助为目的，在社员中开展存款、放款业务。

#### 2. 农村信用合作社的特征

（1）农民和农村的其他个人集资联合组成，以互助为主要宗旨的合作金融组织，其业务经营是在民主选举基础上由社员指定人员管理经营，并对社员负责。其最高权力机构是社员代表大会，负责具体事务的管理和业务经营的执行机构是理事会。

（2）主要资金来源是合作社成员缴纳的股金、留存的公积金和吸收的存款；贷款主要用于解决其成员的资金需求。起初主要发放短期生产生活贷款和消费贷款，后随着经济发展，渐渐扩宽放款渠道，现在和商业银行贷款没有区别。

（3）由于业务对象是合作社成员，因此业务手续简便灵活。

#### 3. 农村信用合作社的任务

依照国家法律和金融政策的规定，组织和调节农村基金，支持农业生产和农村综合发展，支持各种形式的合作经济和社员家庭经济，限制和打击高利贷。

### （二）农村信用合作社的改革试点和发展方向

#### 1. 目前农村信用合作社开展的改革试点

（1）在北京、天津、海南、宁夏等五个省区市实行建立省级联社的试点。

（2）在四川、浙江等五省试行建立地市联社和省级信用合作协会（作为信用社的行业管理机构）。

（3）经国务院批准，江苏省进行了建立县一级法人，乡信用社作为其分支机构的改革试验。同时张家港、常熟、江阴三个地级市进行了农村股份制商业银行的试点。

（4）中国人民银行在 8 个县开展了信用社利率放开的改革试验。

**2. 今后农村信用合作社的发展方向**

(1) 根据各地实际情况,逐步满足多样化的农村金融需求是信用社改革的根本目标,而暂时解决信用社的经营困难,处理目前的累计亏损和不良资产只是阶段性目标。

(2) 管理体制及监管模式需要在试验试点基础上逐步确立。

(3) 要求地方政府担负管理和监管责任,应以储蓄保险体系或金融风险防范基金的建立为前提。

(4) 逐步扩大贷款利率自由化改革的试验。

(5) 信用社改革应与整个农村金融体系建设相配套。

### (三)农村信用合作社的法律责任

农村信用合作社对其工作人员在营业场所、营业时间所实施的营业行为应承担民事责任。农村信用合作社要对其员工的职务行为承担法律责任。

## 五、村镇银行

### (一)村镇银行概述

村镇银行是指经中国银行业保险业监督管理委员会依据有关法律、法规批准,由境内外金融机构、境内非金融机构企业法人、境内自然人出资,在农村地区设立的主要为当地农民、农业和农村经济发展提供金融服务的银行业金融机构。村镇银行是独立的企业法人,享有由股东投资形成的全部法人财产权,依法享有民事权利,并以全部法人财产独立承担民事责任。

村镇银行股东依法享有资产收益、参与重大决策和选择管理者等权利,并以其出资额或认购股份为限对村镇银行的债务承担责任。村镇银行以安全性、流动性、效益性为经营原则,自主经营,自担风险,自负盈亏,自我约束。

### (二)村镇银行的优劣势

**1. 优势**

(1) 政策优势。国家对村镇银行有很大的政策优惠、政策倾斜。

(2) 发起行的支持。发起行对村镇银行在资金、人员、治理结构及企业文化等方面的支持。

(3) 制度上的路径依赖比较弱,有利于发展创新。

(4) 决策链条短,扁平化管理。对市场变化、环境的反应与决策机制比较快,几乎无中间环节。

(5) 激励机制相对比较灵活,有利于充分调动人的积极性、创造性,把人的潜能充分发挥出来。

(6) 贴近社区,草根金融。充分利用人缘、地缘优势,扎根地方,深入社区,凭借本土化熟人社会,在营销和风险管控方面有很大优势。

**2. 劣势**

(1)规模小。在资金实力、人才队伍、信息技术等综合实力方面相对较弱,业务品种单一,创新能力不足。

(2)所处生态环境比较薄弱。大多地处县域以下偏远、贫困地区,生态环境薄弱,实体经济相对弱小,人均收入水平相对较低,得额外费心费力。

(3)IT系统还不够完善,在发展互联网金融、普惠金融,特别是移动金融服务方面处于劣势。

(4)支付结算体系不畅,无法开办联行业务,无法加入大小额支付系统,只能进行资金的手工清算,汇划速度慢,差错事故率高。

(5)村镇银行不能开办银行卡、信用卡业务,只是传统的营销模式,业务很难开展。

(6)认知度低、公信力不足,使村镇银行吸收社会存款难度大、成本高、存款稳定性差,存款保险制度推出以后,对村镇银行还会有新的冲击。

# 第三节　农村保险

## 一、农业保险的涵义

### (一)农业保险的定义

农业保险是指保险机构根据农业保险合同,对被保险人在种植业、林业、畜牧业和渔业生产中因保险标的遭受约定的自然灾害、意外事故、疫病、疾病等保险事故所造成的财产损失,承担赔偿保险金责任的保险活动。

## 小贴士

截至2020年4月底,全国农业保险实现保费收入265.81亿元,为5419.79万户次农户提供风险保障1.31万亿元,已向960.86万户次受灾农户支付赔款147.82亿元,农业保险赔款成为农户灾后重建和恢复生产生活的重要资金来源。目前,我国已成为亚洲第一、世界第二的农业保险大国。

### (二)可以赔偿和不赔偿的风险

可以赔偿的风险主要有两类:一是自然灾害和意外事故,如水灾、冰雹、疫病等;二是为公共事业牺牲个人利益,如为防止牲畜疫病蔓延扑杀掩埋病畜等。

保险不赔偿的风险:主要包括政治风险、道德风险和管理风险。发生了战争或是投保人故意的行为都属于免赔范围;另外,发生灾害后未按规定要求采取必要的减损措施,也会影响到正常的索赔。

农业保险不能规避价格风险。因为农业保险只是对合同规定的自然灾害所造成的损失进行补偿,价格风险并不在农业保险的保障范围之内。

## 二、农业保险的种类

### (一)种植业保险、畜牧业保险、渔业保险和森林保险

按照农业生产的对象的不同,农业保险可以分为种植业保险、畜牧业保险、渔业保险和森林保险。种植业保险通俗来说就是农作物保险,如水稻、小麦等;畜牧业保险主要保牲畜和家禽;渔业保险是为渔民量身打造的;森林保险就是"森林卫士"。

### (二)能繁母猪的保险

不是所有能繁母猪都能上保险,前提条件是它打了专用耳标。耳标好比动物的"身份证",它是佩戴在动物耳部,用于记录标的畜龄、防疫等信息的标牌,以数字、二维码或者电子芯片的形式标记。另外,能繁母猪能否投保还受到母猪畜龄、存栏量、饲养圈舍卫生、健康状况、防疫记录等因素限制。

一般来说投保人及其家庭成员、被保险人及其家庭成员、投保人或被保险人雇用人员的故意行为导致标的死亡,保险公司不予以赔付。

母猪因得传染病被强行扑杀,在保险期间内,由于发生保险条款列明的高传染性疫病,政府实施强制扑杀导致保险母猪死亡,保险公司也负责赔偿,但赔偿金额以保险金额扣减政府扑杀专项补贴金额的差额为限。

### (三)农村劳动力意外伤害救灾保险

农村劳动力意外伤害救灾保险是居住在农村的无严重疾病和伤残的家庭劳动者因自然灾害或意外事故造成严重伤残或死亡时,由国家、集体和劳动者个人共同集资成立的救灾保险互济组织,按条款规定及时给付救助费或补助金。目的是通过国家、集体和个人共同筹集一定的救灾保险基金,用来保障农村劳动力伤残有医治,死亡有补偿的一种社会保险制度,以促进农村社会安定和生产力发展。

#### 1. 农村劳动力意外伤害救灾保险范围

农村劳动力意外伤害救灾保险的对象是农村年满18周岁至60周岁的无严重疾病或伤残的家庭劳动者;保险期限一般为一年,即自投保人交纳保费之日起,至期满日24时止。保险责任,凡因下列原因导致家庭劳动力严重伤残、死亡时,救灾保险互济组织负责补偿或救助:(1)水灾、火灾、风暴、雪冻、地震、冰雹、泥石流及雷击触电;(2)爆炸、交通事故、中毒、猛兽袭击;(3)固定物体倒塌、空中运行物撞击或机械事故;(4)农村集体承保的生产队(组)负责人及农场主对所属单位的农工、合同工和受聘人员在保险期内负

有因意外人身伤害享受补偿的责任。

2. 由于下列原因导致在保劳动力严重伤残或死亡时,救灾保险组织不负保险或救助责任:(1)长期或突发性疾病;(2)被保人及其家庭人员、亲友的故意行为;(3)打架、斗殴、酗酒或违章、违纪、违法、犯罪及不道德行为;(4)战争或军事行为,以及集会、游行、公共娱乐场所引起的伤害。

### (四)农业保险险种的财政补贴

农业保险有政策性农业保险和商业性农业保险之分,只有政策性农业保险才可以享受财政补贴。具体的政策性农业保险险种要依据地方的实际来确定,种类和范围在各地区都有所不同。比较常见的保费补贴品种有水稻、小麦、玉米、能繁母猪、奶牛、天然橡胶、森林等。

### (五)涉农保险

涉农保险是指农业保险以外、为农民在农业生产生活中提供保险保障的保险,包括农房、农机具、渔船等财产保险,涉及农民的生命和身体等方面的短期意外伤害保险。

## 三、火灾保险

### (一)火灾保险定义

火灾保险是指为存放在固定场所并处于相对静止状态的财产遭受的火灾损失提供保障的保险。目前保险公司开办的财产保险业务没有直接使用火灾保险这一名称,但是企业财产保险、家庭财产保险等都是在火灾保险的基础上发展起来的险种,火灾是其中最重要的承保风险。

### (二)家庭财产保险

承保风险以火灾、盗窃等风险为主。家庭财产综合保险主要承保房屋、房屋装修及保单列明的室内财产三类家庭财产。在投保时,保险金额按三类财产分项确定,投保人可以自由选择三类财产的保险金额。

**【案例 11-3】**

四川省绵阳市在全市范围内开展特色农产品保险工作,着力防范和化解特色农产品生产风险。农产品品种主要包括:蜜柚、禽蛋、魔芋、藤椒。或者保险机构也可协商自主选择其他主导产品拓展保险品种及保险范畴。

保险产品分为"物化成本类保险"和"价格类保险"两类。其中,物化成本类保险主要针对蜜柚、禽蛋、魔芋、藤椒种养过程中遭受暴雨、旱灾、冻灾、泥石流等自然灾害与病虫害(或疫病)时,保障种植、养殖的物化成本(种植业的种子、地膜、机耕、化肥、农药、地租以及养殖业的种苗、饲料等种养殖成本),即种植、养殖过程中所需的非人工类成本,以保障农户在遭遇灾害后恢复再生产;价格类保险则针对蜜柚、禽蛋、魔芋、藤椒价格下跌对产业造成冲击时,降低蜜柚、禽蛋、魔芋、藤椒的市场价格风险,可由保险机构与被保险人约定的保险价格,按第三方价格发布平台发布价格为标准,当市场价格低于约定保险价格时,差值由保险公司负责赔偿。

问:保险公司开展特色农产品保险的意义何在?

**【解析】**

绵阳市因地制宜,探索农产品保险新路子,对于增强农业生存抵御风险能力,推动现代农业重点产业主导产品做大规模、做优品质、做响品牌,促进农民增收和农业农村高质量发展大有裨益。按照政府引导、自主自愿和市场运作相结合的方式开展。确定中国人保、国寿财险、中航安盟为特色农产品保险机构。同时,鼓励其他保险机构积极参与农业保险业务。

## 四、普惠的"三农"保险

国务院《关于加快发展现代保险服务业的若干意见》规定,各地根据自身的实际,用来支持保险的机构来提供保费低廉、保障适度、保单通俗的"三农"的保险产品。积极发展农村小额信贷保险、农房保险、农机保险、农业基础设施保险、森林保险,以及农民养老健康保险、农村小额人身保险等普惠保险业务。积极发展农村小额人身保险、农民养老健康保险等普惠的保险的业务。

### 1. 农村小额信贷保险

农村小额信贷保险是保险公司在银行向农户发放小额贷款时,专为贷款农户提供的意外伤害保险,一般涵盖意外伤残及意外身故保险责任。

### 2. 农房保险

农房保险是由政府补贴,农户自愿参加的保险,一般农户保险每户保险费30元,农户只需交20元,其余10元由政府补贴,"五保户"保费全部由政府补贴,每户农户政府只补贴一处农房参加保险。

在保险期间,由于下列原因造成保险标的的损失,保险人按照保险合同的约定负责赔偿:火灾、爆炸;雷击、台风、龙卷风、暴雨、暴风、洪水、暴雪、冰雹、冰凌、泥石流、崖崩、突发性滑坡、地面突然下陷;飞行物体及其他空中运行物体坠落,外来不属于被保险人所有或使用的建筑物和其他固定物体的倒塌;地震造成保险标的的损失。

### 3. 农机保险

农机保险是由保险人(包括各种保险组织)为农机拥有者、使用人员在农机田间作业、道路运输、农业生产、农产品加工等生产经营过程中,遭受自然灾害或者意外事故所造成的损失提供经济补偿的保险保障制度。

农机保险可以分为两类：一类是为了补偿农机拥有者在农机事故中因农机具损坏所造成的损失，主要是农机具损失险。一类是为了补偿在农机事故中因人员伤亡造成的损失，主要包括人身伤害险和第三者责任险。

**4. 农村的小额人身保险**

农村的小额人身保险是用来解决农村的居民家庭遭遇了意外的风险而获得补偿的一项保险服务的产品，是"新农合"的一个有效的补充，第一次填补了意外的事故、残疾赔付的一个空白，是政府推行的一项惠民工程。人身意外伤害保险是指在约定的保险期内，因发生意外事故而导致被保险人死亡或残疾，支出医疗费用或暂时丧失劳动能力，保险公司按照双方的约定，向被保险人或受益人支付一定量的保险金的一种保险。

（1）参保对象

① 具有农村户口，年满 28 天以上的农村居民都可以参加，年龄没有上限。

② 无职业地限制。保险的期限是 1 年，自保险地合同生效之日起到约定的终止日为止，到期还可以续保。

（2）农村小额人身保险的保险范围

被保险人如果因为意外的伤害而导致身故，可以获得 30000 元的保险金。被保险人因为意外的伤害而导致了身体残疾（自从发生了意外之日起 180 日之后，是需要经过专业的医疗机构鉴定之后再定级的），按国家的规定残疾比例给付保险金，最多可以赔付 30000 元。被保险人因为意外的伤害而导致的医药费、诊疗费，按照合理的费用 80% 来报销，一次或累计赔付的保险金额为 3000 元。在新农合报销之后，剩余还没有报完的部分可以在小额保险继续报销。

 **【案例 11-4】**

2020 年 7 月 28 日，福建省上杭县旧县镇龙溪村村民罗标在新疆乌恰县矿区作业时，矿区塌方当场死亡。经查罗某标的家人蔡某凤为罗标投保"三农"综合保险农村小额人身意外险。

问：保险公司是否应当支付赔款？

**【解析】**

依据保险合同，被保险人如果因为意外的伤害而导致身故，给付 30000 元的保险金。事故发生后，人保财险上杭支公司迅速组织人员办理查勘及有关理赔手续，将小额人身意外险赔款送至死者家属蔡某凤手中。

# 第四节　涉农税收优惠政策

## 一、增值税的税收优惠

符合自产农产品免征增值税优惠条件的纳税人，享受免征增值税优惠。

1. 对农业生产者销售的自产农业产品项目免征增值税。

2. 制种企业在下列生产经营模式下生产销售种子，属于农业生产者销售自产农业产品免征增值税。

（1）制种企业利用自有土地或承租土地，雇佣农户或雇工进行种子繁育，再经烘干、脱粒、风筛等深加工后销售种子。

（2）制种企业提供亲本种子委托农户繁育并从农户手中收回，再经烘干、脱粒、风筛等深加工后销售种子。

3. 对农民专业合作社销售本社成员生产的农业产品，视同农业生产者销售自产农业产品免征增值税。

4. 纳税人采取"公司＋农户"经营模式从事畜禽饲养，即公司与农户签订委托养殖合同，向农户提供畜禽苗、饲料、兽药及疫苗等（所有权属于公司），农户饲养畜禽苗至成品后交付公司回收，公司将回收的成品畜禽用于销售。纳税人回收再销售畜禽，属于农业生产者销售自产农产品，应根据《中华人民共和国增值税暂行条例》的有关规定免征增值税。

## 二、企业所得税的税收优惠

根据《企业所得税法》和《企业所得税实施细则》的规定，企业从事蔬菜、谷物、薯类、油料、豆类、棉花、麻类、糖料、水果、坚果的种植，农作物新品种选育，中药材种植，林木培育和种植，牲畜、家禽饲养，林产品采集，灌溉、农产品初加工、兽医、农技推广、农机作业和维修等农、林、牧、渔服务业项目，远洋捕捞项目所得免征企业所得税。

企业从事花卉、茶以及其他饮料作物和香料作物种植，海水养殖、内陆养殖项目所得减半征收企业所得税。"公司＋农户"经营模式从事农、林、牧、渔业项目生产企业，可以减免企业所得税。

企业从事国家限制和禁止发展的项目，不得享受企业所得税优惠。

## 三、房产税和城镇土地使用税的税收优惠

根据《城镇土地使用税暂行条例》的规定，直接用于农、林、牧、渔业的生产用地免缴

土地使用税。

　　根据财政部税务总局《关于继续实行农产品批发市场、农贸市场房产税、城镇土地使用税优惠政策的通知》规定,自 2019 年 1 月 1 日至 2021 年 12 月 31 日,对农产品批发市场、农贸市场(包括自有和承租)专门用于经营农产品的房产、土地,暂免征收房产税和城镇土地使用税。对同时经营其他产品的农产品批发市场和农贸市场使用的房产、土地,按其他产品与农产品交易场地面积的比例确定征免房产税和城镇土地使用税。

## 四、契税的税收优惠

　　根据《契税法》的规定,纳税人承受荒山、荒地、荒滩土地使用权用于农、林、牧、渔业生产免征契税。

## 五、耕地占用税的税收优惠

　　根据《耕地占用税法》的规定,占用耕地建设农田水利设施的,不缴纳耕地占用税。
　　军事设施、学校、幼儿园、社会福利机构、医疗机构占用耕地,免征耕地占用税。农村居民在规定用地标准以内占用耕地新建自用住宅,按照当地适用税额减半征收耕地占用税;其中农村居民经批准搬迁,新建自用住宅占用耕地不超过原宅基地面积的部分,免征耕地占用税。
　　农村烈士遗属、因公牺牲军人遗属、残疾军人以及符合农村最低生活保障条件的农村居民,在规定用地标准以内新建自用住宅,免征耕地占用税。

## 六、印花税的税收优惠

　　根据《财政部、国家税务总局关于农民专业合作社有关税收政策的通知》的规定,农民专业合作社与本社成员签订的农业产品和农业生产资料购销合同,免征印花税。

## 七、个人所得税涉农优惠政策

　　1. 个人或个体工商户从事种植业、养殖业、饲养业和捕捞业且经营项目属于农业税(包括农林特产税)、牧业税征税范围的,其取得的上述"四业"所得暂不征收个人所得税。
　　2. 对进入各类市场销售自产农产品的农民所得暂不征收个人所得税。对市场内的经营者和其经营的农产品,如税务机关无证据证明销售者不是"农民"的和不是销售"自产农产品"的,一律按照"农民销售自产农产品"执行政策。
　　3. 对于在征用土地过程中,征地单位支付给土地承包人的青苗补偿费收入,暂免征收个人所得税。

## 八、返乡下乡人员创业创新在税收上的优惠

创办的企业如果符合政策规定条件,可享受减征企业所得税、免征增值税、营业税、教育费附加、地方教育附加、水利建设基金、文化事业建设费、残疾人就业保障金等税费减免和降低失业保险费率等税费优惠政策。

**导入案例解析**

为决战脱贫攻坚,助推农业农村经济持续健康发展,为切实解决水果产业生产经营主体"融资难、融资贵、融资慢"问题,罗甸县创新农银企合作。保险业创新特色农业保险。罗甸县扩大火龙果投保面,将罗甸脐橙、杨梅、蔬菜等特色农业种植也纳入投保范围。与省州部门对接谋划,向财政申请专项补贴资金,进一步减轻农户自缴保费的比例。

**练习题**

### 一、简答题

1. 简述农业生产发展与流通的农业支持政策。

2. 简述涉农税收优惠。

3. 简述农村信用合作社的特征。

4. 简述村镇银行的优势。

5. 简述农业保险的种类。

### 二、不定项选择题

1. 农村信用合作社以(　　)为目的,在社员中开展(　　)业务。

　　A. 互助　　　　　　B. 自助　　　　　　C. 存款　　　　　　D. 放款

2. 返乡下乡人员创业创新在税收上的优惠,创办的企业如果符合政策规定条件,可享受(　　)、地方教育附加、水利建设基金、文化事业建设费、残疾人就业保障金等税费减免和降低失业保险费率等税费优惠政策。

　　A. 减征企业所得税　　　　　　B. 免征增值税

　　C. 免征营业税　　　　　　　　D. 免征教育费附加

3. 村镇银行是指经中国银行业监督管理委员会依据有关法律、法规批准,由境内外金融机构、(　　)出资,在农村地区设立的主要为当地农民、农业和农村经济发展提供金融服务的银行业金融机构。

　　A. 境内非金融机构企业法人　　　　B. 境内自然人

　　C. 境外非金融机构企业法人　　　　D. 境外自然人

4. 涉农保险是指农业保险以外、为农民在农业生产生活中提供保险保障的保险,包括(　　)等财产保险。

　　A. 农房　　　　　　B. 农机具　　　　　C. 渔船　　　　　D. 仓库

5. 对企业从事下列(　　)各项的种植所得,免征企业所得税。

　　A. 蔬菜　　　　　　B. 谷物　　　　　　C. 油料　　　　　D. 棉花

6. 对农民专业合作社向本社成员销售的(　　)、农药、农机,免征增值税。

　　A. 农膜　　　　　　B. 种子　　　　　　C. 种苗　　　　　D. 化肥

### 三、案例分析题

2020 年 8 月 4 日 21 点,福建省松溪县旧县乡 A 村村民江福从自家楼板意外跌下,当时就不省人事。经过旧县卫生院医师的抢救无效,在救护车上死亡。死亡时间在 22 点左右。经查江福父亲江寿旺为江福在保险公司投保了"三农"综合保险农村小额人身意外险。

试分析:投保人江寿旺可否获得保险赔款?

## 学习目标

1. 掌握新型农村合作医疗制度、新农合报销范围与比例，农村最低生活保障制度；

2. 理解建立"新农合"遵循的原则，新农合的人均补助标准，新型农村社会养老保险制度，农村优抚政策；

3. 了解"新农合"的筹资标准，城乡居民医保制度，农村五保供养制度。

## 案例导学

走进福建省龙岩市连城县第一中学的"福清体艺馆"，这里有练习室、乒乓球室、小型活动室及一个可容纳 1000 名观众的篮球场，成为师生锻炼身体的好去处。8 年来，福清市累计投入 6683 万元，用于镇村道路建设改造、市场改造、城乡供排水一体化等基础设施建设；累计投入 3405 万元，建设连城一中"福清体艺馆"、幼儿园、农村幸福院、便民服务中心等项目，助力提升教育、养老、文化等领域公共服务水平。

2020 年 8 月，连城县贫困户吴某烨因为下肢高位截瘫住院 100 余天，新农合一站式报销仅花费 4000 多元，加上保险公司 2700 元的住院津贴赔付，自费仅 1300 多元。这笔住院津贴赔付源自连城用好福清市帮扶资金，因地制宜出台的健康扶贫保险。

# 第一节　新型农村合作医疗制度

## 一、新型农村合作医疗制度的概念

新型农村合作医疗简称"新农合"，是由政府组织、引导、支持，农民自愿参加，个人、集体和政府多方筹资，以大病统筹为主的农民医疗互助共济制度。实施新型农村合同医疗制度是帮助农民抵御重大疾病风险的有效途径，是推进农村卫生改革与发展的重要举措，对于提高农民健康保障水平，减轻医药负担，解决因病致贫、因病返贫问题，具有重要作用。

新型农村合作医疗制度从 2003 年起在全国部分县（市）试点，到 2010 年逐步实现基本覆盖全国农村居民。

 小贴士

### 国际组织对合作医疗的评价

联合国妇女儿童基金会在 1980—1981 年年报中指出，中国的"赤脚医生"制度在落后的农村地区提供了初级护理，为不发达国家提高医疗卫生水平提供了样本。世界银行和世界卫生组织把我国农村的合作医疗称为"发展中国家解决卫生经费的唯一典范"。

## 二、建立"新农合"应遵循的原则

**1. 自愿参加，多方筹资**

农民以家庭为单位自愿参加新型农村合作医疗，遵守有关规章制度，按时足额缴纳合作医疗经费；乡（镇）、村集体给予资金扶持；中央和地方各级财政每年安排一定专项资金予以支持。

**2. 以收定支，保障适度**

坚持以收定支、收支平衡的原则，既保证这项制度持续有效运行，又使农民能够享有最基本的医疗服务。

**3. 先行试点，逐步推广**

从实际出发，通过试点总结经验，不断完善，稳步发展。随着农村社会经济的发展和农民收入的增加，逐步提高新型农村合作医疗制度的社会化程度和抗风险能力。

## 三、"新农合"的筹资标准

"新农合"实行个人缴费、集体扶持和政府资助相结合的筹资机制。

**1. 农民个人缴费标准**

每年的缴费标准不应低于 10 元，经济条件好的地区可相应提高缴费标准。

**2. 乡村集体经济组织扶持**

有条件的乡村集体经济组织应对本地新型农村合作医疗制度给予适当扶持。扶持新型农村合作医疗的乡村集体经济组织类型、出资标准由县级人民政府确定，但集体出

资部分不得向农民摊派。鼓励社会团体和个人资助新型农村合作医疗制度。

### 3. 地方财政支持

地方财政每年对参加新型农村合作医疗农民的资助不低于人均 10 元，具体补助标准和分级负担比例由省级人民政府确定。经济较发达的东部地区，地方各级财政可适当增加投入。从 2003 年起，中央财政每年通过专项转移支付对中西部地区除市区以外的参加新型农村合作医疗的农民按人均 10 元安排补助资金。

### 4. 可以参加"新农合"的人员

除已参加城镇职工基本医疗保险的居民外，其余农村居民均应参加户口所在地的新型农村合作医疗。

由于合作医疗属于互助共济性质，所以必须是以家庭为单位，实行整户参保，避免保大不保小、保弱不保强，中小学生必须与其家庭成员一并参加合作医疗。

## 四、"新农合"医药费用报销要求

### 1. "新农合"医药费用报销需要的材料，需要履行的手续和程序

所需材料。住院发票原件；出院记录；医药费用清单或医嘱单（由就诊医院提供）；本人身份证明（身份证复印件或户籍证明）；其他（转诊证明、打工地证明等）。

手续和程序。患者在市内就诊，直接在各定点医疗机构结算住院费用；转市外的住院费用，在 1 个月内将上述材料交本乡镇卫生院（合管所）经办人员办理结报手续，经初审后，由乡镇集中送交市医保处结算。

参合人员在本市各定点医疗服务机构（卫生院）住院治疗不需办理任何手续。但因病情需要转市外就诊治疗的，由经治医生填写病情诊断，医疗机构医保办审批，报市合管办备查。急诊在十日内按规定程序补办。

### 2. 外出打工人员的医药费报销手续

外出打工者住院治疗，除需提供住院发票、出院记录、医药费用清单（或医嘱单）、身份证明外，还需提供打工地的打工证明材料（可由打工所在地的居委会或工厂等单位提供）。否则，按无转诊证明比例结算。

## 五、"新农合"的资金管理

农村合作医疗基金是由农民自愿缴纳、集体扶持、政府资助的民办公助社会性资金，要按照以收定支、收支平衡和公开、公平、公正的原则进行管理，必须专款专用，专户储存，不得挤占挪用。

### 1. 农村合作医疗基金的管理

农村合作医疗基金由农村合作医疗管理委员会及其经办机构进行管理。农村合作医疗经办机构应在管理委员会认定的国有商业银行设立农村合作医疗基金专用账户，确

保基金的安全和完整,并建立健全农村合作医疗基金管理的规章制度,按照规定合理筹集、及时审核支付农村合作医疗基金。

**2. 专用账户**

农村合作医疗基金中农民个人缴费及乡村集体经济组织的扶持资金,原则上按年由农村合作医疗经办机构在乡(镇)设立的派出机构(人员)或委托有关机构收缴,存入农村合作医疗基金专用账户;地方财政支持资金,由地方各级财政部门根据参加新型农村合作医疗的实际人数,划拨到农村合作医疗基金专用账户;中央财政补助中西部地区新型农村合作医疗的专项资金,由财政部根据各地区参加新型农村合作医疗的实际人数和资金到位等情况核定,向省级财政划拨。

中央和地方各级财政要确保补助资金及时、全额拨付到农村合作医疗基金专用账户,并通过新型农村合作医疗试点逐步完善补助资金的划拨办法,尽可能简化程序,易于操作。要结合财政国库管理制度改革和完善情况,逐步实现财政直接支付。

**3. 农村合作医疗基金主要补助费用**

农村合作医疗基金主要补助参加新型农村合作医疗农民的大额医疗费用或住院医疗费用。有条件的地方,可实行大额医疗费用补助与小额医疗费用补助结合的办法,既提高抗风险能力又兼顾农民受益面。对参加新型农村合作医疗的农民,年内没有动用农村合作医疗基金的,要安排进行一次常规性体检。

各省、自治区、直辖市要制订农村合作医疗报销基本药物目录。各县(市)要根据筹资总额,结合当地实际,科学合理地确定农村合作医疗基金的支付范围、支付标准和额度,确定常规性体检的具体检查项目和方式,防止农村合作医疗基金超支或过多结余。

**4. 加强对农村合作医疗基金的监管**

农村合作医疗经办机构要定期向农村合作医疗管理委员会汇报农村合作医疗基金的收支、使用情况;要采取张榜公布等措施,定期向社会公布农村合作医疗基金的具体收支、使用情况,保证参加合作医疗农民的参与、知情和监督的权利。县级人民政府可根据本地实际,成立由相关政府部门和参加合作医疗的农民代表共同组成的农村合作医疗监督委员会,定期检查、监督农村合作医疗基金使用和管理情况。

农村合作医疗管理委员会要定期向监督委员会和同级人民代表大会汇报工作,主动接受监督。审计部门要定期对农村合作医疗基金收支和管理情况进行审计。

## 六、"新农合"报销范围与比例

**1. 门诊补偿**

(1)村卫生室及村中心卫生室就诊报销60%,每次就诊处方药费限额10元,卫生院医生临时补液处方药费限额50元。

(2)乡镇卫生院就诊报销40%,每次就诊各项检查费及手术费限额50元,处方药费限额 100 元。

(3) 二级医院就诊报销 30%,每次就诊各项检查费及手术费限额 50 元,处方药费限额 200 元。

(4) 三级医院就诊报销 20%,每次就诊各项检查费及手术费限额 50 元,处方药费限额 200 元。

(5) 中药发票附上处方每贴限额 1 元。

(6) 镇级合作医疗门诊补偿年限额 5000 元。

**2. 住院补偿**

(1) 报销范围。药费;辅助检查:心脑电图、X 光透视、拍片、化验、理疗、针灸、CT、核磁共振等各项检查费限额 200 元;手术费(参照国家标准,超过 1000 元的按 1000 元报销)。60 周岁以上老人在乡镇卫生院住院,治疗费和护理费每天补偿 10 元,限额 200 元。

(2) 报销比例。乡镇卫生院报销 60%;二级医院报销 40%;三级医院报销 30%。

**3. 大病补偿**

(1) 乡镇风险基金补偿。凡参加农村合作医疗保险的住院病人一次性或全年累计应报医疗费超过 5000 元以上分段补偿,即 5001～10000 元补偿 65%,10001～18000 元补偿 70%。

(2) 乡镇级合作医疗住院及尿毒症门诊血透、肿瘤门诊放疗和化疗补偿年限额 1.1 万元。

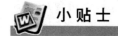 **小贴士**

### 不属于"新农合"报销范围

1. 自行就医(未指定医院就医或不办理转诊单)、自购药品、公费医疗规定不能报销的药品和不符合计划生育的医疗费用。

2. 门诊治疗费、出诊费、住院费、伙食费、陪客费、营养费、输血费(有家庭储血者除外,按有关规定报销)、冷暖气费、救护费、特别护理费等其他费用。

3. 车祸、打架、自杀、酗酒、工伤事故和医疗事故的医疗费用。

4. 矫形、整容、镶牙、假肢、脏器移植、点名手术费、会诊费等。

5. 报销范围内,限额以外部分。

## 七、新农合的人均补助标准

国家卫计委会同财政部联合印发了《关于做好 2016 年新型农村合作医疗工作的通知》提出,2016 年,各级财政对新农合的人均补助标准在 2015 年的基础上提高 40 元,达到 420 元,农民个人缴费标准在 2015 年的基础上提高 30 元,全国平均达到 150 元左右。

根据《关于做好 2020 年城乡居民基本医疗保障工作的通知》规定,"新农合"个人缴费标准同步提高 30 元,达到每人每年 280 元。(1)对于参合人员补助力度更大。今年财政补助为每人每年 550 元,意味着补助力度更大。(2)看病门槛降低。2021 年"新农合"的报销比例将会提高到 70%。其中,大病报销比例将提高到 60%,门诊报销比例将提高到 50%。(3)"新农合"报销范围扩大。慢性病纳入"新农合"报销范围内。(4)"新农合"的报销门槛降低。2021 年"新农合"的门槛降为当地人均收入的 50%。新农合的缴费由财政给予补贴一部分,补贴的标准最低是 550 元,大多数地区都在 600 元到 800 元,大约是缴费总额的 2/3,剩余 1/3 由自己承担。

巩固提高新农合保障水平,将政策范围内门诊和住院费用报销比例分别稳定在 50% 和 75% 左右。严格控制目录外费用占比,缩小政策报销比和实际报销比之间的差距。要加快推进按病种付费、按人头付费、按床日付费等复合型支付方式改革,扩大支付方式改革对定点医疗机构的覆盖面,控制医疗费用不合理增长。

## 【案例 12-1】

年逾七旬,家住山西省大同市新荣区 A 村的郭某兰老人,由于家境贫困,不愿意去医院看病,一般是能扛则扛,实在扛不住了,就去药店买点药吃。前不久身体不舒服,被家人送到市三医院,确诊为肺动脉血栓栓塞,经过一周住院治疗,老人身体恢复良好。期间,住院治疗费用共花去 9101.36 元,新农合报销了 4106 元。

问:新农合制度的存在意义?

### 【解析】

"新农合"带给农民实实在在的利益。不少农民切身体会到"新农合"的好处,"在农村生活了一辈子,没想到老了看病还能报销。"建立和完善新农合制度是一项"民生工程",是政府为统筹城乡经济、构建和谐社会,加快农村建设而采取的重大举措,对于保障农民群众身体健康,维护农村社会稳定,缓解农民群众因病致贫、返贫问题具有重要意义。只有最大限度地确保参合农民的利益,新农合制度才能健康持续发展。

## 八、城乡居民医保制度

国务院正式发布《国务院关于整合城乡居民基本医疗保险制度的意见》,明确规定。

### 1. 覆盖人群

城乡居民医保制度覆盖范围包括现有城镇居民医保和新农合所有应参保(合)人员,即覆盖除职工基本医疗保险应参保人员以外的其他所有城乡居民。农民工和灵活就业人员依法参加职工基本医疗保险,有困难的可按照当地规定参加城乡居民医保。

**2. 筹资**

坚持多渠道筹资,继续实行个人缴费与政府补助相结合为主的筹资方式,鼓励集体、单位或其他社会经济组织给予扶持或资助。合理划分政府与个人的筹资责任,在提高政府补助标准的同时,适当提高个人缴费比重。

**3. 筹资标准的确定**

各地统筹考虑城乡居民医保与大病保险保障需求,按照基金收支平衡的原则,合理确定城乡统一的筹资标准。现有城镇居民医保和新农合个人缴费标准差距较大的地区,可采取差别缴费的办法,利用 2~3 年时间逐步过渡。整合后的实际人均筹资和个人缴费不得低于现有水平。

**4. 保障待遇的均衡**

遵循保障适度、收支平衡的原则,均衡城乡保障待遇,逐步统一保障范围和支付标准。城乡居民医保基金主要用于支付参保人员发生的住院和门诊医药费用。稳定住院保障水平,政策范围内住院费用支付比例保持在 75% 左右。进一步完善门诊统筹,逐步提高门诊保障水平。逐步缩小政策范围内支付比例与实际支付比例间的差距。

# 第二节　农村最低生活保障制度

## 一、农村最低生活保障制度概述

农村最低生活保障制度是对家庭人均收入低于最低生活保障标准的农村贫困人口按最低生活保障标准进行差额补助的制度。它是农村社会救助中最稳定、最广普的一种基本救助制度,覆盖农村所有的收入水平低于最低生活保障线以下的贫困者。

该制度的目标是将符合条件的农村贫困人口纳入保障范围,重点保障病残、年老体弱、丧失劳动能力等生活常年困难的农村居民;逐步将符合条件的农村贫困人口全部纳入保障范围,稳定解决全国农村贫困人口的温饱问题。

## 二、农村最低生活保障标准

由县级以上地方人民政府按照能够维持当地农村居民全年基本生活所必需的吃饭、穿衣、用水、用电等费用确定,并报上一级地方人民政府备案后公布执行。农村最低生活保障标准要随着当地生活必需品价格变化和人民生活水平提高适时进行调整。

## 三、对象范围

该制度的保障对象是家庭年人均纯收入低于当地最低生活保障标准的农村居民,主要是因病残、年老体弱、丧失劳动能力以及生存条件恶劣等原因造成生活常年困难的农村居民。

## 四、农村最低生活保障的管理

农村最低生活保障管理既要严格规范,又要从农村实际出发,采取简便易行的方法。

**1. 申请、审核和审批**

申请农村最低生活保障,一般由户主本人向户籍所在地的乡(镇)人民政府提出申请;村民委员会受乡(镇)人民政府委托,也可受理申请。受乡(镇)人民政府委托,在村党组织的领导下,村民委员会对申请人开展家庭经济状况调查、组织村民会议或村民代表会议民主评议后提出初步意见,报乡(镇)人民政府;乡(镇)人民政府审核后,报县级人民政府民政部门审批。

乡(镇)人民政府和县级人民政府民政部门要核查申请人的家庭收入,了解其家庭财产、劳动力状况和实际生活水平,并结合村民民主评议,提出审核、审批意见。在核算申请人家庭收入时,申请人家庭按国家规定所获得的优待抚恤金、计划生育奖励与扶助金以及教育、见义勇为等方面的奖励性补助,一般不计入家庭收入,具体核算办法由地方人民政府确定。

**2. 民主公示**

村民委员会、乡(镇)人民政府以及县级人民政府民政部门要及时向社会公布有关信息,接受群众监督。公示的内容重点为:最低生活保障对象的申请情况和对最低生活保障对象的民主评议意见,审核、审批意见,实际补助水平等情况。对公示没有异议的,要按程序及时落实申请人的最低生活保障待遇;对公示有异议的,要进行调查核实,认真处理。

**3. 资金发放**

最低生活保障金原则上按照申请人家庭年人均纯收入与保障标准的差额发放,也可以在核查申请人家庭收入的基础上,按照其家庭的困难程度和类别,分档发放。要加快推行国库集中支付方式,通过代理金融机构直接、及时地将最低生活保障金支付到最低生活保障对象账户。

**4. 动态管理**

(1)乡(镇)人民政府和县级人民政府民政部门要采取多种形式,定期或不定期调查了解农村困难群众的生活状况,及时将符合条件的困难群众纳入保障范围。

(2)根据其家庭经济状况的变化,及时按程序办理停发、减发或增发最低生活保障金的手续。

(3)保障对象和补助水平变动情况都要及时向社会公示。

### 五、农村最低生活保障资金

1. 农村最低生活保障资金的筹集以地方为主,地方各级人民政府要将农村最低生活保障资金列入财政预算,省级人民政府要加大投入。地方各级人民政府民政部门要根据保障对象人数等提出资金需求,经同级财政部门审核后列入预算。

2. 中央财政对财政困难地区给予适当补助。

3. 地方各级人民政府及其相关部门要统筹考虑农村各项社会救助制度,合理安排农村最低生活保障资金,提高资金使用效益。

4. 鼓励和引导社会力量为农村最低生活保障提供捐赠和资助。

5. 农村最低生活保障资金实行专项管理,专账核算,专款专用,严禁挤占挪用。

## 第三节　新型农村社会养老保险

## 一、基本原则

根据国务院《关于开展新型农村社会养老保险试点的指导意见》的规定,从2009年起开展新型农村社会养老保险(以下简称新农保)试点。新农保工作的基本原则是"保基本、广覆盖、有弹性、可持续"。

1. 从农村实际出发,低水平起步,筹资标准和待遇标准要与经济发展及各方面承受能力相适应。

2. 个人(家庭)、集体、政府合理分担责任,权利与义务相对应。

3. 政府主导和农民自愿相结合,引导农村居民普遍参保。

4. 中央确定基本原则和主要政策,地方制订具体办法,对参保居民实行属地管理。

## 二、参保范围

年满16周岁(不含在校学生)、未参加城镇职工基本养老保险的农村居民,可以在户籍地自愿参加新农保。

 【案例12-2】

2019年,隶属甘肃省甘南藏族自治州临潭县洮滨镇郑旗村的韩家保老人终于拥有了自己的一份养老保险金。66岁的韩家保是特困户,生活困难,从未缴纳过养老保险,现在每月可以领113元的养老金,100多元的养老金虽然不多,但对贫困老人来说,却是最稳定的生活保障。2020年,全州直接受益人数共有208人。

　　许多像韩家保一样的贫困老人,也获得了老年生活的一份保障。朱兴利是舟曲县告纳乡灿干村的一名建档立卡户,2017年23岁的她从四川省嫁到舟曲县,因为家庭纠纷,娘家不允许办理户口迁移,由于人户分离,至今一直没有参加城乡居民养老保险。自2019年起,舟曲县为朱兴利代缴了养老保险费,落实了城乡居民养老保险扶贫政策,让外来人口也享受到了本地社保之惠。

　　为实现贫困人口应保尽保,截至2020年9月底,甘南州共为五类贫困人员代缴养老保险达13.67万人,实现代缴金额1472.25万元,其中为建档立卡贫困人口代缴10.07万人,代缴金额1063.07万元。

　　问:城乡居民养老保险的意义何在?

　　**【解析】**

　　2020年10月,人力资源和社会保障部、财政部印发《关于2020年提高城乡居民基本养老保险全国基础养老金最低标准的通知》,自2020年7月1日起城乡居民基本养老保险全国基础养老金最低标准由原来的每人每月88元提高至每人每月93元,这是继2018年调标后针对城乡居民基础养老金的又一次正常调整。人社部门聚焦贫困人口精准发力,加大重点人群帮扶力度,将建档立卡贫困户、重度残疾人、低保户、计生两证户、特困人员等五类困难群体全部纳入政府代缴范围,用社会保障"兜"住困难群体,"保"住最基本生活。

## 三、基金筹集

　　由个人缴费、集体补助、政府补贴构成。

### 1. 个人缴费

　　参加新农保的农村居民应当按规定缴纳养老保险费。缴费标准目前设为每年100元、200元、300元、400元、500元五个档次,地方可以根据实际情况增设缴费档次。参保人自主选择档次缴费,多缴多得。国家依据农村居民人均纯收入增长等情况适时调整缴费档次。

### 2. 集体补助

　　有条件的村集体应当对参保人缴费给予补助,补助标准由村民委员会召开村民会议民主确定。这样做既体现集体的责任,也有利于调动农民的参保积极性。

　　鼓励其他经济组织、社会公益组织、个人为参保人缴费提供资助。

### 3. 政府补贴

　　政府对符合领取条件的参保人全额支付新农保基础养老金,其中中央财政对中西部地区按中央确定的基础养老金标准给予全额补助,对东部地区给予50%的补助。地方政府应当对参保人缴费给予补贴,补贴标准不低于每人每年30元;对选择较高档次标准缴费的,可给予适当鼓励,具体标准和办法由省(区、市)人民政府确定。对农村重度残疾人等缴费困难群体,地方政府为其代缴部分或全部最低标准的养老保险费。

新农保基金全部纳入财政专户,实行收支两条线管理,单独记账、核算。新农保的工作费用纳入同级财政预算,不从基金中提取。有关部门按职责对新农保基金实施监管,并加强社会监督,定期披露信息,并每年在行政村范围内公示,从内部控制、外部监督和社会监督三方面保证基金安全,既防止挤占挪用,也防范冒领、诈骗等风险。

## 四、养老金待遇

养老金待遇由基础养老金和个人账户养老金组成,支付终身。中央确定的基础养老金标准为每人每月 55 元。地方政府可以根据实际情况提高基础养老金标准,对于长期缴费的农村居民,可适当加发基础养老金,提高和加发部分的资金由地方政府支出。

个人账户养老金的月计发标准为个人账户全部储存额除以 139(与现行城镇职工基本养老保险个人账户养老金计发系数相同)。参保人死亡,个人账户中的资金余额,除政府补贴外,可以依法继承;政府补贴余额用于继续支付其他参保人的养老金。

## 五、养老金待遇领取条件

年满 60 周岁、未享受城镇职工基本养老保险待遇的农村有户籍的老年人,可以按月领取养老金。新农保制度实施时,已年满 60 周岁、未享受城镇职工基本养老保险待遇的,不用缴费,可以按月领取基础养老金,但其符合参保条件的子女应当参保缴费;距领取年龄不足 15 年的,应按年缴费,也允许补缴,累计缴费不超过 15 年;距领取年龄超过 15 年的,应按年缴费,累计缴费不少于 15 年。要引导中青年农民积极参保、长期缴费,长缴多得。

## 六、新老制度衔接

原来已开展以个人缴费为主、完全个人账户农村社会养老保险(以下简称老农保)的地区,要在妥善处理老农保基金债权问题的基础上,做好与新农保制度衔接。在新农保试点地区,凡已参加了老农保、年满 60 周岁且已领取老农保养老金的参保人,可直接享受新农保基础养老金;对已参加老农保、未满 60 周岁且没有领取养老金的参保人,应将老农保个人账户资金并入新农保个人账户,按新农保的缴费标准继续缴费,待符合规定条件时享受相应待遇。

 小贴士

### 农村 60 岁老人参保流程

1. 参保办理以村(社区、居委)为单位,参保单位办理登记手续,首次参保时应填写《参加养老保障(险)单位登记表》。

2. 符合参保条件的人员随带户口簿、身份证原件及复印件、一英寸免冠照片一张,到村(含居委、社区,下同)劳动保障管理服务站提出参保申请,由村负责初审参保资格并填写《农民基本养老保险参保人员公示单》公示一周,无异议的人员填写《农民基本养老保险参保人员基本情况登记表》;参保人员若为现役军人或退伍军人,提供人武部出具的从军证明,填写《农民基本养老保险服役士兵政府补助申请表》,报镇(街道)劳动保障管理服务所。

## 第四节　农村五保供养制度

### 一、农村五保供养概述

五保供养是指对规定的村民,在吃、穿、住、医、葬方面给予的生活照顾和物质帮助。五保供养是农村的集体福利事业。农村集体经济组织负责提供五保供养所需的经费和实物,乡、民族乡、镇人民政府负责组织五保供养工作的实施。2006 年 1 月,国务院修正并公布了《农村五保供养工作条例》,自 2006 年 3 月 1 日起施行。

### 二、供养对象

简称五保对象,是指村民中符合下列条件的老年人、残疾人和未成年人。

1. 无法定扶养义务人,或者虽有法定扶养义务人,但是扶养义务人无扶养能力的。

2. 无劳动能力的。

3. 无生活来源的。

法定扶养义务人是指依照婚姻法规定负有扶养、抚养和赡养义务的人。

确定五保对象,应当由村民本人申请或者由村民小组提名,经村民委员会审核,报乡、民族乡、镇人民政府批准,发给《五保供养证书》。

### 三、供养内容

五保供养的主要内容有。

1. 供给粮油、副食品和生活用燃料。

2. 供给服装、被褥等生活用品和零用钱。

3. 提供符合基本居住条件的住房。

4. 及时治疗疾病,对生活不能自理的给予照料。

5. 妥善办理丧葬事宜。

五保对象是未成年人的,还应当保障依法接受义务教育。

五保供养的实际标准,不应低于当地村民的一般生活水平。具体标准由乡、民族乡、镇人民政府规定。五保供养所需经费和实物,应从村提留或者乡统筹费中列支,不得重复列支;在有集体经营项目的地方,可以从集体经营的收入、集体企业上交的利润中列支。灾区和贫困地区的各级人民政府在安排救灾救济款物时,应当优先照顾五保对象,保障他们的生活。

## 四、供养形式

对五保对象可以根据当地的经济条件,实行集中供养或者分散供养两种形式。

具备条件的乡、民族乡、镇人民政府应当兴办敬老院,集中供养五保对象。敬老院实行民主管理,文明办院,建立健全服务和管理制度。五保对象入院自愿,出院自由。敬老院可以开展农副业生产,收入用于改善五保对象的生活条件。地方各级人民政府和有关部门对敬老院的农副业生产应当给予扶持和照顾。

实行分散供养的,应当由乡、民族乡、镇人民政府或者农村集体经济组织、受委托的扶养人和五保对象三方签订五保供养协议。

## 五、财产处理

五保对象的个人财产,其本人可以继续使用,但是不得自行处分;其需要代管的财产,可以由农村集体经济组织代管。

五保对象死亡后,其遗产归所在的农村集体经济组织所有;有五保供养协议的,按照协议处理。

未成年的五保对象年满16周岁以后,按照规定停止五保供养的,其个人原有财产中如有他人代管的,应当及时交还本人。

 小贴士

### 停止五保供养的情形

五保对象具有下列情形之一的,经村民委员会审核,报乡、民族乡、镇人民政府批准,

停止其五保供养,收回《五保供养证书》:(1)有了法定扶养义务人且法定扶养义务人具有扶养能力的;(2)重新获得生活来源的;(3)已满 16 周岁且具有劳动能力的。

# 第五节　农村优抚政策

## 一、适用对象的界定

根据民政部、财政部《关于给部分农村籍退役士兵发放老年生活补助的通知》规定,自 2011 年 8 月 1 日起,对部分农村籍退役士兵按每服一年义务兵役(不满一年的按一年计算)、每人每月发给 10 元老年生活补助。

政策实施对象的人员范围为,1954 年 11 月 1 日试行义务兵役制后至《退役士兵安置条例》实施前入伍,年龄在 60 周岁以上(含 60 周岁)、未享受到国家定期抚恤补助的农村籍退役士兵。

农村籍退役士兵的界定为,退役时落户农村户籍目前仍为农村户籍、退役时落户农村户籍后转为非农户籍的人员。上述人员中不包括已享受退休金或城镇职工养老保险金待遇的人员。

## 二、人员身份的核查认定

按照属地管理原则组织实施,由本人户籍地村(居)委会、乡(镇、街道)和县(市、区)民政部门统一调查、审定和申报。

### 1. 政策宣传

各级民政部门要广泛采取媒体播报、张贴告示、入户宣讲等形式,保证将政策内容宣传到位,做到家喻户晓,防止因政策宣传不到位出现漏查漏认的问题。

### 2. 个人申报

符合条件人员需携带本人身份证、户口簿、退伍证等相关证明材料,向本人户籍所在地村(居)委会提出申请并办理登记手续,填写有关登记审核表。

### 3. 初审把关

对相关人员的申报材料,由村(居)委会初审、乡(镇、街道)复核,并做好登记工作。对符合条件的签署意见后,将有关登记审核表、人员花名册和个人相关资料复印件等材料上报县级民政部门;对经复核不符合条件的,应书面说明理由并告知本人。

### 4. 会审认定

县级民政部门对乡(镇、街道)上报的材料,组织专门人员认真核实其身份,逐一审定其年龄、服义务兵役的年限等条件。对符合条件的,由申请人所在村(居)委会进行张榜公示。对公示期间及以后有异议的,县级民政部门要组织专人调查核实。经查实不符合条件的,应书面通知本人并说明理由。调查核实过程中有疑义的,应逐级请示,确保认定工作稳妥顺利进行。

会审认定的依据应为个人档案、退伍证、户口簿、身份证等有效证明材料。对年龄的认定出现个人档案与身份证不符的,应以身份证为准;对服役年限的认定出现个人档案与退伍证不符的,应以个人档案为准。对无法提供有效证明材料的申报人,由乡(镇、街道)民政助理员会同同级人武部、村(居)委会和已认定的同乡(镇、街道)、同期入伍、同部队服役的人员进行会审,形成会审纪要后,连同相关资料报县级民政部门审批。

**5. 建立档案**

县级民政部门对申报登记人员的资料,要建立健全档案和数据资料,并认真做好适时更新、动态管理工作。

核查认定工作过程中需要相关人员填写的表格,由县级民政部门根据本地情况自行制作,但表格内容应包括民政部制发的《60周岁以上农村籍退役士兵信息采集表》中的项目。审定工作结束后,县级民政部门应将符合条件的人员信息填入《60周岁以上农村籍退役士兵信息采集表》,统一录入优抚对象信息管理系统,与其他享受国家定期抚恤补助的优抚对象一样,形成每年定期更新机制。

 **导学案例解析**

(1)改善民生补短板。福建省福清市建立对口帮扶友好学校,校校之间积极开展各种交流活动,有效促进了连城县教学质量提升。连城县不仅经济腾飞,山区发展环境更是发生了巨变,教育、文化、医疗卫生等民生短板得到改善提升。

(2)小康路上不掉队。因病致贫、因残返贫是扶贫工作的一大难题。为此,连城县精准施策,在精准扶贫医疗叠加保险政策基础上,出台健康扶贫保险。连城全县已有2300多人次享受到健康保险政策,累计赔付金额达300万元,切实为贫困户筑牢健康防线。

 **练习题**

**一、简答题**

1. 简述农村最低生活保障制度。

2. 简述新型农村社会养老保险制度。

3. 什么是新型农村合作医疗制度?

4. 简述农村五保供养制度。

5. 简述农村优抚政策。

## 二、不定项选择题

1. "新农合"的筹资标准要求,每年的缴费标准不应低于( ),经济条件好的地区可相应提高缴费标准。

　　A. 10 元　　　　　　　B. 20 元　　　　　　　C. 30 元　　　　　　　D. 40 元

2. 三级医院就诊报销( ),每次就诊各项检查费及手术费限额 50 元,处方药费限额 200 元。

　　A. 10%　　　　　　　B. 20%　　　　　　　C. 30%　　　　　　　D. 40%

3. 农村最低生活保障资金实行( ),严禁( )。

　　A. 专项管理　　　　B. 专账核算　　　　C. 专款专用　　　　D. 挤占挪用

4. 新农保基金由( )构成。

　　A. 个人缴费　　　　B. 集体补助　　　　C. 政府补贴　　　　D. 企业补贴

5. 年满( )、未享受城镇职工基本养老保险待遇的农村有户籍的老年人,可以按月领取养老金。

　　A. 55 周岁　　　　　B. 60 周岁　　　　　C. 65 周岁　　　　　D. 70 周岁

6. 五保供养的对象是指村民中符合下列条件的( )。

　　A. 老年人　　　　　B. 残疾人　　　　　C. 未成年人　　　　D. 肢体残疾人士

7. 对五保对象可以根据当地的经济条件,实行( )或者( )两种形式。

　　A. 集中供养　　　　B. 分散供养　　　　C. 集中抚养　　　　D. 分散抚养

8.《关于 2020 年提高城乡居民基本养老保险全国基础养老金最低标准的通知》,自 2020 年 7 月 1 日起城乡居民基本养老保险全国基础养老金最低标准由原来的每人每月 88 元提高至每人每月( )。

　　A. 100 元　　　　　B. 93 元　　　　　　C. 90 元　　　　　　D. 110 元

## 三、案例分析题

2020 年 8 月,李某驾驶货车在路上行驶时撞倒学龄前儿童胡某,造成胡某重伤。根据交警部门作出的道路交通事故认定书,李某、胡某负此次事故的同等责任。经过鉴定,胡某构成 5 级伤残。在住院治疗期间,胡某的家属无法承担高额的医疗费,于是在新型农村合作医疗基金(简称新农合)报销了 6 万元的医疗费,以便继续治疗。2020 年 10 月,胡某起诉到法院,要求李某赔偿交强险限额外的医疗费、伤残赔偿金等损失共计 25.9 万元。审理过程中,李某提出,胡某在新农合报销的费用应当减除后,余下的部分双方才按责任比例承担。

人民法院判决,李某应承担 70% 的民事赔偿责任;胡某应承担 30% 的民事责任;对李某认为胡某已经在新农合报销了 6 万元,该部分损失已经不存在,应当扣除的辩解理由,不予支持。

试分析:从人民法院的判决看新农合制度的建立的优越性。

## 学习目标

1. 掌握农民基本权益的概念，《民法典》中关于婚姻家庭的规定；
2. 理解农民基本权益的内容，农民享有的生产经营权利；
3. 了解农民基本权益的概念、信访事项和法律援助范围。

## 案例导学

　　2015年底广西壮族自治区来宾市有建档立卡贫困人口27.3万人、贫困村269个，贫困发生率为12.1％。经过5年奋战，来宾市交上了一份令人振奋的答卷：该市持续加强村两委建设，选好配强基层党组织书记。2017—2020年，全市有282个村级党组织被自治区党委组织部命名为星级党组织。2020年随着忻城县获批退出贫困县序列后，该市的合山、武宣、金秀、忻城等4个贫困县（市）实现了全部脱贫摘帽。

　　截至2019年底，来宾市累计实现28.31万人脱贫，254个贫困村出列，贫困发生率降至0.46％，低于全区水平，全市脱贫攻坚取得决定性进展。来宾市实施"万才返乡共建小康"行动计划，累计回流乡村本土人才1.75万人，46人被选为贫困村党组织书记。该市坚持用心用情做好工作队员服务工作，定期进行家访活动，及时掌握和解决他们的后顾之忧。来宾市牢固树立在脱贫攻坚一线选人用人导向，激励干部担当实干。2016年以来，全市在脱贫攻坚一线提拔重用工作队员561名。持续深化扶贫领域腐败和作风问题专项治理。

　　（1）打好住房安全保障战役。完成农村危房改造28326户，其中建档立卡贫困户18543户；建成易地扶贫搬迁安置点28个，实现10260户40877人"挪穷窝"，贫困群众住上安全舒适的房子。

　　（2）打好义务教育保障战役。2016年以来，新建、改扩建义务教育学校项目728个，新建校舍43.96万平方米，新增学位35550个，补充乡村中小学教师4589人，发放教育资助资金 3.14 亿元,资助学生 40.47 万人次,有效防止贫困代际传递。

（3）打好基本医疗保障战役。投入基层医疗卫生机构能力建设资金 7.59 亿元,建成标准化乡镇卫生院 74 个、村卫生室 724 个,建档立卡贫困人口基本医疗保险参保率 100%,贫困患者住院报销比例 90% 以上、慢性病患者门诊就医报销比例 80% 以上,有效保障群众"看得上病""看得起病"。

（4）打好饮水安全战役。全市投入 2.52 亿元,建成农村饮水安全项目 549 个,受益人口 40.53 万人,其中贫困人口 8.08 万人,让广大群众喝上安全水、用上放心水。

产业扶贫是稳定脱贫的根本之策。认真落实县级"5＋2"、村级"3＋1"特色产业规划,不断培育发展规模大、竞争力强、覆盖面广、群众受益多的种养主打产业,加强龙头企业、合作社和家庭农场的引进培育,通过"龙头企业＋合作社＋农户"等模式,有效带动农户特别是贫困群众就业创业。2016 年以来,累计投入产业发展扶持资金 9.3 亿元。截至 2020 年 10 月底,全市累计发放产业奖补资金 31545.43 万元,"5＋2"特色产业覆盖率 96.47%,受益贫困户 7.21 万户、25.76 万人。全市村级集体经济收入达 5 万元以上的村有 585 个、10 万元以上的 151 个、20 万元以上的 27 个、50 万元以上的 7 个。

在 2020 年新型冠状病毒肺炎疫情影响下,该市加大电商助力消费扶贫力度,通过线上销售、直播带货、爱心购物等方式拓宽销售渠道,解决了 33.82 万吨水果滞销问题,消费扶贫金额达 3.89 亿元。

来宾市全力服务贫困劳动力外出就业。截至 10 月底,全市有外出务工意愿的建档立卡贫困劳动力已外出 14.87 万人;开发村级临时性扶贫公益性岗位 5851 个,全部实现贫困劳动力就地就近就业安置;全市 214 个就业扶贫车间全部复工复产,带动就业 14149 人(其中贫困劳动力 1967 人);落实发放 4.8813 万名贫困劳动力稳岗补贴 1706.39 万元、1.0312 万名贫困劳动力交通补贴 316.36 万元。

强化资金监管和金融扶持。截至 9 月 30 日,来宾市各县(市、区)收到各级财政专项扶贫资金共计 9.049 亿元,共支出 8.63 亿元,支出进度为 95.34%;共发放扶贫小额信贷(含还清再贷)9.42 万元,惠及 20859 户贫困户,分别完成"保六争百"任务的 255% 和 154%,完成率全区第一。[①]

---

① 来宾市脱贫攻坚成就之综述　书写脱贫好答卷　青春桂中气象新 http://www.moa.gov.cn/xw/qg/202011/t20201110_6356105.htm.2020-11-11.

# 第一节 农民的基本权益

## 一、农民基本权益的概念

农民基本权益是指农民作为社会成员、国家公民应享有的宪法具体保障的权利和应得到的利益。农民基本权益是宪法赋予的、表明农民根本的政治、经济与社会地位的权益,体现了权益的根本性、基础性与决定性。

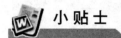 **小贴士**

### 我国宪法规定的公民的基本权利

根据我国现行《宪法》的规定,我国公民的基本权利可以分为八大类。(1)政治权利和自由。包括平等权;选举权和被选举权;言论、出版、集会、结社、游行、示威自由。(2)宗教信仰自由。(3)人身自由。(4)批评、建议、申诉、控告、检举和取得赔偿的权利。(5)公民的社会经济权利。(6)文化教育权利。(7)婚姻、家庭、妇女、老人、儿童受国家保护的权利。(8)保护华侨和归侨以及侨眷的权益。

## 二、农民基本权益的内容

### (一)农民的经济权益

农民的经济权益主要涉及财产权益和市场主体权益两个方面。财产权益又可细化为财产的所有、使用、处置、收益等方面的权益,又以土地财产为最主要的方面(表现为土地的使用权、流转权、自主经营管理权和收益权等)。除此之外,还包括农村集体经营性资产、农业生产设施设备及小型水利设施、农业知识产权等财产权益。市场主体权益主要是农民作为市场主体或农民参与的市场主体在生产经营过程中取得的权益。《民法典》明确规定,民事主体的财产权利受法律平等保护。

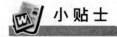 **小贴士**

### 批评权与建议权区别,申诉权与控告权关系

批评权与建议权的区别在于,前者针对的是国家机关和其工作人员在工作中的缺点和错误;后者针对的是国家机关和其工作人员的工作。

申诉权与控告权都是同失职违法行为做斗争的手段,但二者区别在于:前者是受违法失职行为不法侵害的人,是为了保护自己的权益而要求依法处理;而后者一般与事件无直接关系,一般是出于正义感和维护公共利益而对违法失职行为进行检举。

### （二）农民的政治权益

农民的政治权益主要表现为农民的政治参与权、政治决策权以及与此有关的农民在国家政治生活中的地位相关权利,如选举权和被选举权、组织权等。

为保障农民的政治权益落到实处,应当适当增加农民在人大与政协中的比例,扩大民意诉求通道,保证农民以合法正当的方式表达自己的权益。另外,拓展农民利益表达渠道,还应健全村民议事会、监事会等农村自治组织和各类经济合作组织,使农民在村集体公共事务决策中有制度性的"话语权",真正做到自主决策、民主管理、民主监管。

### （三）农民的社会权益

农民的社会权益主要有劳动就业权、受教育权、社会保障权、受尊重权、婚姻家庭继承权等。

农民进城打工,应当受到法律保护,国家应健全农民工权益保护体系。进一步健全相关法律制度,明确农民工的基本权利和合法权益,对农民工的职业培训、就业指导、劳动条件、居住环境、政治权利、子女入学等作出具体规定。加大劳动执法力度,明确监督主体的职责和权限,建立严格而科学的执法监督机制。

提高农民工素质,增强其就业能力和维权意识。鼓励用人单位和社会力量开展农民工职业技能培训,引导农民工参加培训;加强法制宣传,让农民工了解法律援助、劳动仲裁和民事诉讼等相关法律知识以及自身所享有的合法权益,引导他们通过法律手段维护合法权益。加强服务农民的法律援助机构和队伍建设。逐步建立国家财政支持与社会慈善行为相结合的法律援助模式,加强对农民的法律援助。

司法部门在承接农民、农民工的诉讼请求时,应在坚持秉公执法的前提下,给予其更多的帮助和方便。有关组织、协会(如妇联、工会、产业协会)等应对农民和农民工的诉讼请求提供帮助,降低其维权成本。

### 【案例 13-1】

张某对当地镇政府干部王某的工作提出激烈批评,引起群众热议,被公安机关以诽谤他人为由行政拘留5日。张某的精神因此受到严重打击,事后相继申请行政复议和提起行政诉讼,法院依法撤销了公安机关《行政处罚决定书》。随后,张某申请国家赔偿。

问:张某哪些权利受到侵犯?

**【解析】**

根据《宪法》和法律的规定,本案中张某的人身自由受到侵犯;张某的监督权受到侵犯;张某有权获得精神损害抚慰金。

# 第二节 农民生产经营权利保护

## 一、农民生产经营权利的概念

农民生产经营权利是指农民从事生产经营的资格或正当性,通常以国家法律或法律性文件予以确认和保护。农民生产经营合法权益是指农民生产经营的利益的合法表现。

## 二、农民生产经营权利的主要内容

### 1. 土地承包经营权

落实农民对承包土地占有、使用、收益三项权能,主要是对承包土地经营权确权、登记、颁证。落实承包土地流转权能,就是允许农户依法自愿有偿流转土地经营权,可以出租(转包)、互换、转让、股份合作等,发展多种形式的适度规模经营。落实抵押、担保权能,就是允许农户以土地经营权,也就是土地上面的种植收益权向金融机构抵押、担保融资。

### 2. 土地经营权

依循"三权分置"的政策和理论,《农村土地承包法》农业经营主体经营承包地的权利明确表达为"土地经营权"。土地经营权成为农地产权结构中的一种新型权利安排,是一种非人格化的市场主体所拥有的权利,有助于解决承包地抛荒问题、促进适度规模经营、实现抵押融资。

《农村土地承包法》第37条规定:"土地经营权人有权在合同约定的期限内占有农村土地,自主开展农业生产经营并取得收益。"

土地经营权的权利主体是"土地经营权人",属于一般民事主体,法律上不从资格或身份的角度对土地经营权的取得作出限制;权利的客体是"农村土地",包括承包农户承包经营的农村土地和集体经济组织未实行家庭承包的"四荒地"等两类;权利内容表述为"自主开展农业生产经营并取得收益",强调了土地经营权人利用农村土地的方式和用途。

土地经营权定性为物权化的债权。避免了定性为物权所带来的对当事人之间法律关系的强行控制,赋予当事人一定的选择自由;防止单纯定性为债权所带来的经营预期不稳定、土地经营权难以担保融资等问题。[①]

### 3. 林权

林权权能与土地承包权经营权权益大致相当,在稳定林地承包关系、保持林地用途不变的前提下,鼓励开展集体林权股份合作制经营,积极发展林业合作组织。

### 4. 宅基地使用权

宅基地所有权属于村集体,农户享有占有、使用权利,但个人没有处分权。改革完善农村宅基地制度,主要是探索建立宅基地使用权自愿有偿退出机制。必须明确,农民住房财产权可以抵押、担保、转让,并包括宅基地。

### 5. "四荒地"使用权

"四荒地"属于现行经济环境中未得到充分、合理、有效利用的土地,是一种宝贵资源。"四荒地"所有权归农村集体经济组织,可以纳入集体资产股份合作制改革范围,保障农户合法财产权益,也可以将使用权采取家庭承包的方式进行承包,还可以通过招标、拍卖、公开协商等方式进行承包。

### 6. 土地征用补偿费用分配权

土地征用补偿费用分配权基于集体土地所有权。土地补偿费在土地被征收后,统一支付给作为被征地单位的农村集体经济组织。农村集体经济组织收到土地补偿费后如何分配属于涉及村民利益的重大事项。

征用耕地的补偿费用包括土地补偿费、安置补助费以及地上附着物和青苗的补偿费。征用耕地的土地补偿费,为该耕地被征用前三年平均年产值的六倍至十倍。征用耕地的安置补助费,按照需要安置的农业人口数计算。需要安置的农业人口数,按照被征用的耕地数量除以征用单位平均每人占有耕地的数量计算。每一个需要安置的农业人口的安置补助费标准,为该耕地被征用前三年平均年产值的四倍至六倍。但是,每公顷被征用耕地的安置补助费,最高不得超过被征用前三年平均年产值的十五倍。

征用其他土地的土地补偿费和安置补助费标准,由省、自治区、直辖市参照征用耕地的土地补偿费和安置补助费的标准规定。被征用土地上的附着物和青苗的补偿标准,由省、自治区、直辖市规定。征用城市郊区的菜地,用地单位应当按照国家有关规定缴纳新菜地开发建设基金。

依照规定支付土地补偿费和安置补助费,尚不能使需要安置的农民保持原有生活水平的,经省、自治区、直辖市人民政府批准,可以增加安置补助费。但是,土地补偿费和安置补助费的总和不得超过土地被征用前三年平均年产值的三十倍。

国务院根据社会、经济发展水平,在特殊情况下,可以提高征用耕地的土地补偿费和安置补助费的标准。

---

① 土地经营权到底包含了什么权利和义务? http://www.tdzyw.com/2019/0228/90868.html.2020-11.24.

# 第三节　婚姻家庭继承权益保护

## 一、婚姻家庭权益保护

### （一）《民法典》遵循的基本原则

婚姻家庭受国家保护。实行婚姻自由、一夫一妻、男女平等的婚姻制度。保护妇女、未成年人、老年人、残疾人的合法权益。

《民法典》婚姻家庭编的调整对象包含婚姻家庭的人身关系和财产关系。财产关系依附于人身关系，人身关系起决定作用。

**1. 婚姻自由原则**

（1）婚姻自由是指双方依照法律规定，自主自愿地决定自己的婚姻问题，不受任何人的强迫或者非法干涉。婚姻自由意味着当事人可以选择结婚，可以选择离婚，也可以选择不结婚。

（2）婚姻自由是相对自由。任何权利都不是绝对的。实行婚姻自由并不是允许人们可以违反法律、违背道德为所欲为。我国《民法典》第五编"婚姻家庭编"规定了结婚的条件和程序，也规定了离婚的程序和处理原则，这些规定具体指明了婚姻自由的范围，划清了婚姻问题上合法与违法的界限。

（3）婚姻自由的内容。一是结婚自由。结婚自由是指双方在本人自愿的基础上，自主决定与谁结婚，不许任何一方对他方强迫或任何第三者干涉。二是离婚自由。离婚自由是指夫妻有依法解除婚姻关系的自由。

离婚自由与结婚自由密不可分，共同构成婚姻自由原则的完整含义。法律禁止包办、买卖婚姻以及借婚姻索取财物。

**2. 一夫一妻原则**

在我国，一男一女结为夫妻是唯一合法的婚姻形式，未婚男女不得同时和两个或两个以上的人结婚，有配偶者在配偶死亡或离婚前，不得再婚。任何公开或隐蔽的一夫多妻或一妻多夫都是违法的。

**3. 男女平等原则**

这是指男女两性在婚姻家庭关系中处于平等地位，享有同等的权利，负担同等的义务，禁止一切性别歧视。

**4. 保障妇女、未成年人、老年人和残疾人的合法权益原则**

保护妇女、未成年人、老年人和残疾人在婚姻家庭方面的合法权益。《民法典》第1043条明确："家庭应当树立优良家风，弘扬家庭美德，重视家庭文明建设。夫妻应当互相忠实,互相尊重,互相关爱;家庭成员应当敬老爱幼,互相帮助,维护平等、和睦、文明的婚姻家庭关系。"

（1）禁止家庭暴力

《中华人民共和国反家庭暴力法》(以下简称《反家庭暴力法》)第 3 条规定,国家禁止任何形式的家庭暴力。这表明国家对家庭暴力持零容忍的态度。《反家庭暴力法》首次建立了人身安全保护令制度,当事人因遭受家庭暴力或者面临家庭暴力的现实危险,向人民法院申请人身安全保护令的,人民法院应当在 72 小时内作出裁定,情况紧急的应当在 24 小时内作出。

（2）禁止虐待和遗弃家庭成员

虐待是指以作为和不作为的形式,对家庭成员歧视、折磨、摧残,使其在精神上、肉体上遭受损害的违法行为,如打骂、恐吓、冻、饿、患病不予治疗、限制人身自由、在居住条件上的歧视性待遇等。

遗弃是指家庭成员中负有抚养、赡养、扶养义务的一方,对于年老、年幼、患病或其他没有独立生活能力,需要有抚养、赡养、扶养的另一方,故意不履行其应尽义务的行为。与虐待不同的是,遗弃一般表现为不作为的方式。

### （二）结婚制度

**1. 结婚的条件**

根据《民法典》的规定,当事人结婚必须具有以下三个条件。

（1）必须男女双方完全自愿。

（2）必须达到法定婚龄。法定婚龄是指法律规定的最低结婚年龄,即结婚当事人在此年龄以上始得结婚,在此以下不许结婚。《民法典》第 1047 条规定:"结婚年龄,男不得早于 22 周岁,女不得早于 20 周岁。"

（3）必须符合一夫一妻制原则。一夫一妻制要求结婚的当事人必须属于单身无配偶身份。有配偶者只能在原婚姻关系终止后始得再婚,否则构成重婚。离婚的双方要求复婚,必须是双方单身情况。任何人不论职务、年龄、性别等不同,要求结婚的双方必须符合一夫一妻制。

结婚的禁止条件,又称消极条件,或者婚姻的障碍,是法律不允许结婚的情况。禁止结婚的血亲关系。《民法典》第 1048 条规定,直系血亲或者三代以内的旁系血亲禁止结婚。

**2. 无效婚姻**

《民法典》规定的无效婚姻有三种情形。有下列情形之一的,婚姻无效:（1）重婚;（2）有禁止结婚的亲属关系;（3）未到法定婚龄。

**3. 可撤销婚姻**

我国法律规定的可以撤销的婚姻包括两类。

(1) 受胁迫的婚姻。《民法典》第1052条规定："因胁迫结婚的,受胁迫的一方可以向人民法院请求撤销婚姻。请求撤销婚姻的,应当自胁迫行为终止之日起1年内提出。"被非法限制人身自由的当事人请求撤销婚姻的,应当自恢复人身自由之日起1年内提出。

(2) 一方患有重大疾病的,婚前不如实告知的婚姻。

《民法典》第1053条规定,一方患有重大疾病的,应当在结婚登记前如实告知另一方;不如实告知的,另一方可以向人民法院请求撤销婚姻。请求撤销婚姻的,应当自知道或者应当知道撤销事由之日起1年内提出。

无效的或者被撤销的婚姻自始没有法律约束力,当事人不具有夫妻的权利和义务。

**（三）离婚制度**

**1.离婚的概念**

离婚又称离异、婚姻关系的解除,是配偶在生存期间依法解除婚姻关系的行为。

**2.协议离婚**

协议离婚又称两愿离婚、登记离婚,是指夫妻双方签订离婚协议,通过行政程序解除婚姻关系的一种离婚方式。

**3.诉讼离婚**

诉讼离婚又叫判决离婚,是由法院调解或判决解除婚姻关系的一种离婚方式。适用于一方要求离婚或双方对子女抚养及财产分割有争议的离婚。

**4.判决准予离婚的法定条件**

夫妻感情破裂是判决准予离婚的法定条件。

法律规定的情形是我国离婚制度中判决准予离婚的法定理由,也是人民法院处理离婚纠纷的基本原则和法定依据。《民法典》第1079条规定,人民法院审理离婚案件,应当进行调解;如果感情确已破裂,调解无效的,应当准予离婚。

有下列情形之一,调解无效的,应当准予离婚:重婚或者与他人同居;实施家庭暴力或者虐待、遗弃家庭成员;有赌博、吸毒等恶习屡教不改;因感情不和分居满2年;其他导致夫妻感情破裂的情形。

一方被宣告失踪,另一方提起离婚诉讼的,应当准予离婚。经人民法院判决不准离婚后,双方又分居满1年,一方再次提起离婚诉讼的,应当准予离婚。

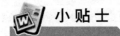 小贴士

**离婚冷静期**

《民法典》明确自婚姻登记机关收到离婚登记申请之日起30日内,任何一方不愿离

婚的,可撤回离婚登记申请。期限届满后 30 日内,双方应当亲自到婚姻登记机关申请发给离婚证;未申请的,视为撤回离婚登记申请。

## 二、继承权益保护

### （一）继承及继承权的概念

继承是指死者将其生前所享有的权利在死亡时依法转移于其他主体所有的制度。继承权是指继承人依法享有的继承被继承人遗产的权利。

在继承法律关系中,将生前所享有的权利于死亡时转移给其他主体的死者为被继承人,依法享有被继承人权利的人为继承人,被继承人死亡后遗留给继承人的合法权利为遗产,继承人依法享有的继承被继承人合法利益的权利为继承权。

### （二）继承的顺位

《民法典》第 1127 条规定,遗产按照下列顺序继承：第一顺序：配偶、子女、父母;第二顺序：兄弟姐妹、祖父母、外祖父母。

继承开始后,由第一顺序继承人继承,第二顺序继承人不继承;没有第一顺序继承人继承的,由第二顺序继承人继承。

继承权男女平等,继承开始后,按照法定继承办理;有遗嘱的,按照遗嘱继承或者遗赠办理;有遗赠扶养协议的,按照协议办理。

### （三）继承遗产的分配原则

(1) 同一顺序的继承人继承的份额一般情况下应当均等,这是一条基本准则。

(2) 对生活有特殊困难又缺乏劳动能力的继承人,分配遗产时,应当予以照顾。

(3) 对被继承人尽了主要扶养义务或者与被继承人共同生活的继承人,分配遗产时,可以多分。

(4) 有扶养能力和有扶养条件的继承人,不尽扶养义务的,分配遗产时,应当不分或者少分。

(5) 继承人协商同意的,也可以不均等。

(6) 对继承人以外的依靠被继承人扶养的人,或者继承人以外的对被继承人扶养较多的人,可以分给适当的遗产。

(7) 继承人应当本着互谅互让、和睦团结的精神,协商处理继承问题。遗产分割的时间、办法和份额,由继承人协商确定;协商不成的,可以由人民调解委员会调解或者向人民法院提起诉讼。

 **小贴士**

### 婚姻家庭法中子女、父母、兄弟姐妹的含义

子女,包括婚生子女、非婚生子女、养子女和有扶养关系的继子女。父母,包括生父母、养父母和有扶养关系的继父母。兄弟姐妹,包括同父母的兄弟姐妹、同父异母或者同母异父的兄弟姐妹、养兄弟姐妹、有扶养关系的继兄弟姐妹。

#### (四)遗嘱继承

**1. 遗嘱继承的概念**

遗嘱继承是指继承开始后,按照被继承人所订立的合法有效的遗嘱来继承被继承人遗产的继承制度。其中,立遗嘱的被继承人是遗嘱人,依照遗嘱的指定享有继承遗产权利的继承人是遗嘱继承人。《民法典》第1133条规定,自然人可以依照本法规定立遗嘱处分个人财产,并可以指定遗嘱执行人。

自然人可以立遗嘱将个人财产指定由法定继承人中的一人或者数人继承。自然人可以立遗嘱将个人财产赠与国家、集体或者法定继承人以外的组织、个人。

自然人可以依法设立遗嘱信托。

共同遗嘱又称合立遗嘱,是指两个或两个以上的遗嘱人共同订立的一份遗嘱。

**2. 遗嘱的法定形式**

《民法典》规定,遗嘱的法定形式有五种,即公证遗嘱、自书遗嘱、代书遗嘱、录音录像遗嘱和口头遗嘱。

#### (五)遗赠扶养协议

遗赠扶养协议是指扶养人与被扶养人之间订立的,由扶养人承担被扶养人的生老病死葬义务,被扶养人将自己的个人财产在其死亡赠与扶养人的协议。

公民可以与集体所有制组织签订遗赠扶养协议。按照协议,集体所有制组织承担该公民生养死葬的义务,享有受遗赠的权利。《民法典》第1160条规定:"无人继承又无人受遗赠的遗产,归国家所有,用于公益事业;死者生前是集体所有制组织成员的,归所在集体所有制组织所有。"

### 【案例13-2】

彭某的妻子已经去世多年,儿子彭洪也早已成年。彭某晚年觉得生活很孤单,于是回到山东老家,其在城里的房子交由儿子彭洪代管。彭某在家乡生活得十分愉快,与儿时一起长大的朋友王虎相处得非常融洽,在生活上王虎一家也给予了彭某细心周到的

照顾。

2019年8月,彭某身患重病回城里住院治疗,临走时留下一份自书遗嘱,将自己在城里的4间房子中的2间留给王虎,另外2间留给了儿子彭洪。2020年11月,彭某因病不治身亡。王虎听说后找到彭洪,要求按照彭某的遗嘱接受2间房屋的遗赠。

但彭洪说,彭某因治病急需用钱,委托其将4间房屋卖了,因此,彭某所立的遗嘱已经被撤回了。王虎认为,房屋卖了40万,治病只花了2万,因此,剩余的钱应当按照遗嘱对遗产分配的比例进行分割,其有权取得其中的一半。彭洪不同意,认为房屋已经卖掉,剩余的财产应当按照法定继承处理。

问:(1)彭某所立的遗嘱是否有效?(2)本案应如何处理?

【解析】

(1)彭某所立的遗嘱已经被撤回。《民法典》第1142条规定,遗嘱人可以撤回、变更自己所立的遗嘱。立遗嘱后,遗嘱人实施与遗嘱内容相反的民事法律行为的,视为对遗嘱相关内容的撤回。(2)遗嘱被撤回后,被继承人彭某的遗产38万元,应由其法定继承人彭洪继承。

# 第四节　法律援助与信访

## 一、法律援助的概念和范围

### (一)法律援助的概念

法律援助是国家建立的保障经济困难公民和特殊案件当事人获得必要的法律咨询、代理、刑事辩护等无偿法律服务,维护当事人合法权益、维护法律正确实施、维护社会公平正义的一项重要法律制度。

法律援助制度自1996年在我国建立以来,已经成为我国司法制度的有机组成部分,在维护社会稳定、促进司法公正、实现社会公平正义、推动经济社会全面发展中,发挥着越来越重要的作用。

### (二)法律援助范围

根据《法律援助条例》第10条规定,公民对下列需要代理的事项,因经济困难没有委托代理人的,可以向法律援助机构申请法律援助。

1.依法请求国家赔偿的。

2.请求给予社会保险待遇或者最低生活保障待遇的。

3.请求发给抚恤金、救济金的。

4. 请求给付赡养费、抚养费、扶养费的。

5. 请求支付劳动报酬的。

6. 主张因见义勇为行为产生的民事权益的。

省、自治区、直辖市人民政府可以对前款规定以外的法律援助事项作出补充规定。公民可以就本条第一款、第二款规定的事项向法律援助机构申请法律咨询。

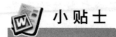 **小 贴 士**

### 司法救助内容

获得法律援助后的司法救助,是指人民法院对获得法律援助机构援助的当事人在诉讼中的司法救济,主要是在当事人的诉讼费用的缓、减、免交以及与法律援助人员的配合方面。

## 二、申请法律援助的程序

申请法律援助的程序包括以下几个步骤。

1. 提出法律援助申请。

2. 初审后填写申请表格。

3. 申请人递交材料,包括法律援助申请书;身份证或其他有效身份证明,代理人还需提交授权代理的证明;所在街道、乡镇人民政府或县级以上民政部门出具的经济困难证明;与所申请法律援助事项有关的案件材料;法律援助中心认为需要提供的其他材料。

4. 法律援助机构对申请进行审查。

5. 决定给予或不给予法律援助。

6. 决定给予法律援助的,办理相关援助手续,法律援助自办或指派律师事务所律师办理;决定不给予法律援助的,告知不予援助的理由,由其自聘社会律师或自行办理。

## 三、信访的概念、事项、形式

### (一)信访的概念和种类

**1. 信访的概念**

广义的信访是指公民、法人或者其他组织采用书信、电子邮件、传真、电话、走访等形式,向有关国家行政、司法机构和国家有关部门反映情况,提出建议、意见或者投诉请求,依法由有关机构和部门处理的活动。采用前款规定的形式,反映情况,提出建议、意见或者投诉请求的公民、法人或者其他组织,称信访人。

　　狭义的信访是指公民、法人或者其他组织采用书信、电子邮件、传真、电话、走访等形式，向各级人民政府、县级以上人民政府工作部门反映情况，提出建议、意见或者投诉请求，依法由有关行政机关处理的活动。采用前款规定的形式，反映情况，提出建议、意见或者投诉请求的公民、法人或者其他组织，称为信访人。

**2. 信访的种类**

　　通常认为，广义的信访包括狭义的信访和涉法涉诉信访两种。2005年5月1日开始施行的《信访条例》中的信访是狭义上的信访。

### （二）信访事项

　　根据《信访条例》第14条的规定，信访人提出信访事项，主要针对五类组织及其人员的职务行为提出建议、意见或对其不服。职务行为，是指履行本机关或单位职责、法定或者约定义务的行为，或者代表本机关或者单位，以机关、单位名义履行职责所作出的行为，而非以个人名义作出的行为。这五类组织为。

　　（1）行政机关及其工作人员。

　　（2）法律、法规授权的具有管理公共事务职能的组织及其工作人员。

　　（3）提供公共服务的企业、事业单位及其工作人员。

　　（4）社会团体或者其他企业、事业单位中由国家行政机关任命、派出的人员。

　　（5）村民委员会、居民委员会及其成员。根据《信访条例》第14条规定，对依法应当通过诉讼、仲裁、行政复议等法定途径解决的投诉请求，信访人应当依照有关法律、行政法规规定的程序向有关机关提出。

### （三）信访形式

　　根据《信访条例》第16条、第17条、第18条的规定，信访人采用走访形式提出信访事项，应当向依法有权处理的本级或者上一级机关提出；信访事项已经受理或者正在办理的，信访人在规定期限内向受理、办理机关的上级机关再提出同一信访事项的，该上级机关不予受理。

　　信访人提出信访事项，一般应当采用书信、电子邮件、传真等书面形式；信访人提出投诉请求的，还应当载明信访人的姓名（名称）、住址和请求、事实、理由。有关机关对采用口头形式提出的投诉请求，应当记录信访人的姓名（名称）、住址和请求、事实、理由。信访人采用走访形式提出信访事项的，应当到有关机关设立或者指定的接待场所提出。多人采用走访形式提出共同的信访事项的，应当推选代表，代表人数不得超过5人。

 **导学案例解析**

　　打赢脱贫攻坚战，是一份必须答好的历史试卷，交卷时间正是今年。2020年以来，在积极应对疫情防控、努力克服疫情影响的同时，来宾市精准对标1.0115万贫困人口脱贫、

15个贫困村出列年度目标任务，紧盯"两不愁三保障"，持续推进"四大战役"和"五场硬仗"，多措并举打出脱贫攻坚"组合拳"，确保年内现行标准下剩余农村贫困对象全部脱贫摘帽，贫困发生率降为零，将与全国、全区同步全面建成小康社会。

（1）党建引领 提升治贫能力。党建引领、党员示范，凝聚群众力量助力脱贫攻坚，通过狠抓作风建设，提升贫困治理能力。

（2）攻克堡垒 打好"四大战役"。

（3）把产业扶贫与县域经济发展紧密结合起来，坚持长短结合，久久为功，持续发力。

（4）狠抓产业 增强"造血"功能。

（5）统筹谋划，战"疫"战"贫"双赢。

## 练习题

**一、简答题**

1. 简述结婚制度。

2. 简述《民法典》规定的婚姻家庭的基本原则。

3. 简述离婚制度。

4. 法律援助范围有哪些？

5. 简述信访事项。

**二、不定项选择题**

1. 遗嘱的法定形式包括（      ）。

    A. 公证遗嘱      B. 自书遗嘱      C. 代书遗嘱      D. 录音录像遗嘱

2. 下列（      ）既是公民的权利又是公民的义务。

    A. 劳动权      B. 选举权      C. 教育权      D. 监督权

3. 婚姻自由包括（      ）。

    A. 结婚自由      B. 离婚自由      C. 同居自由      D. 分居自由

4. 钱某与胡某婚后生有子女甲和乙，后钱某与胡某离婚，甲、乙归胡某抚养。胡某与吴某结婚，当时甲已参加工作而乙尚未成年，乙跟随胡某与吴某居住，后胡某与吴某生下一女丙，吴某与前妻生有一子丁。钱某和吴某先后去世，下列（      ）说法是正确的？

    A. 胡某、甲、乙可以继承钱某的遗产      B. 甲和乙可以继承吴某的遗产

    C. 胡某和丙可以继承吴某的遗产      D. 乙和丁可以继承吴某的遗产

5. 法律援助范围包括（      ）。

    A. 依法请求国家赔偿的      B. 请求发给抚恤金、救济金的

    C. 请求给付赡养费、抚养费、扶养费的      D. 请求支付劳动报酬的

6. 多人采用走访形式提出共同的信访事项的，应当推选代表，代表人数不得超过

( )人。

  A. 2       B. 3       C. 4       D. 5

  7. 某法律援助机构实施法律援助的下列做法,( )是正确的。

    A. 经审查后指派律师担任甲的代理人,并根据甲的经济情况免除其 80% 的律师服务费

    B. 指派律师担任乙的辩护人以后,乙自行另外委托辩护人,故决定终止对乙的法律援助

    C. 为未成年人丙指派熟悉未成年人身心特点但无律师执业证的本机构工作人员担任辩护人

    D. 经审查后认为丁的经济状况较好,不符合法律援助的经济条件,故拒绝向其提供法律咨询

### 三、案例分析题

  李明系某省 A 市某乡村民,他外出打工时,与邻居张旺口头约定,把自己经营承包的两亩多土地委托给张旺耕种,但没有就土地的收益进行约定。他从外地回到家乡后,想从张旺手中收回土地,并要求分配张旺耕种期间的收益。两人为此发生纠纷,他将张旺诉至 A 市农村土地承包纠纷仲裁委员会。

  试分析:李明与张旺的口头约定是否有效?可否采取仲裁方式解决土地承包权益纠纷?

## 学习目标

1. 掌握农村基层党组织的地位,村民委员会的主要任务,农村妇女代表会任务,农村社会治安治理机构,村民委员会选举法,"一事一议"的概念;

2. 理解农村基层党组织的产生,村民委员会的性质,村民委员会在社会治安综合治理中的职责,"一事一议"的议事原则,筹资筹劳的范围与对象;

3. 了解农村基层党组织的基本任务,共青团的宗旨,村民委员会组织法,"一事一议"议定事项的特点。

## 案例导学

2020年深秋时节,西藏自治区扎囊县孟卡荣村的青稞丰收,农民们正驾驶着拖拉机深松耕地。"出苗时,尼玛扎西院长来过;8月25日,他也来过;他说收获的时候还要来。"村支书嘎玛欧珠清楚记得,尼玛扎西院长蹲点在村里,从选用良种、科学技术、田间管理等多个方面进行指导。"村里从2013年开始种'藏青2000',现在全村共种了800亩,今年亩产650斤左右。"嘎玛欧珠说,从亩产不足300斤到亩产300多公斤,从人均年收入4000元到1万元,高产青稞改变了村民的生活。

为了选育青稞新品种"藏青2000",西藏自治区农牧科学院(以下简称"西藏农科院")原党委副书记、院长,被誉为"青稞博士"尼玛扎西和他的团队倾注了近20年的心血。"刚开始试种时,尼玛扎西院长每天起早贪黑,在田间地头和农民一起,经常一连好几个小时喝不上水。"

在白朗县金嘎村村主任普琼印象中,尼玛扎西是一个能和农民打成一片的"土专家"。"比如,一亩地要施50毫升农药,农民可能没有概念。你跟他讲,施'两瓶盖'的农药,他就懂了。"浏览尼玛扎西的微信朋友圈,多半是旅途奔波中的工作感悟:"一路普降大雪。对草地作物返青利好,但望尽快阳光普照以免雪灾。察隅县今晚对于只带夏天的衣服的人,好冷。""墨脱寸土寸金:果园里种植玉米,玉米间种稻秧;平缓土地开垦农田,缓坡地修成梯田种植水稻;坡地开垦成水田。"

截至目前,"藏青2000"累计示范推广330.87余万亩,占西藏全区青稞种植面积的50％以上,亩均增产25公斤,新增产值3.98余亿元。

# 第一节　农村基层组织

## 一、农村基层党组织

### (一)农村基层党组织的地位

《中国共产党党章》第30条规定:"企业、农村、机关、学校、科研院所、街道社区、社会团体、社会中介组织、人民解放军连队和其他基层单位,凡是有正式党员三人以上的,都应当成立党的基层组织。"

根据《中国共产党基层组织选举工作暂行条例》的规定,党的基层组织,即是指工厂、商店、学校、机关、街道、合作社、农场、乡、镇、村和其他基层单位党的委员会、总支部委员会、支部委员会,包括基层委员会经批准设立的纪律检查委员会。在中国共产党的执政方阵里,基层党组织是全部工作和战斗力的基础,是落实党的路线、方针、政策和各项工作任务的战斗堡垒。

农村基层干部队伍的核心是村党支部或党总支部,而村党支部(党总支)书记又是支部班子的核心。支部书记素质高,表率作用强,整个党组织的战斗力才会强。选准一个好的支部(或总支)书记,对一个村来说至关重要。在建设中国特色社会主义的新时代,基层党组织作用发挥的好坏,直接关系党的执政能力、执政基础和作风形象。

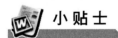 小贴士

**中国共产党党员总数**

中共中央组织部最新党内统计数据显示,截至2019年底,中国共产党党员总数为9191.4万名,比上年净增132.0万名。党的基层组织468.1万个,比上年净增7.1万个。

### (二)农村基层党组织的产生

根据《中国共产党党章》第 30 条第 2 款的规定,党的基层组织,根据工作需要和党员人数,经上级党组织批准,分别设立党的基层委员会、总支部委员会、支部委员会。基层委员会由党员大会或代表大会选举产生,总支部委员会和支部委员会由党员大会选举产生,提出委员候选人要广泛征求党员和群众的意见。

党的基层委员会每届任期 3 年至 5 年,总支部委员会、支部委员会每届任期 2 年或 3 年。基层委员会、总支部委员会、支部委员会的书记、副书记选举产生后,应报上级党组织批准。

党的支部(或总支)委员会委员候选人,按照德才兼备和班子结构合理的原则提名。委员候选人的差额为应选人数的 20%。选出的委员,报上级党组织备案;选出的书记、副书记,报上级党组织批准。正式党员有表决权、选举权、被选举权。受留党察看处分的党员在留党察看期间没有表决权、选举权、被选举权,预备党员没有表决权、选举权和被选举权。选举应尊重和保障党员的民主权利,充分发扬民主,体现选举人的意志。任何组织和个人不得以任何方式强迫选举人选举或不选举某个人。

依据《中国共产党基层组织选举工作暂行条例》第 19 条的规定,进行选举时,有选举权的到会人数超过应到会人数的 4/5,会议有效。

委员会第一次全体会议选举书记、副书记。召开党员代表大会的,由大会主席团指定一名主席团成员主持;召开党员大会的,由上届委员会推荐一名党员主持。实行差额预选时,赞成票超过实到会有选举权的人数半数的,方可列为候选人。

进行正式选举时,被选举人获得的赞成票超过实到会有选举权的人数的一半,始得当选。当选人多于应选名额时,以得票多的当选。如遇票数相等不能确定当选人时,应就票数相等的被选举人重新投票,得票多的当选。当选人少于应选名额时,对不足的名额另行选举。如果接近应选名额,也可以减少名额,不再进行选举。

### (三)农村基层党组织的基本任务

1. 宣传和执行党的路线、方针、政策,宣传和执行党中央、上级组织和本组织的决议,充分发挥党员的先锋模范作用,积极创先争优,团结、组织党内外的干部和群众,努力完成本单位所担负的任务。

2. 组织党员认真学习马克思列宁主义、毛泽东思想、邓小平理论、"三个代表"重要思想、科学发展观、习近平新时代中国特色社会主义思想,推进"两学一做"学习教育常态化制度化,学习党的路线、方针、政策和决议,学习党的基本知识,学习科学、文化、法律和业务知识。

3. 对党员进行教育、管理、监督和服务,提高党员素质,坚定理想信念,增强党性,严格党的组织生活,开展批评和自我批评,维护和执行党的纪律,监督党员切实履行义务,保障党员的权利不受侵犯。加强和改进流动党员管理。

4.密切联系群众,经常了解群众对党员、党的工作的批评和意见,维护群众的正当权利和利益,做好群众的思想政治工作。

5.充分发挥党员和群众的积极性创造性,发现、培养和推荐他们中间的优秀人才,鼓励和支持他们在改革开放和社会主义现代化建设中贡献自己的聪明才智。

6.对要求入党的积极分子进行教育和培养,做好经常性的发展党员工作,重视在生产、工作第一线和青年中发展党员。

7.监督党员干部和其他任何工作人员严格遵守国家法律法规,严格遵守国家的财政经济法规和人事制度,不得侵占国家、集体和群众的利益。

8.教育党员和群众自觉抵制不良倾向,坚决同各种违纪违法行为做斗争。

 **小贴士**

## 扎实推进抓党建,为夺取脱贫攻坚战全面胜利提供坚强组织保证

2020年11月,中共中央组织部发布文件《扎实推进抓党建促决战决胜脱贫攻坚 为夺取脱贫攻坚战全面胜利提供坚强组织保证》明确指出。

一、着力建班子、强队伍,提供坚强干部保证。习近平总书记指出,"致富不致富,关键看干部。"政治路线确定之后,干部就是决定的因素。打赢脱贫攻坚战,要聚焦人这一关键因素,按照尽锐出战的要求,持续推动干部政策向脱贫攻坚一线倾斜、干部力量向贫困地区集聚,把好钢用在刀刃上。选优配强领导班子。保持贫困县党政正职稳定。抓好干部教育培训。分别举办省部级干部、厅局级干部、深度贫困地区地市州党政主要负责同志、贫困县党政正职脱贫攻坚专题研讨班。同时,推动省、市、县加大干部培训力度,激发干部新担当新作为。提振干部精气神,很重要的就是对他们在政治上激励、工作上支持、待遇上保障、心理上关怀,使他们在贫困地区安心、安身、安业。

二、着力建组织、强支部,筑牢坚强战斗堡垒。持续整顿软弱涣散村党组织,下决心解决好软弱涣散基层班子的问题。派强用好第一书记和驻村工作队,从县以上机关单位向贫困村选派第一书记和驻村工作队,将组织力量直接充实到脱贫攻坚一线。发挥党员先锋模范作用。各级党组织严肃认真抓好村党组织"三会一课""主题党日"等,加强对党员的思想政治教育,着力激发党员积极性、主动性、创造性。推动发展壮大村级集体经济。

三、着力建制度、强激励,提供强大人才支撑。畅通引才渠道,让人才"引得进"。营造良好环境,让人才"留得住"。推动各地落实国家扶贫开发工作重点县的大中专以上毕业生高定工资政策,加大艰苦边远地区津贴和乡镇工作补贴政策实施力度,鼓励机关事

业单位人员扎根基层。健全培养机制，让人才"育得出"。完善扶持政策，让人才"干得好"。推动各地为乡村人才干事创业构建系统性支持政策，在资金投入、要素配置、制度供给、公共服务等方面对乡村人才予以优先保障。

## 二、村民委员会

### （一）村民委员会的性质

村民委员会是建立在农村的基层群众性自治组织，它不是国家基层政权组织，不是一级政府，也不是乡镇政府的派出机构。村民委员会对村民会议负责并报告工作，村民委员会虽不是一级政府，却在村民自治中发挥着重要作用。农村党支部（或党总支）应积极主动加强党对村民自治的领导，同时加强自身队伍建设，形成在村党支部（或党总支）领导下的村民自治运行机制。

### （二）村民委员会的主要任务

#### 1. 办理本居住地区的公共事务和公益事业

公共事务是指与本村全体村民生产和生活直接相关的事务。公益事业是本村的公共福利事业。主要包括：修桥铺路、兴办学校（幼儿园或敬老院）、兴修水利、植树造林、整理村容村貌、辅助贫困、救助灾害等。村民委员会办理本村公共事务和公益事业，要着眼于解决村民生产生活存在的实际困难，实事求是，量力而为，从本村实际情况出发，考虑村民的需要和承受能力，决定办理的事项，要坚持民主自愿的原则，充分发动村民就所办理事项进行讨论并决定，自愿办理。

#### 2. 调解民间纠纷

由于各种利益的冲突，村民之间、邻居之间、家庭之间和家庭内部，不可避免地会发生矛盾，如婚姻、家庭、继承、财产、宅基地、水利、土地、山林、损害赔偿等常见纠纷，还有轻微违法刑事纠纷。村民的纠纷不是根本利益冲突和对立，往往是局部利益或暂时利益引起的纠纷，村民委员会是村民自己选出的组织，受到村民信赖，并对本村情况和人际关系熟悉，有条件及时调解和解决，避免矛盾激化。

#### 3. 协助政府维护社会治安

维护社会治安是公安机关的主要职责，但是由于我国地域辽阔、人口众多，需要动员群众力量来参加社会治安管理，重点作好治安防范工作，广泛开展法制宣传和教育工作，深入开展社会治安综合治理工作。

## 三、农村基层团组织

### （一）共青团的宗旨

全心全意为人民服务是党的根本宗旨，也是共青团的根本宗旨。农村基层共青团员贯彻这一宗旨,就是要把人民的利益看得高于一切,深深植根于人民群众之中,千方百计地为农民群众多办实事,尽心尽力地帮助农民群众解决生产生活中遇到的实际困难。

共青团坚持引导青年为农村社会服务,把党的根本宗旨的要求具体地落实到共青团工作的实处,是共青团工作的独特要求。共青团不是一般的群众组织,它在根本任务是培养有理想、有道德、有文化、有纪律的社会主义新人。

### (二)加强农村基层团组织建设

#### 1. 坚持党建带团建

团的建设是党的建设的有机组成部分,加强团建必须坚持党建带团建。在组织上,高度重视基层团干部的选配工作,把素质好、能力强、热情高、潜力大的年轻干部选拔到基层团干部岗位上来。进一步规范和完善团干部的管理工作。进一步落实好团干部的各项待遇。团委书记是党员的原则上应提名为同级党委委员候选人。真正把农村基层团组织建设成为有凝聚力和战斗力的坚强集体。

#### 2. 创新基层团组织设置模式

在基层农村,应把"支部建在产业链上"。打破传统的按地域区划设置模式,村级普遍建立总支,立足于适应农业产业化进程,提高青年的组织化程度,加快产业建支部步伐,依托龙头企业、生产基地和各种营销组织、经济组织、专业技术协会及专业批发市场建立团支部。

#### 3. 为农村青年营造良好的社会环境

青年们具有长远的眼光,具有敢闯敢拼的冲劲,应借助社会各方面的力量,充分发挥农村青年们的生力军作用,为他们营造良好的社会环境,积极引导他们参与改变村容村貌、改变旧俗陋习。提高农村青年的政治待遇,加大表彰推荐力度,创造宽松的环境,争取党政、财政、科技和教育等部门提供政策、智力、财力、物力支持,引导青年留乡创业。

#### 4. 发挥团组织自身优势

推进农村共青团工作和青年工作,善于合理利用整合资源,发挥青联、"青年志愿者""青年文明号""希望工程"等团内工作品牌的资源优势,通过科技、资金一帮一结对帮扶、先进集体示范带动等方式,通过联系城市机关或大型企业、院校团组织到农村团支部进行帮扶,转变农村青年的择业观念,激发农村青年的创业激情,增强农村青年的致富信心,探索致富道路。

#### 5. 争取社会各界的支持

推进共青团工作和青年工作的社会化运作,争取社会各界的支持,为农村青年的成长成才搭建更为广阔的舞台。

## 四、农村妇女代表会

### （一）农村妇女代表会的地位

根据《农村妇女代表会工作条例》的规定，农村妇女代表会（简称农村妇代会）是妇女联合会在农村的基层组织，是党和政府与农村妇女联系的桥梁和纽带。农村妇代会接受同级党组织和上级妇女联合会的领导。

### （二）农村妇女代表会任务

1. 宣传、贯彻党和政府在农村的方针、政策。教育、引导农村妇女增强自尊、自信、自立、自强精神，成为有理想、有道德、有文化、有纪律的社会主义新农民。

2. 组织农村妇女参加"双学双比""五好文明家庭"和拥军优属等活动。提高农村妇女文化科技水平，帮助农村妇女增收致富。弘扬社会公德、职业道德和家庭美德。

3. 维护妇女儿童合法权益，反映妇女的意见、建议和要求，代表妇女参与村务决策，发挥民主参与、民主管理、民主监督作用，推进男女平等基本国策的落实。

4. 宣传、普及有关妇女儿童的法律和法规知识，抵制封建迷信和陈规陋习。配合有关部门打击拐卖妇女儿童、嫖娼、卖淫、赌博、吸毒等社会丑恶行为，推进依法治村。

5. 普及科普知识、环境保护知识、妇幼卫生保健知识，宣传优生、优育、优教，倡导文明、健康、科学的生活方式。

6. 协助党组织，做好培养、推荐妇女入党积极分子和农村后备女干部工作。

7. 因地制宜建立妇女儿童活动阵地，创办经费基地，提供市场信息和农业技术服务。

8. 建立和完善学习培训、工作会议、代表联系户、检查考核、评比表彰等工作制度。

### （三）农村妇女代表会组织

农村妇代会实行代表联系群众制度。农村妇代会设在行政村、乡镇企业、农林牧渔场和其他经济组织中。根据妇女人数及工作需要，可建立村妇联或其他形式的妇女组织。妇女超过 30 人，可成立妇代会。不足 30 人可设妇女小组。

农村妇代会由农村妇女民主选举若干代表组成，代表人数根据行政村的规模和各经济组织中妇女人数多少而定。10 人至 30 人选举一名代表。代表推选主任一人，根据工作需要可推选副主任。妇代会每 3 年换届一次，换届工作与村民委员会换届同步进行。换届情况报乡镇妇女联合会备案。

妇代会主任必须具备的基本条件是，政治思想好，有文化，有本领，热心妇女儿童工作。妇代会主任应是村委会或村党支部成员。

成立或撤销妇代会组织，须经同级妇女代表大会通过及同级管理部门审核，报乡镇妇女联合会批准。

## 五、农村社会治安治理组织

### (一)农村社会治安治理机构

社会治安综合治理是组织、动员全社会力量,预防和治理违法犯罪,化解不安定因素,确保社会稳定的一项系统工程。

公安机关、乡派出所和村民委员会肩负着维护农村治安的任务。为了加强社会治安,维护公共秩序,保护公共财产,保障公民权利,市、县公安局可以在辖区内设立公安派出所。公安派出所是市、县公安局管理治安工作的派出机关。治安管理处罚由县级以上人民政府公安机关决定;其中警告、500 元以下的罚款可以由公安派出所决定。

### (二)建立村综合治理工作组织网络

社会治安综合治理需要发动群众,不能仅依靠专门机关的力量,需要建立村综合治理工作组织网络,实现各种力量的有效整合。

建立村社会综合治理领导小组,下设村综合治理协调室,建立综合治理领导小组例会制度、综合治理信息员报告制度等。还应注重基础硬件设施建设,使本村的综合治理力量得到有效整合。积极主动地配合治保调解干部做好外来流动人口的登记、催促办证等工作,特别是对租住在村边偏僻处农户家的外来人口管理,应发挥作用。

在外来人口遇到困难时,应尽最大努力为他们提供帮助,及时调解涉及外来人口工资纠纷、房租费用引发的纠纷等,使他们能够感受到来自第二故乡的温暖。

### (三)村民委员会在社会治安综合治理中的职责

村民委员会在社会治安综合治理中履行下列职责。

1. 宣传、贯彻执行有关法律、法规和方针、政策。

2. 组织制定村规民约,并监督执行。

村规民约一般应包括思想教育方面,热爱祖国、热爱共产党、热爱社会主义、热爱劳动、爱护公物、爱护集体财产等。维护社会秩序方面,遵守法规、不偷盗、不赌博、不吸毒、不打架斗殴,维护公共秩序。社会公德方面,讲礼貌、尊老爱幼、团结互助,帮助贫困户,不虐待妇女儿童,户户争当"五好家庭"。

精神文明建设方面,讲文明、讲卫生,搞好生活和生态环境的美化绿化,学文化、学科学,移风易俗,反对封建迷信。履行法律义务方面,依法服兵役,严格履行土地承包合同,提倡晚婚晚育、少生优生优育、搞好计划生育等内容。

3. 进行防盗、防火、防破坏、防自然灾害事故等安全教育,提高群众自防、自治能力。

4. 加强对治安保卫组织的领导,组织群众开展安全防范工作。

5. 协助公安、司法机关监督、考察被依法判处管制、有期徒刑宣告缓刑、监外执行、假释的犯罪人员和被监视居住、取保候审人员。

6. 配合有关部门,查禁卖淫嫖娼,严禁制作、运输、走私、贩卖毒品和淫秽物品,禁止吸食、注射毒品,禁止赌博和利用封建迷信骗钱害人等社会丑恶现象;做好吸食、注射毒品人员的戒毒工作和戒除毒瘾的巩固工作。

7. 教育、管理刑满释放人员、解除劳动教养人员和有轻微违法行为的人员。

8. 做好辖区内青少年和社会闲散人员的教育管理工作。

9. 及时报告社会治安情况,反映村民对社会治安综合治理工作的意见和要求。组织村民协助公安机关做好治安防范、调查各种案件、管理常住和暂(寄)住人口。

10. 办理社会治安综合治理的其他事项。

 **【案例14-1】**

孙大虎是一名退役军人,头脑灵活。他退役后用退役的钱和银行贷款从事养殖业,短短3年时间,他养殖小区的奶牛就达80多头,年纯利润近百万。乡亲们看到孙大虎是个能人,就在村委会换届选举中选他当了本村的村委会主任。孙大虎当选后,想开一家鞋厂,一来村里有了企业增加了收入;二来乡亲们有了工作也增加了收入。孙大虎计划好后,没有和村支书张胜利商量就召开村民代表会议,决定向银行贷款开始建厂。

张胜利知道后,认为目前开鞋厂竞争激烈,如果投入过大,赔了会给村里造成不可估量的损失,因此,要求征求县里有关企业专家的意见后再决定。孙大虎认为,村委会属于自治组织,村党支部无权干涉村委会的事情。这样一来,两人闹起了矛盾。村里大小事情都办不成。乡领导批评孙大虎不向党支部汇报和征求党支部意见的做法,孙大虎很不服气。

问:村委会和村党支部是什么关系?

**【解析】**

村党支部与村委会都是农村基层组织,目标是共同的,都是为了建设有中国特色的社会主义新农村这个目标而工作的。要明确处理两者的关系。

1. 必须坚持村党支部对村民自治的领导核心地位不动摇,村党支部领导核心地位是法律赋予的,加强以党支部为核心的村级组织建设格局不能变。

2. 村党支部与村委会的关系是领导与被领导的关系。坚持村民自治不动摇,不能违背民意。法律不允许村党支部包办村里大小事务。

3. 正确处理村党支部与村委会的关系,必须建章立制,规范操作。如:村党支部和村委会联合会议制度;村"两委"主要干部按一定程序实行交叉兼职;村委会如何就具体的事宜向村党支部汇报,党支部的意见和建议如何采纳;在两者出现纠纷时,如何去解决纠纷等。

只有这样才能确保党领导村委会的地位不动摇,确保村民自治不受不正确的干扰。

# 第二节　村民自治法律制度

## 一、村民委员会组织法

### （一）村民民主选举程序

村委会选举是实行村民自治的重要环节。完善村委会成员的选举和罢免程序，是《中华人民共和国村民委员会组织法》（以下简称《村民委员组织法》）的一项重要内容。

**1. 村民委员会任期**

村民委员会主任、副主任和委员，由村民直接选举产生。任何组织或者个人不得指定、委派或者撤换村民委员会成员。村民委员会每届任期 5 年，届满应当及时举行换届选举。村民委员会成员可以连选连任。

**2. 村民选举委员会的组成**

村民选举委员会由主任和委员组成，由村民会议、村民代表会议或者各村民小组会议推选产生。村民选举委员会成员被提名为村民委员会成员候选人，应当退出村民选举委员会。村民选举委员会成员退出村民选举委员会或者因其他原因出缺的，按照原推选结果依次递补，也可以另行推选。

**3. 村委会组成人员候选人条件**

《村民委员会组织法》对村委会组成人员候选人条件提出了适当要求。村民提名候选人，应当从全体村民利益出发，推荐奉公守法、品行良好、公道正派、热心公益、具有一定文化水平和工作能力的村民为候选人。村民选举委员会应当组织候选人与村民见面，由候选人介绍履行职责的设想，回答村民提出的问题。

**4. 选举程序**

《村民委员会组织法》规定，选举村民委员会，有登记参加选举的村民过半数投票，选举有效；候选人获得参加投票的村民过半数的选票，始得当选。当选人数不足应选名额的，不足的名额另行选举。另行选举的，第一次投票未当选的人员得票多的为候选人，候选人以得票多的当选，但是所得票数不得少于已投选票总数的 1/3。

选举实行无记名投票、公开计票的方法，选举结果应当当场公布。选举时，应当设立秘密写票处。登记参加选举的村民，选举期间外出不能参加投票的，可以书面委托本村有选举权的近亲属代为投票。村民选举委员会应当公布委托人和受委托人的名单。

**5. 村委会成员的罢免程序**

《村民委员会组织法》规定，本村 1/5 以上有选举权的村民或者 1/3 以上的村民代表联名，可以提出罢免村委会成员的要求，并说明要求罢免的理由。被提出罢免的村委会成员有权提出申辩意见。罢免村民委员会成员，须有登记参加选举的村民过半数投票，并须经投票的村民过半数通过。

**6. 选举权的保护**

为维护村民的合法权益，保障村民委员会选举真实、合法、规范、有效，《村民委员会组织法》规定，以暴力、威胁、欺骗、贿赂、伪造选票、虚报选举票数等不正当手段当选村民委员会成员的，当选无效。

对以暴力、威胁、欺骗、贿赂、伪造选票、虚报选举票数等不正当手段，妨害村民行使选举权、被选举权，破坏村民委员会选举的行为，村民有权向乡、民族乡、镇的人民代表大会和人民政府或者县级人民代表大会常务委员会和人民政府及其有关主管部门举报，由乡级或者县级人民政府负责调查并依法处理。

### （二）村民民主议事制度

**1. 村民会议讨论决定的事项**

《村民委员会组织法》规定了涉及村民利益的下列事项，经村民会议讨论决定方可办理：(1)本村享受误工补贴的人员及补贴标准；(2)从村集体经济所得收益的使用；(3)本村公益事业的兴办和筹资筹劳方案及建设承包方案；(4)土地承包经营方案；(5)村集体经济项目的立项、承包方案；(6)宅基地的使用方案；(7)征地补偿费的使用、分配方案；(8)以借贷、租赁或者其他方式处分村集体财产；(9)村民会议认为应当由村民会议讨论决定的涉及村民利益的其他事项。

村民会议可以授权村民代表会议讨论决定前款规定的事项。法律对讨论决定村集体经济组织财产和成员权益的事项另有规定的，依照其规定。

**2. 村民小组会议制度**

为了切实保障村民依法办理自己的事情，保障其利益不受侵害，《村民委员会组织法》规定：召开村民小组会议，应当有本村民小组18周岁以上的村民2/3以上，或者本村民小组2/3以上的户的代表参加，所作决定应当经到会人员的过半数同意。

村民小组组长由村民小组会议推选。村民小组组长任期与村民委员会的任期相同，可以连选连任。属于村民小组的集体所有的土地、企业和其他财产的经营管理以及公益事项的办理，由村民小组会议依照有关法律的规定讨论决定，所作决定及实施情况应当及时向本村民小组的村民公布。

### （三）民主管理和民主监督制度

1. 村务公开制度

《村民委员会组织法》规定，村民委员会实行村务公开制度。村民委员会应当及时公布下列事项，接受村民的监督。

(1)《村民委员会组织法》第23条、第24条规定的由村民会议、村民代表会议讨论决定的事项及其实施情况。

（2）国家计划生育政策的落实方案。

（3）政府拨付和接受社会捐赠的救灾救助、补贴补助等资金、物资的管理使用情况。

（4）村民委员会协助人民政府开展工作的情况。

（5）涉及本村村民利益，村民普遍关心的其他事项。

前款规定事项中，一般事项至少每季度公布一次；集体财务往来较多的，财务收支情况应当每月公布一次；涉及村民利益的重大事项应当随时公布。村民委员会应当保证所公布事项的真实性，并接受村民的查询。

2. 对村民委员会不及时公布应当公布的事项或者公布的事项不真实的，村民有权向乡、民族乡、镇的人民政府或者县级人民政府及其有关主管部门反映，有关人民政府或者主管部门应当负责调查核实，责令依法公布；经查证确有违法行为的，有关人员应当依法承担责任。

3. 村务监督机构

《村民委员会组织法》规定，村应当建立村务监督委员会或者其他形式的监督机构，负责村民民主理财，监督村务公开等制度的落实，其成员由村民会议或者村民代表会议在村民中选举产生，其中应有具备财会、管理知识的人员。村民委员会成员及其近亲属不得担任村务监督机构成员。村务监督机构成员向村民会议和村民代表会议负责，可以列席村民委员会会议。

4. 民主评议的内容

《村民委员会组织法》规定，村委会成员以及由村民或者村集体承担误工补贴的聘用人员，应当接受村民会议或者村民代表会议对其履行职责情况的民主评议。民主评议每年至少进行一次。村委会成员连续两年被评议不称职的，其职务终止。

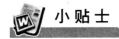 **小贴士**

## 村民委员会成员任期和离任审计制度

《村民委员会组织法》明确了村民委员会成员任期和离任审计，包括的事项有：（1）本村财务收支情况；（2）本村债权债务情况；（3）政府拨付和接受社会捐赠的资金、物资管理使用情况；（4）本村生产经营和建设项目的发包管理以及公益事业建设项目招标投标情况；（5）本村资金管理使用以及本村集体资产、资源的承包、租赁、担保、出让情况，征地补偿费的使用、分配情况；（6）本村1/5以上的村民要求审计的其他事项。

村民委员会成员的任期和离任经济责任审计，由县级人民政府农业部门、财政部门或者乡、民族乡、镇的人民政府负责组织，审计结果应当公布，其中离任经济责任审计结果应当在下一届村民委员会选举之前公布。

**5. 侵害村民权利的责任**

一些地方的村民自治章程、村规民约以及村民会议或者村民代表会议讨论决定的事项存在违反法律、法规,侵害村民利益的情况。为加强乡镇政府对村规民约的指导监督,新法规定:村民自治章程、村规民约以及村民会议或者村民代表会议的决定违反宪法、法律、法规和国家的政策,侵犯村民的人身权利、民主权利和合法财产权利的,由乡、民族乡、镇的人民政府责令改正。

村委会或者村委会成员作出的决定侵犯村民合法权益的,受侵害的村民可以申请人民法院予以撤销,责任人依法承担法律责任。

## 二、村民委员会选举法

### (一) 村民、本村村民和本村本届选民

具有农村户籍的公民为村民。村民一般居住在农村,享有村集体公共财产的使用权和相应的收益权,并承担相应的义务。村民是村民自治的主体。

本村村民。具有本村户籍的人为本村村民。本村村民是本村的主人。

本村本届选民。登记参加本村本届村民委员会换届选举的选民是本村本届选民。

### (二) 村民享有和行使选举权、竞选权和被选举权

1. 年满18周岁的村民享有和行使选举权。在村民委员会选举中,选举权包括推选权、登记权、提名权、投票权、罢免权。

2. 年满18周岁的村民享有和行使竞选权。竞选权是以当选村民委员会成员为目标与其他选民为同一职务竞争选民选票的权利。行使竞选权的年满18周岁村民为竞选人。村民的竞选权可依照法律剥夺与停止。剥夺竞选权,适用《中华人民共和国刑法》剥夺政治权利的规定。对被剥夺竞选权选民的候选人提名无效。

对被停止行使竞选权选民的候选人提名无效。

3. 年满18周岁的村民享有和行使被选举权。被选举权是指选民享有的被选举当选为本村村民委员会成员的权利。在村民委员会选举中,被选举权包括参选权、竞选权、候选权、当选权、任职权。参选权是表明担任村民委员会成员的意愿并接受选民投票选择的权利。竞选权是以当选村民委员会成员为目标与其他选民为同一职务竞争选民选票的权利。候选权是作为初步候选人、正式候选人接受选民投票选择的权利。当选权是因获得法定的赞成选票数量而当选村民委员会成员的权利。任职权是当选村民委员会成员后就任相应成员职务的权利。

对被停止行使被选举权选民的候选人提名无效。

### （三）村民会议的职权

村民会议具有立约权、决策权、组织权和监督权,讨论决定涉及全体村民利益的事项。村民会议行使下列职权:(1)制定、修改村民自治章程、村规民约;(2)选举、罢免村民委员会成员;(3)讨论决定由村负担的村民委员会成员、村民代表、村监事会成员、村民小组组长、副组长的报酬或补贴标准,以及本村享受误工补贴的人数及补贴标准;(4)讨论决定村办学校、村建道路等村公益事业的经费筹集方案;(5)讨论决定村集体经济项目的立项、承包方案及村公益事业的建设承包方案;(6)讨论决定村民的承包经营方案;(7)讨论决定转让土地的面积与价格和转让费的收入、分配与支配,以及征用土地的面积及补偿方案;(8)讨论决定宅基地的使用方案;(9)讨论决定本村发展规划和年度计划;(10)一事一议,及有关筹资筹劳事项;(11)讨论决定村集体2万元以上的非生产性开支及10万元以上的生产性开支,或人均50元以上的公益性事业建设项目;(12)推选产生民主理财小组;(13)审议村民委员会和村民代表会议的工作报告、村务收支情况,评议村民委员会成员和村民代表的工作;(14)撤销或者改变村民代表会议不适当的决定;(15)撤销或者改变村民委员会不适当的决定;(16)讨论决定从村集体经济所得收益的使用与分配方案;(17)讨论决定村民会议认为应当由村民会议讨论决定的涉及全体村民利益的其他事项;(18)法律、法规规定的其他职权。

前款除第(1)(2)(11)(14)项外,村民会议可以授权村民代表会议讨论决定。村民会议作出的决议、决定,由村民委员会负责组织实施。

### （四）村民代表享有的权利

**1. 知情权**

村民代表可以约见村民委员会成员,了解村民委员会的工作情况和村务方面的具体情况。

**2. 建议权和批评权**

村民代表应广泛征求村民意见,及时向村民委员会提出工作建议、批评和意见。

**3. 表决权**

村民代表参加村民代表会议,讨论村务方面的重大事项,参与表决。

**4. 监督权**

村民代表有权监督村民委员会的工作,特别是对村务公开的监督,如村民委员会不及时公布应公布的村务事项,或者公布的事项不真实,村民代表有权向县、乡级政府及其有关部门反映,有关政府机关应当负责调查核实,责令公布或者纠正。经查证确有违法行为的,有关人员应当依法承担责任。

**5. 依法履行职务的保障权**

如发生村民代表因履行职务而被打击报复或者被侵害政治、经济权益的行为,有关部门必须严肃查处。

### (五)村民代表应当履行的义务

1. 必须遵守宪法、法律和法规,遵守社会公德和公共秩序,自觉遵守村民自治章程和村规民约。

2. 密切联系原选区的村民,广泛听取和反映他们的建议、意见和要求,及时通报村民代表会议精神,传达村民代表会议决议。

3. 带头履行法定义务,带头执行村民代表会议的各项决定,监督村民委员会执行村民代表会议决议。

4. 树立全局观念,从维护全体村民的利益出发,认真履行职责,化解基层矛盾,支持镇村工作。

5. 行使权力时,不得损害国家、社会、集体和其他村民的合法权益。

### (六)村民委员会的主要职责

1. 宣传宪法、法律、法规和国家的政策,推动和帮助村民履行法律规定的义务,维护村民的合法权益。

2. 执行村民会议和村民代表会议的决议、决定,主持日常村务,保障村民自治章程和村规民约的实施;召集村民会议和村民代表会议,向会议报告工作。

3. 依照法律规定,管理本村属于全体村民集体所有的土地、山林、水面和其他财产,管理村级财务,合理利用自然资源,保护和改善生态环境。

4. 执行土地利用总体规划、基本农田保护规划、村镇建设规划和资源生态、环境保护规划。

5. 支持和组织村民发展经济,并做好各项服务工作,维护集体经济组织和村民、承包经营户、联户或合伙的财产权和其他合法的权利和利益。

6. 实施本村经济和社会发展规划与年度计划,办理本村的公共事务和公益事业。

7. 协助乡级政府开展合作医疗、救济救灾、拥军优属、婚姻管理、计划生育、殡葬改革、"五保户"供养等工作。

8. 调解民间纠纷,促进村民团结,协助乡级政府和有关部门做好社会治安综合治理工作,维护村民的生产、生活秩序和社会治安。

9. 开展政治文明、精神文明和物质文明建设活动,发展文化教育,普及科技知识,破除封建迷信,移风易俗,反对各种不良风俗习惯和丑恶现象。

10. 推动村民加强民族团结,互相尊重,互相帮助。

11. 向上级政府反映村民的意见、要求和提出建议。

12. 法律、法规规定的其他职责。

**【案例 14-2】**

　　陈某南是湖南省 A 县 A 镇王家村人,2020 年 10 月 15 日,该村进行村级换届选举。陈某南和陈力两位村主任候选人的当选票数均未过选民半数通过。次日,A 镇镇政府委派两名负责干部监督重新选举,共发出选票 1009 张,收回选票 1016 张,多出了 7 张选票。此后,该村民选举委员会经举手表决,一致通过陈某南当选为该村村主任。随后,陈某南履行村主任职责。期间,有群众向 A 县民政局举报,反映王家村村主任的选举有多票行为。

　　问:王家村本次选举是否有效?

**【解析】**

　　A 县民政局派员检查落实后,根据《湖南省村民委员会选举办法》有关规定,下发书面通知,鉴于选举有多票行为,确认本次村主任选举无效。A 镇人民政府终止了陈某南的村主任职务。陈某南即向 A 县人民法院提起行政诉讼,以 A 县民政局所下发的通知侵犯其合法权益为由,要求撤销确认通知,并恢复名誉。

　　A 县人民法院根据最高人民法院《关于执行〈中华人民共和国行政诉讼法〉若干问题的解释》第 57 条,《湖南省村民委员会选举办法》第 34 条、第 35 条的规定,作出一审行政判决,认定 A 县民政局作出的确认王家村选举无效的行政行为事实依据充分,适用法律准确,程序合法,驳回陈某南的诉讼请求。

# 第三节　"一事一议"制度

## 一、"一事一议"的概念

　　"一事一议"是指在农村税费改革这项系统工程中,取消了乡统筹和改革村提留后,原由乡统筹和村提留中开支的农田水利基本建设、道路修建、植树造林、农业综合开发有关的土地治理项目和村民认为需要兴办的集体生产生活等其他公益事业项目所需资金,不再固定向农民收取,采取"一事一议"的筹集办法。

## 二、"一事一议"的议事原则

### 1. 群众自愿原则

　　召开"一事一议"议事会,一般是发起人在发出通知时就向各农户说明:愿意参与的就到会,不愿参与的不强求,不加任何强制观点。群众知道不参加会议就不会受益,会仔细考虑发起人通知的内容,自己决定取舍。这种会议虽然属自愿参加,但大多数议事会召开时,被通知的对象会全部参加。

**2. 权利、义务一致原则**

成功的"一事一议"议事会,参会村民都遵循"谁受益、谁负担"的权利、义务一致原则。这个原则有两层含义:一方面,想受益就必须投工投资;另一方面,谁不投工、不投资,就不能受益。正是"权利、义务一致"的原则把意见一致的农户凝聚在一起,把持有不同意见的农户排开在外,这是意见很容易统一的重要原因。这个原则也并非使那些当初不同意参会的农户永远不能受益,只要他们同意缴纳议事会确定的投工投资份额,仍然可以加入到受益体中。

**3. 公平负担原则**

在义务分摊方面,农户投入一般实行"按受益户均等"或"按受益人均等"分摊。有些地方因条件特殊,议事会上也作出一些有针对性的特殊条款。

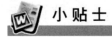 小贴士

### 扎实做好"一事一议"助力乡村振兴

福建省泰宁县大龙乡扎实做好"一事一议"助力乡村振兴。申报"一事一议"财政奖补项目13个,申请财政奖补资金约157万元,惠及13个村1万多人,项目涉及农村道路、路灯安装、老年活动中心等农村人居环境提升建设工程,现已完工项目2个。一是民主决策,筹补结合。

村民议事,政府把关,确保项目实现"尊重民意,透明操作"的目标,使政府投入和村财自筹相结合,推进村级公益事业建设。二是直接受益,注重实效。考虑村财承受能力,加大规划指导力度,重点支持农民需求最迫切的项目,适当向大布、官江等贫困村倾斜,提高项目效用。三是规范管理,阳光操作。建立健全各项制度,确保项目的申请、资金的使用管理公开透明、公平公正,接受群众监督。

## 三、"一事一议"议定事项的特点

**1. 用工采用货币决算**

"一事一议"中出现的"货币决算"与过去农村摊派义务工中出现的"以资代劳"在形式上虽然相似,都用货币表示人工的价值量,但它们在体现农民的意志方面有本质区别。

**2. 小规模格局**

"小规模"是指受益范围在村以内的小型建设项目。"一事一议"要遵循群众自愿原则,以群众直接受益为前提,如果规模太大,群众受益不均衡或受益不直接的程度也大,

就难以形成统一意见。从调查情况看,成功的议事会讨论的议题多数是村以下的小型公益事业建设项目,小规模仍是其基本格局。

**3. 工程权属共有**

建成的工程归投资的农户所有,各户份额均等。这种财产属于共有财产。但村民对这种财产行使所有权的方式与村民对公共财产行使所有权的方式有三点不同。

第一,所有权人有特定的对象,而一般公共财产的所有者没有特定对象,只要村民户口属于这个行政区,哪怕是新搬迁来的农户,都可以享受所有者的权利。

第二,所有权人对自己的份额可以转让。如农户搬迁时,可以将自己份额有偿转让他人。

第三,具有排他性,即未投资的农户不能享受权利。但这种财产有一点与公共财产相似,即所占份额不能退出,因为使用中的财产不能分割。

**4. 议定事项只具有一定约束性**

议定的事项也具有一定的约束性。但这种约束性不同于行政决定的约束性,它是在群众自愿的基础上产生的,主要靠受益群众互相信任、互相监督和限制受益来实现,不带惩罚性。而行政决定由于形成的机制不同,一般须采用行政、经济等一系列手段来维持正常实施,有些还带有一定的惩罚性。

**5. 议事内容广泛**

议定的事项不只是投工问题,它所涉及的事项包括建设项目的各个方面。成功的"一事一议"议事会所讨论的内容通常包括投工、投资、占地、原材料、工程负责人人选和建设管理等。但这种广泛性与行政决定的广泛性不同,它只限于基本建设项目所涉及的事项。而行政决定包括权限范围内所有的政治、经济与社会事务。

## 四、筹资筹劳的范围与对象

1. 筹资筹劳的适用范围

村内农田水利基本建设、道路修建、植树造林、农业综合开发有关的土地治理项目和村民认为需要兴办的集体生产生活等其他公益事业项目。

对符合当地农田水利建设规划,政府给予补贴资金支持的相邻村共同直接受益的小型农田水利设施项目,先以村级为基础议事,涉及的村所有议事通过后,报经县级人民政府农民负担监督管理部门审核同意,可纳入筹资筹劳的范围。

属于明确规定由各级财政支出的项目,以及偿还债务、企业亏损、村务管理等所需费用和劳务,不得列入筹资筹劳的范围。

2. 筹资筹劳的议事范围为建制村。

3. 筹资的对象为本村户籍在册人口或者所议事项受益人口。

筹劳的对象为本村户籍在册人口或者所议事项受益人口中的劳动力。

4. 五保户、现役军人不承担筹资筹劳任务；退出现役的伤残军人、在校就读的学生、孕妇或者分娩未满一年的妇女不承担筹劳任务。

5. 属于下列情况之一的，由当事人提出申请，经符合规定的民主程序讨论通过，给予减免。

(1)家庭确有困难，不能承担或者不能完全承担筹资任务的农户可以申请减免筹资；
(2)因病、伤残或者其他原因不能承担或者不能完全承担劳务的村民可以申请减免筹劳。

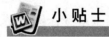 小贴士

### "一事一议"项目的议事程序

根据农业部2012年出台的《规范村民"一事一议"筹资筹劳操作程序的意见》的要求，议事程序如下。

1. 筹资筹劳的议事范围为建制村(以村民小组或者自然村为单位议事的，参照本意见的有关规定执行)。筹资筹劳项目方案可由村民委员会提出，也可由1/10以上的村民或者1/3以上的村民代表提出；筹资筹劳项目方案的主要内容包括项目的内容、预算、资金劳务筹集对象和方式、项目建设管理及建成后的管护方式等。

2. 村民委员会将筹资筹劳项目方案进行公示，公示期不少于7天。公示的主要内容包括：项目的建设范围、标准及预算情况；项目所需资金和劳务的筹集计划，筹资筹劳减免对象、数额和程序；项目建设管理、资金劳务管理和项目监督的人员组成及相关管理规定；项目实施计划和项目建成后的管护方式。

3. 村民委员会组织村民代表对筹资筹劳项目方案进行评议，重大项目可邀请相关部门进行可行性评估，按照评议评估意见对筹资筹劳项目方案进行修改完善。

4. 村民委员会召开村民会议或者村民代表会议对筹资筹劳项目方案进行讨论表决。提交村民代表会议审议和表决的事项，会前应当由村民代表逐户征求所代表农户的意见并经农户签字认可；筹资筹劳项目方案应当经到会人员的过半数通过，村民代表会议表决时按一户一票进行，应当经到会村民代表所代表的户过半数通过；表决后形成的筹资筹劳项目方案，由参加会议的村民或者村民代表签字。

 导学案例解析

尼玛扎西带领团队，先后选育出了20多个青稞新品种(系)，其中"藏青2000"品种平均亩产达350公斤，为西藏年粮食总产量突破100万吨做出了重要贡献，惠及雪域高原上百万农牧民。"做一名受农民欢迎的'土专家'更值得骄傲。"青稞主产区的示范推广

田,尼玛扎西要去;气候差异明显的偏远山乡,他也要去;连外出开会赶飞机的间歇,还要跑到机场周边的农田去察看、记录青稞长势状况。尼玛扎西常说,要善于听农民说话,说农民听得懂的话。

农业科技工作者的贡献大小,不只是在国际学术期刊上发表了多少论文,而是有多少成果能被农牧民使用,帮助多少农牧民脱贫致富。尼玛扎西不是在实验室,就是在试验田,抑或是下乡和下乡途中。斯人已去,留下麦香绵绵,尼玛扎西毕生坚守的科技报国精神,连同他培育的无数青稞种子,已撒遍雪域高原的山山水水。

## 练习题

### 一、简答题

1. 简述农村基层党组织的基本任务。

2. 简述村民委员会法律制度。

3. 简述农村基层团组织制度。

4. 简述农村妇女代表会制度。

5. 简述农村社会治安治理组织制度。

### 二、不定项选择题

1. 党的基层委员会每届任期(　　)至(　　)。

    A. 3 年　　　　　　B. 5 年　　　　　　C. 6 年　　　　　　D. 4 年

2. 村民委员会的主要任务(　　)。

    A. 办理本居住地区的公共事务和公益事业

    B. 调解民间纠纷

    C. 协助政府维护社会治安

    D. 及时回复村民的意见

3. 共青团的根本任务是培养(　　)的社会主义新人。

    A. 有理想　　　　　B. 有道德　　　　　C 有文化　　　　　D. 有纪律

4. 妇女超过(　　),可成立妇代会。

    A. 10 人　　　　　B. 20 人　　　　　C. 30 人　　　　　D. 40 人

5. (　　)和(　　)肩负着维护农村治安的任务。

    A. 公安机关　　　B. 乡派出所　　　C. 村民委员会　　　D. 司法所

6. 《村民委员会组织法》规定,选举村民委员会,有登记参加选举的村民(　　)投票,选举有效。

    A. 过半数　　　　B. 半数　　　　　C. 2/3　　　　　　D. 1/3

7. 年满(　　)的村民享有和行使(　　)。

  A. 18周岁   B. 选举权   C. 16周岁   D. 被选举权

 8. 村民会议具有(  )。

  A. 立约权   B. 决策权   C. 组织权   D. 监督权

### 三、案例分析题

  2020年10月27日,河北省A市大厂县上村村民会议召开,进行了如下事项的表决:(1)修改上村村民自治章程;(2)选举姚兴补选为村民委员会成员;(3)讨论决定上村村民的果园承包经营方案;(4)决定在上村主要街道设立宣传栏宣传宪法、法律、法规和国家乡村振兴战略;(5)决定执行土地利用总体规划。

  试分析:上村村民会议表决的事项是否符合法律对村民会议职权的规定?

# 参 考 答 案

## 第一章 农村政策法规概论

**【参考答案】**

### 一、简答题

1. 农村政策是什么? 农村法规是什么?

**要点**:农村政策是指中国共产党或国家在一定历史时期为实现党在我国农业的一定的目标而规定的行政准则和依据。

农村政策的特点:从本身的性质出发,具有内容的纲领性、工作范围的广泛性、具体应用的灵活性、政策效力的有限性等特点。

农村政策的分类:按不同层次划分为农村总政策、农村基本政策和农村具体政策。

从立法效力关系上进行界定,我国农业、农村法律体系框架构成可以分为五个部分:(1)《农业法》;(2)专业法律;(3)行政法规;(4)地方性法规;(5)部门规章(或称部门行政规章)和地方规章(或称地方行政规章)。

从涉农关系看,农业、农村适用的法规体系框架可分为六大部分。(1)农业基本法律制度;(2)农产品生产与经营法律制度;(3)农业知识产权法律制度;(4)农村土地承包与纠纷解决法律制度;(5)农业资源与环境保护法律制度;(6)农村金融服务法律制度;(7)农民婚姻家庭继承法律制度;(8)农村社会保障制度;(9)村民自治法律法规。

2. 农村政策种类包括哪些?

**要点**:按不同层次划分为农村总政策、农村基本政策和农村具体政策。

农村基本政策。主要包括:(1)家庭承包经营责任制政策;(2)以公有制为主体,多种所有制经济共同发展政策;(3)共同富裕政策;(4)以按劳分配为主体和按生产要素分配为辅相结合的分配政策;(5)"以工哺农,以城带乡,多予、少取、放活"的政策;(6)推进农产品流通体制改革的政策;(7)扶持老少边穷地区脱贫致富的政策;(8)推进农业供给侧结构性改革的政策。

3. 农村政策与农村法规的区别有哪些?

(1)属性不同;(2)制定主体不同;(3)表现方式不同;(4)实施方式不同;(5)稳定程度不同。

### 二、不定项选择题

1. D  2. B  3. ABCD  4. A  5. ABCD  6. ABCD  7. ABCD  8. ABCD

### 三、案例分析题

【分析】

上海市在抓好战略规划的同时,抓紧编制村庄规划。上海还抓紧编制农业布局规划,完成粮食生产功能区、蔬菜生产保护区、特色农产品优势区"三区"划定,做到规划既落图、又落地,全面纳入国土"大机"管控。

对涉农财政政策作了重大调整,制定出台《关于本市建立健全涉农资金统筹整合长效机制的实施意见》,实行"大专项+任务清单"管理模式,以打包的方式将建设资金下放到各涉农区,给基层更多的自主权。为进一步激活农民闲置房屋"沉睡的资源",出台了《促进乡村民宿发展的指导意见》,解决了长期制约乡村民宿发展的土地、消防、工商登记、安全保障等瓶颈问题,为促进农民增收创造了良好条件。上海还加大了对农业农村用地政策顶层设计,回应基层干群期盼。明确通过加强乡村土地综合整治、盘活的建设用地指标向乡镇倾斜,主要用于农业设施建设和休闲农业、乡村旅游等发展。

对符合上海都市现代绿色农业发展实际需求的设施农用地用途管理规定和用地标准也已形成,相关政策意见已经出台。上海调整完善了新一轮农村帮扶政策。重点整合市、区各方力量,大幅增加帮扶资金,帮助经济相对薄弱的纯农地区建设一批产业"造血"项目,利用项目收益形成区级帮扶专项资金,重点帮扶经济薄弱村生活困难农户,全面提升他们的生活质量和水平。以提高农民收入为导向,上海对农民职业培训政策作深化完善。以产业发展为导向、促进就业为目标、非农就业为重点、精准对接为路径、一区一计划,对未就业且有就业意愿的农民,通过建档立卡提供培训就业服务;对已就业农民,提供个性化培训就业服务,实现农民培训就业服务全覆盖,为农民增收奠定扎实基础。上海在抓规划编制与落地、抓政策顶层设计的同时,大力抓实践探索。

一是加大农村土地流转力度。同时,探索在区级层面对承包地流转实行统一管理。

二是加快农业产业结构调整步伐。积极促进农业由增产导向向提质增效转变,加快农业向优质化、特色化、品牌化方向发展。

三是持续推进美丽乡村建设。

四是启动乡村振兴示范村试点工作。在完成农业规划、村庄规划的基础上,为进一步提升村落形态、人居环境和产业能级水平,积极发展特色农业、休闲农业等新产业新业态,开展了乡村振兴示范村试点申报和遴选工作,编制了示范村建设标准指南。

五是制定农村人居环境整治实施方案(2018—2020 年)。

# 第二章　城乡融合发展与乡村振兴

【参考答案】

一、简答题

1. 简述城乡规划的概念和制定原则。

**要点**：城乡规划是以促进城乡经济社会全面协调可持续发展为根本任务、促进土地科学使用为基础、促进人居环境根本改善为目的,涵盖城乡居民点的空间布局规划。

（1）制定城乡规划必须遵守并符合国家《城乡规划法》及相关法律法规,在规划指导思想、内容及具体程序上,真正做到依法制定规划。

（2）制定城乡规划必须严格执行国家政策。应当以科学发展观为指导,以构建社会主义和谐社会为基本目标,坚持五个统筹,坚持中国特色的城镇化道路,坚持节约和集约利用资源,保护生态环境,保护人文资源,尊重历史文化,坚持因地制宜确定城市发展目标与战略,促进城市全面协调可持续发展。

（3）制定城乡规划应当遵循城乡统筹、合理布局、节约土地、集约发展和先规划后建设的原则。

（4）制定城乡规划应当考虑人民群众需要,改善人居环境,方便群众生活,充分关注低收入人群,扶助弱势群体,维护社会稳定和公共安全。

（5）制定城乡规划应当坚持政府组织、专家领衔、部门合作、公众参与、科学决策的原则。

2. 简述城乡融合发展政策要求的主要目标。

（1）到 2022 年,城乡融合发展体制机制初步建立。城乡要素自由流动制度性通道基本打通,城市落户限制逐步消除,城乡统一建设用地市场基本建成,金融服务乡村振兴的能力明显提升,农村产权保护交易制度框架基本形成,基本公共服务均等化水平稳步提高,乡村治理体系不断健全,经济发达地区、都市圈和城市郊区在体制机制改革上率先取得突破。

（2）到 2035 年,城乡融合发展体制机制更加完善。城镇化进入成熟期,城乡发展差距和居民生活水平差距显著缩小。城乡有序流动的人口迁徙制度基本建立,城乡统一建设用地市场全面形成,城乡普惠金融服务体系全面建成,基本公共服务均等化基本实现,乡村治理体系更加完善,农业农村现代化基本实现。

（3）到 21 世纪中叶,城乡融合发展体制机制成熟定型。城乡全面融合,乡村全面振兴,全体人民共同富裕基本实现。

3. 建立健全有利于城乡要素合理配置的体制机制有哪些?

（1）健全农业转移人口市民化机制;（2）建立城市人才入乡激励机制;（3）改革完善农村承包地制度;（4）稳慎改革农村宅基地制度;（5）建立集体经营性建设用地入市制度;（6）健全财政投入保障机制;（7）完善乡村金融服务体系;（8）建立工商资本入乡促进机制;（9）建立科技成果入乡转化机制。

4. 简述乡村振兴战略之"提升农业发展质量,培育乡村发展新动能"的内容。

（1）夯实农业生产能力基础;（2）实施质量兴农战略;（3）构建农村一二三产业融合发展体系;（4）构建农业对外开放新格局;（5）促进小农户和现代农业发展有机衔接。

5. 简述乡村振兴战略之"推进乡村绿色发展,打造人与自然和谐共生发展新格局"的内容。

(1)统筹山水林田湖草系统治理;(2)加强农村突出环境问题综合治理;(3)建立市场化多元化生态补偿机制;(4)增加农业生态产品和服务供给。

**二、不定项选择题**

1. A B C D 2. A B C D 3. A B C D 4. A B C D 5. A B C D 6. A B C D 7. A B C 8. A B C D

**三、案例分析题**

**【分析】**

以河南省为例。农村垃圾治理关键在于县级政府的落实和推进。一些县市对收集转运模式、长效运营机制等缺乏长远考虑。许多县市大力推行农村垃圾全收全运全处理,严重加剧了终端处理设施的负担,也给地方财政带来沉重的负担。加上地方政府发动全民参与的积极性不高,村民缴费的覆盖面偏低,日常监督管理薄弱。河南省持续探索破解之道。

行政村保洁全覆盖、推进垃圾源头减量和分类、排查和整治非正规垃圾堆放点。河南省各地正在通过一系列行之有效的探索措施"破冰"农村生活垃圾治理。

在财力有限的情况下,南乐县投资2500余万元,全面推行城乡环卫一体化,将全县所有村庄纳入生活垃圾治理范围,形成了农村生活垃圾治理党委重视、政府主导、市场运作、分类处理、三级监管的"南乐模式"。兰考县初步形成了"户分类投放、村分类收集、乡分类减量、县分类处理"的四级分类模式。到2018年,济源市计划建成400个达标村、200个示范村和33个精品村,改善农村人居环境。

河南省各地重点排查了城乡接合部、环境敏感区、交通干线、江河沿线等区域,摸清掌握了城乡垃圾乱排乱放点的数量、规模和分布的情况。截至2017年6月底,全省非正规垃圾堆放点已经有41个县(市、区)录入了841个点,9个县(市、区)录入了51个漂浮垃圾堆放点,54个县(市、区)完成基本情况调查表录入工作,并都建立了治理工作台账。

出台了《关于全面推进农村垃圾治理的实施意见》,并制定了《河南省农村垃圾治理达标验收办法》,持续探索农村生活垃圾治理的路子。

# 第三章 农业基本法律制度

**【参考答案】**

**一、简答题**

1. 简述我国的农业生产经营体制。

**要点:**"稳定以家庭承包为主的责任制,完善统分结合的双层经营体制"符合农业生产客观规律和我国国情。(1)家庭经营符合农业生产的客观规律,是一种有效率的经济组织。(2)符合我国的国情。在我国广大农村,以家庭为单位实行分散经营,适应了现阶段农业生产力水平较低的状况,有利于克服长期存在的管理过分集中、经营方式过分单一,以及吃"大锅饭"的弊端,有利于扩大农民的经营自主权,调动农民的积极性。(3)稳定以家庭承包为主的责任制、完善统分结合的双层经营体制,就是坚持生产关系必须适应生产力状况的历史唯物主义观点。

(1)家庭联产承包责任制。(2)双层经营体制。农村实行联产承包制以后形成的家庭分散经营和集体统一经营相结合的经营形式。

2.简述农业生产和农产品流通法律制度。

**要点:**1.农业生产法律制度。

(1)农业结构调整。

农业产业结构调整的概念。农业产业结构调整是指根据市场对农产品需求结构的变化改变农产品的生产结构,从而使农业生产和市场需求相协调的过程。农业产业结构调整优化的原则。以市场为导向,根据市场需求及其变化趋势调整优化农业结构,满足社会对农产品多样化和优质化的需求。

我国农业生产结构的调整方向。《农业法》第16条规定,国家引导和支持农民和农业生产经营组织结合本地实际按照市场需求,调整和优化农业生产结构,协调发展种植业、林业、畜牧业和渔业,发展优质、高产、高效益的农业,提高农产品国际竞争力。

种植业以优化品种、提高质量、增加效益为中心,调整作物结构、品种结构和品质结构。加强林业生态建设,实施天然林保护、退耕还林和防沙治沙工程,加强防护林体系建设,加速营造速生丰产林、工业原料林和薪炭林。加强草原保护和建设,加快发展畜牧业,推广圈养和舍饲,改良畜禽品种,积极发展饲料工业和畜禽产品加工业。渔业生产应当保护和合理利用渔业资源,调整捕捞结构,积极发展水产养殖业、远洋渔业和水产品加工业。

(2)促进农业生产,改善农业生产条件。规范制度监管,狠抓工程质量。

(3)保证农产品质量安全。保证农产品质量安全,应主要从以下几个方面着手。净化产地环境。严格管理农业投入品。注重生产过程管理。规范农产品标识。严格市场准入制度。加快资金投入,加强检测机构仪器设备建设。积极推进农业产业化发展,培育和引进农产品龙头企业。

(4)建立健全农产品质量标准体系和质量检验检测监督体系。《农业法》第22条规定,国家采取措施提高农产品的质量,建立健全农产品质量标准体系和质量检验检测监督体系,按照有关技术规范、操作规程和质量卫生安全标准,组织农产品的生产经营,保障农产品质量安全。

(5)国家支持建立健全优质农产品认证和标志制度。农产品质量认证制度。农产品产地、产地标志管理制度。

（6）实行动植物防疫、检疫制度。

（7）建立健全农业生产资料的安全使用制度。

2. 农产品流通法律制度。

（1）农产品市场体系。农产品市场体系是指流通领域内农产品经营、交易、管理、服务等组织系统与结构形式的总和,是沟通农产品生产与消费的桥梁与纽带,是现代农业发展的重要支撑体系之一。

（2）农产品流通形式和经营主体的多元化。

（3）全国农产品市场体系建设。农产品市场体系是流通领域内农产品经营、交易、管理、服务等组织系统与结构形式的总和,是沟通农产品生产与消费的桥梁与纽带,是现代农业发展的重要支撑体系之一。

（4）农产品进口预警制度和进口损害救济制度。

3. 简述粮食安全法律制度。

**要点**:粮食安全的概念,就是能确保所有的人在任何时候既买得到又买得起他们所需的基本食品,这个概念包括:确保生产足够数量的粮食;最大限度地稳定粮食供应;确保所有需要粮食的人都能获得粮食。

农业法确立制度,保护粮食安全。

（1）《农业法》规定,国家采取措施保护和提高粮食综合生产能力,稳步提高粮食生产水平,保障粮食安全。国家建立耕地保护制度,对基本农田依法实行特殊保护。

（2）国家在政策、资金、技术等方面对粮食主产区给予重点扶持,建设稳定的商品粮生产基地,改善粮食收贮及加工设施,提高粮食主产区的粮食生产、加工水平和经济效益。国家支持粮食主产区与主销区建立稳定的购销合作关系。

（3）在粮食的市场价格过低时,国务院可以决定对部分粮食品种实行保护价制度。保护价应当根据有利于保护农民利益、稳定粮食生产的原则确定。农民按保护价制度出售粮食,国家委托的收购单位不得拒收。

（4）国家建立粮食安全预警制度,采取措施保障粮食供给。

（5）国家建立粮食风险基金,用于支持粮食储备、稳定粮食市场和保护农民利益。

（6）国家提倡珍惜和节约粮食,并采取措施改善人民的食物营养结构。

农田建设的农业政策。2020年,贯彻落实中央农村工作会议、中央1号文件、国务院政府工作报告,围绕实施乡村振兴战略,打赢脱贫攻坚战,如期实现全面小康目标,应对新冠肺炎疫情新形势,扎实做好"六稳"工作、落实"六保"任务,国家继续加大支农投入,强化项目统筹整合,加快推进农业农村现代化。坚持高标准农田建设。东北黑土地保护利用和保护性耕作。耕地质量保护与提升。

4. 简述农民权益保护的内容。

**要点**:（1）保护农民对承包土地的使用权。

《农业法》规定,各级人民政府、农业生产经营组织在农业和农村经济结构调整、农业产业化经营和土地使用权流转等过程中,不得侵犯农民的土地承包经营权,不得干涉农民自主安排的生产经营项目的权利,不得强迫农民购买指定的生产资料或者按指定的渠道销售农产品。

(2) 农村公共事务管理中对农民权益的保护。《农业法》从筹资筹劳和村务公开两个方面进行了规定。

(3) 农民在出售产品和购买生产资料时的利益保护。《农业法》规定,农产品收购单位在收购农产品时,不得压级压价,不得在支付的价款中扣缴任何费用。

(4) 农民权益的行政保护。任何单位和个人向农民提供有偿服务,必须坚持自愿原则,不得强迫。

(5) 对农民权益受损时的行政和司法救济措施。

5. 简述农业资源与环境保护的基本制度。

**要点:**

(1) 建立农业资源区划和监测制度。

(2) 保护耕地质量。农民和农业生产经营组织应当保养耕地,合理使用化肥、农药、农用薄膜,增加使用有机肥料,采用先进技术,保护和提高地力,防止农用地的污染、破坏和地力衰退。县级以上人民政府农业行政主管部门应当采取措施,支持农民和农业生产经营组织加强耕地质量建设,并对耕地质量进行定期监测。各级政府应当依法采取措施,全面规划,严格管理,保护、开发土地资源,制止非法占用耕地的行为。

(3) 预防和治理水土流失、治理沙化土地。各级人民政府应当采取措施,加强小流域综合治理,预防和治理水土流失。从事可能引起水土流失的生产建设活动的单位和个人,必须采取预防措施,并负责治理因生产建设活动造成的水土流失。

(4) 保护森林资源。国家实行全民义务植树制度。各级人民政府应当采取措施,组织群众植树造林,保护林地和林木,预防森林火灾,防治森林病虫害,制止滥伐、盗伐林木,提高森林覆盖率。

(5) 保护草原资源。禁止毁林毁草开垦、烧山开垦以及开垦国家禁止开垦的陡坡地,已经开垦的应当逐步退耕还林、还草。禁止围湖造田以及围垦国家禁止围垦的湿地。已经围垦的,应当逐步退耕还湖、还湿地。

(6) 保护渔业资源。各级人民政府应当采取措施,依法执行捕捞限额和禁渔、休渔制度,增殖渔业资源,保护渔业水域生态环境。确立水产种植资源保护制度。水产种植资源保护制度有益于水生动植物种群的繁衍和生物多样性的保护。强调水生野生动植物的重点保护。

(7) 保护农业生物物种资源。

(8) 保护农业环境。各级农业行政主管部门应当引导农民和农业生产经营组织采取生物措施或者使用高效低毒低残留农药、兽药,防治动植物病、虫、杂草、鼠害。

**二、不定项选择题**

1.AB　2.AD　3.AB　4.ABC　5.ABC　6.ABCD　7.ABC　8.ABCD

**三、案例分析题**

【分析】

以河北省为例。河北省提出力争用3年时间基本构建起设施现代、功能集聚、便捷高效、竞争有序的农产品流通网络,初步形成全国农产品流通创新发展先行区;培育50家具有较高组织化、专业化、标准化水平的龙头示范企业;农产品在京津市场的占有率达到60%以上;规模以上连锁超市农产品统一配送率达到80%。

作为农业大省、农业强省,河北省依托丰富的农产品种类、便利的交通条件,成功担当起京津的菜篮子。为了打通生产、销售的"任督二脉",进一步创新农产品流通渠道,广泛占领市场份额,切实增加农民收入。

以培育壮大农产品流通主体为抓手,从源头生产、加工、流通等三方面,确保农产品生产的延续性;以质量求生存,通过建设农产品流通质量安全保障体系,强化农产品准出制度,实现高标准、严要求与京津无缝对接;流通环节是关键,推进农产品流通重点环节改革创新,打通农产品的流通渠道,实现产销无障碍;完善销售场所,推进农产品批发市场转型升级,建立起大型农产品交易中心,不断扩大河北农产品的影响力,迎接来自各地的客商;产品运输无限制,健全农产品全程冷链体系,从"最先1公里"到"最后1公里",实现保质、无忧服务;完善相关配套设施,建设"环京津一小时鲜活农产品流通圈",承接京津农产品物流中心,建立起京津冀的农产品聚集地。

以打造现代农业产业园为突破口推动农产品的生产经营,实现农产品的转型升级;同时明确河北在京津冀协同发展中的位置和优势,以服务京津为中心,重点打造绿色、环保、高质的菜篮子工程。

# 第四章　农村土地承包与纠纷解决法律制度

【参考答案】

**一、简答题**

1.简述土地承包合同的主要条款。

**要点**:(1)发包方、承包方的名称。(2)承包土地的名称、坐落、面积、质量等级。(3)承包期限和起止日期。(4)承包土地的用途。(5)发包方和承包方的权利和义务。(6)违约责任。

2.简述其他方式承包的土地承包经营权流转与农村土地承包经营权流转的区别。

**要点**:(1)承包方不同。(2)承包的对象不同。(3)承包土地的原则不同。(4)当事人权利义务、承包期限确定方式不同。(5)权利的保护方式不同。(6)继承权利不同。

3.土地承包经营权流转的方式有哪些？

**要点**：农村土地承包方依法采取转包、出租、互换、转让和入股方式将农村土地承包经营权部分或者全部流转，承包方与发包方的承包关系不变，双方享有的权利和承担的义务不变。

4.申请仲裁应当具备的条件有哪些？

**要点**：申请农村土地承包经营纠纷仲裁应当符合下列条件：(1)申请人与纠纷有直接的利害关系；(2)有明确的被申请人；(3)有具体的仲裁请求和事实、理由；(4)属于农村土地承包仲裁委员会的受理范围。

5.仲裁员应当回避的情形有哪些？

**要点**：仲裁员有下列情形之一的，必须回避，当事人也有权以口头或者书面方式申请其回避：(1)是本案当事人或者当事人、代理人的近亲属；(2)与本案有利害关系；(3)与本案当事人、代理人有其他关系，可能影响公正仲裁；(4)私自会见当事人、代理人，或者接受当事人、代理人的请客送礼。

**二、不定项选择题**

1.A 2.AB 3.A 4.B 5.ABCD 6.ABD 7.AC 8.ABCD

**三、案例分析题**

**【分析】**

土地承包合同有效。《民法典》第337条规定，承包期内发包人不得收回承包地。法律另有规定的，依照其规定。《农村土地承包法》明确规定，承包方案应当按照本法第13条的规定，依法经本集体经济组织成员的村民会议2/3以上成员或者2/3以上村民代表的同意。

发包方应当履行义务，维护承包方的土地承包经营权，不得因为换届改选就随意变更、解除承包合同。A村所在乡人民政府应当调解解决该纠纷。村民委员会、乡(镇)人民政府应当加强农村土地承包经营纠纷的调解工作，帮助当事人达成协议解决纠纷。调解农村土地承包经营纠纷，是它们的法定职责。

本案中李某的土地承包经营权依法受法律保护。30年承包期内可以继续承包经营该荒地。

# 第五章　农业生产经营管理

**【参考答案】**

**一、简答题**

1.新型农业经营主体都有哪些？

**要点**：专业大户、家庭农场、专业合作社等新型农业经营主体。大力培育发展新型农业经营主体，逐步形成以家庭承包经营为基础，专业大户、家庭农场、农民合作社、农业产业化龙头企业为骨干,其他组织形式为补充的新型农业经营体系。

**2. 家庭农场有哪些优势特点?**

**要点:**(1)家庭农场的出现促进了农业经济的发展,推动了农业商品化的进程。有效地缩小了城乡贫富差距。

(2)家庭农场以追求效益最大化为目标,使农业由保障功能向盈利功能转变,克服了自给自足的小农经济弊端,商品化程度高,能为社会提供更多、更丰富的农产品。

(3)家庭农场比一般的农户更注重农产品质量安全,更易于政府监管。

**3. 农民专业合作社的法律地位是什么?**

**要点:**(1)农民专业合作社是一种经济组织。

(2)农民专业合作社具有独立的企业法人地位,对外承担有限责任。

(3)社员对农民专业合作社承担有限责任。

(4)农民专业合作社是建立在家庭承包经营基础上的,具有互助性质的经济组织。

**4.《农产品质量安全法》的调整范围是什么?**

**要点:**为避免与产品质量法所调整的"经过加工、制作的产品"交叉重复,《农产品质量安全法》调整的农产品不包括工业生产活动中以农产品为原料加工、制作的产品。后者明确规定,农产品是指来源于农业的初级产品,即在农业活动中获得的植物、动物、微生物及其产品。

农产品质量既包括涉及人的健康、安全的质量要求,也包括涉及产品的营养成分、口感、色香味等非安全性质量指标。需要由法律规范、监管、保障的,应是农产品质量中的安全性要求。法律明确了农产品的范围,规定了农产品质量安全的要求。农产品质量安全是指农产品质量符合保障人的健康、安全的要求。

**5. 农产品产地的禁止性规定有哪些?**

**要点:**(1)禁止在有毒有害物质超标区域生产、捕捞、采集食用农产品和建立农产品生产基地。

(2)禁止违法向农产品产地排放或倾倒有毒有害物质以及农业生产用水和用作肥料的固体废物必须达标。农业生产用水和用作肥料的固体废物,应当符合国家规定的标准。

**二、不定项选择题**

1. A B C　2. A　3. A B C D　4. A　5. A B C D　6. A B C　7. D　8. A B C D

**三、案例分析题**

**【分析】**

河北省农业厅有权对 A 公司进行处罚。《农业转基因生物安全管理条例》规定,生产转基因植物种子、种畜禽、水产苗种的单位和个人,应当建立生产档案,载明生产地点、基因及其来源、转基因的方法以及种子、种畜禽、水产苗种流向等内容。

单位和个人从事农业转基因生物生产、加工的,应当由国务院农业行政主管部门或者省、自治区、直辖市人民政府农业行政主管部门批准。

从事生产、经营转基因大豆油产品的 A 公司,未按照规定保存生产、经营档案的,河北省农业农村厅依据职权,责令改正,处 1000 元以上 1 万元以下的罚款。

# 第六章　农业生产资料管理

## 【参考答案】

### 一、简答题

1. 种子的概念是什么? 种子生产经营许可证制度是什么?

**要点:**《种子法》第 2 条明确规定,种子是指农作物和林木的种植材料或者繁殖材料,包括籽粒、果实和根、茎、苗、芽、叶等。即:《种子法》所称的种子不仅是常见的用于播种的籽粒,还包括育苗移栽、扦插、嫁接、压条等所用的繁殖材料。

(1) 种子生产经营许可证的核发。从事种子进出口业务的种子生产经营许可证,由省、自治区、直辖市人民政府农业、林业主管部门审核,国务院农业、林业主管部门核发。

从事主要农作物杂交种子及其亲本种子、林木良种种子的生产经营以及实行选育生产经营相结合,符合国务院农业、林业主管部门规定条件的种子企业的种子生产经营许可证,由生产经营者所在地县级人民政府农业、林业主管部门审核,省、自治区、直辖市人民政府农业、林业主管部门核发。

(2) 申请者具备的条件。申请取得种子生产经营许可证的,应当具有与种子生产经营相适应的生产经营设施、设备及专业技术人员,以及法规和国务院农业、林业主管部门规定的其他条件。从事种子生产的,还应当同时具有繁殖种子的隔离和培育条件,具有无检疫性有害生物的种子生产地点或者县级以上人民政府林业主管部门确定的采种林。申请领取具有植物新品种权的种子生产经营许可证的,应当征得植物新品种权所有人的书面同意。

(3) 禁止性规范。

任何单位和个人不得非法干预生产经营者的生产经营自主权。种子使用者有权按照自己的意愿购买种子,任何单位和个人不得非法干预。

2. 如何确定假种子和劣种子?

**要点:**(1) 下列种子为假种子。以非种子冒充种子或者以此种品种种子冒充其他品种种子的。种子种类、品种与标签标注的内容不符或者没有标签的。

(2) 下列种子为劣种子。质量低于国家规定标准的。质量低于标签标注指标的。

3. 开办农药生产企业的条件有哪些?

**要点:**开办农药生产企业的条件:(1)有具备农药和病虫害防治专业知识,熟悉农药管理规定,能够指导安全合理使用农药的经营人员。(2)有与其他商品以及饮用水水源、生活区域等有效隔离的营业场所和仓储场所,并配备与所申请经营农药相适应的防护设施。(3)有与所申请经营农药相适应的质量管理、台账记录、安全防护、应急处置、仓储管理等制度。

4. 肥料的概念是什么?

**要点:**根据农业部《肥料登记管理办法》的规定,肥料作为重要的农业生产资料,与农业生产、农民增收以及农产品品质、农业生态环境密切相关。肥料是指用于提供、保持或改善植物营养和土壤物理、化学性能以及生物活性,能提高农产品产量,或改善农产品品质,或增强植物抗逆性的有机、无机、微生物及其混合物料。

5.《兽药管理条例》的适用范围?

**要点:**在中华人民共和国境内从事兽药的研制、生产、经营、进出口、使用和监督管理,应当遵守《兽药管理条例》。

6. 禁止生产、销售的农业机械有哪些?

**要点:**(1)不符合农业机械安全技术标准的。(2)依法实行工业产品生产许可证管理而未取得许可证的。(3)依法必须进行认证而未经认证的。(4)利用残次零配件或者报废农业机械的发动机、方向机、变速器、车架等部件拼装的。(5)国家明令淘汰的。

**二、不定项选择题**

1. A B C   2. A B C   3. A B C   4. D   5. B   6. A B   7. A B C   8. D

人民法院依照《广西壮族自治区农业机械安全监督管理条例》的规定:"拖拉机、联合收割机和2.2千瓦以上的整耕机等自走式农业机械实行登记管理,拖拉机也属于机动车,在上牌时即要求缴机动车交通事故责任强制保险"。被告韦某虽然在本案中不承担事故责任,但由于起未依法投保交强险,侵害了原告从交强险获得的赔偿利益,故被告韦某应该在交强险无责任限额范围内赔偿原告经济损失41000元。

**三、案例分析题**

**【分析】**

(1)农业机械在道路上发生的交通事故,由公安机关交通管理部门依照道路交通安全法律、法规处理;拖拉机在道路以外通行时发生的事故,公安机关交通管理部门接到报案的,参照道路交通安全法律、法规处理。农业机械事故造成公路及其附属设施损坏的,由交通主管部门依照公路法律、法规处理。

# 第七章　农业知识产权法律制度

**【参考答案】**

**一、简答题**

1. 植物新品种的特征有哪些?

**要点:**(1)新颖性。(2)特异性。(3)一致性。(4)稳定性。

2.《种子法》保护范围是什么?

**要点**:农业、林业两个主管两部门在植物新品种保护工作上的分工,国家林业局负责林木、竹、木质藤本、木本观赏植物(包括木本花卉)、果树(干果部分)及木本油料、饮料、调料、木本药材等植物新品种保护工作,其他植物新品种保护由农业部负责。目前,我国对植物品种权的保护还仅限于植物品种的繁殖材料。对植物育种人权利的保护,保护的对象不是植物品种本身,而是植物育种者应当享有的权利。

国家鼓励和支持种业科技创新、植物新品种培育及成果转化。取得植物新品种权的品种得到推广应用的,育种者依法获得相应的经济利益。

3.地理标志产品的概念是什么?《TRIPS 协定》是如何规定的?

**要点**:产自特定地域,所具有的质量、声誉或其他特性本质上取决于该产地的自然因素和人文因素,经审核批准以地理名称进行命名的产品。地理标志产品包括:(1)来自本地区的种植、养殖产品。(2)原材料全部来自本地区或部分来自其他地区,并在本地区按照特定工艺生产和加工的产品。

在《TRIPS 协定》中,原产地名称被地理标志所代替,该协定第三节第 22 条规定:"地理标志是指证明某一产品来源于某一成员国家或某一地区或该地区内的某一地点的标志。该产品的某些特定品质、声誉或其他特点在本质上可归因于该地理来源。"

4.农业知识产权战略助力乡村振兴战略实施有哪些?

**要点**:农业知识产权与乡村振兴具有密切的战略关系,农业知识产权战略的实施可以有效加快乡村振兴战略的实施。农业知识产权战略的实施路径主要有。(1)提高广大农村群众对农业知识产权保护与利用重要性的认识。(2)加强知识产权相关法律体系建设。(3)加强农业知识产权的培育和创造。(4)加强农业知识产权的转化与利用。(5)加强农业知识产权的保护与管理。

5.中央一号文件关于农业知识产权保护的举措有哪些?

**要点**:2017 年《中共中央、国务院关于深入推进农业供给侧结构性改革加快培育农业农村发展新动能的若干意见》,文件提出。(1)壮大新产业新业态,拓展农业产业链价值链。(2)强化科技创新驱动,引领现代农业加快发展。

**二、不定项选择题**

1.A B C　2.A C D　3.A B C　4.A B　5.A B　6.A　7.B　8.A

**三、案例分析题**

**【分析】**

人民法院审理认为:植物新品种是经过人工培育的或者对发现的野生植物加以开发,具有新颖性、特异性、一致性和稳定性,并有适当命名的植物品种。完成育种的单位或者个人对其授权品种,享有排他的独占权,任何单位或个人未经品种权人许可,不得以商业目的将该授权品种的繁殖材料重复使用于生产另一品种的繁殖材料。原告澄海公司享有排他的独占权,应受法律保护。被告农科所未经品种权人许可,擅自生产澄海9号玉米杂交种。所生产的玉米品种经鉴定为澄海9号,对此被告农科所应承担侵权的法律责任。

判决:①被告农科所立即停止侵犯原告澄海公司所享有的澄海9号玉米品种权的行为。②被告农科所在《农民日报》上刊登启事消除影响。③被告农科所赔偿原告澄海公司经济损失人民币431200元。④限令被告农科所销毁所生产的侵权品种。⑤驳回原告的其他诉讼请求。

# 第八章　农村资源利用和环境保护法律制度

**【参考答案】**

**一、简答题**

1. 简述自然资源的特点。

**要点:**自然资源具有两重性,既是人类生存和发展的基础,又是环境要素。自然资源具有以下特征:(1)稀缺性。(2)空间分布不均匀性。(3)整体性。(4)多用性。(5)社会性。

2. 我国农业可持续发展的目标是什么?

**要点:**(1) 到2020年,农业可持续发展取得初步成效,经济、社会、生态效益明显。农业发展方式转变取得积极进展,农业综合生产能力稳步提升,农业结构更加优化,农产品质量安全水平不断提高,农业资源保护水平与利用效率显著提高,农业环境突出问题治理取得阶段性成效,森林、草原、湖泊、湿地等生态系统功能得到有效恢复和增强,生物多样性衰减速度逐步减缓。

(2) 到2030年,农业可持续发展取得显著成效。供给保障有力、资源利用高效、产地环境良好、生态系统稳定、农民生活富裕、田园风光优美的农业可持续发展新格局基本确立。

3. 土地资源的特性有哪些?

**要点:**土地资源的特性:(1)土地数量的有限性。(2)土地功能的不可代替性。(3)土地位置的固定性。(4)土地肥力的持久性。(5)土地利用的不可逆性。

4. 如何进行水资源的保护与节约?

**要点:**(1)开发利用水资源,应注意维护生态环境。水是可再生的资源,应考虑既满足防洪、灌溉、发电、供水、航运、水生生物、旅游等方面的需要,也应注意到生态环境的需要。(2)节约用水。(3)水域、水工程保护。

5. 简述习总书记的"两山论"在《森林法》中的体现。

2020年7月1日开始施行的,新修订的《森林法》对于践行绿水青山就是金山银山,保护、培育和合理利用森林资源,加快国土绿化,保障森林生态安全,建设生态文明,实现人与自然和谐共生的理念将发挥重要作用。

在中华人民共和国领域内从事森林、林木的保护、培育、利用和森林、林木、林地的经营管理活动,适用《森林法》。

**二、不定项选择题**

1. A B C D   2. A   3. C D   4. A B   5. B   6. B   7. A B C D   8. A B C

**三、案例分析题**

**【分析】**

应当追究王某某行为的法律责任。王某某对国家法律法规和森林防火的规定不重视,擅自燃放鞭炮、焚烧纸币不慎引起森林火灾,已构成失火罪。依据《刑法》第115条的规定,应处以3年以上有期徒刑。

# 第九章　农业行政执法

**【参考答案】**

**一、简答题**

1. 农业行政执法的主体有哪些?

**要点**:(1)国家行政机关。

(2)法律、法规授权的组织。行政机关的内设机构、派出机构。事业单位。行业协会等社会组织。

(3)农业系统的法律、法规授权组织。植物检疫机构。动物卫生监督机构。渔政监督管理机构。渔船检验机构。草原监督管理机构。

2. 农业行政执法主体的特征有哪些?

(1)农业行政执法主体是组织,不是个人。国家行政权力虽然由行政主体的工作人员具体行使,但他们并不是行政执法主体。(2)行政执法主体行使的是国家行政权力。(3)行政执法主体能以自己的名义进行管理并独立承担法律责任。

3. 简述行政复议的程序。

**要点**:(1)申请。公民、法人或者其他组织认为涉农的具体行政行为侵犯其合法权益,可以自知道该具体行政行为之日起60日内提出行政复议申请;但是法律规定的申请期限超过60日的除外。

(2)受理。行政复议机关收到行政复议申请后,应当在5日内进行审查,对不符合本法规定的行政复议申请,决定不予受理,并书面告知申请人;对符合本法规定,但是不属于本机关受理的行政复议申请,应当告知申请人向有关行政复议机关提出。

(3)审理。行政复议原则上采取书面审查的办法,但是申请人提出要求或者行政复议机关负责法制工作的机构认为有必要时,可以向有关组织和人员调查情况,听取申请人、被申请人和第三人的意见。

(4) 决定。行政复议机关应当自受理申请之日起60日内作出行政复议决定;但是法律规定的行政复议期限少于60日的除外。情况复杂,不能在规定期限内作出行政复议决定的,经行政复议机关的负责人批准,可以适当延长,并告知申请人和被申请人;但是延长期限最多不超过30日。

(5) 执行。行政复议决定生效后,被申请人应当履行行政复议决定。

4. 简述《行政诉讼法》直接列举的行政案件受案范围。

**要点:**(1) 对行政拘留、暂扣或者吊销许可证和执照、责令停产停业、没收违法所得、没收非法财物、罚款、警告等行政处罚不服的。

(2) 对限制人身自由或者对财产的查封、扣押、冻结等行政强制措施和行政强制执行不服的。

(3) 申请行政许可,行政机关拒绝或者在法定期限内不予答复,或者对行政机关作出的有关行政许可的其他决定不服的。

(4) 对行政机关作出的关于确认土地、矿藏、水流、森林、山岭、草原、荒地、滩涂、海域等自然资源的所有权或者使用权的决定不服的。

(5) 对征收、征用决定及其补偿决定不服的。

(6) 申请行政机关履行保护人身权、财产权等合法权益的法定职责,行政机关拒绝履行或者不予答复的。

(7) 认为行政机关侵犯其经营自主权或者农村土地承包经营权、农村土地经营权的。

(8) 认为行政机关滥用行政权力排除或者限制竞争的。

(9) 认为行政机关违法集资、摊派费用或者违法要求履行其他义务的。

(10) 认为行政机关没有依法支付抚恤金、最低生活保障待遇或者社会保险待遇的。

(11) 认为行政机关不依法履行、未按照约定履行或者违法变更、解除政府特许经营协议、土地房屋征收补偿协议等协议的。

(12) 认为行政机关侵犯其他人身权、财产权等合法权益的。

5. 简述行政诉讼特有的原则。

(1)人民法院特定主管原则。(2)行政行为合法性审查原则。(3)司法变更权有限原则。(4)诉讼期间不停止执行原则。(5)被告负举证责任原则。(6)不得调解原则。

**二、不定项选择题**

1. A B C D  2. A B C D  3. A  4. A B C  5. A B C D  6. B C D  7. C
8. A B C D

**三、案例分析题**

**【分析】**

(1) 乡政府的行为是具体行政行为。

（2）A县人民法院的做法符合法律规定成立平与村民委员会签订承包合同,已合法取得对山地的使用权。又依《行政复议法》第30条第1款的规定,应向县人民政府提起行政复议。

（3）区公所没有复议管辖权。对乡人民政府的具体行政行为不能向其所属的区公所提起行政复议,应向县人民政府提起行政复议。

# 第十章　农村科技、教育与创业

【参考答案】

**一、简答题**

1. 简述农业技术和农业技术推广的含义。

**要点**：农业技术是指应用于种植业、林业、畜牧业、渔业的科研成果和实用技术,包括：（1）良种繁育、栽培、肥料施用和养殖技术。（2）植物病虫害、动物疫病和其他有害生物防治技术。（3）农产品收获、加工、包装、贮藏、运输技术。（4）农业投入品安全使用、农产品质量安全技术。（5）农田水利、农村供排水、土壤改良与水土保持技术。（6）农业机械化、农用航空、农业气象和农业信息技术。（7）农业防灾减灾、农业资源与农业生态安全和农村能源开发利用技术。（8）其他农业技术。

农业技术推广是指通过试验、示范、培训、指导以及咨询服务等,把农业技术普及应用于农业产前、产中、产后全过程的活动。

国家扶持农业技术推广事业,加快农业技术的普及应用,发展高产、优质、高效、生态、安全农业。

2. 农业技术推广机构的公益性职责有哪些?

**要点**：各级国家农业技术推广机构属于公共服务机构,履行下列公益性职责：（1）各级人民政府确定的关键农业技术的引进、试验、示范。（2）植物病虫害、动物疫病及农业灾害的监测、预报和预防。（3）农产品生产过程中的检验、检测、监测、咨询、技术服务。（4）农业资源、森林资源、农业生态安全和农业投入品使用的监测服务。（5）水资源管理、防汛抗旱和农田水利建设技术服务。（6）农业公共信息和农业技术宣传教育、培训服务。（7）法律、法规规定的其他职责。

3. 农业技术推广的保障措施有哪些?

**要点**：（1）技术推广资金保障。（2）推广人员的工作条件和待遇保障。（3）技术培训。（4）制度建设。

4. 农业技术推广重点项目和行动有哪些?

**要点**：（1）农业防灾减灾稳产增产关键技术集成示范工程。（2）主要农作物生产机械化推进行动。（3）保护性耕作技术集成示范工程。（4）同步营养化技术示范应用。（5）草牧业综合配套技术推广项目。（6）农业物联网试验示范工程。（7）水产养殖节水（能）减排技术集成示范工程。(8)稻渔综合种养示范工程。(9)农产品加工关键技术与产业示范工程。(10)农产品质量安全全程关键控制技术推广与科普示范工程。(11)秸秆综合利用技术示范应用。(12)地膜回收综合技术示范应用。(13)畜禽标准化规模养殖技术集成示范工程。(14)全国农业科技成果转移中心建设。(15)农业科技扶贫重点行动。

5. 简述农村创新创业带头人培育的重点对象。

近年来,返乡入乡创新创业已成为一种趋势。一大批农民工返乡创业,一大批退役军人、大中专毕业生和科技人员入乡创业,一大批"田秀才""土专家""乡创客"和能工巧匠在乡创业。这些都是培育农村创新创业带头人的重点对象。一是扶持返乡创业农民工。二是鼓励入乡创业人员。近年来,大量经过系统教育训练、具有一技之长或掌握前沿科技的大中专毕业生、退役军人和科技人员入乡创业。

**二、不定项选择题**

1. D  2. A B C D  3. A B C D  4. A B C  5. A B C D  6. A B C

**三、案例分析题**

**【分析】**

河北省教育部门认真贯彻落实农业农村部、教育部新型职业农民培育工作要求,从农业农村农民的实际出发,积极探索新型职业农民培养新途径,促进职业教育在脱贫攻坚中发挥作用,形成并完善了"资质准入""校村合作""工学结合""写实性考核评价""经费奖补""动态管理"等新型职业农民培养模式。

(1)资质准入模式。承办学校须是具有涉农专业办学资质和基层办学能力、经验的中等职业学校,能够进村、入社、到场,把教学班办到乡村、农业企业、农民合作社、农村社区和家庭农场,方便农民就地就近学习。

(2)"校村合作"模式。实行"校村合作、校乡合作、校企合作、校社合作"招生,承担任务的学校主动和乡镇、专业村、龙头企业、合作社合作招生,提前将年度培养计划向社会进行宣传公布,由乡、村、企、社负责组织学员,提出申请,试点学校负责组织教学实施,克服了学员上课积极性不高、到课率低等问题。

(3)"工学结合"模式。根据农业生产周期和成人学习特点分段安排培训课程,年培养时间原则上不少于 20 天(包括理论教学和实践教学)。在教学方式上,积极探索"公司＋基地＋养殖户""学校＋合作社＋农户"的培训模式,推进"空中课堂""固定课堂""流动课堂""田间课堂"一体化建设,通过采取"案例教学＋模拟训练""学校授课＋基地实习""田间培训＋生产指导"等方式,开展教学培训和后续跟踪服务,提高培训质量。

(4)写实性考核评价模式。承担学校按班次建立真实、完整、规范的培训档案,主要包括文书文件、培训计划、教材教案、师资信息、学员信息台账、学员满意度测评表、考试考核资料、图片影像资料及其他需要保管的资料材料。

(5)经费奖补模式。实行新型职业农民培养奖补机制,河北省级财政每年安排 1000

万元专项资金,对项目承担学校予以补助。

(6)动态管理模式。省级教育部门对试点学校实行动态管理,有进有出,并定期组织开展督导检查和随机抽查。

# 第十一章　农村财政、金融与税收

**【参考答案】**

**一、简答题**

1.简述农业生产发展与流通的农业支持政策。

**要点:** 耕地地力保护补贴。农机购置补贴。优势特色产业集群。国家现代农业产业园。农业产业强镇。农产品地理标志保护工程。推进信息进村入户。奶业振兴和畜牧业转型升级。支持建设高效重点作物绿色高质高效行动。推广旱作节水农业技术。有机肥替代化肥行动。农业生产社会化服务。农机深松整地。产粮大县奖励。生猪(牛羊)调出大县奖励。玉米、大豆生产者补贴和稻谷补贴。

2.简述涉农税收优惠。

**要点:** 自产农产品免征增值税优惠。从事农、林、牧、渔业项目的所得减免征收企业所得税。农产品批发市场、农贸市场使用房产的税收优惠。城镇土地使用税优惠。根据《城镇土地使用税暂行条例》的规定,直接用于农、林、牧、渔业的生产用地免缴土地使用税。契税的税收优惠。耕地占用税的税收优惠。印花税的税收优惠。个人所得税涉农优惠。

3.简述农村信用合作社的特征。

**要点:** (1)农民和农村的其他个人集资联合组成,以互助为主要宗旨的合作金融组织,其业务经营是在民主选举基础上由社员指定人员管理经营,并对社员负责。其最高权力机构是社员代表大会,负责具体事务的管理和业务经营的执行机构是理事会。(2)主要资金来源是合作社成员缴纳的股金、留存的公积金和吸收的存款;贷款主要用于解决其成员的资金需求。(3)由于业务对象是合作社成员,因此业务手续简便灵活。农村信用合作社的任务。依照国家法律和金融政策的规定,组织和调节农村基金,支持农业生产和农村综合发展,支持各种形式的合作经济和社员家庭经济,限制和打击高利贷。

4.简述村镇银行的优势。

**要点:** (1)政策优势。国家对村镇银行有很大的政策优惠、政策倾斜。(2)发起行的支持。发起行对村镇银行在资金、人员、治理结构及企业文化等方面的支持,在其初创阶段是很大优势。(3)制度上的路径依赖比较弱,有利于发展创新。(4)决策链条短,扁平化管理。对市场变化、环境的反应与决策机制比较快,几乎无中间环节。(5)激励机制相对比较灵活,有利于充分调动人的积极性、创造性,把人的潜能充分发挥出来。(6)贴近社区,草根金融。

5. 简述农业保险的种类。

**要点**：(1)种植业保险、畜牧业保险、渔业保险和森林保险。按照农业生产的对象分。种植业保险通俗来说就是农作物保险,如水稻、小麦等;畜牧业保险主要保牲畜和家禽;渔业保险是为渔民量身打造的;森林保险就是"森林卫士"。(2)能繁母猪的保险。一般来说投保人及其家庭成员、被保险人及其家庭成员、投保人或被保险人雇用人员的故意行为导致标的死亡,保险公司不予以赔付。母猪因得传染病被强行扑杀,在保险期间内,由于发生保险条款列明的高传染性疫病,政府实施强制扑杀导致保险母猪死亡,保险公司也负责赔偿,但赔偿金额以保险金额扣减政府扑杀专项补贴金额的差额为限。(3)农村劳动力意外伤害救灾保险。农村劳动力意外伤害救灾保险是居住在农村的无严重疾病和伤残的家庭劳动者因自然灾害或意外事故造成严重伤残或死亡时,由国家、集体和劳动者个人共同集资成立的救灾保险互济组织,按条款规定及时给付救助费或补助金的做法。(4)农业保险险种的财政补贴。农业保险有政策性农业保险和商业性农业保险之分,只有政策性农业保险才可以享受财政补贴。具体的政策性农业保险险种要依据地方的实际来确定,种类和范围在各地区都有所不同。比较常见的保费补贴品种有水稻、小麦、玉米、能繁母猪、奶牛、天然橡胶、森林等。(5)涉农保险。

**二、不定项选择题**

1. A B C D    2. A B C D    3. A B    4. A B C    5. A B C D    6. A B C D

**三、案例分析题**

【分析】

依据保险合同,被保险人如果因为意外的伤害而导致身故,给付30000元的保险金。事故发生后,保险公司迅速组织人员办理查勘及有关理赔手续,将小额人身意外险赔款送至死者家属江寿旺手中。

# 第十二章 农村社会保障制度

【参考答案】

**一、简答题**

1. 简述农村最低生活保障制度。

**要点**：农村最低生活保障制度是对家庭人均收入低于最低生活保障标准的农村贫困人口按最低生活保障标准进行差额补助的制度。由县级以上地方人民政府按照能够维持当地农村居民全年基本生活所必需的吃饭、穿衣、用水、用电等费用确定,并报上一级地方人民政府备案后公布执行。保障对象是家庭年人均纯收入低于当地最低生活保障标准的农村居民,主要是因病残、年老体弱、丧失劳动能力以及生存条件恶劣等原因造成生活常年困难的农村居民。

农村最低生活保障管理既要严格规范,又要从农村实际出发,采取简便易行的方法:(1)申请、审核和审批。(2)民主公示。(3)资金发放。(4)动态管理。

农村最低生活保障资金的筹集以地方为主,地方各级人民政府要将农村最低生活保障资金列入财政预算,省级人民政府要加大投入。鼓励和引导社会力量为农村最低生活保障提供捐赠和资助。农村最低生活保障资金实行专项管理,专账核算,专款专用,严禁挤占挪用。

2. 简述新型农村社会养老保险制度。

**要点**:新农保工作的基本原则是"保基本、广覆盖、有弹性、可持续"。年满 16 周岁(不含在校学生)、未参加城镇职工基本养老保险的农村居民,可以在户籍地自愿参加新农保。

基金筹集由个人缴费、集体补助、政府补贴构成。

养老金待遇由基础养老金和个人账户养老金组成,支付终身。年满 60 周岁、未享受城镇职工基本养老保险待遇的农村有户籍的老年人,可以按月领取养老金。在新农保试点地区,凡已参加了老农保、年满 60 周岁且已领取老农保养老金的参保人,可直接享受新农保基础养老金;对已参加老农保、未满 60 周岁且没有领取养老金的参保人,应将老农保个人账户资金并入新农保个人账户,按新农保的缴费标准继续缴费,待符合规定条件时享受相应待遇。

3. 什么是新型农村合作医疗制度?

**要点**:新型农村合作医疗,简称"新农合",是由政府组织、引导、支持,农民自愿参加,个人、集体和政府多方筹资,以大病统筹为主的农民医疗互助共济制度。实施新型农村合同医疗制度是帮助农民抵御重大疾病风险的有效途径,是推进农村卫生改革与发展的重要举措,对于提高农民健康保障水平,减轻医药负担,解决因病致贫、因病返贫问题,具有重要作用。

新型农村合作医疗制度从 2003 年起在全国部分县(市)试点,到 2010 年逐步实现基本覆盖全国农村居民。

4. 简述农村五保供养制度。

**要点**:五保供养是指对规定的村民,在吃、穿、住、医、葬方面给予的生活照顾和物质帮助。五保供养是农村的集体福利事业。农村集体经济组织负责提供五保供养所需的经费和实物,乡、民族乡、镇人民政府负责组织五保供养工作的实施。五保对象,是指村民中符合下列条件的老年人、残疾人和未成年人。

**供养内容**:(1)供给粮油、副食品和生活用燃料。(2)供给服装、被褥等生活用品和零用钱。(3)提供符合基本居住条件的住房。(4)及时治疗疾病,对生活不能自理的给予照料。(5)妥善办理丧葬事宜。

五保对象是未成年人的,还应当保障依法接受义务教育。五保供养的实际标准,不应低于当地村民的一般生活水平。对五保对象可以根据当地的经济条件,实行集中供养或者分散供养两种形式。

五保对象的个人财产,其本人可以继续使用,但是不得自行处分;其需要代管的财产,可以由农村集体经济组织代管。

5. 简述农村优抚政策。

**要点:**自 2011 年 8 月 1 日起,对部分农村籍退役士兵按每服一年义务兵役(不满一年的按一年计算)、每人每月发给 10 元老年生活补助。政策实施对象的人员范围为,1954 年 11 月 1 日试行义务兵役制后至《退役士兵安置条例》实施前入伍,年龄在 60 周岁以上(含 60 周岁)、未享受到国家定期抚恤补助的农村籍退役士兵。

按照属地管理原则组织实施,由本人户籍地村(居)委会、乡(镇、街道)和县(市、区)民政部门统一调查、审定和申报。(1)政策宣传。各级民政部门要广泛采取媒体播报、张贴告示、入户宣讲等形式。(2)个人申报。符合条件人员需携带本人身份证、户口簿、退伍证等相关证明材料,向本人户籍所在地村(居)委会提出申请并办理登记手续,填写有关登记审核表。(3)初审把关。对相关人员的申报材料,由村(居)委会初审、乡(镇、街道)复核,并做好登记工作。(4)会审认定。县级民政部门对乡(镇、街道)上报的材料,组织专门人员认真核实其身份,逐一审定其年龄、服义务兵役的年限等条件。(5)建立档案。

**二、不定项选择题**

1. A　2. B　3. A B C D　4. A B C　5. B　6. A B C　7. A B　8. B

**三、案例分析题**

**【分析】**

"新农合"制度的建立具有优越性。"新农合"制度的建立,既能减轻农民重大疾病医疗费用负担,又能兼顾农民受益面和受益程度,使得有限的资金发挥最大的效益,不断提高农民的保障水平,使农民群众获得基本的、最有效的医疗服务水平。胡某在"新农合"报销的部分医疗费,属另一法律关系,不在本案的审理范围内。

# 第十三章　扶贫开发与农民合法权益维护

**【参考答案】**

**一、简答题**

1. 简述结婚制度。

(1)结婚的条件。根据法律规定,当事人结婚必须具有以下三个条件。必须男女双方完全自愿。必须达到法定婚龄。法定婚龄是指法律规定的最低结婚年龄,即结婚当事人在此年龄以上始得结婚,在此以下不许结婚。《民法典》第 1047 条规定:"结婚年龄,男不得早于 22 周岁,女不得早于 20 周岁。"必须符合一夫一妻制原则。一夫一妻制要求结婚的当事人必须属于单身无配偶身份。有配偶者只能在原婚姻关系终止后始得再婚,否则构成重婚。离婚的双方要求复婚,必须是双方单身情况。任何人不论职务、年龄、性别等不同,要求结婚的双方必须符合一夫一妻制。结婚的禁止条件,又称消极条件,或者婚姻的障碍,是法律不允许结婚的情况。禁止结婚的血亲关系。《民法典》第 1048 条规定,直系血亲或者三代以内的旁系血亲禁止结婚。

(2) 无效婚姻。《民法典》规定的无效婚姻有三种情形。有下列情形之一的,婚姻无效:重婚;有禁止结婚的亲属关系;未到法定婚龄。

(3) 可撤销婚姻。我国法律规定的可以撤销的婚姻包括两类:受胁迫的婚姻。《民法典》第 1052 条规定:"因胁迫结婚的,受胁迫的一方可以向人民法院请求撤销婚姻。请求撤销婚姻的,应当自胁迫行为终止之日起 1 年内提出。"被非法限制人身自由的当事人请求撤销婚姻的,应当自恢复人身自由之日起 1 年内提出。一方患有重大疾病的,婚前不如实告知的婚姻。《民法典》第 1053 条规定,一方患有重大疾病的,应当在结婚登记前如实告知另一方;不如实告知的,另一方可以向人民法院请求撤销婚姻。请求撤销婚姻的,应当自知道或者应当知道撤销事由之日起 1 年内提出。

2. 简述《民法典》规定的婚姻家庭的基本原则。

(1) 婚姻自由的原则

a. 婚姻自由的概念。婚姻自由是指双方依照法律规定,自主自愿地决定自己的婚姻问题,不受任何人的强迫或者非法干涉。婚姻自由意味着当事人可以选择结婚,可以选择离婚,也可以选择不结婚。b. 婚姻自由是相对自由。任何权利都不是绝对的。实行婚姻自由并不是允许人们可以违反法律、违背道德为所欲为。我国《民法典》第五编"婚姻家庭编"规定了结婚的条件和程序,也规定了离婚的程序和处理原则,这些规定具体指明了婚姻自由的范围,划清了婚姻问题上合法与违法的界限。c. 婚姻自由的内容。一是结婚自由。结婚自由是指双方在本人自愿的基础上,自主决定与谁结婚,不许任何一方对他方强迫或任何第三者干涉。二是离婚自由。离婚自由是指夫妻有依法解除婚姻关系的自由。

离婚自由与结婚自由密不可分,共同构成婚姻自由原则的完整含义。法律禁止包办、买卖婚姻以及借婚姻索取财物。

(2) 一夫一妻原则

一夫一妻是指一男一女结为夫妻。在我国,一男一女结为夫妻是唯一合法的婚姻形式,未婚男女不得同时和两个或两个以上的人结婚,有配偶者在配偶死亡或离婚前,不得再婚。任何公开或隐蔽的一夫多妻或一妻多夫都是违法的。

(3) 男女平等原则

男女平等是指男女两性在婚姻家庭关系中处于平等地位,享有同等的权利,负担同等的义务,禁止一切性别歧视。《民法典》第 1041 条规定,婚姻家庭受国家保护。实行婚姻自由、一夫一妻、男女平等的婚姻制度。

(4) 保障妇女、未成年人、老年人和残疾人的合法权益原则

保护妇女、未成年人、老年人和残疾人在婚姻家庭方面的合法权益。《民法典》第 1043 条明确:"家庭应当树立优良家风,弘扬家庭美德,重视家庭文明建设。夫妻应当互相忠实,互相尊重,互相关爱;家庭成员应当敬老爱幼,互相帮助,维护平等、和睦、文明的婚姻家庭关系。"

3. 简述离婚制度。

(1) 离婚,又称离异、婚姻关系的解除,是配偶在生存期间依法解除婚姻关系的行为。

(2) 协议离婚,又称两愿离婚、登记离婚,是指夫妻双方签订离婚协议,通过行政程序解除婚姻关系的一种离婚方式。

(3) 诉讼离婚,又叫判决离婚,是由法院调解或判决解除婚姻关系的一种离婚方式。适用于一方要求离婚或双方对子女抚养及财产分割有争议的离婚。

(4) 夫妻感情破裂是判决准予离婚的法定条件。法律规定的情形是我国离婚制度中判决准予离婚的法定理由,也是人民法院处理离婚纠纷的基本原则和法定依据。

《民法典》第 1079 条规定,人民法院审理离婚案件,应当进行调解;如果感情确已破裂,调解无效的,应当准予离婚。有下列情形之一,调解无效的,应当准予离婚:重婚或者与他人同居;实施家庭暴力或者虐待、遗弃家庭成员;有赌博、吸毒等恶习屡教不改;因感情不和分居满二年;其他导致夫妻感情破裂的情形。一方被宣告失踪,另一方提起离婚诉讼的,应当准予离婚。经人民法院判决不准离婚后,双方又分居满一年,一方再次提起离婚诉讼的,应当准予离婚。

4. 法律援助范围有哪些?

**要点**:(1)依法请求国家赔偿的。(2)请求给予社会保险待遇或者最低生活保障待遇的。(3)请求发给抚恤金、救济金的。(4)请求给付赡养费、抚养费、扶养费的。(5)请求支付劳动报酬的。(6)主张因见义勇为行为产生的民事权益的。

5. 简述信访事项。

**要点**:主要针对五类组织及其人员的职务行为提出建议、意见或对其不服。职务行为,是指履行本机关或单位职责、法定或者约定义务的行为,或者代表本机关或者单位,以机关、单位名义履行职责所作出的行为,而非以个人名义作出的行为。

对依法应当通过诉讼、仲裁、行政复议等法定途径解决的投诉请求,信访人应当依照有关法律、行政法规规定的程序向有关机关提出。

**二、不定项选择题**

1. A B C D  2. A C  3. A B  4. C D  5. A B C D  6. D  7. B

**三、案例分析题**

【分析】

依照《农村土地承包法》第36条规定,承包方可以自主决定依法采取出租(转包)、入股或者其他方式向他人流转土地经营权,并向发包方备案。第40条规定:"土地经营权流转,当事人双方应当签订书面流转合同。"所以,李明与张旺的口头约定无效。双方可以依照《农村土地承包经营纠纷调解仲裁法》,申请采取仲裁方式解决土地承包权益纠纷。

# 第十四章　村民基层组织与自治法律制度

【参考答案】

**一、简答题**

1. 简述农村基层党组织的基本任务。

**要点:**

根据《中国共产党党章》第32条的规定,党的基层组织是党在社会基层组织中的战斗堡垒,是党的全部工作和战斗力的基础。它的基本任务是:

(1)宣传和执行党的路线、方针、政策,宣传和执行党中央、上级组织和本组织的决议,充分发挥党员的先锋模范作用,积极创先争优,团结、组织党内外的干部和群众,努力完成本单位所担负的任务。

(2)组织党员认真学习马克思列宁主义、毛泽东思想、邓小平理论、"三个代表"重要思想、科学发展观、习近平新时代中国特色社会主义思想,推进"两学一做"学习教育常态化制度化,学习党的路线、方针、政策和决议,学习党的基本知识,学习科学、文化、法律和业务知识。

(3)对党员进行教育、管理、监督和服务,提高党员素质,坚定理想信念,增强党性,严格党的组织生活,开展批评和自我批评,维护和执行党的纪律,监督党员切实履行义务,保障党员的权利不受侵犯。加强和改进流动党员管理。

(4)密切联系群众,经常了解群众对党员、党的工作的批评和意见,维护群众的正当权利和利益,做好群众的思想政治工作。

(5)充分发挥党员和群众的积极性创造性,发现、培养和推荐他们中间的优秀人才,鼓励和支持他们在改革开放和社会主义现代化建设中贡献自己的聪明才智。

(6)对要求入党的积极分子进行教育和培养,做好经常性的发展党员工作,重视在生产、工作第一线和青年中发展党员。

(7)监督党员干部和其他任何工作人员严格遵守国家法律法规,严格遵守国家的财政经济法规和人事制度，不得侵占国家、集体和群众的利益。

（8）教育党员和群众自觉抵制不良倾向，坚决同各种违纪违法行为做斗争。

2.简述村民委员会法律制度。

**要点：**（1）村民委员会的性质。

村民委员会是建立在农村的基层群众性自治组织，不是国家基层政权组织，不是一级政府，也不是乡镇政府的派出机构。它的主要任务是办理村里的公共事务、调解民间纠纷和维护村里的治安等。农村党支部（或党总支）应积极主动加强党对村民自治的领导，同时加强自身队伍建设，形成在村党支部（或党总支）领导下的村民自治运行机制。

（2）村民委员会的主要任务。办理本居住地区的公共事务和公益事业。调解民间纠纷。协助政府维护社会治安。

3.简述农村基层团组织制度。

**要点：**全心全意为人民服务是党的根本宗旨，也是共青团的根本宗旨。农村基层共青团员贯彻这一宗旨，就是要把人民的利益看得高于一切，深深植根于人民群众之中，千方百计地为农民群众多办实事，尽心尽力地帮助农民群众解决生产生活中遇到的实际困难。共青团坚持引导青年为农村社会服务，把党的根本宗旨的要求具体地落实到共青团工作的实处。这既体现了共青团组织的群众性，更体现了共青团组织的先进性。共青团着眼于为党和政府分忧，为人民群众解愁，在服务社会、服务新农村建设方面做力所能及的工作，不但是应该的，也是能够做到的，乃至是可以大有作为的。坚持引导青年为社会服务，是共青团工作的独特要求。共青团不是一般的群众组织，它在根本任务是培养有理想、有道德、有文化、有纪律的社会主义新人。

4.简述农村妇女代表会制度。

**要点：**（1）农村妇女代表会的地位。农村妇女代表会（简称农村妇代会）是妇女联合会在农村的基层组织，是党和政府与农村妇女联系的桥梁和纽带。农村妇代会接受同级党组织和上级妇女联合会的领导。

（2）农村妇女代表会任务。宣传、贯彻党和政府在农村的方针、政策。教育、引导农村妇女增强自尊、自信、自立、自强精神，成为有理想、有道德、有文化、有纪律的社会主义新农民。组织农村妇女参加"双学双比""五好文明家庭"和拥军优属等活动。维护妇女儿童合法权益，反映妇女的意见、建议和要求，代表妇女参与村务决策，发挥民主参与、民主管理、民主监督作用，推进男女平等基本国策的落实。宣传、普及有关妇女儿童的法律和法规知识，抵制封建迷信和陈规陋习。推进依法治村。普及科普知识、环境保护知识、妇幼卫生保健知识等。协助党组织，做好培养、推荐妇女入党积极分子和农村后备女干部工作。因地制宜建立妇女儿童活动阵地，创办经费基地，提供市场信息和农业技术服务。建立和完善学习培训、工作会议、代表联系户、检查考核、评比表彰等工作制度。

（3）农村妇女代表会组织。农村妇代会实行代表联系群众制度。农村妇代会设在行政村、乡镇企业、农林牧渔场和其他经济组织中。根据妇女人数及工作需要,可建立村妇联或其他形式的妇女组织。妇女超过30人,可成立妇代会。不足30人可设妇女小组。农村妇代会由农村妇女民主选举若干代表组成,代表人数根据行政村的规模和各经济组织中妇女人数多少而定。

5. 简述农村社会治安治理组织制度。

**要点**:(1) 农村社会治安治理机构。社会治安综合治理是组织、动员全社会力量,预防和治理违法犯罪,化解不安定因素,确保社会稳定的一项系统工程。公安机关、乡派出所和村民委员会肩负着维护农村治安的任务。为了加强社会治安,维护公共秩序,保护公共财产,保障公民权利,市、县公安局可以在辖区内设立公安派出所。

(2) 建立村综合治理工作组织网络。社会治安综合治理需要发动群众,不能仅依靠专门机关的力量,需要建立村综合治理工作组织网络,实现各种力量的有效整合。结合本地实际,成立村社会治安综合治理领导小组,由村委会主任任组长,村委会副主任任副组长,成员有村治保委员会和调解委员会主任、妇代会主任、民兵连长和团支部书记等。村社会综合治理领导小组下设村综合治理协调室,由治保调解主任兼任村综合治理协调室主任。村综合治理协调室应建立综合治理领导小组例会制度、综合治理信息员报告制度等各项工作制度。

(3) 村民委员会在社会治安综合治理中的职责。宣传、贯彻执行有关法律、法规和方针、政策。组织制定村规民约,并监督执行。进行防盗、防火、防破坏、防自然灾害事故等安全教育,提高群众自防、自治能力。加强对治安保卫组织的领导,组织群众开展安全防范工作。协助公安、司法机关监督、考察被依法判处管制、有期徒刑宣告缓刑、监外执行、假释的犯罪人员和被监视居住、取保候审人员。配合有关部门,查禁卖淫嫖娼,严禁制作、运输、走私、贩卖毒品和淫秽物品,禁止吸食、注射毒品,禁止赌博和利用封建迷信骗钱害人等社会丑恶现象;做好本单位的吸食、注射毒品人员的戒毒工作和戒除毒瘾的巩固工作。教育、管理刑满释放人员、解除劳动教养人员和有轻微违法行为的人员。做好辖区内青少年和社会闲散人员的教育管理工作。及时报告社会治安情况,反映村民对社会治安综合治理工作的意见和要求。办理社会治安综合治理的其他事项。

**二、不定项选择题**

1. A B　2. A B C　3. A B C D　4. C　5. A B C　6. A　7. A B D　8. A B C D

**三、案例分析题**

**【分析】**

符合法律对村民会议职权的规定的事项是第(1)、(2)、(3)、(5)项内容。第(4)项不属于村民会议职权。

# 参 考 文 献

1. 许水俊.消费者权益保护法案例·学理精解.北京：中国经济出版社,2004

2. 杨立新.物权法(第二版).北京：中国人民大学出版社,2007

3. 蔡虹.仲裁法学.北京：北京大学出版社,2009

4. 李延荣、周珂.房地产法.北京：中国人民大学出版社,2010

5. 齐树洁.民事诉讼法.北京：中国人民大学出版社,2010

6. 关怀.劳动法和社会保障法.北京：法律出版社,2010

7. 彭爱美.新编保险法.北京：清华大学出版社,2010

8. 张子愚.知识产权法.北京：中国政法大学出版社,2010

9. 冯玉军.法理学.北京：中国人民大学出版社,2012

10. 丁鸿.农村政策与法规(第二版).北京：中国农业出版社,2012

11. 周晖.经济法.北京：北京大学出版社,2013

12. 顾相伟.农村政策与法规新编教程.上海：复旦大学出版社,2015

13. 郭鹏.电子商务法.北京：北京大学出版社,2017

14. 王立波.农村政策法规案例解读.北京：化学工业出版社,2017

15. 程远.广告法理与实务.北京：法律出版社,2018

16. 刘双舟.互联网广告法律问题研究.北京：中国政法大学出版社,2019

17. 中华人民共和国广告法：案例注释版.北京：中国法制出版社,2019

18. 陈丽平.广告法规管理.杭州：浙江大学出版社,2020

## 推荐网站：

1. 农业部官网 http://www.moa.gov.cn/

2. 自然资源部官网 http://www.mnr.gov.cn/

3. 国家发展和改革委员会官网 http://www.sdpc.gov.cn/

4. 国家林业局官网 http//www.forestry.gov.cn/

5. 中国消费者协会信息网 http://www.cca.org.cn/

6. 国家知识产权局官网 http://www.sipo.gov.cn/

7. 国家知识产权局商标局 中国商标网 http://sbj.cnipa.gov.cn/

8. 中国人民银行网官网 http://www.pbc.gov.cn

9. 国家食品药品监督管理总局 http://www.sda.gov.cn/

10. 中国保险监督管理委员会官网 http://www.circ.gov.cn/web/site0/

11. 中民保险网 http://www.iscn.net.cn/

12. 国务院扶贫开发领导小组办公室 http://www.cpad.gov.cn/

13. 教育部 http://www.moe.gov.cn/

14. 人力资源和社会保障部官网 http://www.mohrss.gov.cn/index.html

15. 中国农民合作社网 http://www.jgs.moa.gov.cn/cfc/

16. 三农网 http://www.zgsnw.cn/